A Utilidade do Conhecimento

Coleção Big Bang
Dirigida por Gita K. Guinsburg

Edição de texto: Barbara Borges
Revisão de provas: Thiago Lins
Capa e projeto gráfico: Sergio Kon
Produção: Ricardo Neves, Sergio Kon, Mariana Munhoz e Luiz Henrique Soares.

A Utilidade
do Conhecimento

Carlos Vogt

PERSPECTIVA
ANOS

CIP-Brasil. Catalogação-na-Fonte
Sindicato Nacional dos Editores de Livros, RJ

V872u

Vogt, Carlos
A utilidade do conhecimento / Carlos Vogt. - 1. ed. - São Paulo : Perspectiva, 2015.
352 p. ; 21 cm. (Big-Bang)

Inclui bibliografia
ISBN 85-273-1017-8

1. Relações humanas e cultura. 2. Conhecimento. I. Título. II. Série.

14-17780   CDD: 306
                               CDU: 316.7

13/11/2014   13/11/2014

Direitos reservados à

EDITORA PERSPECTIVA S.A.

Av. Brigadeiro Luís Antônio, 3025
01401-000 São Paulo SP Brasil
Telefax: (011) 3885-8388
www.editoraperspectiva.com.br

2015

Sumário

Nota Explicativa   11

A Quem Pertence o Conhecimento?   13

Clones, Utopias e Ficções   31

Parábola do Cão Digital   63

O Salto Cântico da Física   81

Planeta Água   107

As Cidades e os Muros   129

Álbum de Retalhos   149

    I   Transportação   149

    II   O Cerrado e os Frutos da Infância   152

    III   O Futebol da Poesia   154

    IV   Cartografia, entre Ciência e Poesia   160

    V   Geografia do País da Infância   164

    VI   A Mudança em Construção   166

    VII   Epigrama   172

Memória e Linguagem			179
I	Institucional e Afetivo		179
	1. Fapesp	179	
	2. Mindlin	194	
	3. Guilherme e Cyro	200	
	4. Carolina	211	
II	Canções do Exílio		221
	1. Canções	221	
	2. Exílio	228	
	3. Viagens	235	
III	Jogo de Espelhos		239
	1. Psicanálise	239	
	2. Cultura Animal	248	
	3. O Mistério da Impiedade	253	
	4. Lá e Cá	257	

Acadêmicos 263

I Semiótica e Semiologia 263

II A Espiral da Cultura Científica e o Bem-Estar
Cultural: Brasil e Ibero-América 311

1. Cultura Científica 311
2. Bem-Estar Cultural 316
3. Indicadores de Cultura Científica
na América Latina 323
4. Interesse, Informação
e Comunicação 326
5. Considerações Finais 328

Referências Bibliográficas 329

Nota Explicativa

A maior parte dos ensaios e artigos que compõe este livro resultou do trabalho de ler, reescrever, fundir, refundir e reler textos que venho publicando, já há alguns anos, por meio eletrônico, principalmente na revista *ComCiência* (<http://www.comciencia.br>). Alguns, como "Semiótica e Semiologia" e "A Espiral da Cultura Científica", são mais acadêmicos, mas não menos afetivos que "Mindlin", "Carolina" e "Guilherme e Cyro", quase acadêmicos, mas não posados para as fotografias que ensaiam fazer desses personagens e que acabam também fazendo de seu narrador. Em todos permanece, implícita ou explicitamente, a convicção de que perguntar pelo sentido da vida é formular uma questão eticamente útil e cuja utilidade é dada pelo alcance de nossas respostas e pelo ilimitado das perguntas a que nos obriga a liberdade de conhecer.

Dois agradecimentos precisam ser, especialmente, registrados: à Daisy Silva de Lara, pela revisão paciente do texto e pela visão compreensiva do contexto; à Magali de Souza Moraes, pela organização competente das referências bibliográficas e pela zelosa dedicação ao trabalho.

A Quem Pertence o Conhecimento?[1]

I

Um dos grandes desafios do mundo contemporâneo é, ao lado do chamado desenvolvimento sustentável, a transformação do conhecimento em riqueza. Como estabelecer padrões de produção e de consumo que atendam às demandas das populações crescentes em todos os cantos da Terra, preservando a qualidade de vida e o equilíbrio do meio ambiente em todo o planeta? Como transformar conhecimento em valor econômico e social, ou, num dos jargões comuns em nosso tempo, como agregar valor ao conhecimento?

Em resumo, a primeira pergunta propõe o que chamaríamos de desafio ecológico, enquanto a segunda lança o que poderíamos chamar de desafio tecnológico. Para enfrentar essa tarefa, própria do que também se convencionou chamar *economia* ou *sociedade do conhecimento*, deveríamos estar preparados, entre outras coisas, para cumprir todo um ciclo de evoluções e de transformações do conhecimento. Ele vai da pesquisa básica, produzida nas universidades e nas instituições afins, passa pela pesquisa aplicada e resulta em inovação tecnológica capaz de agregar valor comercial, isto é, resulta em produto de mercado.

---

[1] A primeira versão deste artigo foi publicada em Carlos Vogt, A Quem Pertence o Conhecimento?, *ComCiência*, Campinas, n. 64, abr. 2005. Disponível em: <http://www.comciencia.br/reportagens/2005/04/01.shtlm>. Acesso em 10 abr. 2005.

Os atores principais desse momento do processo do conhecimento já não são mais as universidades, mas as empresas. Entretanto, para que a atuação das empresas seja eficaz, é necessário que tenham em seu interior, como parte de sua política de desenvolvimento, centros de pesquisa próprios, ou consorciados com outras empresas e com outros laboratórios de universidades. O importante é que a política de pesquisa e desenvolvimento seja da empresa e vise às finalidades comercialmente competitivas da empresa. Sem isso, não há o desafio do mercado, não há avanço tecnológico e não há, por fim, inovação no produto.

Um dos pressupostos essenciais da chamada economia ou sociedade do conhecimento é, pois, para muito além da capacidade de produção e de reprodução industriais, a capacidade de gerar conhecimento tecnológico e, por meio dele, inovar constantemente em um mercado ávido de novidades e de exigências de consumo constantes. Antes, na economia tipicamente industrial, a lógica de produção era multiplicar o mesmo produto, massificando-o para um número cada vez maior de consumidores. Costuma-se dizer que, na sociedade do conhecimento, essa lógica de produção tem o sinal invertido: multiplicar cada vez mais o produto, num processo de constante diferenciação, para o mesmo segmento e para o mesmo número de consumidores. Por isso, entre outras coisas, a importância da pesquisa e da inovação tecnológicas para esse mercado.

A ser verdade essa troca de sinais, a lógica de produção do mundo contemporâneo seria não só inversa, mas também perversa, já que resultaria num processo sistemático de exclusão social, tanto pelo lado da participação na riqueza produzida, dada a sua concentração – inevitável para uns e insuportável para muitos –, como pelo lado do acesso a bens, serviços e facilidades por ela gerados, isto é, do acesso ao consumo dos produtos do conhecimento tecnológico e inovador.

Desse modo, é preciso mencionar um terceiro desafio, tão urgente quanto os anteriores: o desafio de que, no afã do utilitarismo prático de tudo converter em valor econômico, tal qual um rei Midas que, na lenda, tudo transformava em ouro pelo simples toque, não percamos de vista os fundamentos éticos, estéticos e sociais sobre os quais se assenta a própria possibilidade do conhecimento e de seus avanços. Nesse sentido, verdade, beleza e bondade, no mínimo, dão ao homem, como já se escreveu, a ilusão de que, por elas, ele escapa da própria escravidão humana. Assim, dividir a riqueza, fruto do conhecimento, e socializar o acesso a seus benefícios, frutos da tecnologia e da inovação, são, pois, o terceiro grande desafio que devemos enfrentar, e a formulação desse desafio poderia se dar dentro da perspectiva de um pragmatismo ético e social. Quem sabe possa esse desafio constituir a utopia indispensável ao sonho de solidariedade das sociedades contemporâneas.

Todo conhecimento é útil. Como o fundamento da moral é a utilidade, é possível afirmar que a utilidade do conhecimento é o que o torna ético, por definição. Nesse sentido, não há conhecimento inútil, já que a ação de conhecer está voltada para proporcionar felicidade, prazer e satisfação à sociedade. O conhecimento é útil porque, como outras ações éticas do ser humano, corresponde à necessidade de uma prática desejável, aquela que nos leva a buscar a felicidade de nossos semelhantes e nela sentir o prazer de sua realização no outro.

Uma das características fundamentais do conhecimento contemporâneo é o seu utilitarismo.

Em que sentido o conhecimento utilitário das economias globalizadas na sociedade do conhecimento difere da utilidade ética constitutiva de todo conhecimento? Procurar responder a essa questão é também procurar entender, na lógica de funcionamento das tecnociências, como as grandes transformações tecnológicas influenciam a ciência e como a ciência, ela própria, propicia novas tecnologias e inovações que dinamizam os mercados e ativam o consumo das novidades dos produtos delas decorrentes.

Desse ponto de vista, o conhecimento é utilitário não porque tenha finalidade prática, mas por agregar valor aos produtos dele derivados e por ter objetivos fortemente comerciais.

A comercialização do produto do conhecimento visa também à felicidade do outro, pela satisfação e pelo prazer, agora, do consumidor a que ficou reduzido o seu papel social.

A Quem Pertence o Conhecimento?

Por outro lado, a dinâmica do conhecimento pressupõe a liberdade de conhecer. Os limites dessa liberdade são dados pelo alcance de nossa capacidade de conhecimento, isto é, nos termos dos *Ensaios* de Michel de Montaigne e da filosofia de Blaise Pascal, pela *portée*, pelo raio de ação, do alcance da vida, da vida dentro do alcance de nossa ação no mundo. Em outras palavras, e nos termos de Francis Bacon, a liberdade do conhecimento tem os limites do conhecimento puro em oposição ao conhecimento orgulhoso, oposição que, de certa forma, sob diferentes expressões, caracteriza todo o Iluminismo e a grande e longa herança racionalista que nos legou e que permanece viva em nossas atitudes teóricas e metodológicas diante do mundo, de seu conhecimento e dentro do conhecimento do conhecimento do mundo, para introduzir uma pitada do idealismo de Immanuel Kant.

A alegoria mais conhecida do elogio à humildade do conhecimento contra o orgulho e a arrogância da pretensão metafísica das perguntas essenciais e das respostas definitivas está contida no jardim que Cândido, na obra *Cândido ou o Otimismo*, de Voltaire, descobre e decide cultivar em oposição às inquietações sem limite, isto é, sem alcance, sem *portée*, sem raio de ação, de Pangloss.

Da mesma forma, Jonathan Swift, em *Viagens de Gulliver*, descreve os laputanos plenos de predicados que os tornam ilimitados e inúteis de conhecimento. São dotados para conhecer, sendo matemáticos exímios, mas são ambiciosos, vivendo nas nuvens, por isso têm "um dos olhos voltado para dentro e o outro apontando diretamente para o zênite"[2]. Quer dizer, são orgulhosos porque querem a verdade definitiva e, por serem dotados dessa ambição de conhecimento, vivem tropeçando em si mesmos sem se dar conta do jardim que está ao alcance da vida de cada um para ser cultivado.

Para que se tenha medida da permanência desse tema, e num outro campo de produção intelectual, vale lembrar o episódio da resenha publicada em 12 de agosto de 1915 no *The Times Literary Supplement* sobre o livro *A Servidão Humana*, de William Somerset

---

2   J. Swift, *Viagens de Gulliver*, p. 249.

Maugham, na qual se afirma que o herói do romance, Philip Carey, do princípio ao fim da narrativa, "estava tão ocupado com seus anseios pela lua que jamais conseguia ver os seis vinténs a seus pés".

Quatro anos depois da publicação da saga de formação e de aprendizagem do torturado Philip Carey, Maugham publica um romance inspirado na história de vida de Paul Gauguin. Ele cria um personagem – Charles Strickland – que, de operador da bolsa de Londres, abandona tudo – vinténs e família – e se entrega, de corpo e alma, no Taiti, à obsessão única e exclusiva de sua exuberante produção pictórica. O livro recebeu o título de *The Moon and Sixpence* (A Lua e Seis Vinténs; no Brasil, *Um Gosto e Seis Vinténs*), em resposta à resenha do *The Times Literary Supplement*, aceita como uma provocação a que responde o narrador autobiográfico do romance, com uma forte simpatia pela saga do herói que despreza os apelos materiais e as obrigações sociais de seus compromissos e parte em busca da lua e da realização de seus sonhos. Essa solução é em tudo contrária à do desfecho de romântico prosaísmo que caracteriza a paz e a tranquilidade do jardim de amor-afeição (*loving-kindness*) que o casamento de Philip Carey e Sally Altheny constitui, ao final da saga de formação e de amadurecimento do protagonista.

Esses dois romances de Maugham poderiam ser considerados uma representação das duas pontas de tensão por que se estende nossa existência no mundo e o conhecimento do mundo de nossa existência. É como se fossem totens epistemológicos entre os quais ressoa a pergunta que o homem não deixará de fazer enquanto durar sua humanidade: "Qual o sentido da vida, se é que a vida tem algum sentido?" Penso que o sentido da vida é o conhecimento que, desse modo, é ilimitado pela amplitude da pergunta e é, ao mesmo tempo, limitado e útil pelo alcance de nossa capacidade de resposta.

Algo parecido pode ser encontrado, ou perdido, na metáfora fantástica e imortal do universo representado no conto "A Biblioteca de Babel", de Jorge Luis Borges. Depois de perambular pelos paradoxos do conhecimento contidos em sua labiríntica arquitetura, o autor-narrador anota, sob a forma de falsa conclusão, que a biblioteca é ilimitada e periódica. E termina: "Se um viajante

A Quem Pertence o Conhecimento?

18 eterno a atravessasse em qualquer direção, comprovaria ao cabo de séculos que os mesmos volumes se repetem na mesma desordem (que, repetida, seria uma ordem: a Ordem). Minha solidão se alegra com essa elegante esperança"[3].

II

A quem pertence o conhecimento? Aos cientistas, pesquisadores e pensadores que o produzem? Àqueles a quem é ensinado que, se o aprendem, são também seus coproprietários? À sociedade que deve dele se beneficiar e que, sabendo ou não disso, oferece as condições culturais, políticas, econômicas e morais para sua busca, seu desenvolvimento, sua multiplicação e sua transformação? Aos governos que o financiam – quando o financiam – e que deveriam manter boas políticas públicas para sua produção, seu desenvolvimento e sua apropriação social? Às empresas que dele se apropriam por investimentos, compras, ações jurídicas e/ou judiciais, registros de patentes, lideranças em pesquisas setoriais, propriedades, enfim, do que é de todos, mas com direitos exclusivos de controle e de formas de socialização, via práticas comerciais vigentes nos sistemas de troca da economia global?

A quem pertence o conhecimento? Às comunidades indígenas, aos sertanejos, aos agricultores, às populações ribeirinhas, aos seringueiros, àqueles, enfim, herdeiros ativos de um conhecimento tradicional? Um longo e depurado saber, em particular no caso da biodiversidade, que, passado de geração em geração, se manteve como um patrimônio de conhecimento sobre a vivência, a prática e a experiência do convívio com a terra, com as águas, com os animais, com os vegetais e com os minerais, que, juntos, compõem os complexos ecossistemas da vida no planeta?

3 J.L. Borges, A Biblioteca de Babel, *Ficções*, p. 78-79.

A quem pertence o conhecimento? A todos e a nenhum? A uns mais, a outros menos? Como? Por quê? Para quê? Quem deve governar os destinos da ciência e da tecnologia? Todos esses atores elencados? Somente alguns deles? De que modo? Por quais mecanismos de participação nos sistemas de governança da ciência e da tecnologia? No caso do chamado conhecimento tradicional, que papel atribuir a ele quanto a obrigações e direitos gerados pelas inovações que possibilitam e, muitas vezes, facilitam?

O fato é que a situação que envolve essas comunidades, no que diz respeito aos direitos sobre o conhecimento da realidade física e cultural em que estão inseridas e na qual e com a qual interagem de forma ao mesmo tempo dinâmica e conservadora, é nova e, além disso, apresenta características que lhe dão peculiaridades significativas, mas nem por isso simples ou fáceis de codificar nos vocabulários das regras da economia contemporânea. Entre essas características, duas podem ser apontadas como marcantes: ser um conhecimento sem autoria individualizada, mesmo quando, por exemplo, os pajés em comunidades indígenas são os "donos" da soberania ritual e cerimonial de seus segredos, poderes e aplicações; ser um conhecimento difuso, embora consistente, e que, por ser difuso, gera também direitos difusos para a nomenclatura dos compartilhamentos consagrados, administrados e governados por organismos, normas e leis de sofisticação crescente, em níveis nacional e internacional. Contudo, isso não exclui a necessidade do reconhecimento desses direitos; tampouco funciona como justificativa para protelar as decisões políticas que, de um lado, os afirme e em leis os consagre e, de outro, desimpeçam os caminhos da pesquisa dos entulhos das alegações infundadas e dos atrasos institucionais.

Especialmente desde a Eco 92, o Brasil vem desenvolvendo, em diversos níveis das ações culturais e políticas, uma intensa atividade no sentido de buscar cenários cada vez mais favoráveis ao atendimento dessas condições enunciadas. Pela riqueza de nossa biodiversidade, pelo potencial daquilo que a natureza oferece como "ensinamento" para o equilíbrio ambiental, para a inovação tecnológica e para o desenvolvimento de novos produtos de alto valor

A Quem Pertence o Conhecimento?

20 econômico e social, pela pluralidade dos saberes que em rica diversidade cultural vivem várias de nossas populações no contato mais direto com essa enorme variedade da vida em nosso território, é fundamental que os mecanismos legais que reconhecem o papel do conhecimento tradicional nesse processo sejam constante e sistematicamente aperfeiçoados na busca ético-pragmática de soluções que façam avançar as pesquisas sem perder de vista as dimensões humanistas que dão grandeza e humildade à aventura do homem no mundo, de seu conhecimento do mundo, do mundo do conhecimento, do conhecimento do conhecimento do mundo.

Desse modo, o conhecimento pertence ao homem e isso é mais tradicional e inovador do que todas as tradições e inovações quantificadas, mesmo quando – o que é frequente, sobretudo nas sociedades contemporâneas – sua institucionalização como bem tangível de mercado, comércio e lucro tende a deprimir essa universalidade intangível, mas concreta, de seu papel estruturador na dinâmica dos processos civilizatórios da educação e da cultura.

III

As décadas de 1970 e de 1980 marcaram as grandes transformações por que passaria a biologia com as descobertas da organização, do funcionamento e da variação do material genético dos seres vivos. Desse conhecimento decorreram tecnologias que permitiram, a partir de organismos diferentes, novas combinações, em laboratório, de material genético, estabelecendo-se, assim, um princípio de intervenção humana capaz de, pela substituição das fronteiras naturais entre variedades de espécies e potencialmente entre as próprias espécies, estabelecer fronteiras tecnológicas tendentes mais à uniformidade do que à biodiversidade característica do planeta.

O potencial das pesquisas em torno do DNA recombinante e da revolução instaurada no universo dos estudos da vida, permitindo o surgimento de novas práticas científicas e tecnológicas que o novo campo híbrido entre ciência e tecnologia – a biotecnologia – viria depois consagrar, desencadeou mudanças profundas no comportamento ético da sociedade civil diante das novas questões que a manipulação genética de seres vivos trazia para o homem, ator e autor inconteste do drama redivivo do eterno Prometeu. Esse potencial foi tão importante que a própria comunidade de pesquisadores que participaram dos experimentos fundadores tomou a decisão de declarar uma moratória científico-tecnológica e de promover a adesão da comunidade internacional enquanto não se estabelecessem diretrizes e normas seguras para as pesquisas na área. Nesse sentido, a famosa Conferência do Monte Asilomar, nos Estados Unidos, em 1975, formalizou essa decisão e promulgou a necessidade de se manterem sob rigorosas condições de proteção e de isolamento todos os experimentos de recombinação genética, bem como os organismos deles resultantes, pelo tempo necessário à produção de certezas de que não seriam nocivos à humanidade e ao meio ambiente.

Como no imaginário psicossocial o homem sempre se reencontra com seus mitos, as fantasias correram soltas: logo a criatura Frankenstein e seu criador – personagens do romance *Frankenstein* de Mary Shelley – ou o médico e o monstro – para também se fazer referência à obra *O Estranho Caso do Dr. Jekyll e Mr. Hyde*, de Robert Louis Stevenson –, passeavam pelas alamedas receosas do conhecimento desencadeado e pelo receio da reação em cadeia das forças liberadas. Os próprios pais fundadores do novo conhecimento, James Watson, entre eles, até pela terminologia dos primórdios, incitavam a imaginação: os novos seres produzidos pela engenharia genética eram chamados de quimeras ou plasmídeos quiméricos. Contudo, três anos depois, as coisas estavam mais calmas e os pavores, que levaram inclusive à rejeição, pela sociedade civil, de que laboratórios de manipulação genética fossem instalados em centros urbanos, foram sendo domesticados, até porque nenhum monstro, mitológico ou não, saiu desses laboratórios.

Nicholas Wade, biólogo e jornalista, autor do livro *O Experimento Final*, produziu para a *Science*, ao longo de vinte anos, artigos que são hoje indispensáveis para a compreensão de todo o processo de

A Quem Pertence o Conhecimento?

descobertas iniciado nos anos de 1970 e que viria – em maio de 1985, no encontro organizado na University of California at Santa Cruz (UCSC), pelo biólogo molecular Robert Sinsheimer, do Massachusetts Institute of Technology (MIT) – culminar no lançamento das bases do que mais tarde constituiria o Projeto Genoma, e da própria área de conhecimento que então surgia: a genômica.

Mas, como os mitos falam aos homens, eles estão por aí, antigos, modernos, contemporâneos, entre eles o da depuração e purificação raciais da idiotice branca da eugenia. Há outros, alguns deles positivos, ligados ao ciclo cultural da longevidade, da eterna juventude, da vida eterna, da ressurreição da carne. Há também muitos medos reais e muita atenção da mídia e da imprensa para com os riscos à saúde das populações e para o equilíbrio sustentável do meio ambiente. É que a biotecnologia possibilitou também alterações importantes no paradigma econômico da agricultura mundial, levando, inclusive, empresas transnacionais do porte da Monsanto a mudarem o foco de seus negócios e passarem de produtores de agrotóxicos a produtores de insumos biotecnológicos.

Nesse sentido, a Monsanto, que em 1997 anunciou estar deixando os agrotóxicos, teve a situação mais famosa, mais emblemática e mais polêmica com a produção das variedades transgênicas de soja, chamadas Roundup Ready, desenvolvidas para serem resistentes ao herbicida Roundup, também produzido pela Monsanto.

No caso do Brasil, além de ser um dos maiores mercados consumidores de insumos biotecnológicos, o país é um grande produtor de grãos para o mercado mundial, desempenhando, nesse cenário, um importante papel na produção de proteínas e óleos vegetais. Diferentemente dos Estados Unidos, os mercados europeus e outros que são grandes importadores da produção brasileira, o Japão entre eles, tem severas restrições à transgênese de produtos destinados à indústria alimentícia, chamando-os inclusive, pejorativamente, de Frankenfoods.

Desse modo, aos riscos para a saúde do consumidor e para o meio ambiente, acrescentam-se os riscos econômicos que, por normas técnicas dos países importadores, podem desequilibrar totalmente a balança comercial do Brasil.

Os riscos envolvidos e acarretados pelos alimentos geneticamente modificados (AGM) ou pelas intervenções transgênicas em espécies vivas naturais têm sido um dos principais pontos de atenção da militância civil de organizações não governamentais (ONGs) e do esforço de informação e esclarecimento da mídia e da imprensa, de um lado, e de discussão e avaliações críticas das publicações de jornalismo e de divulgação científica, de outro lado. Contudo, muito pouco se pode fazer ainda nesse domínio. Os transgênicos são uma realidade muito recente, não havendo ainda literatura estatística consolidada sobre o uso deles. O que se faz é adotar protocolos de precaução, rotulagem de produtos com advertência de possíveis riscos, militância institucional e, às vezes, radical contra certos ou todos os usos de transgênicos, além de dispositivos e medidas que visam o estabelecimento de alguma legislação, à criação de normas técnicas e de procedimentos de avaliação de conformidade, com o objetivo de regular e regulamentar, o quanto possível, o acesso aos transgênicos pela sociedade.

Com uma legislação incipiente sobre o assunto, o Brasil tem, desde 2005, como principal instância do governo federal a Comissão Técnica Nacional de Biossegurança (CTNbio), ligada ao Ministério da Ciência, Tecnologia e Inovação (MCTI), que lhe presta assessoria no que diz respeito a organismos geneticamente modificados (OGM) e às questões de normas técnicas reguladoras e políticas de biossegurança. Alguns estados, como o Paraná e o Rio Grande do Sul, viveram, na última década do século XX, situações de grande tensão envolvendo agricultores, cultivares, políticos e instituições governamentais em virtude das questões de fronteiras geográficas com outros países do Mercado Comum do Sul (Mercosul), por causa da mobilidade e dos redesenhos que as fronteiras tecnológicas imprimem a essas divisões político-administrativas, como decorrência da própria dinâmica da expansão dos interesses do capitalismo financeiro internacional e das reações de resistência por ela provocadas, como as que caracterizam, por exemplo, o Fórum Social Mundial (FSM)[4]. Ninguém acredita, ou

---

4   Realizado anualmente, no início em Porto Alegre (RS), o FSM teve eventos centralizados no Brasil (2001, 2002, 2003, 2005, 2009, 2012) e em outros países, como Índia (2004), Mali (2006), Paquistão (2006), Venezuela (2006), Quênia (2007) e Senegal (2011). Houve

A Quem Pertence o Conhecimento?

24 pelo menos não deveria acreditar, que os alimentos que, antes da descoberta da transgênese, comíamos eram todos encontrados em estado de graça natural. Batata, milho, feijão e outros cereais foram sofrendo processos de melhoramento ou aperfeiçoamento genético que permitiram torná-los não só mais agradáveis ao paladar, como também mais nutritivos e, em alguns casos, transformá-los de venenosos e nocivos à saúde em alimentos ricos e saudáveis, como é o caso da batata e do próprio feijão. Mas com os transgênicos a situação é um pouco mais complicada porque, além dos saltos biotecnológicos de qualidade, para o bem ou para o mal, a tendência é para uma uniformização das variedades e, dentro dela, em alguns casos, do controle do próprio princípio de fertilidade das sementes, uniformizando, pelo monopólio da tecnologia, o controle econômico das lavouras, dos cultivares e da produção agrícola onde quer que ela se dê. A operação transgênica conhecida como Terminator esteriliza as sementes impedindo que se produzam, para um segundo plantio, novas sementes a partir das que são compradas para a primeira lavoura.

Os argumentos de que a fome cresce no mundo e de que a produção tradicional de alimentos não é capaz de atender às necessidades das populações crescentes dos diferentes países são frequentemente usados pelos defensores das modificações transgênicas. Argumentos comuns são também os que apontam para a eficácia de tecnologias, por exemplo, por meio de modificações genéticas do milho, que dariam também ao alimento propriedades anticoncepcionais que muito contribuiriam, a baixo custo, para o controle da natalidade em países pobres, em desenvolvimento ou emergentes, como quer a cartilha e o vocabulário dos agentes e das instituições financeiras da nova ordem econômica global.

O fato é que, mesmo havendo riscos, cuja extensão e qualidade são ainda difíceis de serem medidas, se o país não se prepara adequadamente para o domínio da biotecnologia, mesmo quando sua economia, como é o caso do Brasil, depende muito de sua produção

eventos descentralizados em vários países nas edições de 2008, com a Ação Global, e na de 2010. No Brasil, também houve em 2006 o 1 Acampamento Binacional, Brasil-Uruguai, em Barra do Chuí (RS), fronteira entre os dois países.

agrícola convencional e, às vezes, também de sua produção orgânica, 25
mesmo nesse caso em que é sempre preciso atestar a não contaminação por transgênese dos produtos exportados, é imprescindível,
não fosse apenas essa razão negativa, que, como em todo processo de
desenvolvimento tecnológico e de inovação, o país saiba dizer "não"
pelo pleno conhecimento da melhor entre as alternativas postas, e
ponha alternativas novas e positivas ao que lhe é apresentado como
impositivo, porque único.

No Brasil, a biotecnologia tem um cenário de sucesso amparado
pela rica biodiversidade que é própria ao país e quase sem similar
no mundo. A transgênese é um capítulo importante da biotecnologia. Conhecê-la e dominá-la é fundamental. Mas o livro é maior
e certamente mais cheio de boas surpresas, além das que se encontram concentradas em estado de alarde nos textos merecidamente
ruidosos dos transgênicos.

IV

Se se dissesse alguns anos atrás que o nome do país em que vivemos
veio de um recurso genético biopirateado, ou biogrilado, pelos portugueses no século XVI, às populações indígenas que aqui viviam, talvez
poucas pessoas se lembrariam – num teste de associação rápida – do
pau-brasil e do corante que dele se pretendia extrair, "industrialmente",
para concorrer com aquele outro que abastecia, de Sumatra (Indonésia),
as tecelagens da Europa. É que não havia ainda emergido a consciência,
tampouco a nomenclatura que lhe é simultânea, de que, em se tratando
de biodiversidade, o que importa, de fato, não são tanto os recursos
materiais em si, mas, sobretudo, as informações genéticas neles contidas.

O Brasil, como se sabe, é um dos líderes mundiais em diversidade
biológica. O que é muito bom, tanto pela riqueza da variedade da
vida, o que deslumbrou viajantes e estudiosos desde os primórdios
do processo de ocidentalização cultural de nosso território, como

A Quem Pertence o Conhecimento?

pelo interesse comercial que essa mesma variedade despertou desde o início, atraindo aventureiros, exploradores e predadores, o que não é tão positivo. Entretanto, de algum modo, essa dicotomia de interesses permanece e é agora acirrada pelas características próprias do processo de globalização da economia.

De fato, a sociedade contemporânea, por meio de suas formas de produção, tende a enfatizar o processo de mensuração do conhecimento, estabelecendo-lhe valores comerciais, antes difíceis de imaginar. O desenvolvimento da informática e das tecnologias da informação, de um modo geral, não só imprimiu velocidade e simultaneidade a dados, distâncias e acontecimentos em imagens, permitindo uma circulação do capital financeiro internacional, antes também desconhecido, como também trouxe uma concretude e uma materialidade às abstrações simbólicas de nosso universo cultural, tal que vai se tornando cada vez mais difícil, para os habitantes – mutantes, talvez fosse mais apropriado dizer – dessas transformações, distinguirem o mundo de suas representações e, nelas, verem-se a si mesmos representados.

Certamente, os movimentos rápidos e fronteiriços das relações do homem com o mundo e do homem consigo mesmo e com seus (des)semelhantes têm muito a ver com as dificuldades para o estabelecimento de padrões éticos de conduta e de comportamento nas sociedades contemporâneas. Para o conhecimento, alguns desafios se põem, desde logo, no quadro dessa axiomática mundializada: o de sua produção, o de sua circulação e difusão, o de sua transformação em valor econômico, o de sua divulgação, que permite ter a medida de sua relevância social, e o de seu valor como fundamento de riqueza cultural, isto é, o de sua gestão com responsabilidade ética e social.

No caso da biodiversidade brasileira e do patrimônio genético que ela encerra, esses desafios se apresentam emblemáticos, quer pela complexidade do fenômeno como objeto de estudo de diferentes disciplinas e áreas do conhecimento, numa ponta, quer pelo potencial econômico das informações que dele podem ser extraídas visando a inovações tecnológicas de enorme valor agregado e, consequentemente, de produtos comerciais fortemente competitivos e lucrativos nos mercados nacionais e internacionais, na outra ponta.

Há muito, o Brasil vem se preparando de modo adequado para cumprir as tarefas necessárias à produção da pesquisa e do ensino nessa área do conhecimento e, assim, cumprir com os grandes desafios que lhe são inerentes. Instituições foram criadas, projetos foram implantados e desenvolvidos, linhas de financiamento foram estabelecidas com sistemática regularidade, pesquisadores foram formados, multiplicando nossa competência de estudo e de conhecimento, e programas ambiciosos, pioneiros e consistentes resultaram, de forma feliz, desse esforço cultural paradigmático na América Latina. É o caso, por exemplo, da iniciativa da Fundação de Amparo à Pesquisa do Estado de São Paulo (Fapesp) com o Programa de Pesquisas em Caracterização, Conservação, Recuperação e Uso Sustentável da Biodiversidade do Estado de São Paulo ou, simplesmente, Biota/ Fapesp, Instituto Virtual da Biodiversidade.

Mas se o país se preparou academicamente e produziu resultados de reconhecida qualidade científica, o mesmo não ocorreu com o ritmo de desenvolvimento de nossa capacidade de transformação de conhecimento em riqueza. Depois que o Brasil passou, em 1994, a ser signatário do Agreement on Trade-Related Aspects of Intellectual Property Rights (trips), administrado pela Organização Mundial do Comércio (omc), incluindo-se, assim, no concerto das nações comprometidas com o reconhecimento e o respeito das regras e normas internacionais que regem a propriedade intelectual e as patentes, esse desequilíbrio entre as ciências e as tecnologias da biodiversidade se tornou ainda mais dramático. De um lado, pela falta de cultura e de estrutura próprias da pesquisa voltada para aplicação com fins industriais e comerciais e, de outro, pela necessidade, tornada, então, ainda mais urgente, de legislar com competência, eficiência e eficácia para proteger o rico patrimônio genético do país.

No primeiro caso, esforços têm sido feitos e avanços já podem ser reconhecidos, embora o país seja ainda pouco competitivo, por exemplo, na indústria de fármacos, para a qual nossa biodiversidade poderia ser uma fonte de riqueza econômica e social ímpar no

A Quem Pertence o Conhecimento?

mundo. Aquilo que não temos conseguido nós próprios fazermos é, contudo, objeto da avidez inovativa dos mercados e, como temos hoje legislação específica para a proteção desse patrimônio, o fenômeno da biopirataria, ou da biogrilagem – como prefere Nuno Pires de Carvalho, chefe da Seção de Recursos Genéticos, Biotecnologia e Conhecimentos Tradicionais Associados, da Organização Mundial da Propriedade Intelectual (Ompi), em Genebra – corre solto.

Isto é, corre preso, às vezes, como no caso dos "turistas alemães" detidos no aeroporto de Manaus (AM), em 2003, quando tentavam levar para Bangcoc, na (Tailândia), matrizes de vários peixes ornamentais, de comercialização proibida, em caixas de isopor cobertas com um papel alumínio especial, num total de 280 peixes de 18 espécies diferentes.

Esses são os que foram pegos, mas há centenas que escapam e movimentam cerca de 1 bilhão de dólares no país, deixando a ver navios ou a ver aviões, o país e inclusive as comunidades indígenas e as populações tradicionais que pela legislação teriam direito de participação nas patentes derivadas dos estudos e das pesquisas desse patrimônio, se elas existissem e se seus registros fossem feitos respeitando esses direitos. Proteger o patrimônio genético nacional, regular a exploração dos recursos biológicos, fiscalizar a bioprospecção e, desse modo, oferecer condições reais para a justa distribuição dos benefícios advindos desses processos têm feito parte da cartilha das boas intenções dos últimos governos. Acontece, porém, aqui, aquilo que, pelo vértice do paradoxo, costuma acontecer com as boas intenções reguladoras de muitos atos governamentais e legislativos: para impedir o pior, mata-se também o bom, por via das dúvidas. Em outras palavras, a força protetora da legislação que, antes de impedir sua exploração clandestina, sufoca a possibilidade de seu conhecimento pelos cientistas brasileiros.

V

O Brasil tem muitas urgências, entre elas as relativas à inovação e ao desenvolvimento tecnológico e à consequente possibilidade de transformar o conhecimento produzido em nossos centros de ensino e pesquisa em riqueza, isto é, em valor econômico e social. Já se disse e tem-se repetido à exaustão que, no cenário da economia globalizada, é cada vez mais incerto e inseguro o futuro dos países exportadores de matéria-prima e que a produção de valor agregado é o único caminho viável para a competitividade de nossos produtos nos mercados internacionais. Para isso, o conhecimento é indispensável e o domínio de todo o processo que vai dele ao produto final comercializável é intrinsecamente constitutivo dessa imperiosa necessidade. Assim, ciência, tecnologia e inovação são peças fundamentais dessa arquitetura que hoje liga o conhecimento à riqueza das nações.

O Brasil acordou tardiamente para essa realidade e, mesmo acordado, demorou uns dez anos para despertar e dar-se conta de que definitivamente não podia mais continuar simplesmente a produzir com tecnologia importada, sem cultura de investimento de risco e sem uma agenda efetiva de investimento em inovação. Contudo o problema da exploração da biodiversidade brasileira continua e a biopirataria é constante em nossas florestas e matas. Encontros e reuniões nacionais e internacionais têm se sucedido buscando soluções institucionais que respondam adequadamente à necessidade de preservação de nossos direitos, dos direitos das populações silvícolas – inseridas no cenário de outra diversidade que caracteriza o país, dessa vez social –, da vida das espécies vegetais, animais e microrgânicas e, ao mesmo tempo, possibilitem, de forma associativa, como é próprio da ciência, a bioprospecção necessária à transformação dessa riqueza natural e cultural em riqueza material e social.

O país, como se sabe, não tem cultura nem tradição no domínio da propriedade intelectual, embora tenha uma vasta experiência no campo do direito autoral. A lei que regulamenta a proteção da

A Quem Pertence o Conhecimento?

propriedade intelectual (PPI) para produtos farmacológicos e biológicos, em geral, é bastante recente (1996). O intrincado sistema legal de patentes internacional é denso e complexo, além de os custos técnicos para a concessão e o licenciamento de patentes de produtos serem altos (cerca de 40 mil dólares), implicando ainda um potencial de litigação enorme que só as grandes indústrias ou os grandes investidores podem bancar. No Brasil, temos a falta dessa *expertise* e a oferta de cursos para a formação de profissionais competentes na área é uma urgência tão grande quanto a dos investimentos de risco ou a dos riscos da inovação.

Os desafios em relação à biodiversidade no Brasil não são poucos e a necessidade de congregar esforços, agregando valor, é das mais prementes se quisermos, de fato, usufruir da enorme riqueza que a natureza plantou em nosso território, preservando-a em sua diversidade de vida, transformando-a em bens de consumo inteligentes e respeitando-a nas grandes e pequenas diferenças culturais – que fazem o contraponto social de sua multiplicidade de formas e de conteúdos. Aqui, como em outras áreas do conhecimento, da tecnologia e da inovação, a agilidade, o planejamento, a coerência e a objetividade das ações são requisitos fundamentais ao grande desafio da mudança definitiva da cultura empresarial, universitária e governamental do país.

Transformar conhecimento em riqueza é, assim, um dos grandes desafios que só poderemos enfrentar se não perdermos de vista que esse processo só se torna parte constitutiva da cultura de uma sociedade quando, nessa cultura científica, se enraíza também a convicção de que a contrapartida dinâmica da transformação do conhecimento em riqueza é a da consequente transformação da riqueza em conhecimento.

Clones, Utopias e Ficções[1]

Provisoriamente não cantaremos o amor,
que se refugiou mais abaixo dos subterrâneos.
Cantaremos o medo, que esteriliza os abraços,
não cantaremos o ódio porque esse não existe,
existe apenas o medo, nosso pai e nosso companheiro,
o medo grande dos sertões, dos mares, dos desertos,
o medo dos soldados, o medo das mães, o medo das igrejas,
cantaremos o medo dos ditadores, o medo dos democratas,
cantaremos o medo da morte e o medo de depois da morte,
depois morreremos de medo
e sobre nossos túmulos nascerão flores amarelas e medrosas.[2]

I

O filme *A.I.: Inteligência Artificial*, de Steven Spielberg, é a história de um clone triste. A novela *O Clone*, de Glória Perez, produzida e exibida pela Rede Globo entre outubro de 2001 e junho de 2002, com fantásticas imagens e cenários do diretor Jayme

---

[1] A primeira versão deste artigo foi publicada em C. Vogt, Clones, Utopias e Ficções, *ComCiência*, Campinas, n. 92, out. 2007. Disponível em: <http://www.comciencia.br/comciencia/?section=8&edicao=29>. Acesso em: 10 out. 2007.
[2] Carlos Drummond de Andrade, Congresso Internacional do Medo, *Sentimento do Mundo*, p. 20.

Monjardim, é a história alegre de um clone triste. A obra *Fausto*, de Johann Wolfang von Goethe, publicada originalmente em dois volumes com um longo intervalo de tempo entre eles, é a história trágica de um clone cômico. O livro *Frankenstein*, de Mary Shelley, que o publicou anonimamente quando tinha apenas 19 anos, é a história trágica de um clone trágico. Em comum, em todas essas obras e histórias de épocas tão diferentes, o mesmo mito do descontentamento com as limitações da existência e da busca de sua superação com a criação de outras vidas, sobre-humanas.

Em suas *Metamorfoses*, Ovídio poeta latino que viveu no século I, antes e depois de Cristo, celebrizou o mito de Narciso, que tanta importância teria para o desenvolvimento teórico, conceitual e metodológico da psicanálise muito tempo depois. Narciso repeliu o amor das ninfas, Eco entre elas, que por ele se apaixonaram. Tanta era sua beleza que ele próprio, ao ver sua imagem refletida nas águas claras de uma fonte, por si mesmo também se apaixonou. Como não conseguia abraçar esse objeto evanescente de seu amor, tentou, desesperado, desgarrar-se de si mesmo até dilacerar-se e, sangrando, perecer. Ao buscar seu corpo para colocá-lo na pira fúnebre, suas irmãs, em seu lugar, só encontraram a flor em que ele havia se transformado. Narciso é a história liricamente triste de um clone impossível.

Há outras histórias do mesmo tipo como, por exemplo, a do romance *O Estranho Caso do Dr. Jekyll e Mr. Hyde*, de Robert Louis Stevenson, a da *A Ilha do Dr. Moreau*, de Herbert George Wells, ou até mesmo uma bem mais antiga narrada na *Bíblia*, no *Velho Testamento*, no livro de *Jó*, em que Deus permite ao Diabo a "clonagem" do Jó rico e feliz no Jó pobre e infeliz para a dura provação de sua crença e de sua devoção ao Senhor.

A transformação de um em outro e o retorno à identidade original, enriquecida pela viagem do estranhamento de si mesmo e da alteridade, é um tema recorrente nos mitos da Antiguidade e mesmo nos mitos mais modernos do ciclo de novelas de cavalaria, na Idade Média, ou no do médico-cientista que vende a alma ao diabo, também na Idade Média e na Renascença e que, além da complexa beleza da versão de Goethe, culmina, recentemente, no século xx, no vigoroso romance *Doutor Fausto*, de Thomas Mann. De outro lado, a saga de gêmeos no imaginário da cultura, as mais diversas e antigas, acrescenta ao tema da duplicidade elementos que reforçam e aprofundam as indagações metafísicas do homem, através dos tempos, sobre a singularidade de seu destino comum. Além disso, há o tema do espelho, em particular do retrato que o representa – sendo, no entanto, o outro –, e que tem no conto "O Espelho", de Machado de Assis, um de seus momentos altos, e no romance *O Retrato de Dorian Gray*, de Oscar Wilde, que propicia tanto a definitiva notoriedade do autor como sua plena realização literária.

O livro de Wilde é uma narrativa filosófica, cujo protagonista Dorian Gray é jovem, belo, dedicado ao prazer e ao culto da beleza. Recebe de um amigo pintor o retrato que espelha, luminoso, tudo isso. Angustia-se com a ideia de que um dia perderá tudo e, por um pacto e um voto, consegue transferir para o quadro as marcas do tempo e do envelhecimento, mantendo-se em eterna e fresca juventude. Abandona a angelical Sibyl e acaba assassinando o amigo pintor que desaprova o comportamento e recusa a conduta do personagem. Atraído pela própria imagem no retrato, assiste, às vezes, à degradação de si próprio no outro, representado. Numa dessas vezes, contemplando o rosto degenerado de seus vícios, no retrato, dilacera-o com um punhal, tombando morto no instante mesmo em que sua imagem é destruída por ele próprio.

Há semelhanças entre os livros *O Retrato de Dorian Gray* e *O Estranho Caso do Dr. Jekyll e Mr. Hyde*, publicado poucos anos antes, assim como há também com outras obras românticas e pós-românticas como é o caso de "A Noite de Dezembro", de Alfred de Musset e, especialmente, com *A Pele de Onagro*, de Honoré de Balzac, obra carregada ainda mais de simbologia dual, ou de dualidade simbólica, por ter sido o último livro lido por Sigmund Freud antes de sua morte, conforme nos relata Peter Gay, em *Freud*, famosa biografia do fundador da psicanálise.

A eterna busca do fogo sagrado da vida nos torna perseverantemente teimosos, do ponto de vista epistemológico, e teimosamente

Clones, Utopias e Ficções

ridículos, do ponto de vista dos malogros a que nos condenam os mitos e suas recriações literárias, em diferentes épocas. Nem por isso deixamos de ser como Prometeu e de transgredir os limites que a ética e as religiões estabelecem para cada época, como condição de harmonia social, de felicidade individual e de sábia ignorância. O "pecado" da curiosidade do conhecimento levou o homem, no decorrer de sua história moderna, a sofrer alguns abalos fundamentais que chacoalharam sua vaidade e o empurraram para quedas simbólicas, no sentido bíblico, irrecuperáveis: a primeira, tira-o, na Terra, do centro do universo, com a Revolução Copernicana; a segunda, arrebata-o da linhagem divina, com a teoria da evolução das espécies, de Charles Darwin; a terceira, composta de dois trancos, praticamente simultâneos, retira-lhe a condição de sujeito da história, no choque com a teoria marxista e desaloja-o de seu próprio *eu*, para revelá-lo estranho e conflituoso consigo mesmo, com a criação, por Freud, da psicanálise, ele próprio arauto dos sucessivos tombos acima enumerados.

Como resultado do sequenciamento dos genes que compõem o genoma humano e dos que compõem o genoma do chimpanzé, chegou a ser anunciada uma diferença quantitativa muito pequena de genes entre os dois, o que motivou cientistas a proporem uma revisão da classificação do chimpanzé para incluí-lo entre os representantes da linhagem do gênero *Homo*, sabido ou ignorante, pouco importa no caso em questão. É verdade, no entanto, que, em estudos posteriores, como o publicado na *Nature*, em fevereiro de 2009, numa edição dedicada ao bicentenário de Darwin, essas diferenças foram ampliadas e consideradas pelo menos dez vezes maiores que os 1,24% antes estabelecidos.

O fato é que o DNA, descoberto há mais de cinquenta anos, abriu novos caminhos para o desenvolvimento das ciências da vida e para o nascimento de áreas multidisciplinares de estudo e pesquisa antes desconhecidas. A própria biologia, com o desenvolvimento da genômica e da proteômica, foi conhecendo transformações que têm mudado seu paradigma teórico e metodológico, aproximando-a, sob esses aspectos, das chamadas ciências duras, para as quais a

materialidade de seu objeto e a quantificação de seu conhecimento   35
são condições constitutivas do rigor dos procedimentos e da verdade
dos resultados produzidos pela investigação.

Quando, há algum tempo, foi anunciado por cientistas da empresa
Advanced Cell Technology (ACT) que haviam clonado um embrião
humano, o rabino Henry Sobel, então presidente do rabinato da
Congregação Israelita Paulista (CIP), declarou na televisão não ser
contra os avanços da ciência nesse campo. O problema, disse ele,
é saber como, onde e quando parar. O rabino tem razão, mas, na
verdade, o enigma da ciência só se completa quando a esfinge do
conhecimento pergunta também: "Por que e para que parar?"

Isso fecha o círculo ético de nossas incertezas e dele ficamos
prisioneiros, pois a capacidade social de resposta a essas perguntas é
cada vez mais lenta diante da velocidade cultural com que a ciência
e a tecnologia avançam em novas descobertas e em novas invenções.
A vertigem desse ritmo não é, contudo, ditada apenas pelo potencial
intrínseco do conhecimento científico ou do domínio tecnológico
a que a humanidade chegou. É também pautada fortemente pelo
apelo do mercado de capitais, ávido de notícias e de boatos, que
possam mover as bolsas, e do dinheiro fazer dinheiro.

O caso da ACT é típico. O anúncio da clonagem de um embrião
humano foi feito em revista não especializada, os cientistas de todo
o mundo contestaram a declaração e o veterinário Jose Cibelli, vice-
-presidente da empresa teve, ele próprio, de acomodar a estridência
do anúncio às finalidades terapêuticas mais consentidas no estágio
em que se encontravam as leis e a admissão ética e religiosa das
pesquisas genéticas nesse campo. O fato é que a ACT, anunciando
ter feito muito mais do que fez, mexeu com o mercado e nele se
valorizou. E foi exatamente isso que atraiu, na ocasião, a atenção do
médico italiano Severino Antinori, paladino da reprodução humana
clonada, que acusou os cientistas da empresa norte-americana de
roubarem sua ideia. Razões da ciência de marketing muito mais do
que de marketing da ciência, como se vê.

Na época, o papa João Paulo II condenou enfaticamente a clonagem de seres humanos; nem mesmo a atenuação das declarações

Clones, Utopias e Ficções

da ACT, dizendo que suas experiências se destinam não à clonagem, mas ao tratamento de doenças como o mal de Parkinson e o diabetes, abrandaram a posição de repúdio convicto e de condenação peremptória adotada pela Igreja Católica. Segundo a Pontifícia Comissão para a Vida, os embriões já são vidas humanas com os direitos próprios de todo ser humano e, clonados ou não, não podem ser sacrificados na busca das células-tronco. No Brasil, o então presidente Fernando Henrique Cardoso fez saber que seu entendimento é o de que "a ética impõe limites à pesquisa científica".

E a ciência aceita esses limites? E o mercado compraz-se com as moratórias da ciência e da tecnologia? E o cientista submete sua vaidade secreta às razões da causa social da ciência e à humildade de seus próprios temores? E a megalomania dos ricos e poderosos aceita despir-se de seus projetos de eternidade? Quando alertados pelo fato de estarem competindo com Deus, ao manipularem a vida humana, muitos deles repetem, em clave de modesta humildade, não serem mais do que um mero instrumento da divindade. O que, convenhamos, já não seria pouco, admitindo-se nossa falibilidade e a cômica humanidade de nossos desatinos.

Jose Cibelli, sempre no esforço de atenuar as críticas às declarações da ACT, disse também que o objetivo da empresa era reverter o tempo e, desse modo, retardar o envelhecimento e alongar a vida. Reencontramos nesse objetivo o mito da longevidade e da eterna juventude que já havíamos reconhecido em *O Retrato de Dorian Gray* e que aparece também em *O Centenário*, um folhetim gótico de Balzac, ou no excelente *O Perfume: História de um Homicida*, de Patrick Süskind, de enorme sucesso em todo o mundo, desde que foi lançado, em 1985. Tanto em *O Centenário* como em *O Perfume*, a vida sobre-humana ou a sobre-humanidade da essência da vida alimentam-se do vigor, da juventude e da beleza de outras vidas humanas, numa espécie de vampirismo sem caninos e sanguessugas.

Investidor da ACT, Miller Quarles aproveitou o embalo para propalar aos quatro ventos que queria ser o primeiro ser humano a chegar aos 200 anos de idade. Como alimentar esse sonho? Segundo a *Bíblia*, no *Velho Testamento*, Jó, depois de voltar a ser rico, respeitado e feliz, por vontade de Deus, viveu ainda, 140 anos, morrendo muito velho, numa nova família de muitos descendentes. Será que a ciência dará ao empresário da ACT a mesma compensação e o mesmo destino ditoso do penitente Jó? A crer no que oferecia a seita raëlita e a empresa Clonaid a ela ligada, por intermédio de pronunciamentos de Raël (Claude Vorilhon), guru da seita e ex-piloto de automóveis francês, e de Brigitte Boisselier, bioquímica francesa da empresa e integrante da seita, sim e para já. A página desse pessoal na internet anunciava a realização dos sonhos míticos da humanidade, por preços que variavam de 50 mil a 200 mil dólares, entre eles o da ressurreição de entes queridos desaparecidos, já que o próprio Jesus só ressurgiu dos mortos pela ação de alienígenas conhecedores, já naquela época, da biologia molecular e da tecnologia da clonagem.

Leon Kass, bioeticista norte-americano com fortes ligações religiosas, considera que o medo que a sociedade tem em relação à clonagem de seres humanos é parte do que ele chama de "sabedoria da repugnância" (*wisdom of repugnance*), aqueles conhecimentos que possuímos, como seres humanos e para os quais não há nenhuma necessidade de argumentação lógica e de demonstração racional.

Já os raëlitas, se entregam ou se entregarão o que vendem, não se sabe, mas que reforçam e dão razão aos argumentos religiosos da ética de Kass, contrário à clonagem humana, quanto a isso não há a menor dúvida.

Num artigo interessante de 1998, Patrick D. Hopkins analisa o comportamento da mídia norte-americana relativamente ao anúncio da clonagem da ovelha Dolly e identifica constantes morais por ela veiculadas, classificando-as em três grandes grupos de medos e receios: o primeiro, da perda da unicidade e da individualidade do ser humano; o segundo, das motivações patológicas do desejo de clonar ou ver clonado um ser humano; e, enfim, o terceiro, do medo da perda do controle da ciência sobre os objetos e os seres de sua criação.

Vem-nos imediatamente à lembrança as ficções *2001: Uma Odisseia no Espaço*, tanto a narrativa de Arthur Clarke como o filme de

Clones, Utopias e Ficções

Stanley Kubrick; o filme *Blade Runner*, de Ridley Scott; o livro *Os Meninos do Brasil*, de Ira Levin, e a versão cinematográfica de Franklin J. Schaffner; além, é claro, do clássico romance *Admirável Mundo Novo*, de Aldous Huxley.

Alguns autores distinguem uma *ética da clonagem* de uma *ética na clonagem*, argumentando que a maior parte das discussões éticas que cercam o tema até agora são externas a ele. Mas será a ciência capaz de representar-se a si mesma em fóruns distintos ao dela própria? Pode o conhecimento conhecer-se a si próprio, ou a mente representar-se a si mesma, ou a consciência ser consciência da própria consciência? Não há ciência sem simulação, tampouco conhecimento sem linguagem e representação. Os símbolos fazem a mediação do mundo e do conhecimento do mundo. A unidade e a unicidade do ser humano são o fundamento de sua humanidade, e a vida é sagrada porque morre e renasce em diferenças e dessemelhanças. O humanismo feroz e a humana ferocidade da literatura de Ernest Hemingway ressoam na epígrafe clássica de *Por Quem os Sinos Dobram*: "Nenhum homem é uma ilha, um ser inteiro, em si mesmo; todo homem é uma partícula do Continente, uma parte da terra. Se um pequeno torrão carregado pelo mar deixa menor a Europa, como se todo um Promontório fosse, ou a Herdade de um amigo seu, ou até mesmo a sua própria, também a morte de um único homem me diminui, porque eu pertenço à Humanidade. Portanto, nunca procures saber por quem os sinos dobram. Eles dobram por ti"[3].

A banalização do mistério da vida, posto em gôndolas eletrônicas da internet, banaliza a morte, a violência, o crime e faz terra arrasada da singularidade da existência de cada ser humano em sua infinita provisoriedade. Dessacraliza a vida. Tudo o que o homem pode fazer ele fará, mesmo que a custo de muitas vidas e muito arrependimento tardio, como foi o caso para os criadores da bomba atômica. Cedo ou tarde, o homem clonará o homem e com mais facilidade do que fez a bomba, porque os aparatos tecnológicos e os custos envolvidos são mais simples e instaláveis numa clínica particular. É um risco

---

3 E. Hemingway, *Por Quem os Sinos Dobram*, p. 6.

para o qual a sociedade não está ainda preparada a não ser pelo
medo mítico das representações que conhecemos e, quem sabe, pela
"sabedoria da repugnância" de que nos fala a bioética de Leon Kass.
Será suficiente? No Olimpo, dizem os deuses que não! Que sim,
dizem seus semelhantes na Terra!

II

A solidão começava a incomodá-lo. Não em si, por si mesma, de
modo absoluto, mas por ter de compartilhá-la com estranhos. E mais
do que estranhos, estrangeiros no país de sua geografia cotidiana,
nos acidentes de suas divagações, no roteiro de sua permanência. Na
casa ampla e abandonada da intenção de qualquer outro abandono
senão o seu, livros espalhados, empilhados, dispostos e cruzados em
estantes como em um universo. Era de propósito, como ele cos-
tumava cortar qualquer pergunta admirada do *estranho-estrangeiro*
que ocasionalmente frequentava e invadia sua solidão. E era mesmo,
como ele acreditava, desse modo, reproduzir na escala da casa uma
espécie de aleph da biblioteca ilimitada e periódica que a leitura do
conto "O Aleph", de Jorge Luis Borges lhe inspirara.

Outra presença literária e, nesse caso, também cinematográfica,
no imaginário de seu quarto, bem na parede acima da cabeceira da
cama era a reprodução em pôster do quadro de Giacomo Girolamo
Casanova com sua amante autômata sobressaindo num pedestal
sobre um fundo do mar de Veneza congelado. A boneca dançarina mecânica, representada por Adele Angela Lojodice no filme
de Federico Fellini que ele vira na Itália em 1976, ano de seu
lançamento, sendo a conquista final desse Casanova protagoni-
zado por Donald Sutherland, conquistara-o também de modo
definitivo e silencioso. Várias vezes sonhara com a materialização
da boneca e com o aconchego frio de sua presença sem perguntas,
sem respostas.

Clones, Utopias e Ficções

Evitava o quanto podia as visitas de quem quer fosse, no limite das necessidades e das fraquezas insuperáveis. Tentara algumas vezes compensar o que ele próprio chamava, com ironia e certa dose de desprezo, os dilemas da carne, recorrendo, na internet, a *sites* de comércio eletrônico de bonecas infláveis. Adquirira vários modelos por preços que variavam, da mais barata, de 20 dólares, à mais cara, perto de 200 dólares. Acompanhava com avidez curiosamente gulosa as novidades, os últimos lançamentos, os atributos, os movimentos, os prazeres anunciados. Todas as iniciativas resultavam, contudo, frustrantes em relação à expectativa de que pudesse ter, senão a dançarina de Fellini, ao menos um simulacro de sua discreta e ausente compreensão.

Queria a boneca mecânica. Se Casanova a tivera no século xviii, com mais razão ele poderia tê-la no século xxi com a revolução tecnológica, os avanços da informática, da mecatrônica, da robótica. Por que não uma *lovedoll*, uma boneca do amor, uma *robolove*, uma roboamor que soubesse e pudesse não só dançar, mas estar junto, fazer-lhe companhia, acompanhá-lo à mesa, ouvir suas lembranças, lembrar com ele detalhes esquecidos de sua história de vida, ajudá-lo a elegê-los, refiná-los, purificá-los do excesso de peso da realidade, ser amada, amar? Vesti-la, cortejá-la, despi-la à noite devagar e apaixonado, deitar-se com ela sob as cobertas no acalanto efusivo das investidas sem contestação! Tê-la e não ser incomodado. Estar com ela e não se sentir acompanhado. Seria isso possível? De que modo consegui-lo? Em que loja comprá-la? Em que oferta eletrônica, em que comércio virtual torná-la realidade?

Inútil querer encontrá-la pré-fabricada e pronta para o amor. As que adquirira, todas, mesmo as mais caras com dispositivos eletrônicos de mobilidade e aquecimento nas partes sexuais, embora silenciosas, como queria, eram também idiotamente quietas em sua indiferença. Era preciso construí-la, fazê-la original, singular, exclusiva. Mas como? Percorria as prateleiras da biblioteca distribuídas de modo caótico pela casa e lia. Lia, com paciência feroz e obstinada, os clássicos, os modernos, os cultos, os vulgares, os refinados e os banais. Lia em busca da ideia, do conceito, da hipótese fecundante, do método, do manual de procedimentos.

Às vezes, pruridos afloravam-lhe à pele, também éticos. Reforçados, quem sabe, pelos infinitos debates e discussões sobre o uso de embriões humanos para as pesquisas com células-tronco e pela certeza e o temor correspondente de que, mais dia, menos dia, tal como ocorreu com a ovelha Dolly, na Escócia, com a bezerra Victória, no Brasil e outros animais em outras partes do mundo, o homem clona o homem e aí adeus natureza humana! Mas isso vinha e ia como coceira, até gostosa de coçar.

Do *Frankenstein*, de Shelley, e suas versões para o cinema, aos autômatos vegetais, eletrônicos, escatológicos ou quiméricos biodegradáveis, lia, relia, via, revia, devorava tudo. Lia autores e críticos, conhecia as fases da evolução da ficção científica estabelecidas por mestres como Isaac Asimov e por estudiosos como Joseph Campbell. Não raras vezes, acreditava estar perto de descobrir a palavra mágica, a fórmula, a equação, o truque que o aproximaria, enfim, do Graal de sua existência.

Mas o tempo passava e nada de encontrar o artifício de seus sonhos, o estranho e familiar objeto do desejo, ele próprio também passando com o passar do tempo. De tudo que lia e via, o hábito mais recorrente era que se dedicava a assistir, por vezes seguidas, ao filme de Fellini e a fazer avançar e retroceder as cenas da boneca mecânica e do amor que, como a Casanova, por ela lhe sobrava. Admirava a atriz por seu desempenho automatizado e pela perfeição da maquiagem que fazia dela uma imitação de estátuas com movimentos descontínuos como num filme cuja sequência de quadros fosse projetada num ritmo de diapositivos em *slides*. Tinha certeza de que era ela a verdadeira musa inspiradora de todos esses artistas anônimos espalhados pelos passeios das grandes cidades do mundo, imitadores de estátuas que, assim imitadas, imitam o homem que as imita. A vida imita a arte, que imita a vida, que imita...

Ocorreu-lhe que a solução poderia estar onde a via há tanto tempo e não a enxergava. E se suas convidadas ocasionais, ou mesmo uma mais duradoura, quem sabe permanente, pudessem ser preparadas para, estando juntos, estarem como autômatos. Isto é, estar sem estar ou sem parecer estar, ou só parecer, sem estar. Ser simulacro,

Clones, Utopias e Ficções

simulação do ser. Precisaria ter aprendido com Rino Carboni, chefe da equipe de maquiagem do filme de Fellini, a arte da transformação de Lojodice no amado robô de Casanova. Isso não sendo mais possível, dedicou-se, com zelo artístico, disciplina literária e método experimental, a estudar e a treinar a arte da transformação de si próprio para poder depois executar a transformação do outro.

Antes de começar a exercer a robotização de suas ou de sua eleita, precisava preparar-se e estar tecnicamente apto para o pleno exercício da maquiagem que o levaria, chegada a hora, à metódica construção de seu robô amoroso, mesmo que sob o disfarce mascarado da ilusão passageira. E em si mesmo treinava. E quanto mais adestrado estava, mais exigente ficava, olhando por horas e horas, diante do grande espelho da sala, que antes os livros ocultavam, a imagem mutante que o ofício de transformar-se impunha à memória de seu dia a dia. Corrigia-se. Um detalhe aqui, outro ali, um aperfeiçoamento de linhas de um lado, um endurecimento de traços do outro e, desse modo, da mesma forma que o autômato nascia, ela também morria e se modificava.

Com os exercícios que lhe tomavam os dias, depois as noites, depois ainda os dias e as noites, foi perdendo a concentração do objetivo e abandonando, por desvio e esquecimento, o objeto de desejo que o trouxera à prática exaustiva da transformação do outro em si mesmo. De vez em quando, voltava a assistir ao filme de Fellini. Deixava-o agora, correr, contudo, ao longo de sua comprida duração, sem o vai e vem obsessivo das sequências eleitas da boneca bailarina e do conquistador sem triunfo. Tinha também nessas ocasiões, um sentimento novo, uma desconfiança talvez de que sempre estivera enganado sobre a verdadeira identidade das personagens que, no filme, por uma trapaça do gênio malicioso do cineasta, dissimulava no herói apaixonado pelo autômato a melancolia automática da razão e, na boneca mecânica dançarina, o movimento quebrado do amor constante, sem razão.

III

Hoje, o sequenciamento do genoma humano está completo, conforme foi anunciado em 14 de abril de 2003 pelos cientistas de diferentes países que participaram do projeto. Há alguns anos, no dia 26 de junho de 2000, a imprensa e a mídia do mundo inteiro se ocuparam em noticiar, com pompa e circunstância, o sequenciamento "virtualmente completo" do código genético humano como resultado do Projeto Genoma Humano e da concorrência privada da empresa Celera Genomics, que utilizou outra metodologia de sequenciamento para acelerar os trabalhos. Ao consórcio público de instituições de pesquisas norte-americanas e inglesas, juntou-se, depois de várias tratativas de bastidores, o empreendimento privado, para a divulgação do feito, evento pilotado pelo então presidente dos Estados Unidos Bill Clinton e acompanhado a distância pelo então primeiro-ministro da Inglaterra Tony Blair.

A retórica que o presidente norte-americano usou para comandar a cerimônia do anúncio teve seu ponto alto numa tirada de efeito que lembra o triunfalismo confiante que, nos anos de 1970, quando se tornou realidade a manipulação genética, convivia com a prudência temerosa ou com o temor prudente dos próprios cientistas em relação à "caixa de Pandora" que estavam destampando. Afirmações como "Hoje aprendemos a frase com que Deus escreveu a vida" ou "Estamos aprendendo a linguagem com que Deus criou a vida", foram divulgadas pela imprensa. De uma ou de outra forma, o fato é que o presidente dos Estados Unidos não hesitou, ao anunciar o genoma humano, em propalar o endeusamento do homem.

É curioso que, em 1975, o melhor e mais completo registro, até então, das idas e vindas dos novos Prometeus foi feita pela *Rolling Stone*, publicação radical da geração dos anos de 1960. Cobrindo a Conferência do Monte Asilomar, reunião internacional proposta por Paul Berg, da Stanford University, que está na orïgem e no desenvolvimento da engenharia genética, Michael Rogers fez um relato da conferência com as discussões sobre os riscos e a necessidade ou não

Clones, Utopias e Ficções

44 de medidas acauteladoras no andamento das pesquisas, apontando, na conclusão, para a possibilidade da "criação de novos biótipos nunca antes vistos na natureza"[4], monstros, portanto, chamados, mais familiarmente, quimeras ou plasmídeos quiméricos.

Em 7 janeiro de 1977, Arthur Lubow publicou um artigo no *New York Times*, que colabora para dar uma ideia de quanto a inteligência dos Estados Unidos se debatia no conflito ético de expulsar ou não o homem novamente do Éden. Os anos se passaram e, do ponto de vista científico, tanto o triunfalismo prometeico como o temor de Frankenstein foram sendo ocupados pela dura e disciplinada tarefa da ciência e das implicações do conhecimento dela decorrente. Em 1985, Robert Sinsheimer, do Massachusetts Institute of Technology (MIT), organizou, na University of California at Santa Cruz (UCSC), o primeiro grupo de trabalho para tornar exequível aquilo que depois viria a se chamar Projeto Genoma. De lá pra cá, os cientistas, mesmo diante da possibilidade real de desvendamento de segredos da vida, tão sagrados quanto todas as mitologias que os cercam – como o da cura definitiva de doenças incuráveis, o da longevidade e mesmo o da imortalidade e o de todos os seus contrários –, têm sido prudentes, sem serem timoratos, e ousados, sem serem temerários.

O registro de todo o movimento científico, político, cultural e social que resultou no Projeto Genoma Humano vem sendo feito, desde as primeiras pesquisas com o DNA recombinante, por Nicholas Wade, cujo papel na divulgação e na discussão de todos os aspectos constitutivos do processo de pesquisa e de seus resultados eficientes, eficazes e relevantes tem sido fundamental para a compreensão e a participação da sociedade nesse processo inovador e fundador de uma nova era para as ciências da vida. Com o livro *O Experimento Final*, ele criou uma referência indispensável para o entendimento do que ocorria com a manipulação genética, até então. Hoje, ele continua a acompanhar, para outros órgãos da imprensa, os desdobramentos que a genômica vem conhecendo atualmente.

---

4   M. Rogers, The Pandora's Box Congress, *Rolling Stone*, n. 189, p. 82.

O Brasil não teve a oportunidade de brincar de Deus nos anos de 1970, a não ser no futebol, apesar dos demônios da ditadura militar. Entrou recentemente na área, de maneira sistemática e institucional, e mostrou, em menos de cinco anos, uma capacidade tal de organização e de produção científica que foi imediatamente alçado à condição de parceiro internacional competente para as pesquisas da genômica. O alcance das pesquisas e parcerias nacionais e internacionais com os setores público e privado abriu uma nova etapa para a ciência no Brasil, não apenas pelos aspectos científicos propriamente ditos que estão envolvidos, mas também pelos aspectos institucionais, de política científica e tecnológica, além, é claro, das questões éticas e sociais que essas ações de ponta, na fronteira do conhecimento, acarretam.

Os grandes avanços da bioquímica, da bioinformática, das ciências biológicas, da genética, da biologia molecular e da própria genômica abriram perspectivas cada vez mais concretas para identificar e descrever uma anatomia neurológica para o aparelho psíquico com consequências importantes para o campo multidisciplinar das neurociências. Nesse sentido, são ilustrativos, por exemplo, os estudos publicados pela *Science*, fazendo uma revisão do tema das raízes orgânicas da violência e cuja síntese pode ser lida em dois artigos de Drauzio Varella publicados na *Gazeta Mercantil*[5]. Nessa mesma linha, em comemoração aos 50 anos da descoberta do DNA por James Watson e Francis Crick[6], Fernando Reinach, um dos responsáveis pela idealização e implementação do Programa Genoma da Fapesp, escreve:

> Quem vive hoje acha difícil imaginar que talvez um dia a mente esteja tão firmemente ancorada no cérebro quanto a hereditariedade está ancorada na estrutura do DNA. Nesse dia ouviremos no rádio 'Foi tirada uma amostra da consciência do senador fulano de tal e, após

5 Ver edições dos dias 1º, 2, 3, 8, 9 e 10 de setembro de 2000.
6 Ainda sobre esse assunto, aos 86 anos, pouco tempo antes de sua morte, Crick anunciou com Christof Koch no artigo "A Framework for Consciousness", publicado pela *Nature Neuroscience* em fevereiro de 2003, a identificação de células responsáveis pela consciência.

Clones, Utopias e Ficções

exame do material nos laboratórios do Judiciário, ficou constatado que na época ele tinha consciência que estava cometendo um ato ilegal ao mandar violar o painel do Senado'. Nesse dia acharemos isso tão natural quanto a notícia: 'Após uma cirurgia de várias horas sob anestesia geral, sem se lembrar de nada, João acordou e sentiu no peito os batimentos do coração de Maria, que tinha morrido em um acidente de automóveis no dia anterior'.

Esses dois exemplos mostram a principal consequência desse processo de materialização: ele permite que os conceitos sejam incorporados em tecnologias. E, com a tecnologia, vem o poder de manipular a natureza e, com o poder, novas possibilidades, novos riscos e novas responsabilidades.

Esses seres vivos, descendentes de algum macaco africano, autointitulados como homens sabidos (*Homo sapiens*), já podem manipular a constituição dos seres vivos. Afinal, clonar a ovelha Dolly a partir das células da glândula mamária de sua mãe não é muito diferente do ato de 'clonar' Eva a partir de uma costela de Adão[7].

Fazendo eco a Seyed-Reza Afraz, Roozbeh Kiani e Hossein Esteky[8], Reinach volta ao tema no artigo "A Origem da Consciência"[9], para reafirmar o progresso das pesquisas sobre a materialidade genética, isto é, feita de genes, da consciência. O que está em questão aqui é a oposição entre *natureza* e *cultura* à qual nos habituamos, pelo menos desde o século XVIII, quando nasce o que hoje chamamos *ciências humanas*. Suas fronteiras conhecem, sobretudo a partir do século XX, dada a intensa interpretação dos campos do conhecimento e a multidisciplinaridade de suas abordagens científicas, uma intensa dinâmica de transformações, com avanços significativos da natureza sobre a cultura, isto é, das explicações naturais e quantificáveis sobre as explicações culturais e imensuráveis. É certamente a isso que se refere o artigo de Reinach.

7   F. Reinach, A Materialização dos Genes, *Folha de S.Paulo*, 7 mar. 2003, p. 2.
8   Microstimulation of Inferotemporal Cortex Influences Face Categorization, *Nature*, v. 442, 10 ago. 2006, p. 692.
9   *O Estado de S. Paulo*, 13 set. 2006, p. A20.

Também no mesmo sentido do alargamento e da invasão das fronteiras da cultura pela natureza é que Edward O. Wilson, primeiro com seu livro *Sociobiologia*, depois, em parceria com Charles J. Lumsden, com os livros *Genes, Mente e Cultura* e *O Fogo de Prometeu*, afirma que a sociologia não poderia se tornar uma verdadeira ciência a menos que fosse submetida ao paradigma científico darwiniano. As críticas a Wilson foram muitas e entre elas a de que sua teoria sobre a natureza humana era "sombriamente mecanicista" e "simplista". Nesse caso, recuperam-se, ao menos em parte, os territórios e as fronteiras da cultura.

O contrário também pode ser verdadeiro, isto é, a invasão do campo da natureza pela cultura da técnica e da tecnologia. É o que acontece, por exemplo, se considerarmos o desligamento cultural do ato sexual entre humanos de sua função biológica de procriação e mesmo a possibilidade real de procriação sem o ato sexual. Ray Kurtzweil, diretor do grupo Kurtzweil Technologies, discorre sobre a possibilidade de ocorrer a mesma coisa com o ato de comer, separando o prazer que ele acarreta da função nutriente dos alimentos para o organismo à qual ele está ligado, possibilidade que se tornaria real pela ação de nanorrobôs inteligentes que saberiam a hora certa de entrar e sair do corpo humano para cumprir com diligência e muito mais eficácia sua missão nutricionista[10]. Enfim, como em toda evolução do conhecimento humano, apresenta-se novamente a tensão entre o modelo explicativo aristotélico da natureza como um *organon* com finalidades próprias e o modelo da *tekhné* platônica da interferência dos gonzos, da construção da máquina e da harmonização construída do mundo.

O sequenciamento do genoma humano oferece ao conhecimento a materialidade dos sinais que constituem nosso código genético. Não é ainda um alfabeto porque ele implica uma linguagem e, com ela, um conjunto de regras de combinação sintática e de associação semântica que um conjunto de sinais, mesmo ordenados, ainda não possui. Da "linguagem da vida" temos, quando muito, as letras, o

---

10   Ser Humano: Versão 2.0, *Folha de S. Paulo*, 23 mar. 2003, p. 4-9.

Clones, Utopias e Ficções

48   que não é pouco. Contudo, falta-nos ainda o vocabulário, as frases e os enunciados de sua significação no mundo. Mesmo sem brincar de ser Deus, trata-se de uma grande conquista, que, despossuída da arrogância do conhecimento orgulhoso, estende o alcance da ação do conhecimento puro e de sua utilidade para o bem-estar do homem e do prazer da vida em sociedade.

IV

As dúvidas, contudo, persistem e o medo, instalado no telhado das transformações profundas por que passou o homem no século xx e que resultaram nos *pós* e nos *hipers* de toda modernidade, fraciona-se na lógica burocrática da violência disseminada e na aparente falta de propósito da lógica de sua aplicação.

Em *O Livro por Vir*, na parte iii, intitulada "De uma Arte sem Futuro", Maurice Blanchot aponta e analisa com perspicácia poética a vertigem lógica da obra de Hermann Broch, perseguido pelo nazismo e conhecedor, por tê-las vivido, das misérias das prisões de Hitler.

Broch é autor de *Os Sonâmbulos*, uma trilogia que trata do destino da Alemanha imperial, do brilho ao desmoronamento em 1918 e é composta dos livros *1888: Pasenow ou o Romantismo, 1903: Esch ou a Anarquia* e *1918: Huguenau ou o Realismo, 1918*. Sobre essa obra, escreve Blanchot, no capítulo ii da parte iii de seu livro, sob o intertítulo "O Destino é a Lógica":

> Em *Guerra e Paz*, Tolstói também tinha tentado coroar uma obra romanesca com uma interpretação da história. Mas o comentário final não conseguiu desfazer o romance, nem rebaixar a prodigiosa realidade das figuras cuja insignificância ele pretendia demonstrar-nos. Em *Os Sonâmbulos*, assistimos ao aparecimento de uma nova forma de destino: esse destino é a lógica. Não são mais homens que se digladiam, nem acontecimentos que se chocam, mas os valores de

que essas pessoas são os protagonistas ignorantes. Não há mais rostos, mas máscaras; não são mais fatos, mas potências abstratas junto às quais os seres agem, como figuras de sonho. O crime de Huguenau é um crime lógico. Ele não mata por motivos ideológicos, ou por frias razões bem meditadas e seguidas até o extremo. Mata por acaso, aproveitando a ocasião oferecida pela desordem dos dias de motim. Mas não há acaso nesse deserto abstrato onde os homens se agitam e onde os valores mais mesquinhos triunfam necessariamente sobre os valores mais vastos e mais complexos. No interior do mundo que é o seu, o mundo do sucesso, Huguenau só pode destruir aquilo que o estorva. Ele não terá nem remorso, nem mesmo lembranças de seu ato. Não percebe, em nenhum momento, o caráter irregular desse ato. Não é um herói de Dostoiévski, o tempo dos Demônios já passou. Temos, em Huguenau, o primeiro dos homens comuns que, protegidos por um sistema e justificados por ele, vão tornar-se, sem nem ao menos o saber, burocratas do crime e contadores da violência[11].

Encerrando o capítulo, Blanchot escreve sobre *A Morte de Virgílio*, o romance mais famoso de Broch e um dos mais importantes da literatura ocidental:

> *A Morte de Virgílio*, de fato, não é apenas o desenvolvimento de uma experiência pessoal, mas um mito, um esforço para representar simbolicamente o saber e o destino de toda a civilização ocidental. Outro traço essencial. Assim como a história de Leopold Bloom deve ser lida no contexto da *Odisseia*, assim como o destino de Adrian Leverkühn é uma reanimação de Fausto e *José e Seus Irmãos* uma tentativa de levar de volta a narração à juventude de suas fontes míticas, da mesma forma Broch buscou, num nome antigo e numa lenda, os recursos de uma narrativa capaz de nos falar, a partir de um mundo que fosse para nós próximo e estranho. Sua tarefa não era fácil. O que é Virgílio para nós? O que é Roma? Mas, na medida do possível, ele conseguiu. Seu livro escapa, em parte, aos artifícios da narrativa histórica, e é com uma real força de verdade que pouco

[11]   M. Blanchot, *O Livro Por Vir*, p. 167-168.

Clones, Utopias e Ficções

a pouco se impõe a nós a grande presença melancólica do poeta, a gravidade de seu destino, seu mundo, o pressentimento da reversão do tempo que também nós pressentimos.

Seria fácil relacionar a origem de Broch, nascido em Viena, não longe de Hofmannsthal, com a sensibilidade latina que, no momento em que vacila a herança de Roma, o convida a despertar suas sombras, a reconhecer-se nelas – pois Virgílio é Broch – e a garantir sua salvação: é verdade que pela morte. Aqueles que gostam dessas explicações dirão que Broch deve a seu duplo patrimônio, o de seu passado vienense e o de seu passado judaico, a complexidade de dons e a ousadia de tentativas temperadas, mesmo em seus excessos, por certa harmonia clássica. Heinz Politzer, que foi vê-lo em Princeton depois da guerra, reconhece nele um conselheiro da antiga corte da Áustria: nos usos, na polidez, na elegância, na sedução espiritual; mas seu rosto, duramente esculpido, exprime o rigor doloroso de um pensamento muito antigo. Esses traços opostos, mais do que um apanágio de nascimento, são os sinais de uma vocação. Como todo artista moderno, como Joyce, ele teve uma grande preocupação com a arte e uma grande desconfiança dos meios da arte, uma grande cultura e um grande fastio pela cultura, uma paixão intelectual que quer ultrapassar, superar a inteligência e que se exalta em visões místicas. Disseram-nos que ele esteve sempre em grande familiaridade com a morte, no entanto sem pateticismo e com um sentimento alegre, quase mozartiano, que, até nas prisões de Hiltler, permitiu-lhe brincar com ela e mesmo zombar dela. É finalmente essa confiança e essa brandura que se exprimem em *A Morte de Virgílio*: canto fúnebre, réquiem à maneira de Fauré, que nos convida quase ternamente a forçar as portas do terror para descer, precedidos de nossa memória amorosa, até o ponto em que se realiza a felicidade ou o saber do círculo. Estranha felicidade, obscuro saber de que Hofmannsthal também nos falou: 'Quem conhece o poder do círculo não teme mais a morte'; e Rilke, que é da mesma família: 'Gosto quando o círculo se fecha, quando uma coisa se junta à outra', 'Não há nada mais sábio do que o círculo', 'O anel é rico por seu retorno'[12].

[12] Ibidem, p. 181-183.

V

Ao sair de casa, naquela manhã, desse ano distante do Senhor, 2050, não me dei conta de imediato, de que estava numa terra estranha. Mais estranha ainda porque parecia familiar. Dei-me conta depois – ou melhor dizendo, antes – que a mistura de estranheza e familiaridade se dava particularmente pelo fato de estar em minha cidade, em minha terra, em meu país e, ao mesmo tempo, não me ver reconhecido nos cumprimentos que trocava, automaticamente, com os transeuntes daquela manhã de esperança e desespero.

Ao sair de casa, naquela manhã, daquele ano distante do senhor, 2050, não se deu conta, de imediato, de que estava numa terra estranha, num futuro próximo, num espaço hostil para onde havia sido teletransportado na noite anterior por sua vontade e contra ela. Por sua vontade porque, na curiosa sofreguidão de seus vinte anos, não via a hora de conhecer o que era proibido para os que, como ele, não portavam desde o nascimento o gene da distinção. Contra sua vontade porque, ao ser descoberto em seus anseios pela leitura digital cotidiana de sua transpiração, como era rotina no alojamento dos assim chamados "despossuídos genéticos", o guarda de zelosos programou-lhe, como castigo e susto preventivo, a teletransportação ora em curso para expô-lo aos riscos do inusitado e, desse modo, aplacar-lhe o desejo do inominável. Frederico Otávio Ribeiro jamais seria o mesmo, nem antes, nem durante, nem depois da viagem de seu alheamento.

Ao sair de casa, na manhã cinzenta desse dia, comum como outros dias, do calendário em curso – ano do Senhor, 2050 –, ele não podia deixar de pensar na aventura de ter podido escapar ao controle dos zelosos e ter ido visitar na noite anterior uma colônia de excluídos nas franjas da Colina dos Remitentes. Passara a noite com eles e embebedara-se com seus rituais e práticas de que só tivera conhecimento pela leitura clandestina dos diários de seu avô, descobertos enterrados no jardim virtual do sítio de preservação ambiental, no clube frequentado por sua família.

Clones, Utopias e Ficções

Caminhava com a sensação de algo travado em suas relações com os planos de futuro que lhe eram ensinados a cada dia na escola vocacional de líderes, que todos, como ele, distinguidos pela seleção genética dos diretores da vida, frequentavam na idade da consolidação de suas virtudes sociais.

Alguma coisa parece que se rompera. Um frasco de vinagre, um vinho envelhecido pela coroa de borra branca, um amargo no fundo da língua, perto da garganta, um travo de sensação – sentimento era a palavra nos escritos do avô – de que já não seria possível levar-se no presente com a mesma tranquilidade aplastada pela certeza confiante de futuros tranquilizadores.

Era o passado que nesse momento o diferenciava, tornando-o igual, em detalhes e em conceitos, a si mesmo, visto de fora e de dentro, em situações que, não tendo vivido de fato, no entanto, as reconhecia e nelas se reconhecia pela vivência narradora do avô no estilo despretensioso do simples registro da vida.

Essas três breves aberturas de narrativas com foco no futuro, inventadas ao acaso e como exercício para o tema *ciência e ficção*, ou seja, *ficção científica* ou ainda *ciência fictícia*, têm em comum um traço que considero constitutivo do gênero: a tristeza inerente ao impossível.

São tristes os heróis das utopias por duas razões fundamentais. A primeira é a de que vivem, no futuro narrado, a transgressão sem consequências (a não ser para confirmar sua própria impossibilidade) de um presente ameaçador das histórias do passado. A segunda razão é que, sendo único, mesmo que numa alegoria, o herói vive no limite de querer realizar o que sua consciência cidadã, seu *alter ego*, diz para não ousar fazer mesmo que tenha poderes para tanto: mudar o passado, alterando o rumo da história, interferindo na série dos acontecimentos, reordenando-lhes o sentido e mesmo os usurpando da morte.

Há coisa mais triste do que a cena em que, num dos filmes do Super-Homem, de Richard Donner, inconformado com a morte da namorada Lois Lane, o homem de aço, torturado pelas suas responsabilidades éticas e civis, não consegue deixar de levar-se pelo amor e, fazendo a Terra girar em rotação contrária, transgride a razão por causa da mulher. E a música de Gilberto Gil que também se chama Super-Homem poderia ser mais bonita e mais triste?

Tristes são os heróis das duas mais famosas utopias escritas no século XX: *Admirável Mundo Novo*, de Aldous Huxley, e *1984*, de George Orwell, a primeira publicada em 1932 e a segunda, em 1949. Num caso e noutro, quer pelo controle genético, quer pelo controle político, as sociedades que nos livros se desenham são altamente controladas e artificialmente felizes. Os heróis, o selvagem, no primeiro caso, e Winston Smith, um programador da história no Ministério da Verdade, vivem, a seu modo, os contrapontos da ruptura subjetiva que a ordem estabelecida provoca em cada um deles pela exposição de suas vidas e experiências ao antigo e ao novo, alternativamente, ao passado e ao presente, à memória e à ausência de memória, ao amor e ao total esquecimento.

A mais famosa utopia de que se tem notícia é a que está contida na obra de Thomas More, que imortalizou a palavra no próprio ato de sua criação. No livro, *Utopia*, a ilha do lugar nenhum, num tempo sem coordenadas é, simultaneamente, uma crítica à situação econômica da Inglaterra de seu tempo e a idealização de um Estado político que poderia ser alinhado como matriz de ideias que, muito tempo depois, seriam criticadas por Marx como próprias do socialismo utópico em oposição a seu, assim chamado, socialismo científico.

Thomas More, como se sabe, depois de grande sucesso como intelectual humanista e como político, caiu em desgraça por recusar-se a aceitar o divórcio de Henrique VIII de Catarina de Aragão para permitir seu casamento com Ana Bolena. Acusado de alta traição e confinado na Torre de Londres, veio a ser executado em 1535. Mais de três séculos depois, em 1886, foi beatificado e, em seguida, em 1935, sob o papado de Pio XI, quatro séculos depois de sua morte, foi tornado santo pela Igreja Católica Apostólica Romana. Pode haver trajetória de maior reconhecimento e sucesso e a um só tempo de tão reconhecida tristeza e melancolia do que essa?

De maneira geral, as utopias da ficção, científica ou não, têm em comum a idealização de um sistema social sem propriedade ou,

Clones, Utopias e Ficções

54 ao menos, sem sua perpetuidade, de modo que o estado de feliz beatitude dos "utopianos", através dos tempos, venha, desde a *A República*, de Platão, anunciado sobre a suposição de igualdade entre todos, menos dos escravos, é claro, e sem os móveis materiais da ganância e das desvirtudes, suas aparentadas. Basta lembrar que, na ilha de Thomas More, o ouro e a prata não têm utilidade na sociedade dos felizes, a não ser como material para confeccionar grilhões para os escravos, situação a que, como punição e castigo, são levados os prisioneiros de guerra, os adúlteros e os criminosos em geral.

Nessa linha de desprendimento material de que faz apanágio o desapego da propriedade, a obra de Étienne-Gabriel Morelly, *Basilíada*, influenciada pelo trabalho de More, não só aponta a propriedade privada como o mal maior da humanidade como considera que os meios de produção, no caso agrícola, devem estar sob total controle do Estado, apenas tolerando-se a religião e preservando o papel fundamental da família na estrutura do tecido social.

Nessas e em outras utopias, o controle da sociedade é, como dissemos, ou político ou científico, quando não os dois a um só tempo e muito mais raramente e mesmo nunca de política científica ou de ciência política, que são, na verdade, invenções mais recentes, uma para tentar dizer socialmente o que deve ser a ciência e outra para tentar explicar como é a política. São, de qualquer modo, menos utópicas do que os Estados que projetam ou do que aqueles cujos mecanismos de funcionamento tentam expor à compreensão pública dos cidadãos que neles vivem. Utopia?

Voltando às nossas ficções, o traço de tristeza que lhes é constitutivo tem a ver com a utopia do igualitarismo social que apregoam, no caso das utopias clássicas e das que delas derivam, ou desenham, com feio horror, em tons cinzentos de monótona mesmice, como é o caso de *Admirável Mundo Novo* e *1984*. Num caso, pinta-se o paraíso perdido a que se quer voltar; no outro, projeta-se, em negativo, o paraíso que já se perdeu sem, contudo, a consciência da perda e da própria impossibilidade de sua recuperação. Desse modo, a impossibilidade de sucesso da aventura traz a tristeza do esforço desgastado da humanidade. E os heróis são tristes, as sagas são

tristes, as situações de convivência são tristes porque triste é o peso   55
incomensurável da queda e da perda mítica e definitiva do estado
de graça original em que Deus, no *Gênesis,* pôs a mulher e o homem
no Éden, deixando-os, contudo, à sorte de sua curiosa fascinação e
horror pela árvore da vida e pela árvore do conhecimento.

Os paraísos assim idealizados, qualquer que seja o sinal, positivo
ou negativo, são, na verdade, infernais porque se está neles, porque
se quer sair deles ou por causa de ambas as razões. O movimento
para o futuro é quase sempre a afirmação metafórica da idealização
do passado e do esforço vão de fazê-lo acontecer novamente, inutil-
mente, mesmo que, pela escritura poética de grandes autores – como
Asimov e Clarke, já citados, ou Ray Bradbury, só como exemplo –,
nós nos convençamos e sejamos até mesmo persuadidos de que
em algum ponto de cruzamento de nossos passados, individuais e
coletivos, alternativas de rotas se apresentaram para outros futuros
que não esses que conhecemos na realidade do presente em que
vivemos. Mas essas rotas não foram seguidas e a escolha feita, por
determinação de leis ou pelo acaso de circunstâncias, foi única, na
singularidade positiva de sua afirmação, e múltipla, na afirmativa
da negação da escolha feita também da ausência paradigmática de
todas as alternativas negadas.

No fecho do livro *As Cidades Invisíveis*, Italo Calvino enumera,
no atlas do Grande Khan, "mapas de terras prometidas visitadas
na imaginação mas ainda não descobertas ou fundadas"[13] e que
são, na verdade, utopias desenhadas por diferentes autores, como é
o caso de More, de Tommaso Campanella, com sua *A Cidade do Sol* ,
e do Marquês de Sade, com sua Tamoé no livro *Aline e Valcourt, ou O
Romance Filosófico*, entre outros. O Grande Khan folheia seu atlas e
percorre os mapas de cidades ameaçadoras, aquelas que "surgem nos
pesadelos e nas maldições: Enoch, Babilônia, Yahoo, Butua, Brave
New World"[14]. No diálogo final, diz o Grande Khan a Marco Polo:

---

13   I. Calvino, *As Cidades Invisíveis*, p. 149-150.
14   Ibidem, p. 150.

Clones, Utopias e Ficções

– É tudo inútil, se o último porto só pode ser a cidade infernal, que está lá no fundo e que nos suga num vórtice cada vez mais estreito. E Polo:

– O inferno dos vivos não é algo que será; se existe, é aquele que já está aqui, o inferno no qual vivemos todos os dias, que formamos estando juntos. Existem duas maneiras de não sofrer. A primeira é fácil para a maioria das pessoas: aceitar o inferno e tornar-se parte deste até o ponto de deixar de percebê-lo. A segunda é arriscada e exige atenção e aprendizagem contínuas: tentar saber reconhecer quem e o que, no meio do inferno, não é inferno, e preservá-lo, e abrir espaço[15].

Para onde aponta no atlas o diálogo de Marco Polo e o Grande Khan? E no mapa apontado, para que ilha, continente, cidade, abrigo se volta a flecha indicativa do caminho a seguir por cada um de nós, pela sociedade, pela humanidade em trânsito? No livro de Calvino, pode-se dizer que contar ou narrar o invisível é mostrar ou revelar o aparente, de modo que, ao falar do que não existe como geografia real, o autor nos leva a descobrir a realidade geográfica do mapeamento de nossa inserção no mundo como acidente permanente, pelo acontecimento, e como permanência incidental, pelo transcurso do acontecido.

Os futuros pelos quais a literatura nos leva a viajar, nos voos da ciência e da imaginação, são, no caso das boas obras de ficção científica, muito menos peças enfadonhas de futurologia e mais pousos assentados de reflexão, humor e poesia sobre a saga incontinente do homem em torno do fato, em torno do mundo, em torno do homem, em torno de si mesmo. A obra de ficção científica, ao projetar futuros, fala do presente para entender passados e, assim, apontar alternativas para futuros já irrealizáveis. Por isso, a impossível tristeza desses futuros, como a da cena final antológica da fuga do par amoroso em *Blade Runner* no sobrevoo dos campos verdes e fecundos de estéril solidão.

---

15 Ibidem.

VI

No livro *O Rato, a Mosca e o Homem*, François Jacob termina suas análises e reflexões com uma avaliação importante e uma inquieta profecia. A avaliação é sobre o século XX, que terminou; a inquietação, sobre o século XXI, que agora se desenrola. Diz ele: "Somos uma temível mistura de ácidos nucleicos e lembranças, de desejos e de proteínas. O século que termina ocupou-se muito de ácidos nucleicos e de proteínas. O seguinte vai concentrar-se sobre as lembranças e os desejos. Saberá ele resolver essas questões?"[16] É cedo para responder, mas provavelmente não. O que não quer dizer que não se continuará a buscar respostas e que o conhecimento deixará de caminhar em sofisticação e entendimento do homem, do mundo e das intrincadas e complexas relações entre eles.

Muitos apontam, no século XX, três grandes marcos do avanço do conhecimento científico e tecnológico: o Projeto Manhattan que produziu também a bomba atômica, o programa espacial que, em 1969, levou o homem à lua, embora parcela significativa da população do planeta continue a duvidar do feito e, recentemente, na última década do século XX, o Projeto Genoma Humano, além dos que se seguiram sobre outros seres vivos, animais e vegetais, do genoma do câncer e de outras patologias que afligem a humanidade.

A tecnologia do sequenciamento de genes foi aperfeiçoada e seus resultados acelerados graças a outra tecnologia contemporânea, a da informação, que permitiu, pela agregação de conhecimento de diferentes áreas, entre elas a da biologia molecular, o desenvolvimento da bioinformática. De outro lado, esse ponto de relevo dos estudos biológicos encontra respaldo numa história um pouco mais antiga, que remonta, no século XVIII, a Pierre-Louis Moreau de Maupertuis e, no século XIX, a Darwin, com a publicação de *A Origem das Espécies*, e a Gregor Mendel, considerado o pai da genética, que publica *Experiências Sobre Hibridação de Plantas*, seus estudos fundadores

---

16   F. Jacob, *O Rato, a Mosca e o Homem*, p. 156.

Clones, Utopias e Ficções

sobre a transmissão de características de ervilhas de uma geração para a outra, dando, assim, nascimento à formulação de leis gerais da hereditariedade.

Em 1953, para citar outra data de referência importante para as pesquisas genéticas e para os futuros estudos da genômica, Watson e Crick realizam a descoberta do DNA e a dupla hélice da representação de sua estrutura passa a girar e a gerar a dinâmica dos estudos da vida, traçando para a biologia o caminho de seu ingresso no universo das chamadas ciências pesadas, que lidam com a quantificação do conhecimento e, para tanto, necessitam da materialidade conceitual e metodológica de seu objeto. A materialização dos genes, nesse sentido, é um passo fundamental não só para a multiplicidade de campos de atuação da genética, para as áreas de fronteira abertas com o seu desenvolvimento, como também para a ambição de estabelecer leis gerais determinantes do comportamento animal e do comportamento humano assentadas sobre bases naturais mais do que culturais, tendendo, em alguns casos, a ver a própria cultura como determinação da natureza biológica do ser vivo. De certo modo, isso é o que caracteriza a sociobiologia nascida nos anos de 1970 com os trabalhos de Wilson e os estudos comparados do comportamento humano na área de etologia, realizados por Konrad Lorenz, que serviram de inspiração a Wilson e nos quais apresenta a evolução do homem em termos de tendências inatas submetidas à seleção por influência do meio ambiente.

Quando se fala em comportamento humano, no caso da sociobiologia, não se quer referir apenas aos que dizem respeito às funções vitais de reprodução, mas também àqueles que dizem respeito à política, à ética, à estética, e assim por diante, abrangendo todos os domínios das relações e dos relacionamentos sociais do indivíduo. A sociobiologia, com todos os problemas científicos com que se apresenta e as dificuldades daí decorrentes para seu reconhecimento no mundo da ciência, além das resistências culturais e ideológicas que provocou e que continua provocando, é a expressão concreta da tendência que, no conhecimento, busca, se assim se pode dizer, a naturalização da cultura ou do que, tradicionalmente, é visto como cultural. Nas palavras de Wilson:

As principais teses da sociobiologia são fundadas no estudo de uma miríade de espécies animais e resultam de centenas de investigações em diversas disciplinas biológicas. Foi, assim, possível, pelos métodos tradicionais dos postulados e de dedução da ciência teórica, derivar proposições e testar muitas delas por meio de estudos quantitativos[17].

Contudo, como bem observa Jacques G. Ruelland, no livro *O Império dos Genes*,

> os estudos quantitativos de que fala Wilson não provam a existência de genes. A sociobiologia passa arbitrariamente da ordem dos dados matemáticos para a da homologia entre as estruturas de organização social dos insetos e as dos humanos, supondo que efeitos similares têm necessariamente uma única e mesma causa: a presença de genes comuns aos animais e aos humanos. Os sociobiologistas buscaram esse procedimento nos etólogos[18].

O fato é que o surgimento da genética, termo cunhado em 1905 por William Bateson, consolida a tendência dominante no século xx da formação de novas áreas do conhecimento por agregação de áreas existentes e não pela particularização e fragmentação de antigos domínios teóricos da ciência tal como ocorreu de maneira significativa ao longo de todo o século xix. E tal como ocorreu, epistemologicamente, para a constituição da genética, continuou a ocorrer com seu desenvolvimento e com a formação subsequente de vários novos domínios fronteiriços e multidisciplinares do conhecimento, entre eles aquele do campo complexo e fascinante das neurociências ou o da própria sociobiologia, ainda que com as dificuldades teóricas e metodológicas que acabam de ser mencionadas.

Os genes estão por toda parte na ciência, na cultura, no imaginário, na arte, na ficção. Prometem e ameaçam, empurram e provocam a psicanálise, acenam com a cura, com a longevidade,

---

17   E.O. Wilson, Academic Vigilantism and the Political Significance of Sociobiology, em A.L. Caplan (ed.), *The Sociobiology Debate*, p. 291-303.

18   J.G. Ruelland, *L'Empire des gènes*, p. 36.

Clones, Utopias e Ficções

com a perenidade do prazer da vida; brandem, ao mesmo tempo, a perfeição, como uma clava doce e terrível de mesmice e desprazer com a existência. À fascinação, com a busca dos determinismos biológicos de nossos comportamentos sociais, opõe-se o medo da manipulação genética do código da vida. Entre as duas pontas, a distância deve ser medida pelo alcance de nossa curiosidade e pelo limite de nosso alcance.

Ao sentido da vida, ao destino do homem, a poesia, a religião, a metafísica têm algo a dizer, mesmo que nelas nada se encontre da materialidade com que é investido o gene em seu protagonismo científico contemporâneo. Como diz Jacob, "nenhuma ciência pode trazer respostas a tais perguntas"[19]. O que não quer dizer que a ciência não deva continuar perguntando, de forma sistemática, o que pode responder e que está ao alcance dos limites do conhecimento científico, que estão longe de serem atingidos, como prova a grande revolução causada pelos estudos genéticos de Mendel quase um século e meio atrás e os cenários "ilimitados e periódicos", como da biblioteca de Babel, de Borges, que continuam a se descortinar para o conhecimento científico da vida e seus semelhantes.

VII

Parece um contrassenso de redundância falar em utopias virtuais como se alguma forma de utopia pudesse ser real, já que o termo designa, pelo significado etimológico, um lugar que não existe e que, por não existir, nos atrai com o fascínio de promessas impossíveis de serem, na realidade, realizadas.

Na contemporaneidade, fomos nos habituando com um conjunto de novas expressões, todas procurando apreender e comunicar as características mais marcantes do mundo que emergiu da globalização total da economia, cujos últimos obstáculos ruíram com o Muro

19   F. Jacob, op. cit., p. 151.

de Berlim, em 1989, e de cuja ruína nasceu prematuramente o século xxi. Assim, sociedade da informação, sociedade global da informação, economia do conhecimento, sociedade do conhecimento são expressões que se equivalem, pertencem ao mesmo paradigma e, se não recobrem exatamente os mesmos significados, têm em comum, contudo, a aspiração retórica da igualdade social, agora articulada na figura do igualitarismo do acesso à informação.

De que é feita essa retórica? Entre outras, de expressões como: novo paradigma tecnoeconômico, resgatar a dívida social, alavancar o desenvolvimento, constituir uma nova ordem social, excluir a exclusão, economia baseada na informação, no conhecimento e no aprendizado, onda de destruição criadora, evitar que se crie classe de infoexcluídos, alfabetização digital, fluência em tecnologias de informação e comunicação (TICS), aprender a aprender, inclusão social como prioridade absoluta, democratização dos processos sociais pelas TICS, vencer a clivagem social entre o formal e o informal, agregar valor, redes de conteúdos que farão a sociedade se mover para a sociedade da informação, igualdade de oportunidades de acesso às novas tecnologias, condição indispensável para a coesão social no Brasil...

Há mais, mas o que aí está ilustra essa retórica da virtualidade igualitária que vai tecendo a cultura em que florescem as utopias virtuais, uma cultura da qual a juventude se apropria, transforma em território de ocupação. As utopias virtuais não são tristes nem são alegres. Tendem antes a ser chatas e aborrecidas com seus mantras de autoajuda e de ajuda autômata, tentando compensar pelo virtual uma igualdade meio abstrata, meio artificial, que não se dá na realidade.

Um dos maiores feitos do mundo informatizado foi o de tornar-se difuso, porque difundido, oferecendo as condições técnicas e tecnológicas para que dele se desenvolvesse, em nós, uma percepção feita de simultaneidade pura, abolindo as distâncias dos acontecimentos, no tempo e no espaço, reduzindo e amplificando a dimensão do simbólico, de modo a confundir a coisa representada com sua representação coisificada em simulacro, agora independente do próprio ato de representar.

Clones, Utopias e Ficções

Uma das características marcantes da globalização torna-se efetivamente realizável pelo desenvolvimento das TICs e consiste da livre circulação do capital financeiro, capaz de migrar com mobilidade incrível de uma praça de mercado para outra, num piscar de olhos, em busca de condições sempre mais favoráveis a seu ganho e a sua multiplicação, o que, em contrapartida, possibilita também que condições desfavoráveis, sobretudo em países centrais, logo reflitam crítica e, às vezes, catastroficamente, na periferia.

Por isso, o bater das asas da borboleta nos Estados Unidos pode provocar terremotos econômicos no mundo ou, ao menos, abalos sísmicos, no equilíbrio econômico do planeta. Se a borboleta bater as asas na China, podemos estar certos de que hoje a Terra treme também. E, dependendo de baterem por júbilo ou desespero, viveremos todos, mesmo estando do outro lado dos oceanos, a euforia ou a disforia dos acontecimentos distantes, às vezes numa ciclotimia de estados antagônicos capaz de pôr as sociedades planetárias em ritmo de psicopatologia bipolar.

O mundo globalizado, conectado, ligado na, e pela, teia de informação e comunicação tecida pela internet é, assim, quando não aborrecido e chato, um mundo ágil e instantâneo que se oferece sob a forma da alegria fugaz e da fugacidade alegre da percepção do tempo e do espaço como só presente, numa geografia de aproximações na qual o viajante não se move, mas, no entanto, viaja, sem sair do lugar. A esse mundo planificado, no sentido de tornado plano e no sentido de planejado ao extremo, é preciso oferecer conteúdos que adensem a superficialidade das imagens penduradas em si mesmas e quebrem o ritmo monótono de ordenamento de mesmice e desencanto.

As facilidades de comunicação e de circulação da informação oferecidas pela rede global de computadores abrem possibilidades reais de programas e projetos culturais e de educação antes não imaginados e sequer vislumbrados. Poder pensar na oferta de educação formal pública e gratuita, com e pela utilização intensiva das TICs, põe-nos diante de uma nova concepção da escola, com uma nova geografia estendida, alargada, socialmente distribuída e que, dessa maneira, permite, com propriedade, falar de uma boa utopia virtual com os pés na realidade.

Parábola do Cão Digital[1]

Sociedade da informação (em inglês, *global information society*), ou sociedade do conhecimento, e nova economia são expressões geradas no interior do mesmo fenômeno e que, se não recobrem exatamente os mesmos significados, pertencem, contudo, ao mesmo campo semântico estendido na planura da retórica redencionista da globalização. Nesse sentido, o Brasil, antes mesmo da apropriação da materialidade abstrata da globalização, que é a livre circulação do capital financeiro, foi se apropriando, pelos projetos e programas que constituem os marcos das aspirações da sociedade mundializada, dessa retórica-simulacro-de-inclusão.

As perorações dos sacerdotes do novo credo formam arengas que, pela recitação insistente, vão constituindo mantras de verdades oraculares: novo paradigma tecnoeconômico; resgate da dívida social; alavancagem do desenvolvimento; constituição de uma nova ordem social; exclusão da exclusão; economia baseada na informação, no conhecimento e no aprendizado; "onda de destruição criadora"; não formação de uma classe de "infoexcluídos"; alfabetização digital; fluência em tecnologias da informação e comunicação (TICs); lema do aprender a aprender; inclusão social como prioridade absoluta; democratização dos processos sociais pelas TICs; vitória sobre a clivagem social entre o formal e o informal; agregação de valor; redes

[1] A primeira versão deste artigo foi publicada em C. Vogt, Parábola do Cão Digital, *ComCiência*, Campinas, v. 30, abr. 2002. Disponível em <http://www.comciencia.br/reportagens/internet/neto1.htm> Acesso em: 10 abr. 2002.

de conteúdos que farão a sociedade se mover para a sociedade da informação; educação a distância; igualdade de oportunidades de acesso às novas tecnologias – condição indispensável para a coesão social no Brasil. Há mais! Mas essa amostra basta para dar uma ideia do curso das águas claras desse pensamento simplista que constitui o ideário ambicioso da sociedade global da informação.

O governo brasileiro oferece aos cidadãos uma série de serviços informatizados que antes requeriam, em geral, longas vias burocráticas de dificuldades variadas e o pagamento de atravessadores para sua facilitação. Hoje, serviços que envolvem Fundo de Garantia do Tempo de Serviço (FGTS), Programa de Integração Social/Programa de Formação do Patrimônio do Servidor Público (PIS/Pasep), Imposto de Renda (IR), Carteira de Trabalho e Previdência Social (CTPS), Cartão Nacional de Saúde (CNS), Título Eleitoral e Passaporte estão, entre outros, disponíveis via rede eletrônica, além de instâncias de serviços que muito facilitam a vida do cidadão, como é o caso do Poupatempo, no estado de São Paulo. Então, o Brasil está dentro desse novo contexto? Está dentro e fora ao mesmo tempo. Inclui-se pela modernidade dos programas e pela ambição das metas, além das récitas das ladainhas da pós-modernidade que tão bem decora e reproduz. Está fora porque, embora o número das inclusões digitais seja crescente e cada vez maior, o número do residual ainda é grande e a qualidade do funcionamento das redes de internet ainda deixa a desejar, sobretudo num setor crucial para o pleno exercício da cidadania: o da educação.

Não há receita fácil para os problemas criados na esteira da globalização nem é certo que o fenômeno perdure mais que o tempo de tornar o capitalismo mais forte e mais concentrado, pela agregação de capital, como se diz agora, ou por sua acumulação, como já se dizia anteriormente. O fato é que, socialmente, num sentido amplo, seus benefícios têm sido feitos mais de simulacros do que de distribuição efetiva da riqueza do mundo, a qual está cada vez mais transnacional, livre para circular como capital financeiro, mas ancorada na propriedade exclusiva dos grandes conglomerados que, ao enriquecerem mais e mais, empobrecem os Estados, os governos, as nações e as populações marginalizadas da Terra. Nesse sentido, não paira a mínima dúvida de que há exclusão social. O desafio é também entender como ela se dá – e como sempre se deu – nesse espaço cada vez menos físico, cada vez menos geográfico da universalidade da máquina, da globalidade da vida, tecida na teia intrincada do fluxo e da circulação da informação.

A vida globalizada é a vida estendida no tempo, mas também no varal do território árido do deslumbramento. Simultaneidade de ausências! O homem não só não tem centro, como não está, ao mesmo tempo, em toda parte. Nesse contexto, a informação manipulada pode ser a manipulação informada, sob a condição de deixá-la disponível integralmente, sem risco de que seja compreendida efetivamente, isto é, vivenciada na verticalidade da individuação de cada vida como fato único, definitivo e transitório, em sua permanente finitude.

Com poucas palavras, Rainer Maria Rilke define, no poema "O Cão", o que considera o essencial da condição canina: "nem excluído nem incluído". É assim que Roger Grenier inicia o capítulo "Um Olhar de Recriminação", do livro *Da Dificuldade de Ser Cão*, em que trata das relações entre o poeta e esses ternos – quando ternos – animais domésticos, reprovando, sobretudo, o fato de a vida desses animais não durar tanto quanto a dos humanos. O que dizer, então, de um outro animalzinho social – o homem digital – criado pelo aparato tecnológico da chamada sociedade da informação que, ao contrário do cão do poeta, é "excluído ou incluído" sem termo médio possível?

Uma das obsessões programáticas dos teóricos idealizadores da sociedade da informação é o firme desígnio da inclusão digital das populações do planeta, pela universalização do acesso ao uso dos computadores e às facilidades eletrônicas que a internet proporciona. Por sua vez, a internet é uma rede mundial que nasceu como um sistema de comunicação para uso estratégico do governo, ou seja, para permitir estratégias de comunicação alternativa às que se conheciam até o fim dos anos de 1960 e que, em um segundo momento, voltou-se ao ensino e à pesquisa nos Estados Unidos,

Parábola do Cão Digital

onde nasceu. A internet, alcançando interesses comerciais mundo afora, universalizou suas finalidades e utilizações, mas restringiu sua capacidade como instrumento de ensino e pesquisa e selecionou, entre o grande público, os beneficiários de seu ambicioso e retórico programa de inclusão social informatizada.

Em 1994, os usuários comerciais da internet já eram o dobro dos usuários acadêmicos e, no ano seguinte, a National Science Foundation (NSF), agência do governo dos Estados Unidos, decidiu desativar o *backbone* NSFNct, não sem antes tomar medidas para garantir a continuidade da internet. Entre essas medidas, aquela que, em parceria com a empresa norte-americana MCI, possibilitou, por cinco anos, um investimento de 50 milhões de dólares para que a MCI operasse um novo *backbone* experimental de alta velocidade, o Very High-Speed Backbone Network Service (VBNS).

A insatisfação da comunidade de ensino e pesquisa com os serviços da internet, então crescente, fez que, em 1996, duas iniciativas marcassem o surgimento de uma nova etapa no desenvolvimento das tecnologias de informação e das tecnologias de rede: a Internet 2 e a Next Generation Internet (NGI), constituindo consórcios de várias universidades e empresas do setor e anunciando poderosos investimentos governamentais com vistas a aumentar a capacidade inteligente do sistema, não só do ponto de vista físico, mas sobretudo lógico e tecnológico, ou seja, implementar e potencializar sua racionalidade informacional e comunicativa.

Para permitir o uso da internet para fins de ensino e pesquisa era preciso acelerar e fomentar a pesquisa em internet e em novas TICS de um modo geral. O domínio das TICS constitui, cada vez mais, um requisito indispensável na formação dos jovens para sua habilitação profissional num mercado extremamente competitivo e transnacionalizado. O mesmo ocorre com a necessidade de domínio da expressão linguística em sua língua materna e em pelo menos duas grandes línguas "francas" internacionais, como é hoje o caso do inglês e do espanhol. Se tiver o domínio das matemáticas, estará, então, preparado para concorrer nas primeiras fileiras dos que disputam seu lugar ao sol.

Mas a grande multidão dos que hoje não têm emprego e padecem da anorexia que tomou conta dos programas sociais dos governos pelo mundo se deve, de fato, à velha dama indigna da má distribuição da riqueza e da injustiça social. Sem o compromisso dos governos com a retomada do Estado de bem-estar social, a plena, plana e generalizada educação informacional não trará conforto à sociedade nem a sociedade, por mais incluída que esteja, virtualmente, na democracia digital da informação, deixará de permanecer, realmente, excluída do acesso, não só aos bens de consumo, mas às condições de desenvolvimento cultural humanístico que deve continuar a ser a utopia e o traço distintivo do homem em sua humanidade.

Mas de que é feita a humanidade do homem? De muitos predicados. Bons e maus. Nem bons nem maus, a exemplo de nosso herói em *Macunaíma: O Herói sem Nenhum Caráter*, de Mário de Andrade. No caso da humanidade digital do homem tecnológico poder-se-ia dizer, para contrapô-la – uma das formas lógicas da definição – ao cachorrinho poético de Rilke, que o que a define é a contrariedade entre a inclusão e a exclusão sociais, enquanto que a "caninidade" do cão seria, nesse triângulo de contrários – para usar as categorias do pensamento formuladas pelo lógico francês Robert Blanché –, o termo médio da oposição: nem incluído nem excluído, da mesma forma que indiferente, ou facultativo estão para o obrigatório e o proibido, ou o amoral, para o moral e o imoral, ou ainda o amarelo para o verde e o vermelho, nos sinais de trânsito, significando "nem pare, nem siga".

Desse modo, o cão, que jamais será socialmente digital, não sendo passível de espécie alguma de alfabetização, muito menos a tecnológica, além da importância que sempre teve na história afetiva de nossas vidas, constitui-se também um ícone de sábio ceticismo para a definição da nova humanidade do velho homem, ou da velha humanidade do novo homem e de todas as outras combinações possíveis com que gostosamente vamos nos iludindo de esperanças.

Vivemos um momento delicado na história do planeta. E não por razões cósmicas, cosmológicas, astronômicas ou mesmo astrológicas; não por razões naturais, mas por razões culturais, quer dizer, por

Parábola do Cão Digital

68 motivações sociais, políticas, religiosas. Enumerar os graves problemas que o homem hoje enfrenta, em diferentes circunstâncias, mas com a mesma intensa e indesatável presença, é fazer desfilar uma lista interminável de alegorias do mal, da dor e do sofrimento. Entre essas alegorias do padecimento humano nas sociedades contemporâneas está, qual uma locomotiva da crueldade do progresso, a do desemprego, a da falta de trabalho, a da ausência de perspectiva para o exercício de uma profissão, a da falta de ocupação e, consequentemente, a da negação da identidade pessoal por falta total do espelho no qual se reproduz a imagem social de nossas semelhanças e de nossas diferenças. Estamos no ponto de nos percebermos feitos ou só de semelhanças – o que produz, como significado, o ruído ensurdecedor do silêncio absoluto –, ou de puras diferenças – o que gera o silêncio alucinante do alarido contínuo.

Alguns impasses marcaram as liberdades conquistadas nas últimas décadas no nosso continente: liberdade política, liberdade de expressão, liberdade de movimento, liberdade de circulação do capital financeiro, mas também falta de confiança nos políticos, politização dos meios de comunicação, falta de mobilidade social e exclusão, muitas vezes absoluta, de parcelas enormes da população da ciranda dos cada vez mais poucos que gozam dos privilégios da livre circulação do dinheiro pelos mercados internacionais.

Em outras palavras, globalizam-se as condições de reprodução do capital financeiro ao preço de sacrifícios regionais – chamados emergentes – nunca antes conhecidos. Por isso, o risco das motivações para induzir, tal como revelam os relatórios da Organização das Nações Unidas (onu), as populações a dissociarem da democracia as virtudes do bem-estar social gerado pelo desenvolvimento da economia. O que é ruim para os indivíduos, péssimo para a sociedade e pior ainda para o futuro da qualidade de vida do homem e do meio ambiente no planeta.

Já se disse com sincera hipocrisia ou com disfarçada virtude que a hipocrisia é o tributo que o vício paga à virtude. Uma das virtudes apregoadas da democracia é a visibilidade de suas formas de decisão, de representação e de participação das sociedades na formulação dos destinos de seus repousos e de suas transformações. A hipocrisia democrática que só põe ao alcance das populações os simulacros de seus benefícios sem, contudo, permitir-lhes o acesso real ao conforto material de suas liberdades ideológicas e/ou virtuais corre o risco de gerar, na percepção de seus atores e usuários, uma contradição perversa entre liberdade e bem-estar social.

Nesse momento, a hipocrisia subsumirá a sinceridade e o vício, não tendo mais tributo a pagar a quem quer que seja, confundirá a virtude com uma inconveniência passageira a ser contornada para o pleno triunfo dos finalismos que tudo justificam. Passa-se, assim, do equilíbrio ético construído entre o vício e a virtude para a plena vigência do cinismo de resultados competitivos, acirrando os individualismos a ponto de ameaçar a consistência dos elos que sustentam o contrato social que oferece condições de vida ao homem e que é razão de ser de sua vida em sociedade.

A questão do trabalho, do emprego, da ocupação, da mobilidade social é grave no mundo contemporâneo e mais grave ainda em países como o Brasil, pois aponta para a necessidade de medidas políticas urgentes dos governos, das entidades e das instituições nacionais e internacionais que alterem a rota de colisão em que nossas sociedades foram postas pelo primado do capital especulativo e pouco produtivo, não só do ponto de vista econômico, mas, sobretudo, do ponto de vista social, político e cultural.

Quando Sigmund Freud apresentou, na 18ª de suas *Conferências Introdutórias sobre Psicanálise*, a psicanálise como o terceiro golpe a atingir a soberba ingênua e o amor-próprio do homem[2], completava-se, assim, a tríade dos grandes abalos que o conhecimento foi produzindo ao longo dos séculos no entendimento ou na compreensão da vivência das relações com o cosmos – o cisma cosmológico provocado pela revolução iniciada por Nicolau Copérnico –, das relações com sua centralidade na criação entre

---

2 "Mas a megalomania humana terá sofrido seu terceiro golpe, o mais violento, a partir da pesquisa psicológica da época atual, que procura provar ao ego que ele não é senhor nem mesmo em sua própria casa, devendo, porém, contentar-se com escassas informações acerca do que acontece inconscientemente em sua mente". S. Freud, *Conferências Introdutórias Sobre a Psicanálise*, p. 292.

Parábola do Cão Digital

70   as espécies – o cisma do evolucionismo biológico desencadeado pela obra de Charles Darwin – e das relações consigo próprio na descoberta das forças do inconsciente que o alienam de sua própria casa – o cisma psicanalítico anunciado por Freud.

Um quarto abalo, também fundamental, poderia ser acrescentado, passando a configurar uma espécie de "quadrado lógico" da síndrome das grandes perdas da história vertiginosa do mundo ocidental e das apresentações de suas representações no espetáculo do conhecimento: o do cisma ontológico provocado pelo pensamento de René Descartes e pela definitiva alienação entre o eu e o mundo por ele captada e, epistemologicamente, provocada como paradigma de abordagem e de produção científicas do conhecimento.

O conjunto desses cismas provoca, por sua vez, no mundo contemporâneo, em particular a partir de Immanuel Kant e Friedrich Nietzsche – Nietzsche que dizia não haver nenhum fato, mas apenas interpretações –, um quinto abalo que passa a funcionar como uma espécie de epicentro dos grandes tremores do pensamento ocidental na atualidade: um cisma epistemológico de proporções geológicas e planetárias que nos leva até mesmo a identificar suas características não pelo conjunto positivo de predicados que agrega, mas pela multiplicidade de atributos que concorrem para sua desagregação desconstrutora. Ao *moderno* que o "quadrado císmico" configurava, segue-se, no epicentro da ruptura epistemológica, o *pós-moderno*, que, na falta de uma designação positiva, nega, pelo prefixo, o que sucede e afirma, pelo nome, o que nega. É a *dialética da separação* de que nos fala Émile Bréhier em seu livro *Transformation de la Philosophie Française*, de 1950.

O fato é que esse cisma epistemológico vem enviando sinais de abalo há muito tempo. Pelo menos desde as linhas de tensa convivência entre o racionalismo e o subjetivismo romântico, gerados, como gêmeos em conflito, pelo iluminismo e que estabeleceram, nos últimos três séculos, paradigmas de exclusão entre a ciência e a religião, a ciência e a arte e mesmo entre a ciência e a filosofia. Uma das consequências dessa eclosão epistemológica é a busca de pontos de urdidura para descoser as distâncias e os distanciamentos entre essas atitudes e posturas e os domínios do conhecimento por elas desenhados, de modo que se possa produzir, em sua plenitude, a aspiração maior de Goethe, ao buscar a união entre a ciência e a poesia numa visão da natureza fortemente carregada de uma profunda sensualidade religiosa e, ao mesmo tempo, de uma sensível religiosidade sensual.

Todos, ou quase todos, conhecemos a fábula da corrida do coelho e do cágado, segundo a qual o excesso de autoconfiança do primeiro o leva a cochilar, por desprezo ao segundo, que, por morosa persistência, ganha a prova. Depois do longo sono do coelho e do lento caminhar do cágado, temos como moral da história:

1. O apressado come quente e queima a boca.
2. De grão em grão a galinha enche o papo.
3. Mais vale um pássaro na mão do que dois voando.
4. Água mole em pedra dura tanto bate até que fura.
5. A vingança é um prato que se come frio.
6. Quem espera sempre alcança.
7. A esperança é a última que morre.
8. Deus ajuda quem cedo madruga.
9. Quem vê cara não vê coração.
10. Se correr o bicho pega, se ficar o bicho come.

Há uma enorme quantidade de provérbios, dos quais o decálogo acima é uma amostra, louvando as virtudes da calma e da paciência contra os vícios da pressa e da velocidade. *In medio stat virtus*[3] proclamava a cultura clássica latina, e por estar no meio é que a virtude, como valor, constitui-se, em oposição às categorias do excesso, para menos e para mais, tanto de falta como de abundância. Como escreveu o poeta romano Horácio nas *Epistulae*: *Virtus est medium vitiorum et utrimque reductum*[4].

---

3 "A virtude está no meio", locução latina que remonta a Aristóteles. *Ética a Nicômaco*, p. 53-55.
4 "A virtude é o ponto médio entre dois vícios equidistantes dos extremos". Horácio, *Obras Completas*, p. 272.

Parábola do Cão Digital

Na obra *Novos Ensaios sobre o Entendimento Humano*, Gottfried Wilhelm Leibniz escreveu *natura non facit saltus*[5] e, quando crianças, nós aprendemos, com os ensinamentos do catecismo, que um mesmo Deus, todo-poderoso, criou o mundo em seis dias e escolheu o sétimo para descansar, legando-nos a gostosa preguiça dos domingos calmos e vagarosos e, às vezes, chatos de tão demorados de passar. Mas ninguém se iluda com o hedonismo horaciano do *carpe diem*[6] ou com o bucolismo virgiliano do *sub tegmine fagi*[7], de que fez eco explícito, com o poema "Sub tegmine fagi" de Castro Alves, e outros poetas românticos brasileiros que deitaram seus versos à sombra das laranjeiras, debaixo dos bananais.

O século XIX já anunciava que os tempos mudavam numa velocidade antes não conhecida de mudança e que a oposição entre campo e cidade, cara ao século XVIII, acentuava, em suas diferenças, a rapidez da vida moderna. *A Cidade e as Serras*, de Eça de Queirós, é um belo registro desse contraste. Eadweard Muybridge, com o seu gênio inventor e seu talento fotográfico, fez vários estudos sobre o movimento, entre eles o que mostrou, através das 24 câmeras fixadas na linha do chão, o galope de uma égua e sua imagem suspensa com as quatro patas no ar, num balé de beleza, graça e agilidade etérea, o que não é pouco para um corpo pesado e que ninguém conseguia ver, em velocidade, sem um ponto de apoio no chão. Estava nascendo o fotograma e com ele a tecnologia que permitiria o cinema.

Os filmes do início do cinema, no começo do século XX, têm um *deficit* tecnológico que faz que tudo o que registram se mova em velocidade surpreendente. Entretanto, o que é uma insuficiência tecnológica é também uma técnica descritiva e narrativa que acaba por constituir um estilo, um modo de ser, sempre em movimento frenético. Nesse sentido, *Tempos Modernos*, de Charles Chaplin, é uma comédia da ruptura. O filme é uma crítica e um registro lírico de uma perda, mas é também a enunciação de um anúncio: o mundo

---

5   "A natureza não dá saltos". G.W. Leibniz, *Novos Ensaios Sobre o Entendimento Humano*, p. 29.

6   "Aproveite o dia". Horácio, *Odes e Epodos*, p. 39.

7   "Sob a larga faia". Virgílio, *Bucólicas*, p. 28-29.

mudara e não só era feito de mudanças, como anotaram os clássicos 73
do Renascimento, mas de mudanças velozes.

Com o fenômeno da globalização da economia, consolidado com a queda do Muro de Berlim no fim dos anos de 1980, consolidou-se também a imperiosa necessidade de padrões cada vez mais rápidos de comunicação e de circulação de informações para permitir, entre outras coisas, a livre e ágil circulação do capital financeiro por todas as partes do globo e o giro incessante da máquina virtual de fazer lucro que o carrega. Ainda nos anos de 1980, a IBM, numa loja em Paris, na Place des Voges – local de concentração de joalherias, em vez de uma pedra preciosa, expôs, à luz de *spots*, um *chip* de computador, sozinho, numa vitrine, protagonizando o enredo do novo conceito de riqueza que a economia e a sociedade do conhecimento estavam, então, aprimorando, para lançar em nossos carnavais. Condensação e velocidade, que buscadas cada vez mais intensamente para e pelas TICS acabariam, não por acaso, levando ao Prêmio Nobel de Física de 2007 dois físicos, Albert Fert e Peter Grünberg, cujas pesquisas levaram a aumentar a capacidade de armazenamento de dados nos discos rígidos, permitindo, por sua vez, que se tornassem cada vez menores e eficientes em rapidez, qualidade e quantidade de informação.

Em fevereiro de 1909, o poeta italiano Filippo Marinetti publicava na França, no jornal *Le Figaro*, o Manifesto Futurista, que iria se constituir num dos marcos do Modernismo.

O futurismo, além da exaltação inicial de alguns de seus seguidores em favor da guerra e da violência, pregava a crença na velocidade e nos desenvolvimentos tecnológicos de fins do século XIX e rejeitava o passado e todas as formas de moralismo ou, ao menos, as que assim eram consideradas pelos adeptos do movimento. Essa é uma questão que vale a pena ser levada em conta já que a relação velocidade-guerra-violência se instalou de tal modo nas sociedades contemporâneas que é quase inevitável pensarmos também essa relação em correlação com o fenômeno da indigência ética e com a presentificação leviana do passado que caracterizam o mundo industrial moderno e sua versão tecnocientífica no pós-moderno.

Parábola do Cão Digital

74 Para isso, alertou Walter Benjamin quando falou do fim da narrativa ou das condições de narratividade do mundo colados nos acontecimentos pela simultaneidade de suas imagens em circulação informativa e comunicacional, o tempo do símbolo, achatado, no que simboliza, tira-nos a distância da vivência e da reflexão e nos põe no frenesi de uma corrente de fatos que surgem do nada, desfilam no vazio e desaparecem na sucessão atropelada de novos fatos, novos acontecimentos, que são os mesmos já vistos e presenciados virtualmente, mas que, céleres, não se deixam captar pela memória e pela lembrança.

A velocidade é um valor caro ao presente, avesso ao passado e arrogante de futuros. É um risco, uma aposta, um jogo de dados que também, mais uma vez, não abolirá o acaso. No livro *Modernismo*, Peter Gay escreve que a locomotiva foi considerada, com razão, segundo ele, fundadora de um novo mundo dominado pela mecanização, acelerando as comunicações com os melhoramentos revolucionários nos correios, nas estradas e demais vias de transportação. Desse modo, entre as várias características que podem ser atribuídas ao modernismo, cujas raízes devem ser buscadas no século XIX e no processo de industrialização intenso que consolidou socialmente a burguesia como classe dominante, está, sem dúvida, a da paixão pela velocidade, pelo movimento rápido, pela rapidez da mobilidade. É interessante notar que, nessa perspectiva, o trem e a locomotiva estão para o mundo moderno, também como símbolos, como as caravelas estão para o mundo dos descobrimentos e da Renascença.

A verdade que Darwin ajudou a contar de forma definitiva, ao menos até agora, é que o homem nasceu inquieto ou inquietou-se depois do nascimento, tanto do indivíduo como da espécie – neste último caso, desde a mãe África, onde ele surgiu, por diversificações da linhagem do chimpanzé, cerca de 5 a 7 milhões de anos atrás. De lá para cá, deu-se uma grande variedade de ocorrências em seu processo evolutivo, desde o *Sahelanthropus tchadensis*, supostamente o hominídeo mais antigo, até o *Homo sapiens*, que, ereto desde 100 mil anos passados, colonizou todos os continentes, começando sua imensa peregrinação na Terra há mais de 200 mil anos, quando era ainda *Homo neanderthalensis*. Então, espalhou-se pelo planeta como Homo sapiens sapiens, chegando às Américas há cerca de 15 mil anos, embora haja controvérsias entre seus descendentes antropólogos e paleontólogos quanto às datas de sua chegada mais ao sul do continente.

O fato é que o indivíduo viajou e a espécie também, movimentando-se, por ondas migratórias, uma ou três, três ou mais, por terra e por mar, ao que supõem as hipóteses também em disputa para explicar a origem do homem na América. Se nascemos sabendo ou se adquirimos a sabedoria do pensamento simbólico depois, por alguma mutação genética, ainda não sabemos, mas temos fé e esperança de que viremos a saber. O que já sabemos, entre tudo o que é sabido, é que o homem continuou a andar, a circular, a voar, a girar, a viajar também pelo ar, a se movimentar: para um lado e para o outro, para cima e para baixo, para o fundo e para o raso, para a superfície e para o profundo, para si próprio e para o outro, para Deus e para o diabo, para a penitência e para o pecado, para a solidão e para o convívio, para a cidade e para o campo, para a produção e para o consumo, para o trabalho e para o ócio, para o amor e para o ódio, para o não e para o sim, para o talvez sim e para o talvez não, para o real e para sua ilusão... Portanto, movimento e repouso, como categorias do ser movente e da movimentação do ser mutante.

Se a locomotiva é um ícone do modernismo e a caravela um símbolo do Renascimento, tudo que é pós-industrial e pós-moderno pode ser simbolizado no computador como ícone das TICs, que aceleraram a velocidade do homem no espaço e no tempo, dotando-o da simultaneidade das imagens e dos simulacros que abalroam os vazios de suas distâncias e o peso de suas aproximações. O viajante chegou ao porto movimentado de sua imobilidade, em que navega sem sair do lugar e se planta deslocando célere e obsessivamente o eixo de sua concentração.

No ponto dessa máxima imobilidade, o mundo se movimenta e o homem evolui também incorporando, na mudança, comportamentos e ações que sua inteligência imprimiu nas máquinas que simulam sua capacidade simbólica e lhe devolvem influências que certamente

Parábola do Cão Digital

marcarão os caminhos de suas transformações futuras. Nelas, já se sabe, o presente tenderá a se alongar, não como passado histórico, mas como imagem congelada de simultaneidades espalhadas na superfície do tempo colado ao espaço dessa imobilidade vertiginosa.

A seleção natural como princípio e processo explicativo da transformação das espécies incorpora o conhecimento e a capacidade que tem o homem de ação e interferência sobre o meio ambiente como um dado do processo seletivo das formas de vida – o homem inclusive –, que, aturdidas, oscilam entre as forças da natureza e a dominação científica e tecnológica que a cultura do conhecimento permite estabelecer, não propriamente sobre elas, mas com elas, em contratos de utilidade social e econômica.

Entre os muitos sinais de que, no modernismo, o novo trazia já, em si, os elementos de sua superação, um deles pode ser destacado, porque é emitido de um lugar, de um *tópos* cultural menos esperado, mais discreto talvez e, por isso, quem sabe, mais surpreendente. Ele vem da linguística e de sua concepção tal como proposta no *Curso de Linguística Geral*, publicado em 1905 por obra de discípulos do mestre suíço, Ferdinand de Saussure, reunindo em livro as aulas, palestras e conferências que o autor, ele próprio, não teve tempo de organizar em vida.

E aqui vai o sinal de uma primeira ausência: Saussure é autor de um livro que não escreveu, mas cujas ideias revolucionaram os estudos da linguagem humana e de todos os sistemas de signos. Por isso, ao fundar a linguística moderna, Saussure funda também a semiologia e lança as bases para os estudos de todos os sistemas de significantes em qualquer tipo de linguagem, tendo como princípio de sua organização a função comunicativa. A segunda ausência, agora parte integrante e constitutiva da teoria, diz respeito à noção de valor do signo linguístico. Para Saussure, o valor do signo linguístico é relacional, não é uma coisa em si, não é uma substância. É na relação de um signo com outros, dentro do sistema a que ele pertence, que ele vale por alguma coisa que ele representa, mas que não é. Desenha-se, pois, como consequência dessa noção relacional do valor do signo, o princípio de classificação e de organização dos fenômenos de comunicação, princípio que domina todo o estruturalismo, do ponto de vista teórico e metodológico, e que consiste em procurar estabelecer as regras de funcionamento de um dado sistema de significações pela estrutura das relações de oposição entre os elementos significantes que integram o referido sistema.

A linguística tem como objeto explicar como se dá a relação som-sentido, isto é, como uma cadeia material de sonoridades com propriedades mecânicas e físicas específicas produz sentidos e significados cuja natureza é imaterial, sem nenhuma relação de motivação necessária entre um nível e o outro. Assim, o fenômeno da significação da linguagem humana e de todos os sistemas semiológicos é explicado negativamente, por uma ausência: a de ser o que ele não é. Isto é, para que a linguagem realize plenamente sua função maior, que é a comunicação, ela nega sua materialidade física e afirma a imaterialidade do que ela significa nos atos de fala e de enunciação que entrelaçam a comunidade dos falantes numa rede de reconhecimentos e de estranhamentos que formam a dinâmica da vida em sociedade. Portanto, a linguagem é, para forçar o paradoxo, o que ela não é.

Essa visão negativa, relacional, da linguagem e da comunicação será fortalecida, ainda mais, com o advento da informática e da internet, isto é, da rede mundial de computadores e de seus vários produtos sociais como o são, entre outros, os *sites*, os *blogs* e o Twitter. Com eles, ganha força o conceito de rede social, sobretudo com as últimas formas de organização da comunicação rápida, veloz e instantânea, baseada numa limitação cada vez maior do número de caracteres a serem utilizados pelos adeptos, em número crescente no mundo todo, dessa nova espécie de tribalismo virtual.

Com o processo de semiotização da vida social no mundo contemporâneo – processo caracterizado pela substituição da coisa por sua representação, isto é, por sua imagem, por seu signo, e no qual as TICS têm papel fundamental –, vem se constituindo também uma espécie de nova metafísica, uma metafísica não do ser, mas de seu simulacro, não do mundo real e das ideias de sua concepção, mas da virtualidade da forma de suas apresentações. Breve, uma metafísica

Parábola do Cão Digital

78 da imagem. Associe-se a isso a velocidade dos dados e informações e tem-se, com o instantaneísmo, a presentificação do tempo e do espaço feitos agora em imagens de simultaneidade que se oferecem a uma nova forma de percepção, sem perspectiva, porque sem passado; sem passado, porque sem distância; sem distância, porque sem futuro de possibilidades.

Se tudo cabe no cenário familiar da sala de jantar, da biblioteca, do escritório, da caminhada pelas ruas, da viagem de carro, de ônibus, de navio, de avião, entrando pela janela da televisão, do computador, do *laptop*, do celular, tendemos também a estar em toda parte e em lugar nenhum, não como uma nova espécie de divindade jansenista, mas como uma ausência tecida nos intervalos dos nós que amarram a rede, feita do vazio relacional que nos constitui, no jogo dinâmico, veloz e fugaz das representações, em imagem, não do que somos – porque isso já não saberemos –, mas do que somos levados a ser e logo a deixar de ser.

Um dos aspectos característicos da sociedade contemporânea, sublinhado pelo fenômeno das redes sociais, é o da banalização da privacidade, homólogo, de algum modo, ao da banalização da violência, já tão apontado, descrito e analisado como traço marcante do cotidiano de nossas vidas. O Twitter, independente das utilizações práticas e boas que dele se podem fazer, como as que, por exemplo, permitem uma grande otimização dos serviços na administração pública, é uma consagração da banalidade e uma banalização da privacidade.

Consagra o banal porque registra para as tribos de seguidores a "planitude" infinita do "sem importância" de que todos somos investidos em boa parte de nosso dia a dia. Acordamos, levantamos, vamos ao banheiro, escovamos os dentes, tomamos café, saímos, conversamos, trabalhamos, bebemos, comemos, vamos ao cinema, deitamos, dormimos, namoramos, e por aí vai. Não é viver que é banal. A banalização da vida é tentar fazê-la brilhar só pelo banal, erigindo-o, nas tribos, em mantras de revelação pela boca do sacerdote cuja eminência é, no momento, mais evidente, ou, o que dá no mesmo, cuja evidência é mais eminente.

Nesse sentido, é ilustrativa a minicrônica de humor de Tutty Vasques: 79

> Se você é desses que de vez em quando vai dar umas voltinhas no Twitter e volta com a impressão de que não sabe andar nessa bicicleta, calma! Na maioria das vezes, a falta de intimidade com a linguagem das redes sociais é até louvável num ambiente sem cerimônia ou privacidade. Muita coisa que você lê ali e não entende não é mesmo da sua conta.
>
> Quer ver só?
>
> Dia desses, me embrenhei nas novíssimas mídias eletrônicas pra ver se aprendia a ganhar dinheiro com isso. Cheguei ao Twitter de Eike Batista já nos finalmente da conversa fiada do bilionário: "Vou bater mais um papinho com meu Pillow" — sem duplo sentido, por favor!
>
> Como nunca tinha ouvido aqui no Brasil alguém chamar travesseiro de "Pillow" (ainda mais com inicial em caixa alta), resolvi pesquisar no Google a respeito. Descobri um certo Pillow Talk, travesseiros que, por meio de sensores, se comunicam a grandes distâncias, permitindo que namorados sintam a presença e até o batimento cardíaco um do outro quando dormem em cidades diferentes.
>
> Daí a você começar a imaginar se a namorada do Eike Batista está viajando é um pulo que, sinceramente, parece coisa de maluco, né não? Sei lá se ele tem namorada, caramba![8]

À banalização do banal, segue-se a banalização da privacidade, a tal ponto que, há algum tempo, foi noticiado em todo o país, por diferentes meios de comunicação, o caso do casal de adolescentes que se expuseram pela Twittcam, transmitindo uma relação sexual, sem outro propósito, ao que parece, se não o de mostrar esse ato de grande intimidade na praça pública das trivialidades corriqueiras e das banalidades virtuais. Não sendo apenas isso, o que serão também as redes sociais? Entre outras coisas, um impressionante veículo de mobilização política nas sociedades contemporâneas!

---

8   T. Vasques, Você Conversa Com o Seu Pillow?, *O Estado de S. Paulo*, 19 ago. 2010, p. C-12.

Parábola do Cão Digital

O Salto Cântico da Física[1]

I

A afirmação de Paul Dirac, de que "o único objeto da física teórica é o de calcular resultados que possam ser comparados com a experimentação, sendo completamente inútil fazer uma descrição satisfatória de todo o desenvolvimento do fenômeno"[2], dá bem a medida das profundas transformações que essa ciência conheceu nas primeiras décadas do século XX e que resultaram no que, de um modo geral, passou a ser conhecido como física moderna ou, especificamente nesse caso, como física quântica.

Como o objeto da física é o estudo da natureza, seus métodos, fundamentos teóricos e objetivos epistemológicos estão em relação direta com as concepções que se têm de seu objeto, isto é, da natureza. O que equivale a dizer que, ao menos do ponto de vista histórico, como acontece com qualquer área do conhecimento, há um certo relativismo teórico que permite reconhecer, em diferentes épocas, diferentes modos de conceber a ciência. Nesse sentido, pode-se falar que a física que nasceu com Aristóteles, no século IV a.C., ocupava-se da "substância que tem em si mesma a causa de

---

[1] A primeira versão deste artigo foi publicada em C. Vogt, O Salto Cântico da Física, *ComCiência*, Campinas, n. 20, maio 2001. Disponível em: <http://www.comciencia. br/reportagens/fisica/fisica01.htm>. Acesso em: 10 maio 2001.

[2] P.A.M. Dirac, *The Principles of Quantum Mechanics*, p. 7.

seu movimento"[3], isto é, a física era uma teoria do movimento. Essa concepção se manteve viva até as origens da ciência moderna, no Renascimento, quando se deu uma grande transformação no conceito de natureza e de suas relações com o homem por intermédio do conhecimento.

De ordem objetiva, a mudança desse conceito nos apresentava a natureza escrita em caracteres matemáticos, destituída de finalidade, absolutamente necessária em termos lógicos e epistemológicos, quer dizer, objetivamente verdadeira e tangível por meio de experimentos científicos. Abandonava-se, assim, definitivamente, a ideia de que a física devesse se ocupar da causalidade do movimento pela tarefa teórica, amadurecida com a obra de Isaac Newton, nos séculos XVII-XVIII, de descrever a ordem natural, "por meio de experiências seguras [...], com a ajuda da geometria"[4], buscando, como escreveu Immanuel Kant, no século XVIII, "procurar as regras de acordo com as quais decorrem certos fenômenos na natureza"[5].

A razão e o racionalismo conduzem a ciência na busca da previsibilidade dos fenômenos naturais pelo estabelecimento das regras capazes dessa previsão e que permitam, ao mesmo tempo, como condição de seu entendimento, a descrição visual do desenvolvimento dos fenômenos, representando-lhes a estrutura por meio de partículas em movimento. Como escreveu, no século XIX, Auguste Comte,

> o caráter fundamental da filosofia positiva é tomar todos os fenômenos como sujeitos a *leis* naturais invariáveis, cuja descoberta precisa e cuja redução ao menor número possível constituem o objetivo de todos os nossos esforços, considerando como absolutamente inacessível e vazia de sentido para nós a investigação das chamadas *causas*, sejam primeiras, sejam finais[6].

Desse modo, a descrição substitui a explicação como tarefa da física e a formulação de suas leis segue rigorosamente o paradigma

3   Aristóteles, *Metafísica*, VI, 1, 1025 b 18.
4   I. Kant, *Investigação Sobre a Clareza dos Princípios da Teologia Natural e da Moral*, p. 69.
5   Ibidem, p. 71.
6   A. Comte, *Curso de Filosofia Positiva*, p. 7. Cf. Lição I, §4.

racionalista do reducionismo lógico: há objetivamente uma ordem natural das coisas e a física, ciência da natureza, deve representá-la consistentemente, formulando-lhe as regras fundamentais de sua descrição.

À busca da causalidade do movimento de que são dotadas as substâncias, na física aristotélica, segue-se, pois, no mecanicismo da física iluminista, a procura de uma nova forma de causalidade, a chamada *causalidade necessária*, que subjaz à noção de ordem natural das coisas e cujas leis, como se disse, é tarefa da física enunciar, pelo estabelecimento das relações entre os fenômenos que dão concretude à ordem natural e pela demonstração empírica, por meio de experimentos, dessas relações.

Tinha-se nesse momento a sensação de que a física havia concluído sua tarefa e que, excetuando-se alguns aspectos que ainda necessitavam de costura, a ciência chegara às portas da grande *resposta*. Mas, nesse momento, surgiu o marco da terceira fase da evolução da física quando Max Planck anunciou, em 14 de dezembro de 1900, na Sociedade de Física de Berlim, que a energia não é emitida e tampouco absorvida continuamente, mas na forma de pequeninas porções discretas chamadas *quanta* ou *fótons*, cuja grandeza é proporcional à frequência da radiação. Nascia a física quântica e consolidavam-se as mudanças de concepção que já vinham sendo anunciadas desde o fim do século XIX.

No livro *Os Princípios da Mecânica*, Heinrich Hertz, que em 1897 havia descoberto as ondas eletromagnéticas, já escrevia que "o problema mais imediato e, em certo sentido, o mais importante que o nosso conhecimento consciente da natureza deve capacitar-nos a resolver é o da antecipação dos acontecimentos futuros, de modo que possamos organizar questões do presente de acordo com essa antecipação"[7]. Em 1928, Niels Bohr, no espírito do *princípio de complementaridade*, segundo o qual "não é possível realizar simultaneamente a descrição rigorosa do espaço-tempo e a conexão causal rigorosa dos processos individuais", anunciando que "uma ou outra

---

7   H. Hertz, *The Principles of Mechanics*, p. 1.

O Salto Cântico da Física

deve ser sacrificada"[8], sela a trajetória da física como descrição total da ordem da natureza e a pretensão de que pudesse realizar-se, efetivamente, como teoria da necessidade dessa ordem natural. Em *A Evolução da Física*, Albert Einstein e Leopold Infeld, anotando que "uma corajosa imaginação científica foi necessária para se perceber plenamente que não os corpos, mas o comportamento de algo entre eles, isto é, o campo, pode ser essencial à ordenação e à compreensão dos acontecimentos"[9], indicam de forma clara os problemas que a física moderna trazia para a pretensão da física clássica de realizar a descrição do curso dos fenômenos por meio da representação visual das partículas em movimento. A física moderna descobria, pela imaginação científica, aquilo que, de algum modo, já havia sido vislumbrado pela imaginação poética de Lao Tse, fundador do taoísmo e autor do *Tao Te King* (ou o *Livro da Vida e da Virtude*):

> Malgrado os trinta raios
> que há numa roda é o vão
> entre eles que a faz útil
> malgrado ser de barro
> o vaso é seu vazio
> interno que o faz útil
> malgrado a casa ter
> porta e janela é o espaço
> de dentro que a faz útil

8   N. Bohr, Postulado Quântico e o Recente Desenvolvimento da Teoria Atômica, em O. Pessoa Jr. (org.), *Fundamentos da Física 1*, p. 136. "A teoria quântica é caracterizada pelo reconhecimento de uma limitação fundamental nas ideias físicas clássicas quando aplicadas a fenômenos atômicos. A situação assim criada é de natureza peculiar, já que a nossa interpretação do material experimental repousa essencialmente em conceitos clássicos. Apesar das dificuldades que, portanto, estão envolvidas na formulação da teoria quântica, parece [...] que sua essência pode ser expressa no chamado postulado quântico, que atribui a qualquer processo atômico uma descontinuidade essencial, ou melhor, uma individualidade, completamente estranha às teorias clássicas e simbolizada pelo quantum de ação de Planck. Este postulado implica uma renúncia com respeito à coordenação espaço-temporal causal de processos atômicos."

9   A. Einstein; L. Infeld, *A Evolução da Física*, p. 236.

faz-se útil o existente

devido ao que inexiste[10].

Já não se trata mais de descrever, pela ambição da totalidade das representações, nem de explicar, pelo finalismo causal do movimento, a arquitetura da natureza, mas de prever os eventos observáveis, consubstanciando-se a tarefa da física moderna, que nasce com a mecânica quântica, na famosa observação de Heisenberg de 1955, quando escreveu que a física contemporânea não busca mais oferecer "uma imagem da natureza, mas uma imagem das nossas relações com a natureza"[11].

A introdução do observador como elemento integrante, integrado e integrador da observação e do fenômeno observado relativiza o racionalismo objetivista e desenvolve, de um lado, uma dualidade na ciência que a manterá em contínua tensão com a busca obsessiva de sua unificação e da construção da teoria unificada capaz de fornecer ao homem a *resposta* definitiva sobre a origem de tudo. Físicos importantes, como Sheldom Glashow, ganhador do Prêmio Nobel de Física (1979), junto com Steven Weinberg e Abdus Salam, referem-se, em tom de desilusão a esse objeto de desejo da ciência como um Santo Graal da física teórica, do mesmo modo que biólogos se referiram às perspectivas abertas pelos estudos do DNA recombinante e, depois, da genômica, usando a mesma metáfora andante dos cavaleiros de Cristo. O fato é que o desenvolvimento da física moderna, impulsionado pela criação da mecânica quântica e pela teoria da relatividade de Einsten, não se libertou dessa tensão e, ao contrário, levou-a aos limites da demonstrabilidade empírica e da testabilidade experimental.

Não se pode negar a efetividade tecnológica decorrente do desenvolvimento da mecânica quântica nos mais diversos campos, entre eles os da microeletrônica e dos transístores, dos novos materiais, dos raios *laser*, da informática, dos supercondutores e tantas outras

---

10   Lao Tse, Poema 11, traduzido por Nelson Ascher para a *Folha de S.Paulo*, 16 fev. 2003, p. 20. Ver também Lao Tzu, *Tao Te Ching, o Livro do Caminho e da Virtude*.

11   W. Heisenberg, *A Imagem da Natureza na Física Moderna*, p. 28.

O Salto Cântico da Física

86 apropriações que transformaram e se cotidianizaram no mundo contemporâneo, a ponto de se constituírem em fatores fundamentais do modelo econômico da globalização. Pelos padrões de caracterização dessa terceira fase da evolução da física, isso constitui uma medida indispensável para a aferição de suas verdades, o que dá ao conhecimento científico um pragmatismo que, se antes não lhe era estranho, não lhe era, contudo, constitutivo.

No afã de encontrar a *resposta*, pela construção de uma teoria unificada da física, muitos cavaleiros dessa demanda laico-sagrada ultrapassaram as fronteiras da ciência e (re)ingressaram na fecunda criatividade do mito, da literatura e do misticismo religioso, como é o caso de Fred Hoyle, de Fritjof Capra, de Bohm, de Stephen Hawking e de muitos outros. Não espanta, então, o fato de ter havido e continuar a haver tantas apropriações não físicas da física quântica, em especial as esotéricas e as que carregam no subjetivismo relativista de uma enorme quantidade de bobagens pseudocientíficas. Mas é preciso lembrar que Einstein passou os últimos anos de sua vida buscando encontrar uma teoria unificadora. Muitos deram prosseguimento a essas andanças, viajando por universos paralelos, universos-bebês, universos inflacionados, buracos de minhocas, supercordas e outras metáforas engenhosas e imaginativas, mas absolutamente imensuráveis.

Da indeterminação à incerteza e desta à formulação epistemológica da filosofia de Karl Popper foram passos consequentes que levaram à formulação de uma visão mais probabilística e não apenas racionalista da verdade. Desse modo, a ciência se aproxima da verdade, mas jamais chega a ela: a revelação é impossível. A refutabilidade da teoria como método dinâmico para a superação contínua do conhecimento pelo conhecimento traz implícito um conceito logicamente negativo da verdade: prova-se o que não é, mas não o que é verdadeiro e, assim, evita-se o pavor do encontro definitivo com a *resposta* que, se enunciada, nos condenaria a um estado beatífico de inutilidade existencial.

Mas a refutabilidade de Popper seria ela mesma refutável? Se sim, a engenhosidade cética do método crítico, conseguindo evitar o paraíso do conhecimento absoluto para preservar a fé e a esperança do homem na ciência, não impediria, entretanto, que sua progressividade se precipitasse no inferno teórico da regressão infinita, o mesmo inferno aberto pela possibilidade de não haver nenhum fundamento básico para o mundo físico, mas apenas partículas cada vez menores que se sucedem, encaixadas umas nas outras, como bonecas russas ou caixinhas chinesas, infinitamente.

Ao concluir o comentário que faz sobre John Wheeler, "um dos intérpretes mais influentes e inventivos da mecânica quântica, bem como da física moderna em geral"[12], aluno de Bohr, autor das expressões *buraco negro* e *it do bit*, com as quais chamou definitivamente atenção para as relações entre a física e a teoria da informação, nome--chave para a ideia de que o universo, sendo um fenômeno participativo, requer o ato de observação e, logo, a consciência, além de ter se envolvido na construção da primeira bomba atômica e da primeira bomba de hidrogênio, John Horgan, escreve no livro *O Fim da Ciência*:

> [...] ele nos dá corajosamente um paradoxo adorável e desalentador: no coração de toda realidade existe uma pergunta, e não uma resposta. Quando examinamos os recessos mais profundos da matéria ou a fronteira mais remota do universo, vemos, finalmente, o nosso próprio rosto perplexo nos devolvendo o olhar[13].

Nesse caso, se não há encontro com a *resposta*, há confronto harmônico com a poesia da prosa realisticamente perturbadora presente, por exemplo, no "Epílogo" do livro *O Fazedor*, de Jorge Luis Borges:

> Um homem se propõe a tarefa de desenhar o mundo. Ao longo dos anos, povoa um espaço com imagens de províncias, de reinos, de montanhas, de baías, de naus, de ilhas, de peixes, de moradas, de instrumentos, de astros, de cavalos e de pessoas. Pouco antes de morrer, descobre que esse paciente labirinto de linhas traça a imagem de seu rosto[14].

12   J. Horgan, *O Fim da Ciência*, p. 105.
13   Ibidem, p. 110-111.
14   J.L. Borges, Epílogo, *O Fazedor*, p. 168.

O Salto Cântico da Física

II

O *annus mirabilis* da vida científica de Einstein – 1905 – é assim chamado por ter dado a conhecer os cinco trabalhos que revolucionaram a física e estabeleceram seus fundamentos modernos.[15] Nos anos seguintes, de técnico do Departamento de Patentes de Berna (Suíça), passando a cientista renomado e reconhecido no mundo todo, Einstein publicou intensamente, diminuindo esse ritmo de produção apenas depois de conquistar o Prêmio Nobel de Física (1921).

Em 1911, com a teoria da relatividade restrita já consagrada, o físico que vinha trabalhando em sua teoria da relatividade geral, na verdade, uma nova "teoria da gravitação", enunciou, no artigo "Sobre o Efeito da Gravidade na Propagação da Luz", que o campo gravitacional deveria provocar a curvatura da luz. Essa previsão de Einstein, ou seja, a de que a luz sofreria desvios ao passar por um campo gravitacional, dada a pouca intensidade do efeito, só poderia ser verificada, experimentalmente, observando-se a passagem da luz por um corpo de grande massa.

Foi nesse momento que, nas urdiduras do acaso, o Brasil, especificamente Sobral (CE), começou a entrar em cena. Isso se deu em 19 de maio de 1919, durante o eclipse solar, cujas observações registradas no município brasileiro foram definitivas para a comprovação da teoria de Einstein, que tivera a ideia de fotografar as estrelas próximas às bordas do sol – o que era possível apenas numa situação de eclipse total –, fotografar as mesmas estrelas à noite e comparar as fotografias para verificar se houve ou não mudanças em sua posição relativa.

15   Os artigos de Einstein a que me refiro são os seguintes: Über einen die Erzeugung und Verwandlung des Lichtes Betreffenden Heuristischen Gesichtspunkt; Eine neue Bestimmung der Moleküldimensionen; Über Die von der Molekularkinetischen Theorie der Wärme Geforderte Bewegung von in Ruhenden Flüssigkeiten Suspendierten Teilchen; Zur Elektrodynamik Bewegter Körper; Ist die Trägheit eines Körpers von Seinem Energieinhalt Abhängig?. A estes, pode-se acrescentar ainda: Zur Theorie der Brownschen Bewegung; Über den Einfluder Schwerkraft auf die Ausbreitung des Lichtes. As referências completas podem ser encontradas na lista bibliográfica referente a este capítulo, nas p. 334-335.

As fotografias tiradas pelo grupo de Einstein em Sobral, do qual 89 também faziam parte brasileiros, entre eles, Henrique Morize, então diretor do Observatório Nacional (ON), na cidade do Rio de Janeiro (RJ), foram definidoras e definitivas. Dessa forma, como resultado das experiências no Brasil, no dia 6 de novembro de 1919, o Joint Eclipse Meeting of the Royal Society and the Royal Astronomical Society, ocorrido em Londres (Inglaterra), coroava a teoria de Einstein em substituição à teoria da gravitação universal de Newton, que reinara soberana no mundo da ciência da natureza e de suas leis por mais de dois séculos.

Várias tinham sido as tentativas de realização dos experimentos fotográficos, em diferentes partes da geografia terrestre, e muitos foram os astrônomos, de origens diversas, que se associaram ao esforço dessa comprovação. Em 1914, por exemplo, estava previsto para o dia 21 de agosto um eclipse solar, organizando-se, com o apoio financeiro da família Krupp, obtido por Einstein graças a seu prestígio como cientista, uma expedição alemã que, da Crimeia (Rússia), deveria tentar obter as tão desejadas fotografias estelares. Entretanto, um fator não climático, mas histórico e político, impediu de vez a observação do eclipse: a deflagração da Primeira Guerra Mundial, com a invasão da Sérvia pelo Império Austro-húngaro, em 28 de julho de 1914. Por isso, os integrantes alemães da equipe foram aprisionados e os norte-americanos tiveram de sair do país, deixando para trás seus instrumentos de observação e de fotografia. No fim da guerra, em 1918, no dia 8 de junho, um novo eclipse solar aconteceu, dessa vez observado no estado de Washington (Estados Unidos), porém sem os instrumentos que haviam permanecido retidos na Rússia.

A guerra interferiu novamente no processo de verificação da teoria, retardando a observação do efeito de curvatura da luz para a dupla expedição inglesa de 1919, para a ilha de Príncipe, possessão portuguesa na costa ocidental da África, e para o município de Sobral, no nordeste brasileiro. Ambas as expedições foram preparadas por Arthur Eddington, que adotara, com devota convicção, a teoria da gravitação de Einstein, empenhando-se a fundo em sua demonstração. Nesse intuito, Eddington comandou a expedição de

O Salto Cântico da Física

Príncipe, que não obteve sucesso, já que o tempo na ilha não ajudou muito no esforço da equipe que lá se encontrava para a mesma finalidade de observação e fotografias do eclipse solar. Ele também já havia visitado o Brasil, especificamente Minas Gerais, em 1912.

As guerras, quentes e frias, têm, historicamente, relações muito fortes com a ciência, pelo menos com a instituição ciência, tal como a entendemos, modernamente, desde os séculos XVII e XVIII, e com seus derivativos de aplicação e de tecnologia. Além das relações intrínsecas que o chamado *esforço de guerra* sempre provoca, desencadeando conhecimentos para os quais os imperativos bélicos pressionam, deixando-os, depois, para a apropriação civil, na forma de produtos derivados das inovações tecnológicas da economia de guerra, há também outra forma de decorrência histórica, segundo a qual a guerra de uns, ou a guerra na casa de uns, permite e proporciona o desenvolvimento da ciência e da tecnologia na casa de outros ou, pelo menos, a participação desses outros, mesmo que episódica, na configuração dos marcos dos grandes acontecimentos científicos, como é o caso das fotografias do eclipse solar de 1919 tiradas em Sobral. Quem sabe, entre as motivações mais subjetivas que trouxeram Einstein ao Brasil, em 1925, depois de passar pela Argentina e pelo Uruguai, não esteja uma motivação sentimental e afetiva que, sem que ele soubesse, desejasse, ou planejasse, ligaria para sempre sua história de vida científica ao Brasil.

Menos episódico, mas também ligado a uma conjuntura de grandes conflagrações é o fato de que todo o período, no século XX, compreendido pelas duas grandes guerras, caracteriza-se, entre muitas atrocidades e até por causa delas, por grandes movimentos de migração em massa, principalmente na Europa, decorrentes das perseguições étnicas, religiosas e raciais, numa escalada de demência política jamais vista na história antes da ascensão dos governos nazifascistas.

O Brasil também se beneficiou desses movimentos migratórios de grandes cientistas, oferecendo em contrapartida – sobretudo a partir dos anos de 1930 – situações favoráveis, dado o processo de modernização do país, para a prática e o desenvolvimento de pesquisas nos mais diversos campos de atividades do conhecimento, da química à biologia, da física à biofísica, da matemática às ciências humanas, à filosofia, às letras e às literaturas. Várias instituições foram criadas, outras se consolidaram e todas abrigaram as contribuições fecundamente inovadoras trazidas do outro lado do Atlântico, implementando um intercâmbio de professores e de pesquisadores de intensidade até então desconhecida.

O clima de terror crescente na Europa foi, como se sabe, responsável pela concentração de grandes cérebros nos Estados Unidos, Einstein entre eles. Distribuindo-se por diferentes centros de pesquisa, ali usufruíram de condições políticas, sociais, econômicas e culturais para o desenvolvimento de seus trabalhos e ali puderam, ainda, em muitos casos, participar ativamente da produção dos artefatos atômicos de guerra, cujas explosões em Hiroshima e em Nagasaki, no Japão, puseram fim ao conflito mundial e, como nunca antes ocorrido, chamaram a atenção da humanidade para a questão ética dos limites do conhecimento, para a questão epistemológica do conhecimento dos limites e para a terrível contemplação do mal e do pecado produzidos pelos homens da ciência a serviço da racionalidade bélica dos governos e de seus exércitos.

Em 25 de novembro de 1947, dois anos depois da explosão das bombas, é sempre bom lembrar que J. Robert Oppenheimer, na conferência "A Física no Mundo Contemporâneo", proferida no Massachusetts Institute of Technology (MIT), registrou com remorso:

> Apesar da visão e da sabedoria clarividente de nossos estadistas na época da guerra, os físicos sentiram uma responsabilidade peculiarmente íntima por sugerir, apoiar e, enfim, em grande parte, conseguir desenvolver as armas atômicas. Tampouco podemos esquecer que essas armas, por terem sido de fato utilizadas, dramatizaram impiedosamente a desumanidade e a maldade da guerra moderna. Falando cruamente, de um modo que nenhuma vulgaridade, nenhuma hipérbole é capaz de suprimir, os físicos conheceram o pecado; e esse é um conhecimento que não podem esquecer[16].

16   J.R. Oppenheimer, Physics in the Contemporary World.

O Salto Cântico da Física

Einstein, cujo pacifismo durante a Primeira Guerra Mundial acabou contribuindo para que tivesse de deixar a Alemanha, com a ascensão ao poder do Partido Nacional Socialista de Adolf Hitler, sob o impacto psicológico dos horrores praticados pelos nazistas e sob a influência de outros colegas e amigos que o aconselharam nesse sentido, usou de seu grande prestígio e escreveu uma carta, datada de 2 de agosto de 1939, ao presidente norte-americano Franklin Roosevelt, incitando-o a apoiar o projeto de desenvolvimento de armas atômicas para fazer frente ao incomensurável mal que, então, ameaçava a humanidade:

> No transcurso desses últimos quatro meses, ficou comprovada a possibilidade de se realizar uma reação em cadeia com uma quantidade grande de urânio, a partir da qual seriam liberadas grandes quantidades de energia e novos elementos semelhantes ao rádio. É muito possível que esse experimento venha a ser levado a cabo num futuro próximo. Esse novo fenômeno pode, entre outras coisas, permitir a construção de bombas.
>
> Assim, o senhor talvez considere desejável manter contato permanente entre seu governo e o grupo de físicos que trabalham com reações em cadeia nos Estados Unidos.
>
> Até onde sei, a Alemanha suspendeu a venda de urânio das minas da Tchecoslováquia ocupada. Uma ação tão repentina talvez resulte da influência do filho do subsecretário alemão de Assuntos Exteriores, recentemente incorporado ao Instituto Wilhem Kaiser, de Berlim, onde alguns dos experimentos americanos com urânio vêm sendo também produzidos[17].

Contudo, pelo tempo que viveu nos Estados Unidos, Einstein não escapou da desconfiança persecutória de J. Edgar Hoover, diretor do Federal Bureau of Investigation (FBI), quem via em tudo e em todos, estrangeiros principalmente, fantasmas de colaboracionistas e espiões do regime comunista soviético. Já era a Guerra Fria

---

17 Letter from Albert Einstein to President Franklin D. Roosevelt. Disponível em: <http://research.archives.gov/description/593374>.

com novos *gadgets* tecnológicos de segurança, de espionagem, de contraespionagem, de fugas mirabolantes pelo Muro de Berlim, de mortes acabrunhantes e terríveis, em outras tantas tentativas de fugas, de venda de segredos militares, de ogivas nucleares guardadas em ninhos de apocalipse, de crises internacionais dramáticas como a provocada, nos anos de 1960, pelos foguetes soviéticos em Cuba, de Ian Fleming e seu superagente 007 – James Bond –, com permissão para matar.

Na última semana de maio de 2002, os países integrantes da Organização do Tratado do Atlântico Norte (Otan) se reuniram em Roma (Itália), tendo como anfitrião o governo direitista do então primeiro-ministro italiano Silvio Berlusconi. A novidade do encontro foi a participação do então presidente da Rússia Vladimir Putin, que, em tempos de Guerra Fria, antes da queda do Muro de Berlim (1989), estaria liderando o tratado concorrente hoje inexistente, o Pacto de Varsóvia. A imprensa noticiou com estardalhaço retórico o fim definitivo da Guerra Fria e as declarações de redução do arsenal nuclear das potências mais armadas no mundo, os Estados Unidos e a Rússia. Em volta, por terra, mar e ar, para garantir a tranquilidade do encontro, a segurança dos participantes e a celebração da paz entre os países detentores da ciência da guerra, o maior aparato bélico jamais montado para a defesa de chefes de Estado desejosos do harmônico entendimento entre as nações que governam.

III

Não é de hoje que astronomia e astrologia se separaram, e até que a separação foi amigável. Na verdade, decorreu da própria evolução e transformação dos estudos dos astros, dos corpos celestes, e da busca das leis que regem seu desempenho no espaço. Como essas leis são físicas, foi também a evolução dessa ciência e de suas descobertas que concretizou a separação que, ao longo dos séculos, desde

O Salto Cântico da Física

94 a mais remota antiguidade histórica de que se tem notícia, foi se anunciando como inevitável.

Além de todas as diferenças conhecidas e reconhecidas entre a astronomia e a astrologia, a que mais salta aos olhos é que a primeira é uma ciência exata e a segunda não é exatamente uma ciência. Ser uma ciência exata significa que sua prática requer grande capacidade de observação e disciplina experimental alicerçadas num forte domínio da física e da matemática, que são somadas, é claro, a um espírito obsessivamente escrutador da imensidão do cosmo. À consolidação da astronomia como ciência correspondeu, em grau talvez equivalente ao hiato cada vez maior que as separaram, a enorme popularização e crescente popularidade da astrologia. Não é que as duas não trabalhem com a noção de causalidade, mas é que o entendimento, a função, o papel e o funcionamento são diferentes nos dois casos.

Para a astrologia, a causalidade do mundo, isto é, sua necessitação causal é finalista, no sentido de que a ordem do cosmo, do macrocosmo, determina a ordem dos acontecimentos da vida do homem, no microcosmo. O alinhamento ou desalinhamento dos astros organiza ou desorganiza a vida das pessoas no cotidiano de seus enfrentamentos. Não é possível deixar de pensar nessa forma de entender a causalidade sem pensar na noção de destino que domina, de um modo geral, uma visão que poderia dizer-se clássica da existência humana, independentemente do alcance popular que ela tenha e que sabemos ser grande.

Com o romantismo e o surgimento do drama em substituição à tragédia como forma de representação das novas dinâmicas da vida humana e de suas condições de relacionamento político, social e econômico, o homem deixou de ter destino e passou a ter destinação. Foi o momento também da afirmação da ciência como instituição e da consagração da física de Newton e da descoberta científica das leis que regem a mecânica dos corpos, celestes ou na Terra.

O século XIX viria exacerbar o ardor da crença na ciência até que, quando tudo parecia resolvido, veio o pessoal da física quântica e da teoria da relatividade virou o templo das convicções estabelecidas de pernas para o ar. Assim, no começo do século XX, a ciência deu um

salto qualitativo tão grande e importante que suas consequências 95
perduram até hoje nas mais diversas formas de sua manifestação e
expressão: na ciência propriamente dita, na tecnologia, na tecno-
ciência e nas grandes revoluções das tecnologias da informação, da
biologia molecular e da biotecnologia.

Com isso a astronomia tem tido também desenvolvimentos notá-
veis, inclusive graças aos instrumentais que as novas tecnologias
vão criando para a observação de situações e de fenômenos antes
impossíveis de serem alcançados por causa de nossas limitações
naturais. Nesse caso, a causalidade também está presente, mas sem
finalismo, determinando, contudo, uma ordem racional do cosmo,
organizado segundo um conjunto de leis que é preciso estabelecer,
testar, provar, falsear, negar e, assim, avançar no conhecimento do
conhecimento do mundo e de suas (in)diferenças.

Entre a astronomia e a astrologia, há ainda, de um lado, o fato
curioso de que, em geral, os astrólogos são leigos totais em conhecimento científico, embora iniciados nos segredos que o comportamento dos astros escondem e revelam para os homens; de outro
lado, a curiosidade é que, embora em se tratando de uma ciência
altamente sofisticada com inúmeras ramificações em torno da física,
da matemática e mesmo da biologia, há uma grande quantidade de
praticantes da astronomia totalmente amadores na ciência e amadores apaixonados do conhecimento que ela possibilita e proporciona.

No Brasil, país em que a astronomia tem uma longa tradição e um
grande desenvolvimento, em particular, desde a criação do Observatório Nacional, em 1827, o nome-ícone do amadorismo astronômico
qualificado é nada menos que o do imperador brasileiro dom Pedro ii.
Devoto da ciência, culto, poliglota, viajado. Um amador especialmente
preparado no amor ao conhecimento. Um amador iniciado. Além
disso, há o já mencionado episódio na história da física moderna
que a associa de maneira incontestável ao Brasil, por meio da ocorrência de um fenômeno natural, um eclipse solar, de sua observação
astronômica – ou, no caso específico, astrofísica – e da decorrente
comprovação da teoria da gravitação de Einstein, que revolucionaria
o conhecimento das leis do universo, no começo do século xx.

O Salto Cântico da Física

Desse modo, quem sabe o fato de ter vindo na equipe de Pedro Álvares Cabral, em 1500, um fidalgo espanhol de nome João Emeneslau – mestre João, como era conhecido, por especialidade físico e cirurgião –, que anotou em sua carta para o rei de Portugal a observação do Cruzeiro do Sul, registrado sob a designação de *Crux*, não pudesse ser interpretado por muitos como uma conspiração astrológica benfazeja que, conjurando astros tão expressivos em tão bela constelação, ordenou nos céus primórdios da história brasileira o nascimento vigoroso de nossa moderna astronomia.

IV

Nascido em Odessa (Rússia) e radicado na Itália, Gleb Wataghin doutorou-se em física, em 1922, pela Università degli Studi di Torino (Unito), em Turim (Itália). Em 1924, foi contratado pela universidade como assistente do Politecnico di Torino e, em 1929, tornou-se livre docente em física teórica. Desde 1931, vinha trabalhando na linha de investigação dos raios cósmicos, cujas origens estão, primeiro, em Robert Milikan e, depois, em Arthur Compton. Mas não é apenas isso: Wataghin tem seu nome indelevelmente ligado ao Brasil, da mesma forma que a física moderna brasileira está, nas origens, associada a seus estudos sobre raios cósmicos.

Assim como Luigi Fantappié, Wataghin foi convidado para lecionar na Universidade de São Paulo (USP) por Teodoro Ramos, por sugestão e interferência de Enrico Fermi. Sua vinda para o Brasil inaugurou uma nova concepção do ensino da física e abriu, desde logo, duas correntes de pesquisa em torno das quais se agregaram nomes que depois entrariam definitivamente para a história do desenvolvimento da física moderna entre nós: no fim dos anos de 1930 e no começo dos anos de 1940, uma dessas correntes, voltada para a física teórica, reuniu em torno de Wataghin, Mário Schenberg, Walter Schutzer e Abrahão de Moraes; a outra, voltada para os raios cósmicos, Marcello Damy, Paulus Pompeia e Yolande Monteux.

Wataghin viajou muito e teve contato com muitos dos grandes cientistas da época, entre eles Bohr, Heisenberg, Ernest Rutherford, Wolfgang Pauli e Max Born, e seu papel fundador e inovador para a pesquisa científica brasileira foi fundamental. Essa herança permanece hoje inconteste, tanto na USP como na Universidade Estadual de Campinas (Unicamp), cujo Instituto de Física Gleb Wataghin (IFGW) leva seu nome, por reconhecimento e respeito, e onde discípulos de seus discípulos, por gerações distintas, mantêm vivas as linhas de pesquisa em raios cósmicos e as relações internacionais de cooperação motivadas por sua vinda e por sua atuação.

Se o Brasil teve, alguma vez, chance de chegar ao Prêmio Nobel, foi nessa linha de pesquisa instalada e implementada por Wataghin, quando, com 23 anos, César Lattes, em 1947, consagrou-se, internacionalmente, como um dos descobridores da partícula *méson pi*, fato que por si só alavancou, num sopro de entusiasmo e fortalecimento, a física no Brasil.

A seguir, apresentamos uma colagem de depoimentos de grandes nomes da física brasileira, colhidos em entrevistas já publicadas pela Sociedade Brasileira para o Progresso da Ciência (SBPC) no livro *Cientistas do Brasil* e pelos jornalistas Mariluce Moura e Neldson Marcolin na revista *Pesquisa Fapesp*, para medir a importância histórica dos estudos de raios cósmicos para cá trazidos por Wataghin e o papel fundador desses estudos para a formação de competências e para a consolidação das pesquisas em física de partículas no Brasil. O diálogo criado é fictício, mas os depoimentos de César Lattes, Mário Schenberg, Bernhard Gross, Marcelo Damy, José Leite Lopes e Oscar Sala são reais. Juntas, ficção e realidade alimentam os mitos do conhecimento e a força renovadora de sua voz em nossa história:

O Salto Cântico da Física

César Lattes

Os primeiros físicos [no Brasil] tiveram a capacidade de escolher uma física barata, mas pesquisando assuntos de fronteira. Quem iniciou a física no Brasil foi um brasileiro, o Joaquim da Costa Ribeiro, com o efeito Costa Ribeiro. No *Physics Abstract*, no qual se apresentam resumos de trabalhos científicos, está o chamado Costa Ribeiro Effect. Mas pouca gente da comunidade científica sabe disso. O Wataghin, apesar de teórico, escolheu trabalhar raios cósmicos. O padre Roser, que deu início ao Departamento de Física da Pontifícia Universidade Católica do Rio de Janeiro, também vinha de raios cósmicos. O Bernhard Gross, que iniciou outra escola, mais de estado sólido, veio de raios cósmicos. Acho que a física de hoje em dia, mesmo a da matéria condensada, tem que ser cara.[18]

Bernhard Gross

Naquele tempo não havia formação de físicos no Brasil. Havia autodidatas, que tinham um trabalho incomparavelmente maior para adquirir conhecimentos. Eu, por exemplo, tive a maior admiração por pessoas como o Lélio Gama, o Oliveira Castro, que foram autodidatas de uma honestidade, de uma profundidade, absolutamente internacionais. Mas havia também pessoas que perdiam o critério. E ninguém podia criticar, porque ninguém trabalhava no mesmo assunto. Isso evidentemente mudou quando começou a haver maior intercâmbio. A ciência, eu acho, ficou mais objetiva.

Uma coisa certamente me favoreceu: no instituto em que trabalhei na Alemanha, o físico precisava saber fazer tudo. Quer dizer, precisava ter a capacidade de saber fazer as coisas com as próprias mãos, sem depender de equipamento, aproveitando o que existia e sabendo construir o que faltava. Isso era uma orientação mais ou menos geral na Alemanha, e era favorecida por duas coisas: a falta de dinheiro e a extraordinária expansão que a física alemã experimentava então. Um professor meu dizia: "Para fazer alguma coisa, é preciso primeiro pensar e só depois comprar o aparelho".[19]

18   C. Lattes apud V.M. Carvalho; V.R. Costa (coords.), *Cientistas do Brasil*, p. 647.
19   B. Gross apud V.M. Carvalho; V.R. Costa (coords.), op. cit., p. 147.

Marcello Damy

Naquele tempo, década de 1930, os professores apenas ensinavam física. E da seguinte maneira: o professor estudava a aula na véspera para, no dia seguinte, passar para os alunos. A diferença do conhecimento do professor para o aluno era de 24 horas. Em 1938, depois de formado, fui para a Universidade de Cambrigde, na Inglaterra, e estagiei no Laboratório Cavendish, que era o maior centro de física do mundo. Lá apresentei um projeto ao meu diretor, William Lawrence Bragg, prêmio Nobel de Física, para a construção de um equipamento meio complicado para estudar raios cósmicos penetrantes, que caíssem em grande extensão. Ele aprovou o projeto e quando o aparelho estava quase pronto para funcionar veio a decisão de fechar a universidade, por causa da guerra. Aí meu supervisor, W.H. Lewis, me convidou a ficar lá, trabalhando com eles. Eu disse que não dependia só de mim, até porque eu estava lá pelo governo brasileiro. Eles escreveram uma carta ao nosso governo perguntando sobre essa possibilidade. E por sorte minha e por azar deles – ou vice-versa – o ministro das Relações Exteriores era o Oswaldo Aranha, primo-irmão do meu pai. O raciocínio dele foi este: "Se o Marcello pode ser tão útil na Inglaterra a ponto de quererem mantê-lo lá, ele vai ser muito mais útil aqui, porque não temos ninguém com essa especialização." Aí, voltei.[20]

José Leite Lopes

[Por volta de 1946], havia os trabalhos pioneiros de Bernhard Gross sobre física do estado sólido. Havia o Francisco Mendes de Oliveira Castro, matemático e físico-matemático, que se interessava pelos problemas experimentais e seu tratamento matemático. Na Faculdade de Filosofia, tínhamos o Joaquim Costa Ribeiro e seus assistentes e o Plínio Sussekind Rocha, homem de grande cultura, sobretudo filosófica, professor de mecânica celeste e mecânica racional. Eu queria desenvolver a física teórica voltada para a física nuclear e a

20 M. Moura; N. Marcolin, "Marcelo Damy: Opiniões Atômicas", *Pesquisa Fapesp*, n. 85, p. 1-9. Disponível em: <http://revistapesquisa.fapesp.br/2003/03/01/opinioes-atomicas/>.

O Salto Cântico da Física

física de partículas. Nesse terreno não havia nada no Rio de Janeiro. [Em São Paulo], havia a equipe do Mario Schenberg, que fazia física teórica, e o Marcello Damy de Souza Santos, que comandava a física experimental. Como na Universidade de São Paulo existia o regime de tempo integral, eles podiam se dedicar exclusivamente à pesquisa e ao ensino na universidade. Não era o caso no Rio de Janeiro.[21]

Mario Schenberg

No Brasil [os] contatos com Wataghin e Occhialini foram muito estimulantes. [...] Em 1938, comissionado pelo governo do estado de São Paulo, fui para a Itália. Occhialini voltava para lá, em férias. Viajamos juntos, e no navio fizemos um trabalho experimental sobre a variação da intensidade dos *showers* de raios cósmicos com a latitude. Voltei a trabalhar com ele, mais tarde, ligado a um grupo de física experimental, na Bélgica. Em Roma, trabalhei com Enrico Fermi. Publiquei dois trabalhos sobre as funções singulares da eletrodinâmica quântica, que saíram na revista *Physica*. Publiquei depois um trabalho mais completo no *Journal de Physique et du Radium*. Fiz um trabalho interessante sobre a origem dos raios cósmicos a partir dos mésons, partículas altamente ionizantes, e não elétrons e fótons, como se pensava na época. Fermi não acreditou nisso, e eu só redigi o trabalho aqui, publicando-o nos Anais da Academia Brasileira de Ciências. Mas o trabalho está citado no livro de Heisenberg sobre raios cósmicos. Depois de Fermi sair da Itália, fui para Zurique, onde trabalhei com o professor Pauli. Encontrei Pauli várias vezes mais tarde, em Princeton em 1941, e depois da guerra, em Zurique, onde ele ensinava. Tivemos contatos frequentes, que me influenciaram muito, não só do ponto de vista da física. Eu que já tinha interesse pela filosofia oriental, fui estimulado por ele em muitas conversas sobre esse assunto. De Zurique, como a guerra estava para rebentar, fui para a Bélgica, perto de um porto de mar onde pudesse tomar um navio de volta. Passei antes por Paris onde encontrei Bruno Pontecorvo, a quem me haviam recomendado na Itália. Ele me apresentou a Frédéric Joliot e passei alguns meses no

21   J.L. Lopes apud V.M. Carvalho; V.R. Costa (coords.), op. cit., p. 134.

Collège de France onde dei seminários e conheci Paul Langevin. Da Antuérpia peguei um navio do Lloyd Brasileiro. Era abril, e as tropas alemãs entravam em Praga. A guerra começou em setembro, quando os alemães invadiram Varsóvia. Foi um período interessante. Gostei muito da Itália, onde me identifiquei com o povo e vi muita coisa sobre arte. Foi quando comecei a me interessar de novo pela arte. Em Paris conheci Di Cavalcanti que tinha um ateliê com Di Chirico. Foi muito interessante fazer essa viagem à Europa, antes da guerra. Paris antes da guerra era outra coisa. Foi um mundo que ainda pude conhecer e que desapareceu.[22]

Oscar Sala

Meu primeiro contato com a física foi com a expedição Compton, que veio ao Brasil em 1940, 1941.

Naquele tempo, principalmente quem era do interior, assim que terminasse o ginásio ia fazer medicina, engenharia ou odontologia. Assim, vim fazer engenharia e entrei na Politécnica. Quando estava de férias em Bauru, no campo de aviação havia uma grande movimentação com os balões que eram soltos a grandes altitudes para medirem a radiação cósmica. Um dia estava lá, observando, e comecei a conversar com um senhor, que era justamente o Wataghin. Eu já tinha lido um pouco sobre radiação cósmica e fiz algumas perguntas a ele. Estranhou um pouco um caipira estar lá querendo saber de física. Perguntou o que eu fazia, e afinal me convenceu a sair da Poli e eu entrei na física, parte da Faculdade de Filosofia.

Logo depois que entrei, em 1941, o Brasil entrou na guerra e o Damy, que estava na Inglaterra, e o Pompeia em Chicago, voltaram, e assumiram no Brasil o projeto Sonar, da Marinha brasileira, para detecção de submarinos na costa brasileira. O Wataghin estava interessado em continuar as experiências sobre os chuveiros penetrantes de raios cósmicos, que, publicadas em 1940, davam a Wataghin, Damy e Pompeia a descoberta de que as partículas detectadas não eram de origem eletromagnética, e sim provenientes de condições energéticas nucleares... Wataghin se propunha a estudar os chuveiros produzidos

---

22   M. Schenberg apud V.M. Carvalho; V.R. Costa (coords.), op. cit., p. 96.

O Salto Cântico da Física

localmente, quer dizer, perto do ponto onde se dava a colisão, para saber se havia produção múltipla de partículas... Durante a guerra trabalhei sozinho com Wataghin, construindo todos os circuitos dos contadores Geiger, que tínhamos de boa qualidade, deixados no departamento pela expedição Compton. Fizemos os primeiros testes no laboratório, na Física, que era na avenida Brigadeiro Luiz Antonio, 124 [...] Fizemos a montagem e começamos as medidas, no ático da Faculdade de Medicina como primeiro ponto da curva de absorção em função da altura. O nosso arranjo era constituído de chumbo, para eliminar os "chuveiros" de origem eletromagnética, e sobre esse chumbo colocávamos grande quantidade de parafina ou água. Os "chuveiros" produzidos nessa parafina, ou água, então eram *showers* localmente produzidos. Eram medidas demoradas, levavam dez meses contínuos. Fizemos as medidas aqui e depois fomos para Campos do Jordão, perto do pico de 2000 e tanto, quase três mil metros, no Umuarana, para registrar um outro ponto, e depois fizemos medidas com aviões da FAB. Os resultados foram publicados, em trabalhos de 1944/45. O importante, nesse período, é que trabalhei praticamente sozinho, pois o Wataghin era um teórico. Eu cuidava das experiências na medicina, em Campos do Jordão e assim por diante. Mas eu tinha uma interação muito grande com o Damy e o Pompeia, principalmente, e, como físicos experimentais, eu discutia muito com eles. Por causa disso, também como eles, comecei a participar da parte da defesa, construindo para o exército um transmissor portátil que foi levado para a Itália [com a Força Expedicionária Brasileira, que lutou contra o "Eixo" – Itália, Alemanha e Japão – na Segunda Guerra Mundial (1941-1945)].

Mas o importante era o seguinte: era um departamento pequeno, eu o único experimental, fora o Damy e o Pompeia que estavam no projeto da Marinha, tinha o Walter Schutzer, o Lattes, a Sonia Ashauer, o Abraão de Moraes, o Mario Schenberg, e existia um ambiente excepcionalmente bom, onde as pessoas se encontravam diariamente. Havia grande interesse em saber o que cada um estava fazendo, contar seus resultados, e se discutia física intensamente no departamento. Eu acho que foi a grande coisa, esse tipo de ambiente que o Wataghin proporcionou foi a razão do sucesso da física no Brasil. Foi extremamente importante para a formação da gente, por exemplo eu, que não tive tempo nem de assistir aula, o que não fiz foi assistir aula no departamento, mas aprendi conversando com o Schenberg, com o Wataghin, com o Damy, com o Abraão de Moraes, e todos os outros.[23]

Marcello Damy

Wataghin era um físico teórico. Quando começamos a construir os aparelhos, minha experiência com rádios serviu. Eu sabia soldar, trabalhar com eletrônica, sabia como uma válvula funciona. Occhialini veio com aquele espírito fundamentalmente experimental do laboratório Cavendish, em Cambridge, e defendia a necessidade de fazer o aparelho para realizar um experimento. Na época não havia alternativa. Trabalhávamos todos os dias e todas as noites, aos sábados e muitas vezes aos domingos. Esse entusiasmo é que fez com que a física progredisse tanto num tempo tão curto em São Paulo.

Bolsas [só] começaram a existir depois de 1951, com a criação do Conselho Nacional de Pesquisa (cnpq). Antes as bolsas eram da Fundação Rockefeller, da Fundação Guggenheim e do British Council. Fui para a Inglaterra pelo British Council e o Mário Schenberg para os eua pela Fundação Rockefeller.

[...] Wataghin teve a sensibilidade de escolher o tema mais quente da época. Os raios cósmicos foram descobertos em 1900, por C.T.R. Wilson na Inglaterra, mas poucos laboratórios se dedicaram ao tema até 1918, porque as observações eram feitas só com câmaras de ionização. Observa-se a corrente, mas não era possível saber com certeza se se tratava de raios gama ou partículas carregadas. Não se podia medir bem a energia. Essa situação mudou depois de 1925, com a descoberta do contador Geiger-Müller. Por volta de 1936 conseguimos fazer contadores que funcionavam razoavelmente bem para a época e que não envolviam uma técnica de fabricação complicada. A maior dificuldade era a parte de eletrônica, que no Brasil não era ensinada em lugar nenhum. Recordo-me de ter recebido críticas

---

23   O. Sala apud V.M. Carvalho; V.R. Costa (coords.), op. cit., p. 760.

O Salto Cântico da Física

violentas quando comecei a ensinar eletrônica na faculdade. Diziam que aquilo era assunto para técnicos de rádio, não para cientistas. [O professor Bernhard Gross também] trabalhava com raios cósmicos em câmaras de ionização, seguindo a escola de E. Regener, um dos pioneiros dos estudos de raios cósmicos, de quem fora assistente, e ficou célebre pelo seu trabalho conhecido como a Transformação de Gross. Occhialini e eu íamos ao Rio para discutir com o Gross, que em 1935 ainda era muito jovem, talvez tivesse dois ou três anos de doutoramento, mas já havia trabalhado na Alemanha com Regener, o primeiro a demonstrar, no lago Leman, que a radiação cósmica penetrava 1.500 metros de água.[24]

Bernhard Gross

[Quando iniciei meu trabalho no Rio de Janeiro], eu ficava completamente só numa sala vazia. A Divisão de Física do Instituto de Tecnologia só estava criada no papel. Mas eu precisava de uma mesa, cadeira se arranjava, escrivaninha se arranjava; arranjavam-se também alguns instrumentos emprestados, alguns se conseguia comprar. No começo conseguiu-se emprestado no Observatório Nacional, cujo equipamento elétrico fora comprado pelo Henrique Morize. Eu precisava de uma fonte de tensão: comprou-se uma bateria de acumuladores de 500 volts. Não me lembro como se arranjou um galvanômetro.

Em 1939 houve um acontecimento importante: conseguimos comprar uns bons equipamentos da fábrica alemã Hartmann Braun, tais como resistência de cravelhas, que então se usava, e galvanômetros. Eletrômetros, comprei só um pouco mais tarde. Evidentemente eu não vou contar toda a história das compras. Desde então, e até a guerra, começou-se a importar comercialmente uma porção de equipamentos que ainda existem e que eram de muito bom padrão, inclusive o chamado Pêndulo de Helmholz, um interruptor de pêndulo que hoje não se usa mais porque há os circuitos eletrônicos transistorizados. Foi com esse material que se fez aquele trabalho sobre os zeólitos, que não era uma obra de mestre, mas continha

24   M.D.S. Santos apud V.M. Carvalho; V.R. Costa (coords.), op. cit., p. 521.

alguns aspectos experimentais interessantes. Foi publicado tanto nos Anais da Academia Brasileira de Ciências como numa revista alemã de cristalografia em 1935.[25]

César Lattes

No meu campo, dinheiro não é muito importante. Todo dinheiro que precisei sempre me foi concedido. Quando foi preciso duplicar as câmaras de emulsões em Chacaltaya, deram-me dinheiro. Na minha área o importante é que haja um grupo mínimo, que interaja e que tenha criatividade. Deve-se pôr constantemente em dúvida o que está escrito nos livros. Não é uma coisa sistemática de negar o que está lá, mas simplesmente devemos reexaminá-los, porque o tempo passa. Deve-se ter muito medo dos livros didáticos, de pedagogia. Gostaria de citar três afirmações que não são minhas: "Quem sabe faz, quem não sabe ensina, e quem não sabe ensinar ensina a ensinar." Posso estar errado, mas é básico o que antigamente se chamava "a procura da verdade". Francisco de Campos tem uma nota ao pé da página naquele livrão do Fernando Azevedo, sobre cultura brasileira, dizendo que se você em vez de procurar a verdade quiser resolver problemas, você praticamente se autocastrará.

As grandes descobertas da ciência foram feitas até há pouco tempo por acaso, por gente que queria saber como era feita a natureza. Seguiam o conselho de Leonardo da Vinci: "Vá aprender suas lições na natureza". Quando se começa a dizer que a universidade deve servir à comunidade e que tem que igualar nosso padrão de vida do primeiro mundo, isso não é mais ciência, é outra coisa. Na universidade, se você falar em coisa que não tem aplicação, o reitor fica de orelha em pé, não quer saber. O Pasteur dizia: "não há ciência pura e ciência aplicada, há ciência e aplicações da ciência." Ele fez aplicações formidáveis do ponto de vista econômico. Só o carbúnculo rendeu mais que as reparações da guerra da Alemanha, segundo a Enciclopédia Britânica. Sem contar a pasteurização, o bicho-da-seda e, no fim da vida, a vacina antirrábica. Mas quem era Pasteur? Era um professor secundário de física, química e cristalografia. Tinha uma

25　B. Gross apud V.M. Carvalho; V.R. Costa (coords.), op. cit., p. 146.

O Salto Cântico da Física

curiosidade grande de iniciar coisas. Fez a tese na École Normale, em Paris. Depois, onde foi dar aula, tinha vinho e cerveja. Aí, veio a pasteurização. Ele, embora professor secundário, tinha a alma de cientista. Queria saber, por exemplo, se havia geração espontânea ou não. Há coisas muito interessantes na natureza.

Sempre achei que só se pode melhorar a qualidade de vida de uma nação formando cidadãos pensantes. Isso significa educação primária essencialmente, que só pode ser feita com bons professores secundários. Para ter boa educação secundária, precisamos de bons professores universitários. E para isso necessitamos de pesquisa. A sensação que tínhamos era que o Brasil poderia dar um bom pulo se houvesse gente bem treinada e capacitada.

Na realidade, não foi nem a Inglaterra nem os EUA que me deram a formação de físico. Foi em São Paulo, com o Wataghin, com o Occhialini e com o Damy. Quando cheguei em Bristol, o Powell, que era o "dono da bola", tinha deixado as chapas em cima da mesa e o Occhialini, com tradição de raios cósmicos, estava estudando espalhamento de partículas em chapas velhas. Quer dizer, não aprendi nada com eles, a não ser inglês.[26]

---

26   C. Lattes apud V.M. Carvalho; V.R. Costa (coords.), op. cit., p. 645-648.

Planeta Água[1]

I

O planeta Terra, que já foi chamado de planeta Água pela liquidez de sua consistência, tem no território brasileiro uma concentração de água doce equivalente a 12% do total existente no mundo. Entretanto, vários fatores aumentam os riscos da escassez da água, entre eles, o desperdício, a poluição, a contaminação industrial, a desproporção entre demografia e disponibilidade natural, a ocupação desordenada dos solos rural e urbano, as disputas políticas e econômicas pelo controle do solo, a falta de políticas públicas educacionais que levem a uma cultura de preservação, a cultura predatória de nossa longa tradição de ocupação e o abandono da terra e a ausência do sentido de cidadania capaz de encurtar, na população, a distância entre o público e o privado, o particular e o coletivo, o individual e o social.

Se existe abundância de água doce no Brasil, porque há tanta escassez de água? É interessante notar que a formulação do paradoxo contido nessa pergunta só é possível graças à concepção da Terra como um sistema. Graças, portanto, a uma mudança do paradigma teórico que, deixando de ser cartesiano, permite ver, com clareza,

---

[1] A primeira versão deste artigo foi publicada em C. Vogt, Planeta Água, *ComCiência*, Campinas, n. 13, set. 2000. Disponível em <http://www.comciencia.br/carta/framecarta.htm>. Acesso em: 10 set. 2000.

a sistematicidade das relações entre as partes vivas do planeta – plantas, microrganismos e animais – e as partes não vivas – rochas, oceanos, rios e atmosfera. Nessa área do conhecimento, mudar da ideia de que o entendimento das partes leva à compreensão do todo para a ideia de que o todo é maior do que a soma das partes, e que é sua visão de conjunto que permite a compreensão das partes, significou, pois, uma revolução teórica para os estudos e pesquisas científicas. Mais interessante ainda é dar-se conta de que essa percepção sistêmica da Terra e de seus contrários só se explicita, na forma que a conhecemos hoje, a partir do final dos anos de 1950, quando todos pudemos ver o planeta, pelas fotografias dos satélites artificiais, em especial os russos da série Sputnik (1957-1961), envolto num manto azul e branco de águas e transpirações.

Paul Éluard registrou num poema epigramático – curto e leve como convém ao gênero, denso e etéreo como cabe ao tema – a geometria da forma e a plasticidade suculenta desse fruto cósmico:

La terre est	A Terra é
bleu	azul
comme un orange[2]	como uma laranja

Não podemos, contudo, deixar que esse fruto cósmico seja sugado pela voracidade da ignorância e pela esperteza sabida dos oportunistas. Para que a beleza cósmica e fluida do planeta não se decepcione nos detalhes de sua convivência com as sociedades humanas é preciso que os povos e as nações constituam com firmeza a cultura da preservação de nossas águas.

Países como o Brasil, ricos em mananciais, não podem seguir no comodismo acomodado do Jeca Tatu, para quem plantando, dá; não plantando, dão[3]. Que as águas no Brasil possam – pela limpidez que se quer, e é preciso preservar ou recuperar preservando – dar-nos uma imagem refletida que nos deixe minimamente envaidecidos com nossa identidade. Não para atrair-nos no afogamento narcísico da

---

2   P. Éluard, La Terre est bleu, *Oeuvres complètes*, v. i, p. 232.
3   Ver Monteiro Lobato, *Urupês*.

egolatria ufanista, mas para devolver-nos, simbolicamente, a justeza
ética e a responsabilidade social de nossos comportamentos e ações.

II

Inferno Verde, Pulmão do Mundo, Hileia, Paraíso Verde, Eldorado
são algumas designações e metáforas, entre tantas, com que a Amazônia é referida ao longo dos tempos, de acordo com as variações
do humor ideológico de plantão.

Em seu clássico *Amazônia*, Samuel Benchimol escreve: "depois
da Guezerá (sentença maldita) da Ibéria, do Guehinan (inferno)
de Marrocos, a Amazônia, por volta de 1810, quando se iniciou a
emigração dos judeus para o Grão-Pará e Amazonas, surgiu como
o Gran-Eden, o jardim do Paraíso, a Terra da Promissão."[4] Ao que
consta, a presença judaica na Amazônia era já tão grande que uma
das alternativas que se discutiam para a localização do Estado de
Israel, criado, enfim, em 1948, era a Amazônia, o que teria contribuído para o Brasil, por intermédio de Oswaldo Aranha, chanceler do
Brasil na Organização das Nações Unidas (onu), apoiar e liderar a
votação pelo reconhecimento do novo país em terras da, até então,
Palestina, de dominação inglesa.

Uma experiência antípoda com a Amazônia, do ponto de vista
de suas representações, é a que se lê no romance *A Selva*, de José
Maria Ferreira de Castro, que, órfão de pai, vem com 12 anos para
Belém (pa), em 1914, embrenhando-se, mais tarde, na floresta para
trabalhar como seringueiro. Essa é a matéria-prima do romance que
conta a história de um jovem estudante de direito que, aos 26 anos,
emigra, por razões políticas, para Belém, vai trabalhar no seringal
Paraíso, às margens do rio Madeira, e vive o inferno dos desejos da
juventude e as aventuras inusitadas com que se depara na floresta.

4 S. Benchimol, *Amazônia*, p. 271.

Planeta Água

Mais ou menos na mesma época, instalou-se em Manaus (AM) Silvino Santos, cuja atividade nos deixou um legado de imagens preciosas e fascinantes da região e de sua gente e que, em parte, podem ser vistas hoje no filme *O Cineasta da Selva*, de Aurélio Michiles, que tão bem soube aproveitá-las em seu filme. Ademais, esse fascínio pela Amazônia – além dos Andes – também pode ser visto nos filmes de Werner Herzog. Em *Aguirre*, passeia a loucura dos colonizadores pelas planícies de água e verde e o mito encantado e trágico da conquista. No filme *Fitzcarraldo*, em outra época, o personagem homônimo navega, insano, por terra firme, num navio--fantasma com que pretende chegar a Manaus para assistir a um espetáculo de ópera no fabuloso teatro construído às margens do rio Negro, em 1896, graças ao luxo da riqueza transitória da explosão da borracha nos mercados internacionais.

Mas, depois do término do ciclo da borracha, como está a situação da Amazônia hoje? A Fordlândia foi abandonada! Daniel Ludwig – o mesmo do Ludwig Institute for Cancer Research (LICR), que, em parceria com a Fundação de Amparo à Pesquisa do Estado de São Paulo (Fapesp), desenvolveu o Projeto Genoma do Câncer no Brasil – desiludiu-se de seu sonho empresarial amazônico; a Transamazônica tornou-se uma ferida linear na selva, que, seca ou enlameada, sangra o desvario megalomaníaco dos governos militares; o Sistema de Vigilância da Amazônia (Sivam), contraditório na percepção que, no início, permitiu de si para a sociedade, instalou--se e consolidou-se; a Zona Franca continua por lá, com vida legal projetada e estendida até 2013. E Carajás? A Vale se propunha dobrar a produção de minério de ferro no Pará, que seria, desse ponto de vista, o mesmo que dizer que o estado teria um novo Projeto Carajás, identificado então como Projeto Ferro Carajás S11D, que, segundo as projeções, significaria um aumento de 14% nó PIB paraense e uma contribuição de cerca de 5 bilhões de dólares ao ano para a expansão do *superavit* na balança comercial brasileira.

Quanto às iniciativas de internacionalização da região Amazônica, foram muitas as tentativas, porém sem sucesso. Em 1799, por exemplo, Alexander von Humboldt chegou, no dia 16 de julho, a bordo do navio Pizarro, à Venezuela. Em fevereiro de 1800, realizou uma longa excursão pelo rio Orinoco e outros rios da Amazônia, chegando até ao rio Negro, na fronteira com o Brasil, onde foi barrado pelas autoridades portuguesas.

Em 1948, a Presidência da República dos então Estados Unidos do Brasil submeteu ao Congresso Nacional, para aprovação parlamentar, o texto da Convenção Constitutiva do Instituto Internacional da Hileia Amazônica e o Protocolo Financeiro, firmado pelo Brasil em Iquitos (Peru), no mesmo ano, porém, ele foi arquivado. Em 1952, alguns intelectuais brasileiros, entre eles Paulo Duarte, Osório Borba, Marques Rebelo e Sérgio Buarque de Holanda, tentaram aprovar, no III Congresso Paulista de Escritores, uma moção de apoio ao projeto da fundação da Hileia Amazônica, que deveria ser instituída para fins científicos. Entretanto, os nacionalismos de plantão não permitiram jamais que o projeto se concretizasse.

Em 1998, os mesmos nacionalismos, com roupas da moda, retardaram o quanto puderam a ajuda internacional para combater o fogo que destruía as matas de Roraima, a ponto de o assunto ser matéria do editorial "Hileia Amazônica de Novo", publicado no *Jornal do Comércio* em 8 de abril daquele ano.

Mais recentemente, o convênio, entre a empresa paraestatal Bioamazônia e a Novartis, para a exploração da rica biodiversidade da floresta tropical foi, no ponto de ser assinado, suspenso no último minuto, provavelmente por razões alegadamente muito parecidas com as que envolveram, meio século antes, os impedimentos daquele outro programa de internacionalização de suas riquezas naturais, para fins científicos, tecnológicos ou, mesmo subjacentes, econômicos.

Apesar da forte resistência dos nacionalismos mencionados, importantes instituições de pesquisa se instalaram na Amazônia, cumprindo papel fundamental para o conhecimento cultural e científico da região. São os casos, em Manaus, do Instituto Nacional de Pesquisas da Amazônia (Inpa), criado em 1952, e, em Belém, do Museu Paraense Emílio Goeldi, criado em 1866.

A Amazônia – tal como a bio e a sociodiversidade que lhe são constitutivas, e, talvez, por isso mesmo – está enredada numa teia

Planeta Água

de dramas, conflitos e controvérsias que se multiplicam numa escala proporcional às pequenas e grandes ambições de que ela sempre foi alvo, desde sua conquista e posse, no decorrer dos séculos XVII e XVIII, pelos europeus. Hoje, quase metade do território brasileiro é coberto pela floresta tropical da bacia amazônica em contraste com os apenas 8,5% de toda população nacional distribuída por sua imensidão.

Quando chegaram os invasores europeus, a população indígena no Brasil, estimada em 5 milhões, tinha metade deles espalhados pela Amazônia, "cujos rios colossais", como escreveu Darcy Ribeiro em *O Povo Brasileiro*, "abrigavam concentrações indígenas que pasmaram os primeiros navegantes"[5]. O extermínio dessas populações de línguas, culturas e etnias diversificadas foi tão violento que delas restou, até poucos anos atrás, não mais do que 150 mil, com perdas culturais e linguísticas para sempre irrecuperáveis.

Contudo, esse processo sistemático e cruel de perda pelo contato com a civilização europeia, que parecia irreversível à maioria dos estudiosos e dos que se dedicavam às questões indígenas, tem, há algum tempo, sofrido uma reversão que se mostra nos sucessivos censos realizados e que apontam, hoje, para um número superior a 300 mil, dos quais mais de 170 mil em território amazônico.

Apesar da grande atenção nacional e internacional para as questões indígenas, consubstanciada, muitas vezes, em políticas públicas consistentes, elaboradas e desenvolvidas por instituições civis e governamentais e pela ação abnegada de homens como o marechal Rondon e os irmãos Villas-Bôas, isso não significa que o processo de permanência, de preservação da própria identidade e de interação com a sociedade, como um todo, tenha perdido seus predicados históricos de crueldade, prepotência e debochado oportunismo.

As denúncias feitas por Patrick Tierney no artigo[6], com título-paródia "The Fierce Anthropologist" – no qual comenta, contrapõe e critica a ação predatória e devastadora de um dos mais famosos

---

5   D. Ribeiro, *O Povo Brasileiro*, p. 330.
6   Ver P. Tierney, The Fierce Anthropologist, *The New Yorker*, 9 out. 2000.

estudiosos desse grupo indígena, cujo livro[7] tornou-se um clássico e, através de múltiplas edições, bateu a casa de mais de um milhão de exemplares publicados – consubstanciaram-se no livro *Darkness in El Dorado*, que evoca lembranças do *Coração das Trevas*, de Joseph Conrad, e faz revelações terríveis sobre a pretensa imparcialidade isenta de cientistas em seus sagrados rituais de pesquisa e de informação.

Os Yanomami, segundo Darcy Ribeiro,

> constituem hoje o maior povo prístino da face da terra, começam a extinguir-se, vitimados pelas doenças levadas pelos brancos, sob os olhos pasmados da opinião pública mundial. São 16 mil no Brasil e na Venezuela. Falam quatro variantes de uma língua própria, sem qualquer parentesco com outras línguas, vivendo dispersos em centenas de aldeias na mata, ameaçados por garimpeiros que, tendo descoberto ouro e outros metais em suas terras, reclamam dos governos dos dois países o direito de continuarem minerando através de processos primitivos, baseados no mercúrio, que polui as terras e envenena as águas dos Yanomami[8].

Se a Amazônia não se internacionaliza formalmente, internacionalizam-se, contudo, seus conflitos em diferentes níveis, esferas e escalas sociopolíticas. O assassínio de Chico Mendes, por exemplo, transformou sua morte em emblema das duras lutas da vasta população cabocla da Amazônia pela dignidade de vida, ligada indissoluvelmente ao respeito pelos direitos sociais, mas também à preservação do equilíbrio ambiental. Criaram-se, assim, cada vez mais, as condições para desenvolvimento de uma consciência cidadã não como privilégio das populações urbanas da costa, do sul e do sudeste, mas como elemento crítico do conhecimento dos direitos e obrigações comuns a todos e do autorreconhecimento das diferenças na integração.

Entre os dias 16 e 21 de outubro de 2000, reuniram-se em Manaus ministros da Defesa de mais de vinte países para discutirem, entre outros assuntos atinentes ao tema, o Plano Colômbia, criado pelos Estados Unidos naquele mesmo ano para o combate ao narcotráfico,

---

7 Ver N.A. Chagnon, *Yanomamö: The Fierce People*.
8 D. Ribeiro, *O Povo Brasileiro*, p. 331-332.

Planeta Água

que foi implementado e logo encerrado ao se comprovar que o veneno atirado por aviões sobre plantações de maconha atingia também outras culturas agrícolas e também pessoas. Mais uma vez o ritual de internacionalização estava lá e não em outro lugar, plantado bem ali às margens do rio Negro, que nasce do rio Orinoco, que desce dos Andes, que depois de Manaus se encontra com o rio Solimões, que é, então, o rio Amazonas, que corre para o mar e nele deságua no delta da ilha de Marajó (PA), depois de rolar suas águas por mais de 5 mil quilômetros em território brasileiro.

Estudos do Instituto de Pesquisa Econômica Aplicada (Ipea), realizados em 2000 e atualizados em 2010, estimam em pelo menos 2 trilhões de dólares ao ano a riqueza potencial da diversidade biológica e mineral contida em nossas matas. A Floresta Amazônica é, sem dúvida, responsável por grande parte desse valor e é por isso que a região concentra tantos conflitos quantas são as soluções que para eles se propõem e tantas vezes se adiam. De todo modo, inadiável, é claro, é a lembrança permanente de que ali se desenrola uma luta constante, às vezes anônima, outras vezes notória e espetacular, entre homens e a natureza, entre a natureza e as formas sociais de seu uso e apropriação, entre sua apropriação e a consciência, cada vez mais dramática, de que é preciso aceitar, em sua diversidade social e biológica, a estranheza, renunciando, assim, ao projeto insano de sua total domesticação. Apesar da cobiça e da ambição do conhecimento, transformado em valor econômico pelo domínio das tecnologias, é preciso conviver sinceramente com nossa humanidade, falível, portanto, em suas ilusões de onipotência, mesmo sob os humildes disfarces do reconhecimento de nossos limites e limitações.

III

Como transformar conhecimento em valor econômico, parece ser o lema mais constante e a preocupação mais exasperante das sociedades contemporâneas, que estão empilhadas, em diferentes níveis, na pirâmide do desenvolvimento. E o desafio dessa transformação motiva e acompanha os esforços de sociedades desenvolvidas e de sociedades emergentes, que lutam para se estabelecerem como parceiros nos cenários da competitividade internacional. Surge, então, o primeiro paradoxo da retórica da globalização que, como tantos outros, procura, no discurso, harmonizar as contradições de que se faz, com ferocidade às vezes – o doce engano de que com a competição se dá também a ajuda mútua.

À atuação crescente e à conscientização amadurecida dos formadores de opinião, dos tomadores de decisão, de parcelas importantes das populações organizadas em instituições cada vez mais atuantes na afirmação dos direitos e deveres de cidadania, foi-se formatando, a partir dos anos de 1960, a concepção – consolidada, em 1972, em Estocolmo e reafirmada em 1992, na cidade do Rio de Janeiro – de que a Terra é um sistema coeso e integrado, no qual é possível ver, com clareza, a sistematicidade das relações entre as partes vivas e as partes não vivas . A mesma concepção se repetiu, em 2002, em Johanesburgo, e em 2012, na capital carioca.

Constituem-se, assim, os conceitos de ecossistema e de desenvolvimento sustentável e a compreensão moderna do termo biodiversidade, utilizado, então, para definir a variabilidade de organismos vivos, flora, fauna, fungos macroscópicos e microrganismos, abrangendo a diversidade de genes e de populações de uma espécie, a diversidade de espécies, a diversidade de interações entre espécies e a diversidade de ecossistemas, conforme o artigo 7º da Convenção sobre a Diversidade Biológica[9], celebrada na cidade do Rio de Janeiro em 1992, e que foi aprovada no Brasil, em 1994, pelo Decreto Legislativo n. 2, embora o tema tivesse sido tratado na Constituição de 1988, no artigo 225. Esse artigo consagra o direito de todos os brasileiros ao meio ambiente ecologicamente equilibrado, o que, em

---

9 Brasil, Ministério do Meio Ambiente, A Convenção Sobre a Diversidade Biológica – CDB, Cópia do Decreto Legislativo n. 2, de 5 de junho de 1992. Brasília: MMA, 2002, p. 9. Disponível em: <http://www.mma.gov.br/estruturas/sbf_dpg/_arquivos/cdbport. pdf>. Acesso em 23 ago. 2013.

Planeta Água

contrapartida, nos obriga ao compromisso de preservação de todas as espécies. Desse modo, no parágrafo 4º desse artigo na Constituição, veem-se garantidos em lei de preservação a Floresta Amazônica, a Mata Atlântica, a Serra do Mar, o Pantanal e a Zona Costeira, todos considerados patrimônios nacionais. Outras leis e códigos tratam de outros temas relacionados ao equilíbrio ecológico, à preservação de sistemas complexos de vida, à biodiversidade, de maneira que, do ponto de vista legal, mesmo havendo necessidade de seu aprimoramento contínuo, o país está alinhado com as grandes preocupações e tendências internacionais relativas à questão.

Ao lado do sistema legal, cresceu e organizou-se todo um sistema institucional que, além dos atores tradicionais, como as universidades, os sindicatos, as associações de classe, passou a incluir um número muito grande de organizações não governamentais (ONGs) voltadas ao tema e que têm tido papel definidor nas políticas de preservação ambiental e nas ações efetivas para sua operacionalidade, de modo que – não seria exagero dizer – meio ambiente e ecologia são hoje tópicos de excelência nos avanços de cidadania que a sociedade brasileira vem vivenciando e conquistando de alguns anos para cá.

O tema da biodiversidade está relacionado a essas questões, mas envolve também um aspecto econômico que lhe é intrinsecamente constitutivo e envolve ainda uma possibilidade real de sua transformação em riqueza, o que lhe é dado pela biotecnologia. De fato, a grande extensão territorial brasileira, a enorme variedade de espécies que a povoa e o potencial tecnológico hoje disponível para sua transformação em valor econômico, uma vez feito seu mapeamento e consolidado seu conhecimento científico, tornam a biodiversidade do Brasil uma riqueza efetiva e um desafio permanente: a riqueza está estimada, pelo que se anuncia nos estudos do Ipea, em cerca de 4 trilhões de dólares; o desafio reside em não desrespeitarmos o equilíbrio dessa vida diversa e múltipla nem permitirmos que outros o façam, fazendo sua bioprospecção sem, contudo, agredir seus sagrados direitos à existência, garantidos pela Constituição.

Como se trata de um tesouro vivo, é preciso aprender a explorá-lo sem esgotar-lhe a vida, que é, ela própria, a razão primeira e última de seu imenso valor econômico e social para a qualidade de vida do homem na Terra. Múltiplo e desigual, no espelho de seu ambiente, o homem aspira à unidade que hoje, mais do que nunca, ele aprendeu, não se sustenta sequer como aspiração fora do conhecimento e do reconhecimento de si no outro.

Produzir riqueza, apropriando-se, pelo conhecimento e pela tecnologia, da natureza e da diversidade manifesta e recôndita das vidas que a habitam, requer o fino equilíbrio entre nosso legítimo desejo de bem-estar constante e a constância de nosso compromisso consciente com a preservação das condições dessa variedade de vidas. Com características de pensamento e linguagem singulares, o homem se distingue e se assemelha pelo fato de viver em sociedade e por precisar construir a sociedade para viver. Nessa construção, que é cultural, política e econômica, o outro social só adquire densidade plena na imagem biodiversa da natureza, de seus iguais e dessemelhantes.

IV

É possível manter os atuais padrões de produção e de consumo e ainda assim acreditar ser possível o desenvolvimento sustentável da economia, da sociedade e das relações do homem com a natureza? Tudo indica que não, ao menos se forem levados em conta os indicadores que vêm sendo publicados por instituições como a ONU ou o Fundo Mundial para a Natureza (em inglês, World Wildlife Fund [WWF]).

O *Relatório Planeta Vivo* 2010, do WWF, afirma que excedemos em 50% a capacidade da Terra para responder à demanda do consumo de alimentos e, portanto, bastante além da capacidade de reposição do planeta. Como, em outubro de 2011, a população na Terra passou dos 7 bilhões de habitantes, com previsão para mais de 8,5 bilhões até 2050, *grosso modo*, tem-se o desenho do cenário da catástrofe global

Planeta Água

que se anuncia desde o fim dos anos de 1960 e que deu origem à consciência, cada vez mais aguda, de que é preciso replanejar, com clareza, e praticar, com urgência, novas formas culturais de relacionamento produtivo do homem em sociedade e da sociedade com a natureza.

Realizada de 5 a 16 junho de 1972, a Conferência de Estocolmo acrescentaria, definitivamente, às questões prioritárias discutidas pela ONU – a paz, os direitos humanos e o desenvolvimento com igualdade – o tema da segurança ecológica. Desse modo, a Conferência de Estocolmo passou a ser o marco de referência para as discussões sobre o que, na sequência, viria a constituir uma das questões mais complexas e mais cruciais da história recente da humanidade, ou seja, a questão do desenvolvimento sustentável. Nesse sentido, vários encontros e documentos foram produzidos no interregno de vinte anos entre a Conferência de Estocolmo e a seguinte, realizada em 1992.

Na Conferência das Nações Unidas sobre Meio Ambiente e Desenvolvimento (CNUMAD) ou Rio-92, realizada de 3 a 14 de junho de 1992, teve origem o documento *Agenda 21*, aprovado e assinado por 179 nações presentes no encontro. O documento tem como objetivo fomentar em escala planetária, a partir do século XXI, um novo modelo de desenvolvimento – desenvolvimento sustentável – que modifique os padrões de consumo e produção, de forma a reduzir as pressões ambientais e atender às necessidades básicas da humanidade, conciliando justiça social, eficiência econômica e equilíbrio ambiental.

Paralelamente à Rio-92, ocorreu, promovido por entidades da sociedade civil, o Fórum Global 92, do qual participaram cerca de 10 mil ONGs, e que, por sua vez, deu origem a outro importante documento, a *Carta da Terra*, para pautar, pelos olhos críticos e pelos interesses legítimos da cidadania, as ações globais dos governos e dos órgãos oficiais em prol do desenvolvimento sustentável.

Dando prosseguimento a essas discussões, vários eventos, acordos e compromissos de repercussão internacional vêm ocorrendo, reforçando criticamente a necessidade de medidas que avaliem a questão dos limites do crescimento e as consequências dos modelos concentradores de produção e riqueza vigentes, hoje, na economia globalizada.

O primeiro tratado global para redução de gases de efeito estufa, o Protocolo de Kyoto (1997), foi assinado nessa cidade do Japão por 189 países, os quais se comprometeram em reduzir a emissão de gases poluentes que, segundo especialistas, provocam o aquecimento global com efeitos catastróficos para a humanidade. Mas os Estados Unidos, responsáveis por um alto percentual das emissões de carbono, não assinaram o documento, levando consigo, para a mesma posição de intransigência econômica, países como o Canadá e a Austrália. Em compensação, o Japão, a Rússia e os quinze países que então formavam a União Europeia aderiram ao protocolo, dando a medida de quanto é política, além de ética, a luta para a mudança na cultura de gestão do meio ambiente e do desenvolvimento sustentável nos diferentes países do mundo e de quanto os interesses econômicos interferem na gestão dessas políticas. Por decisão do então presidente da República, Fernando Henrique Cardoso, o Brasil aderiu ao protocolo, buscando contribuir para a alteração do modelo de desenvolvimento econômico em vigência no mundo, altamente predatório ao meio ambiente e à paz social, tão decantada retoricamente e tão pouco praticada na efetividade da distribuição da riqueza e da justiça social. O protocolo entrou em vigor em fevereiro de 2005.

O Fundo Verde Climático foi aprovado na 16ª Conferência das Nações Unidas sobre as Mudanças Climáticas ou 16ª Conferência das Partes (cop-16), realizada em novembro de 2010, em Cancún (México), quando os países desenvolvidos se comprometeram a colocar 100 bilhões de dólares até 2020 num fundo para custear ações de corte de emissões e de adaptação às mudanças climáticas. Em dezembro de 2011, duzentos países reunidos na 17ª Conferência das Nações Unidas sobre as Mudanças Climáticas ou 17ª Conferência das Partes (cop-17), em Durban (África do Sul), aprovaram um pacote que prorrogava o Protocolo de Kyoto, viabilizava o Fundo Verde Climático e criava um cenário de um acordo global com

Planeta Água

metas obrigatórias de redução de emissão de gases estufa para todos os países, inclusive os Estados Unidos e a China, que assumiram compromissos de corte das emissões de dióxido de carbono (CO_2). Nas conferências dos próximos anos, deverão ser definidos detalhes e datas, além de ser esperada a adesão do Japão, do Canadá e da Rússia, que decidiram não participar da segunda fase do protocolo.

Nessa trajetória, também merece destaque o Fórum Social Mundial (FSM), um espaço organizado anualmente por entidades e movimentos de vários continentes que, tendo caráter não governamental e não partidário, discute alternativas de transformação social global, resumidas no *slogan* "Um outro mundo é possível". Além de atividades espalhadas pelo mundo nas edições de 2008 e 2010, os eventos do FSM já foram centralizados no Brasil (2001, 2002, 2003, 2005, 2009, 2012), na Índia (2004), no Mali (2006), no Paquistão (2006), na Venezuela (2006), no Quênia (2007) e no Senegal (2011).

Dez anos após a Rio-92, em 2002, as nações do globo realizaram a Cúpula Mundial sobre Desenvolvimento Sustentável (CMDS) ou Rio+10, de 26 de agosto a 4 setembro de 2002, em Joanesburgo (África do Sul). Em 2012, a Conferência das Nações Unidas sobre Desenvolvimento Sustentável (CNUDS) ou Rio+20, que aconteceu no Brasil, de 13 a 22 de junho, procurou manter, atualizar e incentivar as propostas de ações para um mundo mais decente e seguro, com a promoção de mais empregos, maior prosperidade, menos pobreza e menor comprometimento do meio ambiente nos processos de produção e consumo numa economia que possa, nesse sentido, ser cada vez mais verde.

O Brasil parece ter se preparado, tanto pelas ações governamentais, explicitadas nas posições adotadas nesses eventos, como pelas ações da sociedade civil, para desempenhar um papel importante entre as lideranças da consciência ecológica mundial, que deverão, pelos documentos, pelas declarações, pelas análises críticas, pelo exemplo, enfim, constituir-se em exemplaridades éticas das políticas de meio ambiente e de desenvolvimento sustentável a serem efetivamente adotadas para garantir condições de qualidade de vida presentes, projetando-as, para a preservação da vida com qualidade das futuras gerações.

O conjunto de ações e de políticas de proteção ambiental que integram a *Agenda 21 Brasileira* resultaram de um amplo processo de diálogo e de discussão do qual participaram mais de 40 mil pessoas em todos os estados do país que elaboraram cerca de 6 mil propostas. Ela apresenta quatro seções, que estão distribuídas por quarenta capítulos, 115 programas e aproximadamente 2.500 ações sobre as diferentes áreas incluídas no processo, desde saúde, educação e ambiente até saneamento, habitação e assistência social. São estas as seções:

- Dimensões Sociais e Econômicas, que trata das relações entre meio ambiente e pobreza, saúde, comércio, dívida externa, consumo e população;
- Conservação e Gerenciamento dos Recursos para o Desenvolvimento, que estabelece maneiras de gerenciar os recursos naturais, visando a garantir o desenvolvimento sustentável;
- Fortalecimento dos Principais Grupos Sociais, no qual se apresentam formas de apoio a grupos sociais organizados e minoritários que trabalham, colaboram ou adotam os princípios e as práticas da sustentabilidade;
- Meios de Implementação, em que são tratados os financiamentos e os papéis das instituições governamentais e das entidades não governamentais no desenvolvimento sustentável.

Dentro desse processo de profundas mudanças em nossas atitudes culturais, é importante entender que, muitas vezes, por diferentes caminhos de peregrinação e aventuras, o conhecimento científico e experimental acaba por encontrar-se com a sabedoria da tradição de antigas filosofias a dizer, pela teoria e pela experimentação do método, o que já fora dito pela intuição especulativa e pela expressão sensível de conceitos consubstanciados em metáforas e imagens de pura poesia. Nesse sentido, leiamos o que escreve Aldo da Cunha Rebouças, no livro *Águas Doces no Brasil*, também organizado e coordenado por Benedito Pinto Ferreira Braga Junior e José Galizia Tundisi:

Planeta Água

A ideia da Terra como um sistema vem dos primórdios das civilizações. Porém, a sua visão só se tornou possível a partir das primeiras viagens espaciais, na década de 1960. Atualmente, ninguém põe em dúvida a ideia chave da Teoria de Gaia [...], que mostra um estreito entrosamento entre as partes vivas do planeta – plantas, microrganismos e animais – e as partes não vivas – rochas, oceanos e a atmosfera.

O ciclo todo é caracterizado por um fluxo permanente de energia e de matéria, ligando o ciclo das águas, das rochas e da vida. Essa visão sistêmica reúne geologia, hidrologia, biologia, meteorologia, física, química e outras disciplinas cujos profissionais não estão acostumados a se comunicar uns com os outros.

Torna-se evidente que, se a água é elemento essencial à vida, esta é, por sua vez, um dos principais fatores que engendram as condições ambientais favoráveis à existência da água em tão grande quantidade e abundância na Terra[10].

Comparemos, agora, o trecho acima com uma passagem do romance *O Fio da Navalha*, de William Somerset Maugham, em que o autor-narrador dialoga com a personagem Lawrence Darrel, que lhe conta, em um café de Paris (França), quase no fim da obra, suas andanças por países e experiências, em busca de respostas às suas indagações existenciais e metafísicas. O trecho em questão contém o relato do jovem Larry de seu convívio com um também jovem amigo hindu em constante jornada em busca de seu objetivo.

– E isso era...?
– Libertar-se do cativeiro da reencarnação. De acordo com os vendanistas, a identidade pessoal, que eles chamam de *atman* e nós de alma, é distinta do corpo e seus sentidos, distinta do cérebro e sua inteligência; não faz parte do Absoluto, pois o Absoluto, sendo infinito, não pode ter partes, é o próprio Absoluto. É incriada; sempre existiu e, quando finalmente despir os sete véus da ignorância, voltará à imensidade de onde veio. É como uma gota d'água que subiu do

10 A. da C. Rebouças, B.P.F. Braga Junior, J.G. Tundisi (org./coord.), *Águas Doces no Brasil*, p. 4-5.

mar e num aguaceiro caiu numa poça, resvalando depois para um regato, e dali para um rio, passando por desfiladeiros e vastas planícies, insinuando-se aqui e ali, malgrado o obstáculo de rochas e árvores caídas, até chegar aos ilimitados mares de onde proveio.[11]

A visão sistêmica de nosso planeta, de que nos fala com competência científica Rebouças, está, também, presente, a seu modo, no trecho do romance que reproduz, por metáfora, a filosofia vedanta. As diferenças, é claro, entre uma coisa e outra, são muitas e até mesmo intransponíveis, do ponto de vista teórico e metodológico. Contudo, permanece inegável o fato de que em ambas as atitudes culturais há um traço comum que nasce da consciência de que não basta decompor analiticamente o todo em suas partes para chegar à plena compreensão de seu funcionamento. É preciso, ao contrário, entendê-lo na sistematicidade das relações entre natureza e cultura para que as transformações de uma pela outra não engendre o monstro da soberba, tampouco o querubim da apatia.

V

Nossa relação com os fenômenos naturais passam pelo medo, pelo respeito, pela admiração da beleza, pela dor da perda de pessoas e de lares, pelo escancaramento da fragilidade humana, pelo questionamento dos mistérios da vida, pela procura de soluções, pela explicação científica ou religiosa. De uma forma ou de outra, eles nos abalam profunda e definitivamente.

Vários rituais, lendas e mitos que se perpetuam através dos séculos nasceram dessa relação do homem com esses eventos, em particular os mais catastróficos. Os livros sagrados de várias religiões relatam histórias de "milagres", chuvas de fogo, dilúvios, pragas destruidoras que parecem ser descrição de raios, terremotos, maremotos, erupções

11 W.S. Maugham, *O Fio da Navalha*, p. 271.

Planeta Água

124   de vulcões. Descrevem também as consequências, físicas e psicológicas, de frágeis humanos atingidos pela fúria dos deuses que se manifestam usando a força da natureza.

Opostos que se apresentam sempre que há vida: fragilidade e força, beleza e horror, necessidade e prazer nos atraem para perto dos fenômenos naturais, produzindo comportamentos nem sempre de explicação simples e nunca pela simples curiosidade, como dos exploradores que arriscam a vida para estar perto de lavas de vulcão e pessoas que se recusam a abandonar determinado local mesmo diante de perigo iminente.

Belíssimas fotografias, em especial depois que foram colocados em órbita os satélites artificiais, mostram fumaça, crateras, marcas no corpo da Terra, que "não estava nua e, sim, coberta de nuvens"[12], como diz o belo verso de Caetano Veloso. Imagens impressionantes de nosso belo e terrível planeta, por onde nos espalhamos procurando um lugar que nos dê abrigo afetivo e material, criando os laços com o local que, sendo especial, paradoxalmente, parece ser independente do planeta, o global.

Talvez um dos benefícios da globalização e da circulação da informação com o alcance e a rapidez das últimas décadas seja a intensificação do sentimento de pertencermos a uma comunidade global que é atingida – prejudicada ou apoiada – pela ação local. Com exceção de membros de algumas correntes religiosas ou filosóficas, no decorrer da história da humanidade essa noção de ser parte de um todo é algo que se estabelece em várias sociedades, mais recentemente influenciando inclusive a economia, no sentido de que a inter-relação governo-empresas-sociedade passa a ter novos paradigmas que, com diferentes graus de comprometimento, têm um norte preservacionista, o que acaba despertando em nós uma crença mais otimista na humanidade.

Nos últimos anos, em particular depois da divulgação dos relatórios do Painel Intergovernamental sobre Mudanças Climáticas (IPCC, sigla em inglês) demonstrando o impacto da ação humana

---

12   C. Veloso, Terra, *Muito (Dentro da Estrela Azulada)*.

sobre o meio ambiente, parece ter se estabelecido um sentimento bastante amplo de que, se não mudarmos a atitude em relação ao planeta e aos outros seres vivos, vamos ser, cada vez mais, atingidos por eventos naturais crescentemente destrutivos. Mesmo sem a medida exata, sabemos que a ação predatória do homem sobre a natureza acentuou, no mínimo, a ocorrência de catástrofes naturais, o que é difícil de ser negado até mesmo pelos que defendem a teoria evolutiva que considera pouco importante a ação do homem num planeta que se mexe e se acomoda desde sempre e para sempre.

Hoje, olhamos para as catástrofes naturais não só com as lentes de máquinas fotográficas que registram a beleza deslumbrante da erupção de um vulcão ou o horror da morte de populações inteiras, mas com uma postura de pensar em soluções que aumentem a proteção à vida dos seres vivos, no presente, e previnam a ocorrência de eventos que comprometam irremediavelmente nosso futuro. Compreender o meio ambiente e os habitantes do planeta – mesmo os microrganismos, e não só pela noção de interdependência entre os seres – e adotar o princípio da sustentabilidade da vida são fatores de sobrevivência para a humanidade.

VI

Na tensão entre a objetividade do mundo e a subjetividade do conhecimento que dele temos, pelos filtros do conhecimento de nós mesmos, seus viventes, é que se constrói a realidade do mundo vivido, vivenciado, a viver. O grito de alerta, de aviso e de conjuro do marinheiro ao anunciar para a tripulação da nau a promessa de terra firme ao alcance dos olhos e da esperança de repouso, em oposição à incerteza do movimento das águas de navegação, foi se distanciando das ilhas e dos continentes para abarcar, nos anos de 1960, com os primeiros homens no espaço, todo o planeta, a Terra à vista, agora de uma distância cósmica.

Planeta Água

126   Além das fotografias dos satélites Sputnik, a exclamação "A Terra é azul!", por todos e para todos nós, de Iúri Gagarin, consagrou, naquele mesmo instante, uma percepção de nossa casa interestelar que, no ato, parece ter registrado um padrão de memória, que logo se impôs e se reforçou, do modo de ver o planeta também pelos estudos científicos. Estava se constituindo, pois, o paradigma teórico não cartesiano que permite ver na Terra a sistematicidade das relações entre as já mencionadas partes vivas (plantas, microrganismos, animais, homens inclusive) e partes não vivas (rochas, oceanos, rios e atmosfera) do planeta.

O manto azul e branco de águas e transpiração que, pela primeira vez, pudemos ver para sempre pelos olhos de Gagarin, envolvia a Terra como um oásis de promessas e não como máscara de dissimulação e engano. A tranquilidade anunciada pelo grito do navegante não pode ser o disfarce que esconde a armadilha do monstro da degradação. O modo de ver a Terra como um conjunto cujas partes que a integram somam mais do que a sua simples adição justaposta e que, nesse sentido, constituem uma totalidade dinâmica de relação de autonomia interdependente, isto é, a ideia do planeta como um sistema complexo de equilíbrio e mobilidade foi reforçando a percepção de que, num certo sentido, tudo é vivo no planeta e de que, no limite, não há, em seu corpo, ponto neutro que possa ser ferido sem consequências para a vida na Terra e na terra em que ela é vivida.

Será a transposição das águas do rio São Francisco, no Brasil, uma dessas feridas? E as epidemias, as pandemias, os vírus mutantes e as mutações viróticas? E a recorrência dos tufões, dos furacões e dos terremotos? E a seca na Amazônia? E as mudanças climáticas? E as guerras? E os níveis de poluição da atmosfera? E os testes nucleares? E a fome no mundo, a violência, o rancor, o ódio, a destemperança? Onde quer que a Terra seja ferida e adoeça, pela sistematicidade das relações dos elementos que a integram, todos sentiremos o golpe da agressão e padeceremos da doença que pensávamos longe e distante de nossas vidas.

Sabemos, porque aprendemos, que é preciso mudar profundamente os padrões de produção e consumo hoje vigentes, sob pena de ferirmos de morte o planeta que habitamos. Esse aprendizado se deu dentro dessa visão sistêmica da Terra e com ele veio também a compreensão, cada vez mais aguda e premente, de que os valores de cidadania e de seus legítimos direitos são acompanhados por obrigações que lhe são, na mesma proporção, complementares e legítimas e que ambos, direitos e obrigações cidadãs, são também, do ponto de vista das sociedades que povoam o planeta, elementos constitutivos das regras de composição e de funcionamento desse complexo sistema a que se pode chamar *Terra Viva*.

Planeta Água

As Cidades e os Muros[1]

As cidades, em sua tendência progressiva ao gigantismo, são produto da revolução industrial, em particular da chamada revolução científico-tecnológica, ocorrida na segunda metade do século XIX e que configuraria o mundo, já na passagem para o século XX, tal qual hoje o conhecemos: a energia elétrica, os derivados do petróleo, os veículos a motor de combustão interna, as indústrias químicas, os transportes urbanos, interurbanos e intercontinentais, o rádio, a fotografia, o cinema, o fonógrafo; mais tarde, na década de 1920, a televisão e os grandes parques de diversão e lazer destinados ao entretenimento de uma população de trabalhadores, cada vez maior nas cidades, vivendo das novas formas de trabalho próprias da economia industrial.

A consolidação dos princípios neoliberais da economia – cujo fundamento tecnológico viria a ser dado pela microeletrônica e por suas amplas aplicações, inclusive no domínio das tecnologias da informação, fundamentais para o processo de transnacionalização dos interesses do capital financeiro, fenômeno que passou a ser conhecido como globalização –, na chamada era pós-industrial, acentuou e acelerou esse processo de migração e de concentração urbana. De fato, estamos, pela primeira vez na história da humanidade, na iminência de vermos a população das cidades superar a

[1] A primeira versão deste artigo foi publicada em Carlos Vogt, As Cidades e os Muros, *ComCiência*, Campinas, n. 29, mar. 2002, Disponível em: <http://www.comciencia.br/reportagens/framereport.htm> Acesso em: 10 mar. 2002.

população do meio rural, sendo que, em 2025, segundo projeções da Organização das Nações Unidas (ONU), essa inversão já mostrará um índice populacional de 61% concentrado em espaços urbanos. Em 1950, não havia no mundo mais do que sete cidades com população superior a 5 milhões de habitantes; hoje, são dezenas. Havia apenas cem cidades com mais de 1 milhão de habitantes; hoje, elas se multiplicaram a ponto de, em 2025, de acordo com previsão da ONU, existirem 527, e o que é pior, a maioria localizada em países subdesenvolvidos ou em desenvolvimento. Mas pior por quê? Pela simples razão de que, na nova conceituação do urbanismo contemporâneo, o que é grave em megacidades como Nova York, Londres, Paris e Tóquio, que são também cidades globais, torna-se mais grave em cidades como São Paulo ou Cidade do México, também globais e de populações gigantescas, mas fora dos centros de concentração da riqueza e na franjas da periferia, com concentração de vidas e de problemas típicos do individualismo exacerbado desse mundo de concorrência e competição perversas, cujo casal fundador, nos anos de 1980, habitantes do paraíso terreal anglo-saxão, era formado por Ronald Reagan, então presidente dos Estados Unidos, e Margareth Thatcher, então primeira-ministra do Reino Unido.

Greed is good (Ganância é bom)! Quem não se lembra do *slogan* publicitário da política da dama de ferro, com aliteração, função poética e demais apetrechos de linguagem que deixariam Roman Jakobson, um dos pais da linguística moderna, orgulhoso de suas descobertas? Pobreza crescente, desemprego, exclusão, violência, criminalidade, desespero, imobilidade social, legados de desesperança de pais para filhos, de geração para geração, incapacidade de intervenção do Estado na formulação e na orientação de políticas públicas fortes e eficazes nas áreas sociais e culturais, por ter cedido às corporações empresariais o salvo-conduto permanente da livre circulação de seus interesses focados no lucro, na circulação do capital financeiro e na concentração da riqueza produzida, em uma escala jamais vista.

Criado em 1990 pela ONU, o *Relatório do Desenvolvimento Humano* traz indicadores diversos, além dos econômicos, e aponta, a cada ano, uma concentração de riqueza cada vez maior. Assim, na edição de 2000 aparece uma fortuna de 1,113 trilhões de dólares, acumulado nas mãos de apenas duzentas pessoas em todo o planeta. Esse reduzido universo de distinguidos aumentou em apenas 100 bilhões de dólares sua fortuna de um ano para o outro. *Greed is good!* Por mais que a riqueza aumente no mundo, sua divisão diminui e seu volume se concentra. Basta considerar o fato de que, em países periféricos emergentes, países em desenvolvimento ou seja qual for o eufemismo que se queira usar para caracterizá-los em relação aos países ricos, a renda total da soma de toda a sua população mal chega a 10% do acumulado sob o controle daqueles duzentos poderosos.

No Brasil, a produção da riqueza, mesmo com os sobressaltos por que passou a economia e os problemas estruturais que continua a apresentar, não tem deixado de crescer. O que efetivamente não cresce é sua divisão, o que nos distancia cada vez mais do estado de bem-estar social que tão bem caracterizou as utopias compensatórias das sociais-democracias, sobretudo nos anos de 1960 e de 1970, embora cá pelo Pindorama e pela América Latina, em geral, vivêssemos o pesadelo político de sombrias ditaduras.

O crescimento descontrolado das cidades, a migração constante e maciça do campo para o meio urbano, desacompanhada de planejamento e de políticas sociais consistentes e eficazes, tudo isso, sobre o fundo perverso de uma distribuição de riqueza avarenta e mesquinha, reforça a tendência que aponta para grandes aglomerações humanas com fossos internos e externos, urbanos, metropolitanos, regionais e internacionais, traçando ilhas de desigualdades crescentes e distribuídas por desertos áridos de terras erodidas, física, social e culturalmente: Nova York é uma megacidade e uma cidade global, com uma renda *per capita* de 12.420 dólares; Lagos, na Nigéria, cuja renda *per capita* é de 68 dólares, deverá, em 2015, segundo projeções, ser a maior cidade do mundo ocupando, populacionalmente, o lugar que hoje pertence a São Paulo.

O Relatório de Desenvolvimento Humano da Organização das Nações Unidas traça bem o mapa dessa erosão progressiva, desenhando, em números, o sentimento trágico da terra devastada, do famoso poema de T.S. Eliot, com suas profecias do fim apocalíptico:

As Cidades e os Muros

Torres cadentes
Jerusalém Atenas Alexandria
Viena Londres
Irreais[2]

Em 1820, a diferença de renda entre países ricos e países mais pobres era de 3 para 1; na década de 1970, já era de 44 para 1; hoje, a renda é cerca de oitenta vezes maior nos países desenvolvidos. Há continentes, como a África, quase inteiramente em estado de desolação profunda e tratados como resíduos da fatalidade triunfante do individualismo liberal. As cidades tendem a aglomerar pobreza, dor, sofrimento e abandono. No Brasil, a geografia da fome muda seu traçado e povoa de recortes dramáticos a vida das populações urbanas, trazendo para o coração da riqueza do país as condições de miserabilidade de seus filhos deserdados pela desesperança da estagnação social. Os cenários não são promissores, mas as razões de sua existência tampouco são metafísicas e intangíveis. Ao contrário, são bem concretas, reais e de materialidade histórica não duvidosa.

É possível, pois, conter a turbulência dessas águas pseudo--humanistas e pseudonovo-renascentistas que espalham erosão e devastam o planeta, o meio ambiente, a natureza, as sociedades, a cultura, os habitantes, as populações, os indivíduos, o homem, a vida. Tentativas se fazem, mas são paliativos para a pirotecnia da mídia e do espetáculo, promovidos pelos próprios agentes concentradores para desconcentrar as massas de deserdados nas grandes concentrações de pobreza em que vão se transformando as cidades, ou são sinceramente ineficazes, quer pela grandeza do poder que pretendem atingir, quer pela organização incipiente e ainda frágil que a surpresa da nova situação instala nos olhos assustados dos que não conseguem, pelo inusitado, formular sequer as perguntas adequadas à condução de seus destinos e dos de suas famílias, sem falar os das gerações futuras e os de seus descendentes, para quem

---

2   T.S. Eliot, *A Terra Devastada*, p. 47.

o legado de desesperança e de imobilidade social é assinado no 133
momento mesmo de seu batismo ou de seu registro em cartório. Há
movimentos locais, regionais, nacionais e internacionais que buscam,
pela criação de redes, com nós de interesses comuns, fortalecer a
resistência e a luta civil contra os abusos da riqueza concentrada
e contra a omissão dos Estados, minimizados em suas funções de
agente investidor do bem e da justiça social.

O nazismo prometia sacar o revólver para a cultura, enquanto o
liberalismo dos anos de 1980 ameaçava-a com o talão de cheques.
A passagem de uma situação à outra percorre a longa distância
entre a afirmação autoritária da ditadura política, no primeiro caso, e a
denúncia criativa e livre da ditadura econômica no segundo, que se
instalava nos anos de 1980, principalmente com os governos Reagan-
-Thatcher. Essa ditadura depois se consolidou por todo o mundo
com o fim da União Soviética (1991) – o fim da Guerra Fria –,
que, no campo simbólico, mais do que em qualquer outro lugar do
imaginário político e social contemporâneo, seria identificada com
a queda do Muro de Berlim (1989), que, derrubado fisicamente, não
só reunificou a Alemanha e consolidou a hegemonia política dos
Estados Unidos no mundo, mas também espalhou, dos escombros,
linhas divisórias, marcos, fossos, muros de segregação e exclusão
social por toda parte.

A cultura transformada em consumo engendra as condições para
que o próprio conhecimento se torne mercadoria e não é por acaso que
expressões como *capital de conhecimento* ou *sociedade do conhecimento*
passem a designar conjuntos de saberes práticos e tecnológicos que
possam ser mensurados em termos de valor agregado e possam
competir em termos de produtos no mercado. É, pois, importante
que haja uma nova ideologia libertária em relação ao consumo
desenfreado, a ser empreendida e levada adiante, se quisermos lutar
pela utopia da cidade de nossa infância, onde deve brilhar, como
sonho, nossa verdadeira pátria, dentro de nós. Mas, como escreve
Ernst Bloch, "depois desse mergulho vertical *interno*, é preciso que se
descortine o vasto espaço, o *mundo* da alma, a função *externa*, *cósmica*
da utopia que luta contra a miséria, a morte e o mundo superficial da

As Cidades e os Muros

134 natureza física"[3]. Lutar por essa cidade invisível é saber, desde logo, como assinala Italo Calvino, a propósito de uma de suas cidades contínuas, que o resultado é o seguinte:

> quanto mais Leônia expele, mais coisas acumula; as escamas do seu passado se solidificam numa couraça impossível de se tirar; renovando-se todos os dias, a cidade conserva-se integralmente em sua única forma definitiva: a do lixo de ontem que se junta ao lixo de anteontem e de todos os dias e anos e lustros. A imundície de Leônia pouco a pouco invadiria o mundo se o imenso depósito de lixo não fosse comprimido, do lado de lá de sua cumeeira, por depósitos de lixo de outras cidades que também repelem para longe montanhas de detritos. Talvez o mundo inteiro, além dos confins de Leônia, seja recoberto por crateras de imundície, cada uma com uma metrópole no centro em ininterrupta erupção. Os confins entre cidades desconhecidas e inimigas são bastiões infectados em que os detritos de uma e de outra escoram-se reciprocamente, superam-se, misturam-se. Quanto mais cresce em altura, maior é a ameaça de desmoronamento: basta que um vasilhame, um pneu velho, um garrafão de vinho se precipitem do lado de Leônia e uma avalanche de sapatos desemparelhados, calendários de anos decorridos e flores secas afunda a cidade no passado que em vão tentava repelir, misturado com o das cidades limítrofes, finalmente eliminada – um cataclismo irá aplainar a sórdida cadeia montanhosa, cancelar qualquer vestígio da metrópole sempre vestida de novo. Já nas cidades vizinhas, estão prontos os rolos compressores para aplainar o solo, estender-se no novo território, alargar-se, afastar os novos depósitos de lixo[4].

É preciso não fechar e manter vivos os caminhos que nos levam, pela memória, aos lugares sagrados da experiência única e individual de nossa infância para não perdermos a força mágica que nos solidariza com a natureza e com a sociedade. Não podemos permitir que se destruam os santuários que, assim, surgiram por esses caminhos

3   E. Bloch, *L'Esprit de l'utopie*, p. 11.
4   I. Calvino, *As Cidades Invisíveis*, p. 106-107.

e que fazem ressurgir, como afirmou Cesare Pavese, "os lugares da infância voltam à memória de cada um, consagrados o mesmo modo; neles ocorreram coisas que os tornaram únicos e os isolam do resto do mundo como uma mítica marca (ainda não poética)"[5]. Que as cidades não sejam clausura da memória!

Platão, em *A República*, ao indagar, pelo diálogo entre ilustres personagens, o principal deles, Sócrates, sobre o lugar da justiça na cidade, enumera as virtudes que compõem a sinfonia da cidade: a *sabedoria*, virtude dos que governam; a *coragem*, virtude dos que a guardam e defendem, os guerreiros; a *temperança*, virtude de toda a cidade, sem distinção de classes; e, por fim, a *justiça*, causa das demais e virtude mais importante, que garante a distribuição harmoniosa e equilibrada, na cidade-Estado, das funções adequadas à natureza de cada um dos que nela vivem. Desse modo, é pressuposto o conhecimento como condição para a existência e o funcionamento da cidade, a *politeia* de que nos fala Platão.

No mundo contemporâneo – depois de séculos transcorridos desde a Antiguidade grega –, muitas transformações se deram ao longo da história das culturas ocidentais. Contudo, a relação entre conhecimento e cidade se acentuou a ponto de que uma das características marcantes do mundo globalizado seja o conhecimento, em economias e sociedades que se autodefinem por ele e que buscam, em projetos reais e virtuais, em realidades e utopias, edificar cidades--conceito em novas concepções de cidades do conhecimento.

Há muitos projetos em andamento distribuídos por diferentes países e em diferentes regiões do planeta, focando o conhecimento como princípio organizador e articulador das sociedades contemporâneas. Nesse sentido, tenho apontado, em diferentes momentos e em diversos textos, o conhecimento como gerador de grandes desafios que marcam e mobilizam as sociedades contemporâneas. Entre esses desafios, o de transformar conhecimento em riqueza e riqueza em conhecimento; o de criar e estabelecer novos padrões de produção e consumo alinhados com a sustentabilidade do meio

---

5   C. Pavese, *O Ofício de Viver*, p. 258.

As Cidades e os Muros

136 ambiente e da qualidade de vida no planeta; e o de produzir, reproduzir, consumir, gerar conhecimento, com o compromisso ético da socialização dos meios de acesso à riqueza, ela própria gerada como produto e como processo na dinâmica da economia global.

Esses desafios pautam outro tema bastante recorrente na atualidade que é a *utilidade do conhecimento*[6]. Todo conhecimento é útil e, considerando que o fundamento da moral é a utilidade, é essa utilidade que o torna ético, por definição. Por isso, não há conhecimento inútil, pois toda ação de conhecer proporciona felicidade, prazer e satisfação à sociedade. Logo, o utilitarismo do conhecimento na sociedade globalizada não pode exceder sua utilidade para que não se perca de vista o balizamento que conforma os desafios tecnológico, ecológico e pragmático no âmbito dos requisitos éticos e sociais.

A cidade contemporânea tem, como a *politeia* de Platão, predicados de coesão e harmonia que lhe garantem, apesar das tendências à megalópole, formas de vivência e de convivência, nas quais os desafios acima mencionados constituem peças de agregação ao grande mosaico do conhecimento que une e separa a vida dos cidadãos no cotidiano de sua realidade e na utopia virtual de sua igualdade, sempre desejada: cidade de Deus, cidade do homem, cidade do conhecimento, cidade.

Thomas Malthus estabeleceu a equação demoeconômica-religiosa da catástrofe do planeta: os meios de subsistência, nas condições mais favoráveis, aumentam em progressão aritmética; a população, entretanto, aumenta em progressão geométrica. Quer dizer, enquanto a produção de alimentos cresce na escala 1>2>3>4>5>6..., a população humana cresce na escala 2>4>8>16>32>64... Moral da história: é preciso controlar o crescimento da população na Terra. Ao menos, é o que tem se tentado fazer há muitos anos, com resultados, contudo, que não deixam dúvida quanto, de um lado, ao esforço das políticas públicas para fazê-lo e, de outro, quanto à eficácia de um crescimento, sob vários aspectos, até agora incontrolável, embora contido, se é que essa palavra pode ser aplicada com propriedade

---

6 De maneira geral, este livro é dedicado a esse tema, que tem um capítulo em especial sobre ele: "A Quem Pertence o Conhecimento".

quando se considera o número crescente de vidas humanas no planeta, reforçado pelo tempo médio de existência, também crescente, mesmo em países ditos emergentes, como o Brasil.

Hoje, temos mais de 7 bilhões de pessoas habitando o planeta contra 2 bilhões no início do século xx, que já refletia grande crescimento populacional em decorrência da Revolução Industrial e de suas consequências altamente urbanizadoras e de progressiva concentração metropolitana. A população cresceu e com ela cresceu a fome de enormes parcelas da população, resguardados, contudo, vastos territórios de consumo constante e também crescente. À catástrofe da falta de alimentos e de bens de consumo, juntou-se a catástrofe da sobra do consumido, o lixo da consumação.

A contribuição ativa do lixo produzido pelo consumo da enorme população mundial para a poluição, não menos ativa, das condições e da qualidade da vida no planeta é impressionante: é lixo orgânico, lixo inorgânico, lixo reciclável, lixo reciclando, lixo ameaçador, lixo que é também meio de vida e modo de produção. O quanto crescerá a atividade de recolher lixo e que grau de importância ela terá no processo de "limpeza" da sujeira que produzimos? O quanto será ela um meio e um fim de sobrevivência inevitáveis e impositivos num mundo estruturalmente "lixado" e sucumbido ao lixo de seu próprio consumo? Essas são questões que ainda serão dimensionadas com mais clareza pelo andamento dos fatos e dos processos de produção, consumo, sobra, excesso, falta, escassez, abundância de poluição.

Paul Auster, no livro *No País das Últimas Coisas*, desenha um cenário feito apenas de resíduos da civilização e no qual a sobrevivência é absoluta, já que a vida ficou limitada ao que sobrou de si mesma, pura sobrevida em meio aos escombros políticos e à devastação social. Nesse caso, o lixo tem também papel absoluto. Tudo é lixo: o que se "produz", o que se troca, o que se transforma, o que se consome, o que se compra, o que se vende, o que para, o que movimenta, o que condena, o que salva, o que perde, o que redime.

Publicado às vésperas da queda do Muro de Berlim, há também nesse livro a construção de uma obra semelhante, isolando, nesse caso, o mar do acesso da população por ventura desejosa de

As Cidades e os Muros

partir do mundo de escombros das últimas coisas. Como outros, o empreendimento monumental não é levado a termo por causa da instabilidade política dos quadros dirigentes, sempre distantes, desconhecidos e incompetentes. Ainda assim, ninguém consegue sair da clausura da desolação, um tema recorrente na obra de Auster, cuja recorrência, além de ser de conteúdo, é também formal.

No romance *Viagens no Scriptorium*, o protagonista se encontra, já velho, encerrado num quarto, sem poder sair e sem explicações para o confinamento. Vários personagens do romance de 1987 reaparecem nessa obra, inclusive Anna Blume, a protagonista encerrada no país de ruínas por entre as quais vagueia na busca vã de seu irmão, jornalista para aí enviado, segundo os elos de sugestão entre os dois livros, pelo mesmo indivíduo para sempre condenado a viajar, confinado, pelas terras da imaginação e da leitura, nesse romance de 2006.

Auster é um autor experimentalista com uma capacidade tal de fabulação que, mesmo com sua obsessão da obra dentro da obra, não perde, contudo, a dobra do tempo e o fio de histórias, tecendo e lendo o enredamento de quem abre os livros e neles mergulha pelo fascínio de suas construções. Mas essa é outra história. A que nos interessa, dado nosso tema, é a que monta a alegoria de nosso aprisionamento ao número sem fim dos resíduos que vamos produzindo como sobras, rejeitos, dejetos orgânicos e inorgânicos da combustão da vida em situações-limite e dos limites da vida, queimando as fronteiras do equilíbrio das civilizações.

O lixo é um problema prático, teórico, conceitual, simbólico, metodológico e existencial de dimensões gigantescas. É como um Pantagruel submetido a uma espécie de engenharia reversa. O que nele impressiona é a infinita capacidade de descomer e desperdiçar, fazer sobrar, exceder sem se interessar efetivamente por suprir o que falta, onde falta, quando falta, para quem falta e por que falta. O lixo, que é muitas coisas que sobram, é também matéria-prima que falta à construção do "país das últimas coisas".

O consumidor é uma categoria social que se constrói na economia do conhecimento e se universaliza com a globalização da economia. Melhor seria dizer que ele se globaliza, já que a universalidade de um fato ou acontecimento supõe sua particularidade de ocorrência e a singularidade cultural que o caracteriza, ao mesmo tempo, como único e múltiplo, por exemplar, no que provoca, e pela exemplaridade do que produz, como referência. O mundo globalizado, o mundo informado da revolução tecnológica é um mundo difuso, porque difundido.

A livre circulação do capital financeiro, ao circular, alicerça não apenas a mobilidade dos interesses econômicos transnacionais como também reproduz as condições da globalidade dos mercados e homogeneíza, em padrões de oferta de produtos, a demanda crescente por mais produtos sempre iguais nas funções e diferenciados nas tecnologias de desempenho que incessantemente incorporam. Nesse sentido, é que na base de toda essa construção se encontram as tecnologias de informação e comunicação (TICs), fazendo, entre outras coisas, que o papel do conhecimento – em particular desse tipo de conhecimento – no processo de produção seja tão importante quanto o papel tradicional do binômio capital-trabalho. Trata-se do conhecimento não apenas útil, já que todo conhecimento o é, mas do conhecimento utilitário, cujas condições de produção e desenvolvimento são dadas por um pragmatismo mundializado e por uma lógica da novidade que sustentam a realidade do mercado de riquezas e a ilusão de que todos podemos a ela ter acesso, pelo consumo.

O computador é a máquina global que emula o homem. A universalidade do homem impõe a oposição com o local, o regional, e funda o próprio conceito de nacionalidade e de diferenças culturais entre nações. A universalidade da máquina funda a globalidade dos padrões culturais e anula, ao menos para efeito dos fins que almeja, as diferenças nacionais, criando a utopia asséptica da igualdade de oportunidades pela democratização do acesso à informação.

O consumidor é a *persona* que o homem contemporâneo (pós--moderno?) constituiu ou com a qual tem sido constituído na sociedade globalizada, a ponto de os direitos civis – os direitos cidadãos – se confundirem cada vez mais com os direitos do consumidor. Poder participar do consumo é poder participar da cidadania, de modo que a dinâmica social da mobilidade vai sendo pautada pela disputa constante e pela capacidade competitiva do indivíduo,

As Cidades e os Muros

140 aguçada pelo desafio de aderir cada vez mais ao consumo. Esse processo se faz acompanhar de uma ética da oportunidade e da ocasião. É a ética do consumo, que, *grosso modo*, é a marca da contemporaneidade e que tem como característica forte a eficiência técnica e como veículo de realização o instrumental tecnológico. Calvino escreve, em "Xenofonte, Anábase" – cujo tema é o retorno dos 10 mil mercenários gregos à sua pátria, depois da morte de Ciro, o Jovem, que os havia engajado na guerra contra o irmão Artaxerxes II –, que, "em Xenofonte, já está bem delineada com todos os seus limites a ética moderna da perfeita eficiência técnica, do estar 'à altura da situação', do 'fazer bem as coisas que têm de ser feitas' independentemente da avaliação da própria ação em termos de moral universal"[7]. Vê-se, pois, que aqui também a novidade é esquecimento, já que os fatos narrados no livro de Xenofonte, dos quais ele próprio participou como um dos comandantes da legião de soldados mercenários, ocorreram em fins do século IV a.C.

Importa notar, para efeito do que aqui se discute, que essa ética da eficiência consumista tende a distanciar-se, continuamente, da possibilidade de ser avaliada nos termos de qualquer universalidade da moral, embora os padrões de sua aplicabilidade prática sejam cada vez mais eficientemente globais.

Com o quê, então, ficamos dessa ética que, ela própria, se consome no instantâneo da consumação?

Talvez caiba nesse caso ainda a anotação de surpreendida e desconfiada esperança que faz Calvino ao fechar seu ensaio sobre o general grego da expedição do retorno:

> Xenofonte tem o grande mérito, no plano moral, de não mistificar, de nunca idealizar a posição que defende. Se em relação aos costumes dos "bárbaros" manifesta frequentemente o distanciamento e a aversão do "homem civilizado", deve ser dito que a hipocrisia "colonialista" lhe era estranha.
>
> Sabe que comanda uma horda de bandidos em terra estrangeira, sabe que a razão não pertence a ele mas aos bárbaros invadidos.

---

7 I. Calvino, "Xenofonte, Anábase", *Por Que Ler os Clássicos?*, p. 29.

Em suas exortações aos soldados não deixa de relembrar as razões dos inimigos: "Uma outra consideração vocês precisam fazer. Os inimigos terão tempo para destruir-nos e possuem boas razões para preparar-nos ciladas, já que ocupamos suas propriedades...". Ao tentar conferir um estilo, uma norma, a essa movimentação biológica de homens ávidos e violentos entre as montanhas e planícies da Anatólia, encontra-se toda a sua dignidade: dignidade limitada, não trágica, no fundo burguesa. Sabemos que se pode muito bem conseguir dar aparência de estilo e dignidade às piores ações, mesmo quando não ditadas como essas por um estado de necessidade. O exército dos helenos que serpenteia entre os desfiladeiros das montanhas e os vaus, entre contínuas emboscadas e saques, não mais distinguindo onde passa de vítima a opressor, circundado também na frieza dos massacres pela suprema hostilidade da indiferença e do acaso, inspira uma angústia simbólica que talvez só nós possamos entender[8].

Estaremos, de fato, entendendo?

A expressão *boustrophedon*, de origem grega, remete ao desenho formado pelo sulco do arado, que, puxado pelo boi, forma um movimento em zigue-zague, de ida e volta, portanto, de um começo para um fim, de um fim para um começo, e assim por diante. É como o desenho de um texto. Essa continuidade que é indicada, de um lado, pelo limite físico da página ou do material em que se inscreve o texto, mas que é superada, do ponto de vista da representação da continuidade, pelo movimento em zigue-zague contínuo do sulco do arado é o sentido da escrita. A escrita, portanto, evolui no tempo. Ela é feita de uma sucessão de elementos que representam, graficamente, a língua oral, que, por sua vez, tem uma relação clara seja com a comunicação, seja com o pensamento. Tanto a linguagem escrita como a linguagem oral são feitas de uma sucessão de elementos discretos que, seccionados de maneira adequada, formam unidades significativas. Estas, combinadas de uma forma também regrada, normatizada e organizada, constituem uma sintaxe capaz de produzir um macro sentido no texto.

8   Ibidem, p. 29-30.

As unidades discretas que compõem as linguagens são representações artificiais – no sentido de que constituem artifícios de representação – de um contínuo não discreto, isto é, ele próprio flui. Por convenções, somente recortamos e decompomos esse contínuo em partes. São convenções que se constituem como imagem descontínua do contínuo. Isso é linguagem, e toda linguagem é isso. É nossa capacidade de tentar captar o contínuo dos fenômenos, sejam físicos, sejam naturais, sejam psicológicos, sejam intelectuais, sejam sentimentais, porque temos a capacidade de recortá-los em signos, que são constituídos por unidades discretas e significativas, de acordo com as regras de uma língua. Esse é o grande achado da linguística moderna elaborada por Ferdinand de Saussure. Descobrir uma língua é começar a ser capaz de fazer essa segmentação. Nossa capacidade de compreensão e de apreensão, portanto, passa por um processo de transformação, do contínuo em descontínuo. Passa pela possibilidade de transformação do analógico, que é contínuo, para o digital, que é descontínuo.

Sem escrita, não há leitura. E a própria escrita já é uma representação em segundo grau porque, se a linguagem oral é uma forma de representação (do mundo, das coisas etc.), a linguagem escrita é uma representação de segundo grau que transpõe a sonoridade organizada da linguagem, formada por elementos discretos, numa outra linguagem, também ela constituída por signos discretos, mas agora não feita de sons, mas de grafismos, sejam eles quais forem. As escritas, então, podem variar, podem ter representação mais direta dessa oralidade, como é o caso da escrita fonética, até um grau de distanciamento tal que não representam a cadeia sonora, mas as ideias, a exemplo dos ideogramas.

Isso mostra, também, o grau de convencionalismo das representações gráficas das diferentes línguas, elas próprias convenções constituídas sobre a base de contratos sociais, os quais, obviamente, se desenvolvem na historicidade das populações. Tal fenômeno cria as condições para que nos reconheçamos como falantes da mesma língua, para que dominemos o mesmo código, dotados, assim, de capacidade de comunicação estabelecida, de maneira que nos identifiquemos como integrantes de uma mesma coletividade linguística. A escrita não tem, portanto, motivação natural, embora também a chamemos de língua natural.

Nada disso, porém, por mais diferenças que existam, exclui o fato de que a progressão, o desenvolvimento de um pensamento, de uma ideia e de sua compreensão, aconteça por evolução no eixo horizontal, ou, digamos assim, na linearidade da leitura. O texto, então, evolui, tendendo ao infinito. O jogo da percepção da leitura é feito de nossa capacidade de perceber a evolução horizontal que está no texto, que está como elemento linguístico, e de recolher essa horizontalidade em verticalidades de sentido de significação, que vamos justapondo e combinando de acordo com uma sintaxe que é muito mais complexa, muito mais cheia de operações, implícitas e subentendidas.

A percepção clássica do texto já é feita de nossa própria capacidade de ler o texto sob o texto. A partir da materialidade linguística, visível, precisamos, por meio da leitura, montar outro texto, que é feito de nossa compreensão, de nossa percepção e das combinações que vão se reproduzindo à medida que lemos. Portanto, nesse sentido, ler é reescrever o texto. Emprestamos do conto "Pierre Menard, autor do *Quixote*", de Jorge Luis Borges, a ideia de que toda leitura é uma reescritura e que o texto se escreve tantas vezes quantas for lido. É assim, exatamente, que ele tem vida. O texto, que ao mesmo tempo é de leitura obrigatória, para que faça sentido, obriga-nos também à leitura porque nos põe na situação de estar criando o texto que estamos lendo.

Na história da organização do texto, certamente encontraríamos um ancestral dos hipertextos nos estudos de Saussure sobre os anagramas, o texto sob o texto, a leitura escondida que pode ser recuperada. Em *As Palavras Sob as Palavras*, estudo admirável do psicanalista e estruturalista Jean Starobinski, evidenciam-se os anagramas como recurso estilístico, de expressão, assentado sobre o princípio de organização da linguagem e da expressão da própria linguagem e do potencial de leituras contidas no próprio texto. Essa capacidade de conduzir o leitor pelo sulco do arado e, ao mesmo

As Cidades e os Muros

tempo, configurá-lo como construtor de um texto próprio é o princípio do hipertexto, levando, pela leitura, à criatividade, à navegação, à imaginação, à visitação de cidades invisíveis, ao encantamento do mundo, mesmo depois de "desencantado" pelas análises da sociologia moderna.

Algo relacionado é a Teoria da Polifonia, de Mikhail Bakhtin. Segundo ele, no romance moderno, há uma multiplicidade de vozes que falam ao mesmo tempo. Na verdade, o princípio da narratividade está assentado sobre a possibilidade de ter, simultaneamente, vozes distintas, enunciadoras do que está sendo contado, o que acaba criando esse universo polifônico, em que faz viver um dialogismo dentro da narrativa, em que a narração nunca é única. Essa é uma das características do romance moderno, e alguns autores o fizeram com maestria, como é o caso do romance *A Morte de Artemio Cruz*, de Carlos Fuentes. Já na obra de Machado de Assis, há um dialogismo total. Existe uma espécie de recuo constante da posição do narrador, uma relativização da perspectiva, do foco, de modo que existam vários pontos de vista representados ao mesmo tempo, como aconteceu também nos romances de Henry James.

A ideia de que um texto é a superfície, aparentemente simples, de uma complexidade de seres é o que a leitura é capaz de perceber. Pela leitura, são produzidos textos que funcionam como estrelas de significação em uma constelação, criando um novo significado global. Quando entramos de fato no meio eletrônico, somos conduzidos a construir o implícito, sob a forma explícita dos textos que se oferecem para conduzir a imaginação. Ocorrem, então, duas coisas. Primeiro, limita-se a imaginação. Segundo, fragmenta-se, estilhaça-se, dispersa-se a concentração necessária para que sejam produzidos mundos alternativos àquele que está sendo lido.

Na leitura eletrônica, dos hipertextos, existe uma relação conduzida, de modo que a tensão entre a horizontalidade dispersiva e a verticalidade da semântica, que tende à concentração, seja esmaecida. E o que se tem é um princípio de invenção da "planitude". O fato de se aplainar e arrasar, no sentido de tornar raso, é um fenômeno interessante do ponto de vista do processo de compreensão e do processo de leitura, que se modifica por nossa exposição ao meio eletrônico, diferente do que acontece em nossa relação com a palavra impressa.

O texto eletrônico convida a esses artifícios, que têm consequências no processo de percepção que temos a partir da leitura. Quando somos expostos à situação em que toda essa capacidade de remontar o texto pela leitura é tornado raso, e somos induzidos e levados a um texto pronto, feito de informações, o resultado é que se acumulam informações, mas se perde a capacidade de articulação pelo imaginário, pela representação, por tudo aquilo que faz parte do que pode a leitura provocar no campo da criatividade. Em outras palavras, é trazer para o nível da expressão sintática aquilo que é próprio do nível da expressão semântica. Ou, ainda, dito de outro modo, é explicitar o implícito, tornando o texto plano de sugestões.

A Terra não é plana, e sabemos disso há alguns séculos. Ao contrário, é plena, densa, redonda e "azul como uma laranja"[9], segundo o poeta francês Paul Éluard. A cadelinha Laika, Iúri Gagarin e os satélites artificiais russos Sputnik nos ajudaram a transformar o conceito em percepção sensível e metafórica dessa plenitude azul provocada pelo efeito de luz e cor da massa líquida do planeta, vista ao longe, à distância sideral do que é possível ver e imaginar, no tempo do espaço-tempo tocado como as cordas de um instrumento feito só de buracos negros e minhocas incomensuráveis. A Terra não é plana, o universo se expande, as teorias para explicá-lo se esticam e tangem os limites da universalidade do que existe, percebido como existindo em aldeias de "planitude" global desadensadas de memória e carregadas de acúmulos flexíveis de informações.

Três projetos de impacto marcaram o século XX: o que levou o homem à Lua, o que o havia levado à bomba atômica e o que o trouxe de volta, pelo genoma, à tentativa de compreender os segredos bioquímicos de sua própria vida. Antes, no começo do século XX, Freud havia apontado as sucessivas quedas do homem[10], que, parafraseadas, poderiam nos levar a uma espécie de paradoxo do

---

9 P. Éluard, La Terre est bleu, *Oeuvres complètes*, p. 232.
10 Ver, supra, o ensaio Parábola do Cão Digital, p. 63. Cf. S. Freud, *Palestras de Introdução à Psicanálise*.

As Cidades e os Muros

conhecimento, cujos elementos de composição e de articulação seriam os seguintes: o homem tem uma primeira queda quando é expulso do Paraíso, pelo pecado do conhecimento e pelo conhecimento do pecado; tem uma segunda queda, quando, pelo conhecimento, o heliocentrismo substitui a visão geocêntrica do sistema planetário; uma terceira queda o tira da escala de criatura humana por criação divina para colocá-lo na cadeia evolutiva das espécies; cai novamente, dessa vez do centro da história, pelas explicações marxistas da economia de suas relações em sociedade; cai, por fim, de si mesmo, ao ser deslocado de seu *eu* consciente para as forças inconscientes que parametrizam seus comportamentos, seus valores e determinam suas escolhas e opções quando não as próprias formas de como o sujeito é escolhido, apresentado e representado no palco de suas desilusões. A primeira queda é mítica, a segunda é cósmica, a terceira é biológica, a quarta é histórica e a quinta é psicanalítica.

Caso faça sentido a saga dos tombos do homem, a conformação do paradoxo está em que quanto mais ele mergulha no conhecimento de suas profundezas e na profundidade do conhecimento de si e do universo que o circunscreve e que ele escreve, mais o homem é emergido para a superfície plana de sua deserdação e para a "planitude" desértica de sua solidão solidária. Por isso também é que o conhecimento é comovente, como atestam Leonardo Moledo e Esteban Magnani no livro *Dez Teorias Que Comoveram o Mundo*. Escolhidos pelos autores estão o heliocentrismo, a gravitação universal, a teoria da combustão, o evolucionismo, a teoria atômica, a teoria da infecção microbiana, a relatividade, a teoria da deriva continental, a genética e o Big Bang. Qual seria, então, a forma mais acabada do paradoxo dessa comovente história do conhecimento? A meu ver, seria simples e transitória como é definitiva e complexa a provisoriedade da vida. Conhecer é um ato de coragem que nos leva de pergunta em pergunta ao confronto de alternativas: ou recusamos o conhecimento como dado, ou nos aventuramos no que nos é dado a conhecer. Nesse caso, ainda que a biblioteca de nossos conhecimentos seja "periódica", ela será também "ilimitada", como enunciou Borges sobre a Babel; no outro, seremos só definitivos e limitados pelos muros abertos do labirinto de areia do deserto de informações.

Há, assim, pelo menos, dois modos de conhecer: aquele que nos abandona e nos perde na "planitude" da informação acumulada, tornando-nos sábios-sabidos; e aquele que, mantendo-nos em estado de ignorância crítica − o que chamo também de ignorância cultural −, nos leva a desconfiar da miragem benfazeja do conhecimento dado e nos põe em constante estado de alerta para o que vem pronto, plano e amiúde, vale dizer, os monumentos instantâneos das certezas passageiras. Nesse caso, é provável que todos não sejamos sábios; é certo, contudo, que teremos sabedoria: a sabedoria paradoxal que quanto mais aumenta, mais nos faz crescer em conhecimento e mais nos diminui o conforto passivo das situações objetivas e subjetivas de cada conquista ética e cultural. Nesse sentido, conhecer é erguer-se para cair, se a saga do conhecimento seguir acompanhada de novas e sucessivas quedas. Se o paradoxo não evita a queda, ajuda a evitar, contudo, a "planitude" monumental do ruído da informação.

As Cidades e os Muros

Álbum de Retalhos[1]

1. Transportação

A Companhia Mogiana de Estradas de Ferro (CMEF), ou simplesmente Mogiana, ligando os estados de Minas Gerais e São Paulo por diferentes entradas e saídas – Aguaí (SP), Franca (SP), Igarapava (SP) –, estabeleceu zonas culturais às quais se integraram de forma ativa as regiões de Poços de Caldas (MG), São Sebastião do Paraíso (MG), Cássia (MG) e Triângulo Mineiro, o qual é separado do estado de São Paulo, física e administrativamente, pelo rio Grande.

A cidade de Ribeirão Preto era uma espécie de centro de referência dessa geografia cultural traçada pela Mogiana, e, desse modo, nós, todos os seus habitantes, pertencíamos a essa espécie de estado de espírito identificado pela expressão Alta Mogiana. A vida política, econômica, comercial, industrial, educacional, as aspirações, sonhos e vaidades sociais, tudo tinha Ribeirão Preto como referência, assim como, de certa forma, Campinas, *carrefour* da Paulista e da Mogiana, era também referência para toda a extensão em torno dela, que hoje se constitui, efetivamente, em região metropolitana.

A história da Mogiana remonta à segunda metade do século XIX. Em 1899, o ramal de Igarapava foi aberto no trecho que se

---

[1] A primeira versão deste artigo foi publicada em Carlos Vogt, Álbum de Retalhos, *ComCiência*, Campinas, n. 35, set. 2002. Disponível em: <http://www.comciencia.br/reportagens/framereport.htm>. Acesso em 10 set 2002.

estendia da estação de entroncamento até Jardinópolis, para, em 1905, alcançar Igarapava e, em 1914, chegar a Catalão, pouco antes de Uberaba, em pleno Triângulo Mineiro. Em 1979, ela foi desativada, primeiro para cargas, depois para passageiros, e, dez anos depois, dela só havia as estações soltas nos campos sem trilhos a pastar a solidão das lembranças do café, dos fazendeiros e dos colonos transportados no vaivém da lentidão das locomotivas a lenha, das máquinas a *diesel*, das jardineiras sobre trilhos – as limusines –, dos troles com os trabalhadores da manutenção.

A Mogiana viraria Ferrovia Paulista (Fepasa), seguiria novos traçados e, com eles, nas novas políticas de incentivo ao transporte rodoviário, perderia a importância estratégica e cultural que conhecera, importância tão grande, desse ponto de vista, comparável, como fator de integração e identidade, ao papel que depois seria desempenhado pela televisão na história das comunicações no país.

A Mogiana era tão fundamental para a cidade onde nasci, Sales Oliveira, que a ela deu nascimento, impondo-lhe inclusive o nome da estação contra o nome que seus moradores preferiam para a cidade, Santa Rita, que seguiu, no entanto, até hoje, como sua padroeira. A tentativa de conciliação no nome Santa Rita de Salles não teve também sucesso. De todo modo, Francisco Salles de Oliveira Júnior, presidente da Mogiana e pai de Armando Salles de Oliveira, futuro governador do estado de São Paulo e um dos líderes fundadores da Universidade de São Paulo (USP), era quem se homenageava no nome que a cidade guardou, sem um "l" e sem o "de", por atualização gráfica de modernismos formais.

Sales Oliveira era cortada ainda pela estrada de rodagem que levava também de São Paulo ao Triângulo Mineiro. Estrada de chão batido na maior parte de seu percurso e que eu palmilhei, estudante, todos os dias, para frequentar o Ginásio Estadual de Orlândia e a cada quinze dias nas idas e vindas de Ribeirão Preto onde cursei dois anos do curso colegial clássico no Instituto de Educação Otoniel Mota.

Então, a coisa era assim: por trem, fagulhas; por estrada, lama e poeira.

Num caso e noutro, o uniforme galhardo para enfrentar essas adversidades tecnonaturais era o guarda-pó.

Trajando um desses uniformes, realizei, menino, com minha mãe, em 1949, a viagem com que sonhava e que, com certeza, nela me sonho para sempre menino. Fui de Sales Oliveira a São Paulo, trocando de comboio e de companhia em Campinas – da Mogiana para a Paulista –, assistindo nas estações-triângulo às longas permanências da composição para abastecimento de lenha para as locomotivas, esperando entediado no entroncamento da infância impaciente os cruzamentos de outros trens a seguir em direção oposta à do desejo de chegar rápido a São Paulo, aportando na Estação da Luz, na luminosidade feérica da grande metrópole, tornada ainda maior na fantasia assustada do menino do interior.

A viagem durou catorze horas para um percurso de cerca de 400 quilômetros, em uma média de velocidade de 28 quilômetros por hora. Em 1955, um ano depois das comemorações do quarto centenário da cidade, viajei com meu pai para São Paulo, novamente. A viagem durou cerca de doze horas. Outras vezes, já morando na capital, para cursar o terceiro ano do colegial no então Colégio Estadual Presidente Roosevelt, da rua São Joaquim, no bairro da Liberdade, e depois a então Faculdade de Filosofia, Ciências e Letras da Universidade de São Paulo (FFCL-USP), fiz a mesma viagem em períodos de tempo progressiva e lentamente menores, até que o uso do trem fosse definitivamente substituído pelos ônibus da Viação Cometa, partindo de Ribeirão Preto e rodando em tempo muito mais curto pela rodovia Anhanguera asfaltada: sete horas, sem deixar de parar em Campinas, do lado oposto da estação, agora já sem o encontro dos trens da Mogiana e da Paulista.

A Mogiana, em que hoje só posso viajar pelos trilhos de minhas lembranças, tampouco serviria às necessidades reais de um país transformado e ainda transtornado pelas dúvidas e apreensões de um progresso desacompanhado de bem-estar. A solidão social das viagens de nossas mudanças culturais, políticas e econômicas poderia ao menos ser abreviada se para ela pudesse ter contribuído a transformação da Mogiana, não no nome de um leito abandonado em avenida carroçável, mas na transportação veloz que de Sales

Álbum de Retalhos

152 Oliveira chegaria a São Paulo em três horas. A infância passaria mais depressa, mas a lembrança do conforto seria mais duradoura.

11. O Cerrado e os Frutos da Infância

Diz-se que o Triângulo Mineiro é o Portal do Cerrado. Como nasci em Sales Oliveira, nas franjas do rio Grande, perto das Minas Gerais, acho que posso dizer que cresci na varanda do Cerrado que por ali já se estendia pelo Campo da Coruja, como quem fosse para Orlândia, São Joaquim da Barra e Guará, pela Fazenda Três Barras, pela mata do Taboão, na direção de Franca, passando por Batatais.

Na Coruja, havia um campo onde a meninada jogava futebol e ali, no meio do Cerrado, assisti pela primeira vez ao pouso de um teco-teco que, diziam, estava com pane de combustível e precisava urgentemente aterrissar para evitar o pior e para abastecer. O piloto, quando o aeroplano parou, desceu da aeronave para subir no imaginário do pessoal que se aglomerava para acompanhar o evento. Vestia-se como um piloto que só se via em filmes exibidos no Cine Santa Rita: polainas marrons, calças claras, casaco de couro da cor das polainas, casquete acompanhando o material e a cor dos dois outros apetrechos e os indefectíveis óculos de proteção puxados sobre a testa. Foi desse modo que o Cerrado se descortinou em voo para mim, como as aves que têm nele seu *habitat* natural, como *O Gavião e a Flecha* , de Jacques Tourner, filme com Burt Lancaster que, não sei por que cargas-d'água, por que caminhos da imaginação, também se aninhou no porão das lembranças confusas, mas precisas.

No caminho da Fazenda Três Barras, aonde, em bando de moleques, íamos nadar na corredeira de pedras de um ribeirão ligeiro, íamos colhendo, comendo e chupando, onde encontrávamos, gabiroba, mamica-de-cadela, marolo, marmelo, coquinho, mangaba, goiaba, jatobá, carambola, caju, manga. Pela estrada poeirenta, apanhávamos nas beiradas, dos pés que se debruçavam sobre elas, dos barrancos, as frutas-de-lobo verdes, com as quais simulávamos um jogo de bochas comprido e desordenado e que era um princípio de organização do tempo para encurtar distâncias: um passatempo, um tempo passando, passado no tempo.

As frutas-de-lobo caíam maduras sob as lobeiras e, como sabíamos, por ouvir contar, que os lobos-guarás delas se alimentavam – por isso o nome –, aguçávamos a curiosidade na esperança de ver um deles aparecer em busca das frutas. Nunca os vimos, embora muitos houvesse na região, os quais eram caçados e mortos pela predação humana que, na época, não tinha ainda muita consciência da devastação que promovia e cujos efeitos sistêmicos não conseguia ver nem avaliar. É claro que não se sabia também do potencial medicamentoso da fruta-de-lobo, revelado por pesquisas científicas, que, para além do uso caseiro, pode ser utilizada na produção de esteroides que constituem matéria-prima de diversos medicamentos como antibióticos, anticoncepcionais e anti-inflamatórios. Tampouco sabíamos que, em busca do ouro no centro-oeste do país no século XVIII, os portugueses, que, com dificuldade para encontrar marmelo de que fizessem o doce apetitoso, inventaram uma "marmelada" de fruta-de-lobo para matar as saudades da guloseima. Talvez essa seja a origem do sentido figurado do termo que designa arranjo e conluio entre adversários que fingem disputar uma contenda sobre a qual já se entenderam: é doce, mas não é o doce que era mais doce nem é o doce de batata-doce.

Enquanto isso, íamos nadar na Fazenda Três Barras, jogando frutas-de-lobo da satisfação do presente ao acaso do futuro, no mesmo caminho que, ao se aproximar dezembro de cada ano, percorria com meu pai para recolher musgo no Taboão e preparar os campos de peregrinação do presépio montado na casa da selaria, onde moravam meus tios e que havia sido a casa de meus avós alsacianos. Eram campos por onde transitavam outros animais, outros personagens e onde reinava outro bucolismo artificial e alegórico, mas feito também do Cerrado, no musgo que envolvia de pastagens a manjedoura, Jesus menino, os reis magos, são José, os bois, as vacas, os bezerros, os cervos, tudo em celuloide e todos com a cabeça móvel por um artifício que enganchava os pescoços aos corpos de cada animal.

Álbum de Retalhos

154 O fundo do quintal de minha casa fazia limite com a Fazenda Boa Sorte; logo passando o sítio de "seu" Minucci, começava, por efeito de erosão contínua, o que chamávamos de Buracão, onde, no fundo, corria um riozinho que, em determinados trechos, produzia quedas-d'água e bacias nas quais, meninos, íamos nadar acompanhados sempre das preocupações dos pais e, em particular, dos receios das mães. Por lá apareciam, às vezes, pequenos jacarés, pacas, tatus, cutias não. Mas o que distinguia o Buracão, ao menos na lembrança que agora tenho dele, eram as frutinhas de veludo em suas ribanceiras e um magnífico pé de jenipapo sobraçando o vazio da erosão. Como a fruta era de difícil acesso, grande era sua disputa e forte acabou sendo sua inscrição na memória desse Cerrado da infância.

O Cerrado não era ainda o Sertão, mas estava em tudo, em toda parte: nos marolos que achávamos e comíamos, saboreando os gomos amarelos de cheiro forte, muito doces, de sabor cortante; nos que trazíamos para casa e viravam licor para rivalizar com o de jabuticaba feitos ambos pela habilidade de grande cozinheira de minha mãe. Objetiva e subjetivamente, nossas vidas estão ligadas ao Cerrado e, de uma forma ou de outra, aos demais biomas identificados. Na Fazenda Três Barras, no Campo da Coruja, na fruta-de-lobo, no lobo-guará, no jenipapo, no licor de marolo, na gabiroba, no jatobá, na goiaba, no voo do gavião, em tudo que a natureza dá e o homem transforma e na transformação que a própria natureza faz de si e também do homem, o Cerrado é parte essencial do que fomos, do que somos e do que poderemos ser na afirmação inadiável de que a vida é um sistema de diferenças funcionando em harmonia.

III. O Futebol da Poesia

Como a maior parte dos brasileiros de minha geração e das gerações vizinhas, cresci, menino, sob o impacto da perda ou da não conquista do título mundial de futebol em pleno Maracanã. Tinha sete anos e

guardo, como um tesouro de decepções, no velho rádio Cacique que 155
ainda hoje tenho comigo, o silêncio agudo da copa de minha casa,
produzido pelo grito abafado do locutor, assinalando o segundo gol
do Uruguai. Foi uma experiência fundadora. Negativa, mas fundadora como as decepções amorosas que viriam pela vida, mas que não
nos fazem deixar de amar, sobretudo com as arrumações do passado
que a memória vai providenciando nos cômodos da casa de nossas
lembranças com o espanador do tempo.

Mas nessa altura eu já havia sido cooptado pelo futebol. O lado
italiano de minha família – o lado materno, Magnanelli – preva-
leceu na escolha do Palmeiras e eu, por influência mais direta de
meu irmão mais velho, aderi ao time e me entreguei ao futebol.
Foi a primeira entrega, não ainda a definitiva, que viria um pouco
depois da dura e doce provação da influência são-paulina que meu
tio Altino Osório me fez experimentar, quando, com 6 anos, em
1949, ele me levou ao Pacaembu para um embate entre Palmeiras
e São Paulo. Meu tio era uma pessoa calma e serena, mas nem por
isso um tricolor menos convicto de sua paixão futebolística. Foi aí
que, pela primeira e única vez, vi jogar o Diamante Negro, o grande
Leônidas da Silva, e o vovô São Paulo ganhar do Palmeiras peri-
quito. Persuasivo, e com a vitória na mão, meu tio me atraiu de vez
para a conversão, com o argumento da camisa e do boné que foram
imediatamente comprados e presenteados ao neófito torcedor, carregado também de dúvidas e desconfianças na nova crença recém-
-abraçada. Durou pouco. Antes mesmo da volta a Sales Oliveira, na
viagem com minha mãe, pela Mogiana, eu já estava reconvertido ao
verde-branco e nele fiquei.

No poema "A Cidade e os Livros", a lembrança ficou assim registrada:

> Quando cheguei em São Paulo, em 1960, vindo de Ribeirão Preto,
> De Orlândia, onde estudei e aprendi, com o professor Cyro Armando
>   Catta Preta a gostar de literatura, a amar a linguagem e outros
>   simbolismos que tais,
> De Sales Oliveira, onde nasci e de onde carrego as marcas de intrans-
>   poníveis ausências,

Álbum de Retalhos

Quando cheguei em São Paulo, em 1949, pela primeira vez, aos seis
anos de idade, com minha mãe, na Estação da Luz,
Contei os bondes que passavam ininterruptos pela praça em frente
e fiquei, menino,
Admirado com a quantidade dos que circulavam abertos, com pas-
sageiros, o cobrador no estribo,
Dos que fechados, Camarões chamados, continham formas mais
compostas, indistintas e distantes formas guardadas na proximi-
dade de fatos e acontecimentos passados,
Como o do jogo, no Pacaembu, entre Palmeiras e São Paulo a que
me levou,
Para me converter, tio Altino Osório, são-paulino devoto,
E quase que consegue porque vi pela primeira, única e definitiva vez,
Jogar, de um lado, Oberdan, do outro, Leônidas, o Diamante Negro,
o inventor da bicicleta,
Que pôs para andar, neste jogo, o time do Palestra[2].

Esses são, talvez, os fatos mais importantes de minha iniciação como
torcedor. Como jogador, sempre medíocre, mas amador, há a primeira
bola de capotão, manchão e bico feita pelas mãos de meu pai, em sua
selaria, que dele ganhei de presente em um Natal de presépio, saudades
e poeira da rua Voluntário Dr. Rebouças, 520, em Sales Oliveira.

Há a Festa de São João a que não fui, mas queria ter ido, e ficou
assim registrada no poema "Fogos e Artifícios":

Perdi a fogueira de São João na Fazenda Resfriado
por um jogo de futebol no campo da Associação Atlética Salense
nem era eu que jogava por iniciativa minha própria
era o entusiasmo o time o folguedo a amizade
o companheirismo era meu irmão
que calculou mal o tempo da passagem do Ford Bigode
que não nos levou
o Ford passou a fogueira queimou o tempo passou[3]

2   C. Vogt, A Cidade e os Livros, *Resgate*, n. 11, p. 107-108.
3   C. Vogt, Fogos e Artifício, *Mascarada*, p. 97-98.

Há também o campinho em declive, ao lado da estação da Mogiana, cheio de grama espontânea e de tufos traiçoeiros, onde fazíamos os jogos de todas as tardes antes do banho e do jantar tão cedo que todas as tardes do futuro de então ficaram para sempre carregadas da presença diluída desses rituais de encontros.

Na antevéspera de minha primeira comunhão, a advertência reiterada de minha mãe, em casa, depois da peleja do dia, no banho, no jantar, depois ouvindo, com meu pai, no início da noite, o episódio de *Jerônimo, o Herói do Sertão*, radionovela de Moysés Weltman transmitida pela Rádio Nacional do Rio de Janeiro, é que não fosse jogar futebol no dia seguinte, que tomasse cuidado, que me resguardasse para estar bem na cerimônia dessa outra iniciação. Fui e o tufo de grama sobre o qual ajeitei a bola para bater a falta não traiu a vocação. Descalço, bati de bico na pelota. Peguei por baixo, arrancando grama e a unha do dedão. Dores, gritos, choro e em casa a bronca de minha mãe acrescida da advertência não ouvida e repetida à exaustão. Farmácia, curativo e a calma soluçada ganhando terreno nas preces do menino à santa Teresinha e à santa Rita de Cássia para sarar logo e poder calçar o sapato preto novo que combinava com o terno novo azul-marinho e a camisa branca comprida que compunham o figurino da iniciação. Sem chance. O dedo vermelho como um pimentão estava grande e redondo como uma salsicha gorda. E doía. Meu pai, com sua habilidade de artesão, cortou o bico do pé direito do sapato novo e lá fui eu com o dedão enfaixado e à mostra para minha primeira comunhão. Não houve outras para saber se o acaso ou o destino repetiriam a relação da advertência materna, do ritual sagrado, do dedo ferido, do futebol menino.

Já adulto e poeta persistente, o que também quer dizer persistência do menino, recebi do artista gráfico João Baptista da Costa Aguiar, amigo e parceiro em vários projetos de poesia e imagem, uma foto da equipe do Bauru Atlético Clube (bac), em que aparece Pelé garoto, sentado na – e já dono – da bola, em meio aos companheiros da época de sua iniciação no futebol. Fiz, sobre a foto, um poema a que Costa Aguiar deu também um criativo e original tratamento

Álbum de Retalhos

gráfico, contido no CD-ROM que acompanha o livro *Ilhas Brasil*. Por paradoxo, o poema se chama "Inominável":

> Em 1954
> o Infanto-Juvenil do Bauru Atlético Clube
> O BAC
> não sei se teve essa escalação
> mas teve a fotografia – essa que aí está
> girando no sentido horário da lembrança
> em pé, agachados, da esquerda para a direita
>
> Osmar Grilo Paçoca Zoel Aniel Esquerdinha
> Maninho Miro Pérsio Armando
>
> constelação de promessas em torno do vazio
> da estrela negra que para sempre brilhou[4].

Os pontos da costura do futebol com a poesia são firmes, intrincados, aparentes e invisíveis. No Brasil, em especial, e também em outras culturas, o tema do futebol, de seus personagens, dos lances do jogo, do anedotário do esporte constitui objeto e sujeito constantes de poemas, da prosa poética, da poesia prosaica e do conhecimento constante da intenção de metáforas fundadoras, refundadoras, revolucionárias, reformuladoras, irreverentes, transgressoras. No mais das vezes, clichês bem ou malcomportados.

Mas há os mestres, como é o caso de Mário Filho, Nelson Rodrigues e Armando Nogueira que, para Sérgio Augusto, formam a santíssima trindade da crônica esportiva brasileira. Há os estudiosos que levaram o futebol aos bancos acadêmicos, dando-lhe foro de assunto sério, porque divertido e definitivo, como fizeram o historiador José Sebastião Witter na USP, quase quarenta anos atrás, e aqueles que colaboraram para um dossiê sobre futebol, em 1994[5]. Há também aqueles que, de maneira independente, produziram

4   C. Vogt, Inominável, *Ilhas Brasil*, p. 127.
5   *Revista USP*, n. 22.

obras fundamentais, como é o caso de *Estrela Solitária*, de Ruy Castro, livro sobre Mané Garrincha, ou daqueles que, como Juca Kfouri, militam cotidianamente pela qualidade plena do esporte, o que inclui também a maneira de tratá-lo na crônica esportiva. Há os pesquisadores que o trataram com a diversão da seriedade antropológica para incluí-lo como modelo de análise e interpretação dos comportamentos sociais do brasileiro, como fez Gilberto Freyre, como faz Roberto DaMatta e, num outro diapasão, mais literário, José Miguel Wisnik.

Nossos poetas, desde que o futebol se tornou realidade na cultura brasileira, dedicaram-se a realizá-lo em versos de grande, média e pequena poesia, mas todos, independentemente do porte artístico do feito, o trataram como metáfora do jogo da vida e de suas significações, mesmo quando insignificantes, ou como figura das figuras de linguagem e de criação poética. Carlos Drummond de Andrade foi um deles. E o fez com tal afinco e sistematicidade que teve esse lado do poeta-cronista escolhido como tema da tese de doutorado, defendida em 2006, "Rastros do Cotidiano: Futebol em Versiprosa de Carlos Drummond de Andrade", de Fabio Mario Iorio, sob orientação de Beatriz Resende, professora da UFRJ. Além de Drummond, também escreveram sobre futebol João Cabral de Melo Neto, Vinícius de Moraes, Ferreira Gullar, Glauco Mattoso, Haroldo de Campos, Décio Pignatari, Marco Aurélio Borba, Julio Plaza, Antonio Medina, Aníbal Beça, Marco Polo Guimarães, só para citar alguns nomes mais ou menos conhecidos que uma pesquisa rápida permite encontrar na internet com seus respectivos textos.

O futebol é uma paixão nacional ou, talvez melhor dizendo, a paixão nacional. A poesia, com o sentido amplo que essa palavra recobre como sinônimo de invenção, de criatividade, de originalidade, de beleza, enfim, subjetiva e objetivada nos gestos que realizam o código do jogo, atualiza, subverte, nega, recria, confirma, conserva a paixão do mesmo, desdobrado em diferenças de surpresas aguardadas.

Pier Paolo Pasolini viu bem essa relação do jogo de futebol com os jogos de linguagem e o elo constitutivo dessa ligação feito pela

Álbum de Retalhos

poesia. Com graça provocativa e humor atilado, o cineasta-poeta aproveita, em 1971, os 4 a 1, que o Brasil havia feito na Itália na Copa do Mundo de 1970, no México, para, num artigo que ficou famoso e virou referência obrigatória no assunto, cutucar a sociedade italiana da época, apontando o futebol brasileiro como poesia e o de seu país como prosa. Em 1994, nos Estados Unidos, o Brasil venceu outra vez a Itália na final. Mas, dessa vez, de maneira mais prosaica, nos pênaltis, com Roberto Baggio contribuindo com seu balão de são João ou são Pedro, para as nuvens. Em 2002, o futebol brasileiro foi mais poético, dessa vez de uma poesia entre dramática e épica ao estilo peleador de Luiz Felipe Scolari.

Na copa de 2006, perdemos para a prosa dos italianos, sem mesmo ter jogado com eles. Na de 2010, não fomos nada. Nem prosa, nem poesia. Sem sintaxe, sem semântica, sem pragmática, sem código, sem transgressão. Só firulas. Sem texto nem contexto, sem figuras de linguagem para as cabriolas da invenção. Em 2014, outra vez com Scolari, fomos apenas humilhados

IV. Cartografia: Entre Ciência e Poesia

Sempre fui um aluno-cartógrafo. Tinha fascinação pelos mapas de todas as geografias: pelos mapas TO, medievais, com os grandes continentes distribuídos, tais como se concebiam – Ásia, Europa, África –, distribuídos pelo T e envolvidos no círculo do Mar Oceano; pelos mapas da Terra em disco, com bordas de precipícios precipitando a imaginação nas profundezas profundas das águas; pelos desenhos imaginados, corrigidos e acomodados a cada aproximação provável do real; pelas cartas de navegação; pela evolução dos mapas; pelos navegantes; pela teoria da evolução das espécies; pela viagem de Vasco da Gama às Índias; pelos cartógrafos de Jorge Luis Borges; pela cartografia de Marco Polo apresentada a Kublai Khan no mapa de *As Cidades Invisíveis*, de Italo Calvino.

Com papel de seda para decalcar os mapas copiados dos atlas contendo os contornos do mundo, fui um disciplinado copista do conhecimento que se conhecia nos bancos do grupo, do ginásio e do colégio, nas escolas públicas do estado de São Paulo. O artesanato da cópia, a sofisticação dos traços e dos detalhes, a curva em w do rio Grande, lá em cima, separando os estados de São Paulo e Minas Gerais, as cores das matas, dos mares, das montanhas, os relevos secos e acidentados das terras, de suas vidas e mineralidades, o verde das plantações, o adensamento urbano das costas litorâneas, dos litorais costeiros, o vazio da ocupação do solo, as erosões das margens e dos sentimentos.

Na primeira vez que naveguei por uma carta de descobrimento, seguindo a rota minuciosamente poética da grande aventura da expedição de Vasco da Gama no estabelecimento do novo e essencial Caminho das Índias, desci a costa da África, contornei o Cabo das Tormentas e lá fui eu para Calecute no ritmo encantado das oitavas em decassílabos de *Os Lusíadas*, de Luís Vaz de Camões.

Da praça Santa Rita, em Sales Oliveira, perambulei pelas aleias do jardim, lendo a épica do descobrimento; nos bancos da praça vazia, descansei das lides da aventura do real e do maravilhoso; sentado, ou caminhando, desenhei, com o compasso da leitura, a rota das caravelas que rasgaram oceanos e costuraram a língua portuguesa com o alinhavo da poesia. De Sales Oliveira, fiz o contorno de um mundo que já não existia, por ser historicamente passado, que não existe, por ser de ficção poética, e que existirá sempre pelas mesmas razões de sua não existência.

Em que parte dos oceanos da volta estaria situada na geografia do mundo a ilha dos Amores, que, nos cantos IX e X, acolhe, como prêmio concedido pela deusa do amor, Vênus, os navegadores, com as delícias de um paraíso mítico-pagão e místico-cristão? E a máquina do mundo apresentada pela ninfa Tétis a Vasco da Gama? E a Harmonia que ali se estabelece pela transcendência do Amor? E as desilusões do poeta com o destino da pátria e com seu próprio destino?

Depois da viagem de *Os Lusíadas*, nos bancos de jardim da praça Santa Rita, em Sales Oliveira, nunca mais, sem que ainda soubesse,

Álbum de Retalhos

162 deixei de perseguir o mapa que me levaria, anos depois, a encontrar--me na união entre poesia e cartografia: o título de meu primeiro livro de poemas é *Cantografia: O Itinerário do Carteiro Cartógrafo*. Pelo lado da linguagem, com os estudos semânticos que realizei, dediquei-me também às formas de representação e de apresentação do mundo, nela, dela no mundo, e de nós no mundo dela. Nesse ponto do itinerário, encontrei as ruínas do mapa perfeito de que fala Borges em sua *História Universal da Infâmia*, e escrevi meu primeiro ensaio sobre a significação linguística e o sentido da linguagem. Chamei-o "A Palavra Envolvente" e nele, até hoje, fiquei enredado, como o marinheiro que enfrenta a fúria do gigante Adamastor e que depois do susto do cabo das Tormentas passa a chamá-lo da Boa Esperança, que assim perdura.

> Naquele império, a Arte da Cartografia atingiu uma tal Perfeição que o mapa duma só Província ocupava toda uma Cidade, e o mapa do Império, toda uma Província. Com o tempo esses Mapas Desmedidos não satisfizeram e os Colégios de Cartógrafos levantaram um Mapa do Império, que tinha o Tamanho do Império e coincidia ponto por ponto com ele. Menos Apegadas ao Estudo da Cartografia, as Gerações Seguintes entenderam que esse extenso Mapa era Inútil e não sem Impiedade o entregaram às Inclemências do Sol e dos Invernos. Nos desertos do Oeste subsistem despedaçadas Ruínas do Mapa habitadas por Animais e Mendigos; em todo o País não resta outra relíquia das Disciplinas Geográficas[6].

Duas observações que poderiam ser sugeridas pelo texto, além de muitas outras que sua beleza expõe: a primeira relacionada com a representação dos fenômenos naturais e a segunda, com a natureza dos fenômenos da representação.

O conto "Do Rigor na Ciência", de Borges, que "apenas cita" a suposta obra *Viagens de Varões Prudentes*, publicada no ano de 1658 em Lérida por um autor barroco fictício, Suárez Miranda, já se

---

6   J.L. Borges, Do Rigor na Ciência, *História Universal da Infâmia*, p. 95.

apresenta como uma representação de uma representação do século 163
XVII, que, na forma de uma alegoria, traz para o leitor o tema do
rigor científico.

Os séculos XVII e XVIII, que conheceram grandes transformações
nas metodologias do conhecimento e no conhecimento metodológico do rigor do experimentalismo racionalista, conheceram também
o desenvolvimento acentuado das lógicas baseadas nas estruturas das
línguas naturais e cujos produtos mais conhecidos são as obras fran-
cesas *Gramática de Port-Royal*, de Antoine Arnauld e Pierre Nicole, e
Lógica de Port-Royal, de Arnauld e Claude Lancelot. Nesses casos, a
função principal da linguagem humana é a de representação do pensamento, que tem, por sua vez, a estrutura lógica de uma segunda
linguagem, ela própria construída sobre o modelo de organização e
funcionamento das línguas naturais. Quer dizer, no limite, que, se a
linguagem é representação do pensamento e se o pensamento tem a
estrutura lógica da linguagem, então a linguagem representa a própria
linguagem, abrindo uma vertigem de imagens, em espelho, em que
o signo é representação de representação de representação e, assim,
infinitamente. Dessa tautologia a ciência precisa fugir e, pela criação
do modelo teórico da simulação do fenômeno, projetar no objeto discreto, assim criado, as propriedades e leis capazes de explicar, e mesmo
predizer, o fenômeno estudado. Se o modelo teórico quiser reproduzir,
em extensão, o fenômeno em sua ocorrência, o fracasso do propósito
será inevitável, como ocorre com o Mapa do Império, que se faz ruína.

O conhecimento científico e o conhecimento poético, distintos
nos métodos – um digital, outro analógico; um demonstrativo, outro
associativo; um abstraindo conceitos e conceituando abstrações,
outro tornando-os sensíveis em imagens concretas de aproximações –, têm, contudo, em comum a formulação do mundo em formas
de representação, seja por linguagens sensíveis, seja por imagens em
demonstração. Nos dois casos, a representação tem de estar próxima
e distante do fenômeno, de modo que o mapa permita ver e prever a
geografia sem que a geografia se confunda no mapa que a permitia.
E a cartografia tem muito desse ensinamento de tensão e equilíbrio
entre a ciência e a poesia.

Álbum de Retalhos

v. Geografia do País da Infância

A infância é um país que não existe, de onde fomos exilados e para onde todos queremos voltar. É mais ou menos isso o que afirma Cesare Pavese sobre essa utopia regressiva, como são todas as utopias, situada entre a realidade cronológica de nossa existência e a fantasia cíclica de nosso imaginário e de nossas recordações. Nesse sentido, penso que os países, e, mais que os países, as nações, que são feitas das pessoas, da educação e da cultura que nelas e com elas vivem e convivem, de sua humanidade e de seu humanitarismo, enfim, penso, pois, que esses territórios de vida material e espiritual têm também infância e desejos de retorno.

Na infância do Brasil, há um traço persistente de nossa identidade cultural e um chamamento constante a seu uso e menção para a individuação do caráter nacional. Trata-se do famoso jeitinho brasileiro já tão escandido e tão cantado em prosa e verso e hoje, ao menos em parte das elites tecnoprogressistas que por aqui gorjeiam como lá, um tanto malvisto e execrado em textos asséticos de puro "globalês", ainda que escritos em português e, no mais das vezes, em portoinglês. Esse traço se liga a outro, também de forte presença na expressão da matriz genética de nosso modo de ser: a cordialidade. Apontada por Sérgio Buarque de Holanda, na obra *Raízes do Brasil*, em seu papel distintivo do ser brasileiro, a cordialidade passou também, com os anos, por um processo de desconstrução qualificada ou de desqualificação construtiva, de tal maneira que, hoje, mesmo entre intelectuais e estudiosos da brasilidade, o homem cordial anda desprestigiado e sem jeito. A esses dois traços se soma um terceiro – o da malandragem – e, com os três, pode-se dizer que se obtém uma célula do embrião da infância de nossa identidade, às vezes confundida com a identificação de nossa infantilidade.

O jeitinho brasileiro está ligado à nossa proverbial criatividade e à busca de soluções rápidas de problemas de várias ordens. Contrapõe a eficácia do atalho e do desvio à morosidade do estabelecido e do burocrático. No limite, é um expediente ingênuo para resolver

uma complicação problemática, ao menos na infância da *persona* 165
social que ele ajuda a configurar. Durante muito tempo, esse traço
teve, pois, um sinal positivo de distinção. Correspondia àquele outro
predicado de nossa identidade, da malandragem e, assim como a
malandragem, até certo ponto romântica e estruturada na tensão
da dialética da ordem e da desordem, como mostra Antonio Candido na análise seminal de *Memórias de um Sargento de Milícias*, de
Manoel Antônio de Almeida, evoluiu para o banditismo na nova
ordem global, o jeitinho, também por injunções econômico-político-
-sociais, evoluiu para o "por fora", para a corrupção.

Ambos os traços perderam a aura. Mantiveram ou mesmo
aumentaram sua eficácia, mas já sem o apelo ético da convivencia-
bilidade social dos atores nos jogos de antagonismos que eles põem
em funcionamento. Desfez-se também a regra constitutiva desses
jogos de convivência: a cordialidade, que remetia à caracterização de
comportamentos emocionais, impulsivos, para o bem e para o mal,
passou a ser entendida como marca de pieguismo e característica,
agora, de comportamentos só emocionados. Desse modo, a paixão,
presente na cordialidade ancestral, ou na infância de nossa ances-
tralidade cultural, cede lugar ao sentimentalismo vulgar da bondade
boba e retórica, cuja facilidade expõe seu formalismo e a frieza das
relações que estabelece. Penso também que o ideário da autoajuda
tem a ver com essa transformação da paixão da cordialidade na
cordialidade desapaixonada e complacente da esperteza como expediente de exacerbação da competitividade individualista em suas
características mais locais, dentro do processo de globalização.

Como nesse sentido metafórico a infância é utópica, acredito
também que é preciso recuperar o ponto de ruptura desses valores
e redirecionar esses predicados para sua positividade, importância e
distinção na identidade e na cultura brasileiras: visitar a infância da
terra não como turista da simples curiosidade, mas como viajante
de si mesmo no estranhamento constante da descoberta do outro.

Álbum de Retalhos

VI. A Mudança em Construção

Nas férias de verão de 1963, eu estava na cidade agrícola de grandes fazendas que era Sales Oliveira, onde meu pai era seleiro, enquanto eu estudava em São Paulo, na então FFCL-USP, localizada na rua Maria Antônia, na mistura juvenil do prazer ardente do descompromisso boêmio com a seriedade fácil e sincera da militância política estudantil.

O Cine Santa Rita, no largo da Matriz, em Sales Oliveira, era uma das cidadelas que conquistávamos todos os dias nas tardes quietas da população pequena e tranquila. Tomávamos de assalto o cinema para, na verdade, invadir-lhe o serviço de som e espalhar pelos alto-falantes presos ao telhado do coreto, a programação de música, poesia e textos de incitação ideológica que muitos achavam peraltices, outros, esquisitices e alguns, "senhores barões da terra", graves ameaças:

> Era ele que erguia casas
> onde antes só havia chão.
> Como um pássaro sem asas
> ele subia com as casas
> que lhe brotavam da mão.
> Mas tudo desconhecia
> de sua grande missão:
> não sabia, por exemplo
> que a casa do homem é um templo
> um templo sem religião
> como tampouco sabia
> que a casa que ele fazia
> sendo a sua liberdade
> era a sua escravidão[7].

[7] V. de Moraes, O Operário em Construção, em A.R. de Sant'anna et al., *Violão de Rua*, p. 86.

Vinícius de Moraes, Moacyr Félix e os três volumes de *Violão de Rua* – série de livros de bolso com poemas engajados, publicada pelo extinto Centro Popular de Cultura (cpc) da União Nacional de Estudantes (une) –, Francisco Julião e as Ligas Camponesas– ancestrais do Movimento dos Trabalhadores Rurais Sem-Terra (mst), na luta pela reforma agrária. Em Sales Oliveira, nós assustávamos as noites das famílias pelos mesmos alto-falantes do Cine Santa Rita, imitando vozes tenebrosas deste e de outros mundos e, durante o dia, preocupávamos, nas tardes, os fazendeiros temerosos da propaganda "comunista" que o "bando de jovens desocupados e irresponsáveis" propalava na calma quente dos dias de janeiro:

> Senhores barões da terra
> preparai vossa mortalha
> porque desfrutais da terra
> e a terra é de quem trabalha[8].

O Brasil espreguiçava contente ao sopro da democracia do pós--guerra e do pós-getulismo. Esticava-se dengoso e descontraído na rede do desenvolvimentismo dos anos do governo de Juscelino Kubitschek (jk) e vivia a euforia do novo tudo – Novacap, bossa nova, cinema novo, vida nova –, e nós, da vida vadia. Mas discutíamos apaixonados e a pregação comia solta:

> E foi assim que o operário
> do edifício em construção
> que sempre dizia *sim*
> começou a dizer *não*[9].

A poesia, além de Vinícius de Moraes, tinha o peso e a leveza de Manuel Bandeira, Carlos Drummond de Andrade, João Cabral de Melo Neto, Augusto e Haroldo de Campos, Décio Pignatari, Mário Chamie, gerações diferentes, mas convivendo no mesmo tempo,

8   V. de Moraes, Homens da Terra, em A.R. Sant'anna et al., op. cit., p. 82.
9   V. de Moraes, O Operário em Construção, op. cit., p. 89.

Álbum de Retalhos

168 mágico e conflitante, de afirmação lírica da alma brasileira. João Guimarães Rosa, Érico Veríssimo, Murilo Rubião, Dalton Trevisan, Jorge Amado, Clarice Lispector, Raquel de Queirós, Ligia Fagundes Teles, Antonio Callado e Mário Palmério são outras convivências, em prosa, que adensam o período.

E no Cine Santa Rita, seguia a doutrinação:

> Dia seguinte, o operário
> ao sair da construção
> viu-se súbito cercado
> dos homens da delação
> e sofreu, por destinado
> sua primeira agressão.
> Teve seu rosto cuspido
> teve seu braço quebrado
> mas quando foi perguntado
> o operário disse: "não"[10].

Os anos anteriores tinham sido pródigos na criação de instituições culturais e na multiplicação de universidades: em 1947, o Museu de Arte de São Paulo Assis Chateaubriand (Masp); em 1948, a Escola de Arte Dramática (EAD), o extinto Teatro Brasileiro de Comédia (TBC) e o Museu de Arte Moderna de São Paulo (MAM-SP), que, em 1949, teve seu equivalente no Rio de Janeiro (RJ); em 1951, o Conselho Nacional de Desenvolvimento Científico e Tecnológico (CNPq); em 1962, a Fundação de Amparo à Pesquisa do Estado de São Paulo (Fapesp), depois de uma longa negociação que teve início com os trabalhos da Constituinte, em 1947.

O presidente JK, seresteiro e sedutor, imprimiria a marca de suas iniciais aos anos de seu governo na Presidência da República (1956-1960), depois de ter passado pela prefeitura de Belo Horizonte (1940-1945), capital de Minas Gerais, estado que também governou

---

10 Ibidem, p. 90.

(1950-1955). Ele deixaria saudades e a sensação de incompletude que sempre permeia a interface entre a realidade e o mito. A fundação de Brasília mobilizou o país e sua inauguração foi a apoteose do desenvolvimentismo do governo JK. As crises políticas durante os anos de seu governo não tinham também sido poucas: agravaram-se, na sequência, com a renúncia do presidente Jânio Quadros, em 1961, e com o governo João Goulart, seu vice-presidente, que o sucedeu, em meio a tensões e anúncios de conflagrações generalizadas, até que, em 1964, o golpe militar, em março-abril, fechou, com águas sazonais torrenciais e duradouras, a agitada expectativa de futuros promissores e tranquilos que tão bem caracterizou a efervescência cultural e política dos anos anteriores:

Em vão sofrera o operário
sua primeira agressão
muitas outras se seguiram
muitas outras seguirão.
Porém, por imprescindível
ao edifício em construção
seu trabalho prosseguia
e todo o seu sofrimento
misturava-se ao cimento
da construção que crescia[11].

O Brasil vinha, há alguns anos, de um esforço intelectual de ajuste de contas com seu passado escravista. O binômio escravidão-latifúndio engendrou no Brasil a predominância dos valores da vida rural, com uma "monarquia tutelar", do ponto de vista político, uma economia escravista e monocultora e um *ethos* social, como bem mostrado em *Raízes do Brasil*, de Sérgio Buarque de Holanda, fundado na cordialidade. Esse esforço intelectual, que se estendeu até os anos de 1960, reuniu obras de referência indispensáveis para a compreensão do país e de suas transformações, e as congregou, de um modo geral,

11 Ibidem.

Álbum de Retalhos

em torno dos processos de formação de sua modernidade e de sua contemporaneidade, contando, inclusive, entre seus autores, com a contribuição de pesquisadores estrangeiros.

Não é por acaso que todas as obras produzidas pelos intelectuais desse período trazem em seu título o termo *formação*. Em ordem cronológica: *Casa-grande e Senzala: formação da família patriarcal brasileira* (1933), de Gilberto Freyre; *Formação do Brasil Contemporâneo* (1942), de Caio Prado Jr.; *Formação Histórica de São Paulo: de comunidade a metrópole* (1954), de Richard Morse; *Formação da Literatura Brasileira* (1957), de Antonio Candido; *Formação Econômica do Brasil* (1958), de Celso Furtado; *Os Donos do Poder: formação do patriarcado nacional* (1959), de Raimundo Faoro; *A Formação do Federalismo no Brasil* (1961), de João Camilo de Oliveira Torres; *Formação Histórica do Brasil* (1962), de Nelson Werneck Sodré; *Formação Política no Brasil* (1967), de Paula Beiguelman.

Quando esse ciclo se fechou, o Brasil estava pronto para colher a grande obra literária que nasceria da dinâmica dessas transformações e eclodiria como metáfora definitiva da ruptura entre o rural e o urbano: *Grande Sertão: Veredas* (1956), de Guimarães Rosa, pela tessitura da linguagem mutante, pelo contencioso da convivência entre o regional e o universal, pela universalização do local e do específico, pela localização dos conflitos universais entre o real, o mítico e o místico, pela desconstrução da memória e pela memória de um mundo em desconstrução, grande sertão, veredas da transformação:

> um silêncio de torturas
> e gritos de maldição,
> um silêncio de fraturas
> a se arrastarem no chão.
> E o operário ouviu a voz
> de todos os seus irmãos,
> os seus irmãos que morreram
> por outros que viverão.
> Uma esperança sincera

cresceu no seu coração
e dentro da tarde mansa
agigantou-se a razão
de um homem pobre e esquecido,
razão porém que fizera
em operário construído
o operário em construção[12].

As Ligas Camponesas estão lá atrás no registro devido de sua importância histórica e Francisco Julião, depois de anos de lutas, de exílio forçado e de exílio voluntário, morreu no México, em 1999, aos 84 anos de idade.

O mundo mudou muito nesses anos. O capitalismo mudou, os embates ideológicos mudaram e a globalização da economia se espalhou pelo planeta, envolvendo as nações e suas lutas na malha de aço transparente dos compromissos com a livre circulação do capital financeiro internacional.

Sales Oliveira há muito não tem a Mogiana, e a estação de trem seguiu o destino de suas congêneres pelo interior do estado de São Paulo: transformaram-se em centros culturais simpáticos e espremidos entre o mundo, pela televisão e a internet, e as tradições locais que teimam, acanhadamente, em frequentar mostras e festivais da produção regional.

Os conflitos de terras foram alçados a pautas urgentes de políticas públicas governamentais e o MST nasceu, cresceu, espalhou-se pelo país e adquiriu uma maturidade conflituosa que permanece estirada na tensão contemporânea entre a economia voltada para a produção e o consumo locais e a economia orientada para a exportação. A reforma agrária no país evoluiu de palavra de ordem de movimentos políticos organizados para bandeira civil de movimentos sociais.

O Cine Santa Rita, na praça da Matriz, em Sales Oliveira, há muito tempo fechou suas portas, e os alto-falantes de seu serviço de som, mudos há muitos anos sobre o teto do coreto do jardim, já não existem mais.

12   Ibidem.

Álbum de Retalhos

VII. Epigrama

Só na velhice a mesa fica repleta de ausências.
Chego ao fim, uma corda que aprende seu limite
após arrebentar-se em música.
Creio na cerração das manhãs.
Conforto-me em ser apenas homem.

Envelheci,
tenho muita infância pela frente.[13]

A velhice é um dos temas mais recorrentes na literatura mundial e a passagem do tempo – veículo de sua consecução –, motivo de páginas antológicas de lírica tristeza.

Cormac McCarthy, autor de *Meridiano de Sangue* e da *Triologia da Fronteira*, à qual pertencem *Todos os Belos Cavalos* – adaptado para cinema em *Espírito Selvagem*, de Billy Bob Thornton –, *A Travessia* e *Cidades da Planície*, esplêndidos romances sobre a vida em extinção do velho oeste norte-americano, escreveu no último livro da trilogia uma reflexão casual de um dos personagens caubóis em que a perda e a beleza andam juntas e espelhadas, como gêmeas univitelinas:

Um homem descia a estrada conduzindo um burro sobrecarregado com uma pilha de lenha. Os sinos da igreja começavam a soar na distância. O homem lhe esboçou um sorriso dissimulado. Como se partilhassem um segredo entre os dois. Um que dizia respeito à idade e à juventude e a suas reivindicações e à justiça dessas reivindicações. E das reivindicações feitas aos dois. O mundo passado, o mundo vindouro. A transitoriedade comum aos dois. Sobretudo um saber do âmago que a beleza e a perda são uma coisa só[14].

13   F. Carpinejar, Décima Elegia, *Terceira Sede*, p. 79-80.
14   C. McCarthy, *Cidades da Planície*, p. 86.

Ivan Lessa, que viveu tantos anos fora do Brasil, morrendo em 173 Londres em 08 de junho de 2012, e tão ligado às suas distantes presenças, tem uma crônica saborosamente desconfiada sobre o direito por ele adquirido, ao completar 65 anos, na Inglaterra, de possuir um cv, não o *curriculum vitae*, mas o "Certificado de Velhice", ou a "Carteira de Velhinho", para o qual os ingleses "usam um eufemismo meio pomposo: 'Freedom Pass'. Passe da liberdade. Parecendo coisa da Guerra Fria."[15]

Em *As Cidades Invisíveis*, Calvino, nas narrativas das cidades--mulheres que o viajante Marco Polo faz ao Grande Khan, opõe, continuamente a juventude eterna do visionário ao ceticismo da eterna velhice do imperador. Nas narrativas, Berenice é a última cidade invisível a ser contada. É uma cidade e também uma série de cidades, justas e injustas, que, no presente, contêm todas as Berenices do futuro, "uma dentro da outra, apertadas, espremidas, inseparáveis"[16], de modo que o tempo contém – e é contido por uma dimensão espacial que a memória desenha em ruas, casas e labirintos.

Simone de Beauvoir em seu livro clássico sobre a velhice mostra, entre outras coisas, que o inconsciente não tem idade e que temos forte tendência a nos comportar, na velhice, como se jamais fôssemos velhos: aos 60 anos, raros são os que se consideram nessa condição e, mesmo depois dos 80 anos, há muitos que acreditam ser de meia-idade e uns tantos que continuam a se achar jovens.

Como escreve Cícero, em seu famoso tratado *De senectute*:

> todo aquele que sabe tirar de si próprio o essencial não poderia julgar ruins as necessidades da natureza. E a velhice, seguramente, faz parte delas! Todos os homens desejam alcançá-la, mas, ao ficarem velhos, se lamentam. Eis aí a inconsequência da estupidez! Queixam-se de que ela chegue mais furtivamente do que esperavam. Quem então os forçou a se enganar assim? E por qual prodígio a velhice sucederia mais depressa à adolescência do que esta última sucede à infância?

15   I. Lessa, Certificado de Velhice, BBC Brasil, 12 maio 2000. Disponível em: <http://www.bbc.co.uk/portuguese/lessa/ivano0512.htm>.
16   I. Calvino, *As Cidades Invisíveis*, p. 147.

Álbum de Retalhos

174 Enfim, por que diabos a velhice seria menos penosa para quem vive oitocentos anos do que para quem se contenta com oitenta? Uma vez transcorrido o tempo, por longo que seja, nada mais consolará uma velhice idiota[17].

Pensamentos que ressoam, no século XVII, no dito de Jonathan Swift (e que, de certo modo, vão na mesma direção dos dados, análises e comentários do livro de Simone de Beauvoir): "Todos desejam viver por muito tempo, mas ninguém quer chegar a ser velho"[18].

Em *Ninguém Escreve ao Coronel*, de Gabriel García Márquez, o personagem espera, em vão, uma carta do governo, outorgando-lhe aposentadoria e conferindo-lhe pensão. O coronel paramenta-se, arruma-se ao espelho e, semana após semana, posta-se à espera da correspondência que não vem. Todos sabem que não virá, inclusive sua mulher. Mas essa é a forma de manter-se vivo, pelo ritual da esperança, e, assim, pelo adiamento da pensão, protelar, em ilusão, a própria velhice.

De algum modo, esse romance de García Márquez ecoa – mesmo que não intencionalmente, como é provável que não seja – o conto "O Espelho", de Machado de Assis, que integra o livro *Papéis Avulsos*, publicado originalmente em 1882. Nesse conto, como se sabe, cinco personagens de meia-idade (para a época), entre 40 e 50 anos, entre eles Jacobina, conversam sobre discrepâncias físicas e metafísicas. Num dado momento, Jacobina, que participava marginalmente da conversa, deixa sua casmurrice e lança sua nova teoria da alma, afirmando que "cada criatura humana traz duas almas consigo: uma que olha de dentro para fora, outra que olha de fora para dentro..."[19]

Para provar sua teoria, Jacobina "concerta a ponta do charuto, recolhendo as memórias"[20] e narra a experiência de solidão e abandono que vivenciou aos 25 anos, quando nomeado alferes da Guarda Nacional, foi visitar D. Marcolina, tia viúva, em sua fazenda. Lá estando, a tia teve de viajar, os escravos, em seguida, fugiram e

17   Cícero, *Saber Envelhecer, Seguido de A Amizade*, p. 9.
18   J. Swift, *Miscellanies*, v. 1, p. 267.
19   J.M. Machado de Assis, O Espelho, *Papéis Avulsos*, p. 209.
20   Ibidem, p. 212.

Jacobina ficou só, sem a imagem de ilustre alferes que a tia e a criadagem se lhe representavam.

Um grande e antigo espelho, que estava na sala, fora posto em seu quarto por "carinhos, atenções, obséquios"[21] da boa tia. Deprimido pela perda da identidade social que o entorno lhe conferia, Jacobina, depois de dias, veste-se com a farda de alferes diante do espelho, promovendo o reencontro de sua alma interior, dilacerada, com sua alma exterior, até então perdida: "Cada dia, a uma certa hora, vestia-me de alferes, e sentava-me diante do espelho, lendo, olhando, meditando; no fim de duas, três horas, despia-me outra vez. Com este regime pude atravessar mais seis dias de solidão, sem os sentir."[22]

Solidão e velhice são também temas da narrativa de vida, das memórias, do casmurro Bentinho, personagem, junto com Capitu, da história de amor mais amargamente doce que o pessimismo, a ironia e o humor despistadores de Machado de Assis produziram. Bentinho, agora *Dom Casmurro*, na velhice, vive só, com um criado, em casa própria que fez construir com o propósito de "reproduzir no Engenho Novo a casa em que me criei na antiga Rua de Mata-cavalos, dando-lhe o mesmo aspecto e economia daquela outra, que desapareceu."[23] Mas, como continua a explicar no capítulo II o narrador-protagonista, a empreitada não sucedeu, ao menos para os fins de reconstituição da vida, a que se propunha:

> "O meu fim evidente era atar as duas pontas da vida, e restaurar na velhice a adolescência. Pois, senhor, não consegui recompor o que foi nem o que fui. Em tudo, se o rosto é igual, a fisionomia é diferente. Se só me faltassem os outros, vá; um homem consola-se mais ou menos das pessoas que perde; mas falto eu mesmo, e esta lacuna é tudo."
>
> [...]
>
> "Entretanto", adverte este Fausto sem pacto, prócer da modernidade e do modernismo, "vida diferente não quer dizer vida pior; é outra coisa. A certos respeitos, aquela vida antiga aparece-me despida

21   Ibidem, p. 214.
22   Ibidem, p. 220.
23   J.M. Machado de Assis, *Dom Casmurro*, p. 18.

Álbum de Retalhos

de muitos encantos que lhe achei; mas é também exato que perdeu muito espinho que a fez modesta, e, de memória, conservo alguma recordação doce e feiticeira. Em verdade, pouco apareço e menos falo. Distrações raras. O mais do tempo é gasto em hortar, jardinar e ler; como bem e não durmo mal.[24]"

Sob esse aspecto, relativizado, da idade avançada, Bentinho parece encontrar-se com o Marquês de Maricá, que viveu entre o século XVIII e a primeira metade do século XIX e é autor de famosas máximas, entre elas: "Estuda-se mais na velhice para bem morrer do que se estudou na mocidade para bem viver."[25]

O tema do *Fausto*, de Johann Wolfgang von Goethe, o médico cientista que vende a alma ao diabo em troca da juventude, cujas origens estão na Idade Média e no Renascimento, reaparece no romance *Doutor Fausto*, de Thomas Mann, e mantém uma tradição sempre renovada e, por isso, eternamente provisória, da fugacidade do tempo, da fragilidade da vida, da finitude dos sonhos, da imortalidade da arte.

O tema do espelho tem um momento de grande força expressiva no romance de Oscar Wilde, *O Retrato de Dorian Gray*, publicado em 1891. Nesse caso, há também um pacto pelo qual o protagonista transfere para seu retrato todos os efeitos de seu envelhecimento físico e de suas degradações morais e espirituais. Com o passar do tempo, o retrato se torna velho e carcomido; e o retratado permanece jovem, arrogante e iludido, sem passar por ele. Num dos momentos de confrontação consigo mesmo, no retrato, Dorian Gray dilacera-o com um punhal, tombando morto pela destruição de sua imagem condensada em progressiva e dinâmica decadência.

Em Machado de Assis, o solo de solidão mais bem executado talvez seja o do Conselheiro Aires, no livro *Memorial de Aires*, embora a transcendência da velhice em suas memórias mais acabadas e perfeitas se dê apenas em *Memórias Póstumas de Brás Cubas*.

Uma das peças mais fortes de Shakespeare é *Rei Lear*, baseada em lendas e narrativas muito antigas. A peça dramatiza a situação do

24   Ibidem, p. 8-9.
25   M.J.P.F. Maricá, *Máximas, Pensamentos e Reflexões do Marquês de Maricá*, p. 237.

velho soberano que renuncia ao poder, em nome de suas três filhas, mas que não aceita abdicar dos ritos e das comodidades do mando da soberania. Triste engano que passa pela constatação amarga de que é péssimo envelhecer antes de tornar-se sábio e chega à tragédia da morte das filhas e do próprio rei.

Mario Monicelli, diretor de *O Incrível Exército de Brancaleone*, no filme *Parente É Serpente*, apresenta um entrecho que lembra um pouco a tragédia do rei Lear, posta agora numa clave cômica pela visão do humor moderno e divertido que tão bem caracteriza a obra de Monicelli. Nesse caso, a história gira em torno de uma família italiana típica e tradicional que todos os anos se reúne na casa dos patriarcas para as festas de fim de ano. Nesse ano, contudo, os pais anunciam, por se considerarem velhos demais para se cuidarem sozinhos, que passarão a viver um pouco na casa de cada filho pelo resto de suas vidas. É o que basta para provocar uma série de confusões, de subterfúgios, de evasivas, de negaceios obscuros, gerando o clima favorável da comédia de costumes que, divertindo, vai, irreverente, satirizando, e, castigando, vai, reverente, construindo e ensinando.

São muitas as histórias de velhos e velhices como aquela do belo filme de David Lynch, *Uma História Real*, em que o protagonista atravessa o país num tratorzinho de cortar grama para visitar o irmão doente e à beira da morte e o qual não via por quase toda a vida. Ou essas outras contadas por Guimarães Rosa no livro *Manuelzão e Miguilim* – um dos volumes de *Corpo de Baile* – que contém duas novelas magistrais que se olham em espelho: "Campo Geral", relato lírico da infância de Miguilim, que vive com a família na mata do Mutum, em Minas Gerais; e "Uma Estória de Amor", que, já da velhice, conta a história do vaqueiro Manuelzão, que recompõe sua vida, ao recompor a família, construindo sua casa e a capela que prometera à sua mãe. Infância e velhice, descoberta e lembrança, construção e reconstrução, narrativas, uma em terceira pessoa – a da infância de Miguilim –, outra em primeira – a da velhice de Manuelzão –, completam-se e integram-se na prosa lírica e criativa do autor mineiro.

Há mais, há muito mais, como são tantos os ciclos da vida, assim como o que é registrado por Walter Savage Landor, no poema "No

Álbum de Retalhos

¹⁷⁸ Seu Septuagésimo Quinto Aniversário", cuja tradução de José Lino Grünewald faz justiça à beleza sonora, lírica e poética do original:

> Lutei com nada e nada valia a lida.
> Amei a Natureza e logo após a Arte;
> Aqueci as mãos ante o fogo da vida;
> Tudo se afunda e estou como quem já parte[26].

Harold Bloom destaca o poema de Landor como um de seus preferidos, acompanhando-o do seguinte comentário: "Quando se chega aos setenta e cinco anos de idade, mesmo sabendo que a quadra contém uma inverdade, tem-se a vontade de sair por aí, murmurando a epigrama, no dia do aniversário, em homenagem a si mesmo e a Savage Landor."[27]

---

26 *Grandes Poetas da Língua Inglesa do Século* XIX, p. 33.
27 *Como e Por Que Ler,* p. 69.

Memória e Linguagem

1 Institucional e Afetivo

1. Fapesp[1]

Em Sales Oliveira, posta às margens da linha da Mogiana com o progresso do café, cortada pela estrada de rodagem que ligava São Paulo ao Triângulo Mineiro, em Sales Oliveira, de onde acompanhamos, meninos, a passagem dos trens pela estação e a dos carros, ônibus e caminhões que cruzavam a rua Voluntário Nélio Guimarães, a principal da cidade, em Sales Oliveira, pois, sentados nos degraus das portas da selaria de meu pai e de meu tio Alberto, a mesma selaria, no mesmo casarão-sobrado que fora de meu avô alsaciano nascido nos Estados Unidos, ali sonhamos viagens nos nomes das placas dos caminhões; em Sales Oliveira, descendente de alsacianos, alemães, italianos e espanhóis, nasci no dia 6 de fevereiro de 1943.

---

[1] A primeira versão deste artigo foi publicada como "Memorial da Fapesp", em: A.I. Hamburger (org. e ed.), *Fapesp 40 Anos*, 2004, p. 29-40. No dia 1º de abril de 2011, morreu na capital de São Paulo, aos 78 anos, Amélia Império Hamburger, física, pesquisadora, professora e divulgadora incansável da cultura científica. A história de vida de Amélia está, sob várias formas, ligada à história de sucesso do desempenho da Fapesp no fomento à pesquisa e à formação de competência no estado de São Paulo e no Brasil, não fosse já o importante livro por ela organizado e editado por ocasião dos quarenta anos da Fapesp, no qual tive a honra de participar, a seu convite, com este texto que se republica neste livro.

No Grupo Escolar Capitão Getúlio Lima fiz o primário. Como não havia ginasial na cidade, a prefeitura nos transportava para Orlândia, 7 km distante, numa perua Opel dirigida pelo Amâncio. De 1954 a 1957 frequentei o ginásio estadual de Orlândia e ali me diplomei. Em 1958 fui para Ribeirão Preto para fazer o curso Clássico.

Nessa época, eu já queria me mudar para a capital, apesar de as primeiras paixões me convidarem a permanecer em Sales de Oliveira ou nas vizinhanças. Meus pais decidiram por mim. Eu era muito novo, São Paulo, longe, e a vida, perigosa. Fiquei dois anos estudando no Instituto de Educação Otoniel Mota, em Ribeirão Preto e, finalmente, em 1960, mudei-me para a capital e concluí o curso clássico no então Colégio Estadual Presidente Roosevelt, na rua São Joaquim, no bairro da Liberdade.

Em 1961, voltei para Sales Oliveira até que, em julho de 1962, tomei o trem na estação da Mogiana, retomei os estudos em São Paulo e ingressei na Faculdade de Filosofia, Ciências e Letras da Universidade de São Paulo (FFCL-USP), à rua Maria Antônia, que frequentava à noite, e também na Faculdade de Direito da Universidade de São Paulo (FD-USP), no largo de São Francisco, aonde ia pelas manhãs. Mas logo abandonei o curso de direito: a gravata e o terno me incomodavam, e a necessidade de trabalhar foi decisiva.

Na FFCL-USP, fiz o curso de letras de 1962 a 1965. Muitos fatores ajudaram a fazer que o meu aproveitamento do curso fosse apenas médio: o gosto pelas leituras independentes, pelo cinema, pela política universitária – fui presidente do Centro Acadêmico de Estudos Literários (Cael) – e nacional, os amores e, finalmente, o trabalho como professor, pois, cedo, comecei a dar aulas, muitas aulas: no Departamento de Cursos do Grêmio da Filosofia e no Colégio Brasil-Europa (CBE). Em 1966, só dei aulas.

Em 1967, comecei a frequentar, como ouvinte, o curso do quarto ano de teoria literária oferecido pelo professor Antonio Candido, de quem eu já fora aluno de teoria geral da literatura, no primeiro ano. Mestre, primeiro, e depois também amigo, o professor Antonio Candido teria ao longo de minha vida pessoal e intelectual um papel decisivo. Quando acompanhei seu curso sobre o romance *Memórias de um Sargento de Milícias*, de Manuel Antônio de Almeida, compreendi definitivamente que estava diante não só de um grande pesquisador, teórico e historiador da literatura, mas também que tinha a rara e feliz chance de conviver com um grande ser humano.

Em 1968, consegui desvencilhar-me de algumas aulas e encontrar alguns vazios no trabalho, o que me permitiu, ainda que restritamente, tentar inscrever-me num curso de pós-graduação. Falei com Candido e fui aceito. Inscrevi-me na modalidade teoria literária da pós-graduação em letras da FFLC-USP. No primeiro ano, fiz o curso de teoria literária, com Candido, e o curso de sociologia da literatura, com Ruy Coelho, professor dotado de um cosmopolitismo e de uma cultura que me fizeram viajar pelos folhetins do século XIX e mergulhar em busca do tempo perdido com a grande obra de Marcel Proust.

O ano de 1968 foi muito agitado, para mim, para todos e principalmente para os jovens de minha geração. Participei da ocupação da "Maria Antônia", das "Paritárias" e da resistência à invasão do Comando de Caça aos Comunistas (ccc) e da polícia aquartelados na Universidade Presbiteriana Mackenzie. O prédio foi incendiado, arquivos e bibliotecas violados pela direita oficial e oficiosa; um estudante secundário foi morto na rua de nossos sonhos. Fomos, então, mudados para o prédio da Geografia e da História, na Cidade Universitária.

Em 1969, fiz o segundo ano da pós-graduação cursando teoria geral do cinema e teoria literária. No ano anterior, a disciplina de teoria literária havia sido oferecida sob a responsabilidade de Oswaldo Elias Xidieh, pois Candido se encontrava em viagem ao exterior. Tive, então, a oportunidade de conhecer, por meio de um curso magistral sobre literatura popular e sobre fontes populares da literatura erudita, um homem dotado de grande simplicidade, aliada, de forma quase paradoxal, a uma vasta cultura e erudição.

O curso de teoria literária, de 1969, com Candido de volta, foi todo sobre teorias críticas e meu trabalho de aproveitamento foi um ensaio sobre o estruturalismo. A partir desse momento, passei a me

Memória e Linguagem

interessar de modo mais objetivo pela linguística, não ainda como um fim em si mesmo, mas sobretudo como instrumento metodológico para o estudo da literatura.

Nos anos imediatamente anteriores, haviam estado em São Paulo Roman Jakobson e, depois, Tzvetan Todorov. Eram anos de apogeu do estruturalismo europeu. As conferências no Teatro Aliança Francesa, na rua General Jardim, no bairro da Santa Cecília, muito marcaram minhas opções intelectuais, sobretudo a de Jakobson sobre a poesia de Fernando Pessoa, baseada num artigo, escrito em colaboração com Luciana Stegagno Picchio, publicado na *Langages*.

Em meu curso de graduação, do ponto de vista curricular, pouca atenção se dera à linguística, tanto que só fui fazer um curso de introdução em 1965, já no quarto ano, embora já tivesse lido com cuidado e minúcia, sob orientação de Isaac Nicolau Salum, na disciplina de filologia românica, o fundamental *Curso de Linguística Geral*, de Ferdinand de Saussure.

Foi também em 1969 que comprei o que viria a ser, durante todo o ano, uma espécie de bíblia de minha formação: o livro *O Que é o Estruturalismo?*, organizado sob direção de François Wahl, que continha artigos de vários autores sobre o estruturalismo em diferentes áreas do conhecimento. Foi nesse livro que vi, pela primeira vez, o nome de Oswald Ducrot, responsável pelo trabalho sobre o estruturalismo em linguística presente no livro. De algum modo, esse contato pela leitura, visto mais tarde em *flashback*, foi por mim interpretado como o ponto de partida que me levaria a procurar Ducrot em Paris (França) e a manter com ele uma intensa relação de amizade e respeito humano e intelectual.

Ainda em 1969, no curso de teoria e história do cinema, tive outra chance feliz: fui aluno de Paulo Emílio Sales Gomes. Guardo seu curso entre as melhores recordações da minha vida intelectual e afetiva. Íamos, com a maior satisfação, alunos regulares e ouvintes, convivendo com intelectuais e escritores de prestígio, toda segunda-feira às 10 horas da manhã para o Teatro Aliança Francesa, onde o curso tinha lugar. Assistíamos à projeção de clássicos da história do cinema nacional e internacional; vinham, em seguida, os debates e, então, o brilho da inteligência, da ironia, do espírito crítico e polêmico de Paulo Emílio tomava conta do teatro, pelas observações certeiras, pelo acertado das análises, pela sonoridade da gargalhada que sempre coroava a graça e o humor que só ele, como ninguém, sabia achar nas mais diversas situações.

Como trabalho de aproveitamento para esse curso, fiz a análise de um filme japonês chamado *A Mulher de Areia*, de Hiroshi Teshigahara, que havia me impressionado bastante e que sempre associei, por caminhos mais afetivos do que intelectuais, à história de Miguilim em *Manuelzão e Miguilim*, um dos livros da obra *Corpo de Baile*, de João Guimarães Rosa.

Voltando ao ano de 1968, conheci um amigo que na época fazia cursinho para o vestibular na Faculdade de Arquitetura e Urbanismo da Universidade de São Paulo (FAU-USP): Naire Siqueira. Grande tocador de violão, Naire procurava um parceiro letrista para as músicas que fazia. Começamos a trabalhar juntos e fizemos várias composições, entre elas "Senhora de Luar", que recebeu o prêmio de terceiro lugar no Festival Universitário da Música Brasileira, que foi realizado pela antiga TV Tupi entre 1968 e 1971. Outras composições foram gravadas e, em parceria com Sorocabinha, um estudante de geologia da USP, compus "Urgente, Urgentíssimo", que recebeu o prêmio de quarto lugar na edição de 1969 do festival.

Em 1967, a maior parte dos professores do Cursinho do Grêmio, onde eu trabalhava há alguns anos, não aceitou a intervenção que a diretoria do grêmio da FFCL-USP pretendia fazer no cursinho. Saímos quase todos e fundamos o Equipe Vestibulares. A questão de fundo das diferenças estava ligada não apenas à gestão do capital que o cursinho arrecadava, mas também a pontos de vista reversos, quando não contrários, quanto às formas de luta revolucionária e de resistência aos governos militares. Muitos de meus colegas e amigos passaram para a clandestinidade da luta armada, muitos morreram ou continuam desaparecidos, sem notícias exatas do destino que tiveram. Outros conseguiram escapar, quando a repressão recrudesceu o empenho em destruí-los. Com eles me encontrei em Paris, em 1971, e no Chile, em 1973, alguns meses antes do golpe de Augusto

Memória e Linguagem

184   Pinochet. Outros ainda se entregaram às drogas ou passaram a viver a utopia do pacifismo *hippie*.

Mas também houve outros que, como eu, seguiram no paciente jogo de espera e de atuação democrática para ver se um dia conseguiríamos ajudar a mudar o estado de coisas reinante no país do medo e da euforia: medo de grande parte da população, euforia da classe média com o milagre econômico e daquela mesma população com medo, diante dos símbolos mais fáceis da grandeza do país, por exemplo, a conquista do tricampeonato mundial de futebol, no México.

Em 1966, fiz concurso para o ingresso no magistério secundário. Obtive uma classificação não muito promissora, já que não havia me preparado o suficiente e não tinha intenção firme de seguir essa carreira. Em 1967, fui chamado para a escolha da escola onde deveria ensinar. O mais próximo da capital que consegui foi Porangaba (sp), cidadezinha próxima a Tatuí (sp) e não longe de Sorocaba (sp). Tomei posse no então Ginásio Estadual Aldo Angelim para começar a lecionar em 1968. A sensação que tomava conta de mim, nessa perspectiva, era a de que estava voltando para Sales Oliveira e pondo abaixo as esperanças de retomar meus estudos.

Uma colega que lecionava comigo no Colégio Brasil-Europa me sugeriu que tentasse ficar lotado em São Paulo, respondendo pelo expediente de uma diretoria das classes de extensão que, então, se criavam e já eram muitas na capital. Foi o que consegui: a partir de 1º de março de 1968 começaria a responder pelo expediente da diretoria das classes de extensão do então Colégio Estadual e Escola Normal Professor Jácomo Stávale, que funcionariam no Grupo Escolar Almirante Marquês de Tamandaré, em Morro Grande, lá para os lados do bairro da Freguesia do Ó.

Nessa função, fiquei menos de dois meses. O que me levou a requerer minha exoneração do magistério secundário foram dois fatores, fundamentalmente: o primeiro, e mais forte deles, a situação de carência e quase abandono em que funcionavam as extensões. Não tínhamos material, não havia funcionários, grande parte dos estudantes trabalhava durante o dia como *office boys* e à noite estavam mais para o sono do que para a atenção. O único policial militar que tomava conta da escola para impedir o assédio de marginais, que não eram poucos, fazia os serviços de inspetor de alunos, recolhendo, carimbando e devolvendo suas cadernetas de notas e frequência. Mesmo assim, recebíamos instruções regulares da Secretaria de Educação sobre as comemorações e festividades pátrias, sempre explicitadas e enfatizadas as obrigações de ensaios e a necessidade imperiosa de cumpri-las. Eram um pouco demais. Comecei a me desgostar da função. Esse desgosto aumentou com o fato – esse foi o segundo fator – de que via, ainda que em São Paulo, dificultada a possibilidade de realizar a pós-graduação em teoria literária, para a qual já havia sido aceito.

Decidi-me, então, e acabei me exonerando. Os amigos não entendiam meu gesto e me reafirmavam a loucura de tê-lo feito; deixar um cargo público daquela maneira não tinha cabimento, ou, em falas mais idealistas, era preciso permanecer nos postos e lutar de todos os pontos e de todas as formas, desde que de dentro, para mudar o sistema. Não fui convencido. Em 1969, deixei também o Colégio Brasil-Europa, mas continuei a lecionar português e literatura brasileira no Equipe Vestibulares e aceitei dar algumas aulas de português no então Curso Anglo-Latino.

Em meu curso de graduação, fui aluno de francês de Albert Audubert. Sempre tive por ele grande carinho e admiração intelectual. Penso que, nas proporções devidas, era correspondido. Penso também que essa afeição mútua tenha tido origem por ocasião do exame vestibular que prestei para ingressar no curso de letras da FFLC-USP. Na época, havia ainda exame oral para os candidatos. Na prova de francês, fui arguido por Audubert e tive a felicidade de sortear como tema de exame Honoré de Balzac e sua obra. Era um dos autores franceses que mais conhecia na época e um dos que mais admirava. Conhecia os múltiplos aspectos de sua vasta produção e havia lido não apenas seus principais romances, como também folhetins e obras mais secundárias. Foi um sucesso total. Desde, então, Audubert, que tinha fama de durão e de irascível, passou a tratar-me com uma cordialidade e uma atenção que desmentiam,

Memória e Linguagem

com justiça, sua fama. Todas as vezes que nos encontrávamos me dizia que eu devia retomar o francês e que me mandaria para a França, mesmo contra minha vontade.

Na metade do ano de 1969, encontrei-me com Audubert no prédio da Geografia e História, na Cidade Universitária. Confirmei-lhe minha disposição em aceitar seu convite e combinamos um encontro em seu apartamento na alameda Santos. Quando fui visitá-lo em agosto, deu-me a notícia que mudaria definitivamente os rumos de minha vida intelectual: tinha algo mais interessante a me propor. Estava sendo criado o Instituto de Filosofia e Ciências Humanas da Universidade Estadual de Campinas (IFCH-UNICAMP), em cujo organograma era previsto um Departamento de Linguística. Era para esse departamento que ele queria indicar meu nome. O projeto era contratar quatro professores, enviá-los imediatamente para Besançon (França), para fazerem uma licenciatura e, depois, um mestrado, ambos em linguística. Resolvia-se, desse modo, o problema da parcimônia da bolsa que antes ele me oferecia, ao mesmo tempo em que me engajava com um projeto que me dava a segurança de um trabalho atraente e cheio de perspectivas, quando de meu retorno.

Talvez não consiga reproduzir agora, passados tantos anos desse acontecimento, a alegria sincera que experimentei. Disse-lhe, contudo, que não era um especialista nem tinha formação suficiente para aceitar a responsabilidade de responder por cursos e de ajudar a criar um Departamento de Linguística. Reafirmou-me que só começaríamos a trabalhar de fato na Unicamp depois do estágio de formação e treinamento na França.

Aceitei o convite e Audubert me deu uma carta de apresentação, dizendo-me que fosse procurar em Campinas Fausto Castilho, responsável pela direção e pela implantação do IFCH-UNICAMP. Foi o que fiz. Procurei-o em sua casa, conversamos, falou-me do projeto. Tinha estado em Besançon como leitor da Faculté des Lettres et Sciences Humaines. Lá conhecera Yves Gentilhomme, que já estava convidado a vir a Campinas, no ano seguinte, e era responsável pelos cursos de linguística geral na Université de Besançon. O projeto era de que tivéssemos não só uma formação em linguística, mas também em matemática, para que tivéssemos condições de desenvolver na Unicamp um departamento que, além de suas atribuições específicas na área, pudesse ainda fornecer as linhas metodológicas de integração das diferentes ciências humanas. Eram os anos em que o estruturalismo, Claude Lévi-Strauss principalmente, havia alçado a linguística à condição de ciência-piloto.

Castilho me pediu que lhe desse mais informações a meu respeito. Quando soube que eu era aluno de Candido, ficou muito satisfeito porque ele era uma das pessoas responsáveis em orientar a formação do que viria, mais tarde, a ser chamado Grupo de Campinas. De volta a São Paulo, fui procurar Candido para falar-lhe de meu contato com Castilho e da indicação que havia sido feita por Audubert. O incentivo que recebi foi total e envolvente. Antes mesmo que lhe falasse da carta de referência, anunciou-me que a escreveria. Esse é um documento que tenho como uma espécie de totem de minhas transformações.

No dia 23 de outubro de 1969, Castilho solicitou a Zeferino Vaz, então reitor da Unicamp, minha contratação e a de três outros colegas – Carlos Franchi, Haquira Osakabe e Rodolfo Ilari – como instrutores, em regime de tempo parcial, do IFCH. Em 1º de novembro, já estávamos contratados e começávamos a nos preparar para a viagem. Além do contrato, tivemos as passagens e uma bolsa da Fundação de Amparo à Pesquisa do Estado de São Paulo (Fapesp) que, durante os dois anos letivos de nossa permanência na França, significou um apoio ao qual sou eternamente grato e devedor.

No termo de compromisso assinado com a Unicamp, a ida para Besançon me obrigava, como aos outros, a obter primeiro a licenciatura (1969-1970) e, em seguida, o mestrado, na Université de Besançon ou em outra universidade francesa, explicitando que o título seria reconhecido pela Unicamp. Deveríamos voltar ao Brasil até o dia 15 de julho de 1971, assumindo funções no IFCH-Unicamp, em regime de dedicação exclusiva. A partir dessa data, nossas obrigações de atividades no IFCH-Unicamp, sempre segundo o termo de compromisso, seriam:

a. ministrar aulas de linguística no *studium generale* de ciências humanas;

Memória e Linguagem

b. ser aprovados, no mais tardar três anos após o regresso ao Brasil, numa das disciplinas do Grupo Ciências Humanas dos dois anos do *studium generale*, em obediência às normas de integração interdisciplinar adotadas pelo IFCH-Unicamp;

c. ministrar, no IFCH-Unicamp ou nos cursos de complementação curricular dados pelo instituto junto com outras unidades de ensino e pesquisa, aulas de linguística ou de outra disciplina para a qual tivéssemos qualificação hábil;

d. colaborar no ensino e na pesquisa desenvolvidos pelo Centro de Linguística Aplicada (CLA), órgão anexo ao IFCH-Unicamp.

O projeto de Castilho revelava o grande idealismo humanista de seu coordenador e fazia jus à inteligência, à imaginação e ao empenho que sempre predicaram sua vida, desde os tempos em que, mocinho, participava, com outros intelectuais, das reuniões na casa de Oswald de Andrade e que certamente contribuíram para provocar, quando esteve no Brasil nos anos de 1960, a ida de Jean-Paul Sartre a Araraquara (SP), onde, então, Castilho lecionava filosofia. Não se falava ainda em Departamento de Linguística. Isso viria mais tarde, com o tempo, com as lutas, com as necessidades surgidas ao longo do processo, com as mudanças de rotas, que não foram poucas.

No dia 4 de janeiro de 1970, tomei o avião da Varig com destino a Paris. No mesmo voo, seguiam os outros três colegas. Em Paris, esperava-nos Luiz Orlandi, da filosofia, que, junto com os professores Antônio Arantes, da antropologia, André Villalobos, da sociologia, e Ângelo Barone, da matemática, constituía o primeiro grupo do projeto de Castilho para a formação de um instituto de integração das ciências humanas. Em Besançon, aonde chegamos dois dias depois, encontramos os cursos já em andamento, pois, como se sabe, o ano letivo na França começa em setembro.

Dificuldades e processos de adaptação, cada um a seu modo, foram sendo vencidos. O inverno foi bravo naquele ano, sobretudo para quem só tinha visto neve em filmes, livros ou cartões-postais. Fomos morar na Planoise, uma *cité* distante uns 5 quilômetros do centro da cidade, que, por sinal, é muito bonita, em torno do Doub,

rio que se alonga em *peniches* que o cortam, apontando para uma 189
Europa ainda desconhecida. Estávamos no Jura, perto de Lausanne
e de Genebra, na Suíça.

Começamos, então, a frequentar os cursos com vistas à obtenção da Licence en Lettres de Linguistique. Eram vários os cursos que compunham o certificado (C1) de linguística geral: linguística matemática, com Yves Gentilhomme; sintaxe, com Sophie Fisher; semântica, com Suzette Gazal; e fonética e fonologia, com a professora Konopchensky, o qual integrava também o certificado (C1) de linguística francesa, que contava ainda com o curso de poética, dado por Aron, e o curso de estilística do francês, com Jean Peytard. Alguns desses professores – Gentilhomme, Konopchensky e Peytard – estiveram na Unicamp, em épocas diferentes, e contribuíram, cada um a seu modo, para a implantação e o desenvolvimento das atividades em nosso departamento.

Obtive minha Licence en Lettres de Linguistique, com ênfase em linguística francesa e em linguística geral. Tinha cumprido a primeira parte de meus compromissos, no que dizia respeito à viagem à França. De todos esses cursos o que mais me atraiu foi o de Peytard, certamente porque trabalhava com linguística e literatura e porque sempre teve uma forma inteligente e intrigante de utilizar o instrumental linguístico no tratamento do fenômeno literário. O curso de fonética e fonologia era muito bem estruturado: madame Konop, como era chamada, tinha rara competência e dedicação em seu trabalho, mas não era esse meu assunto. Os cursos de sintaxe e de semântica voltavam-se para a discussão do problema dos modelos teóricos de análise e, como as duas professoras eram ambas alunas do linguista francês Antoine Culioli, em Paris, os cursos eram muito parecidos na intenção, diferentes na realização e confusos nos resultados.

Aron era um professor correto, objetivo e dotado de forte espírito analítico. Dava, contudo, a impressão de que não se sentia seguro no que fazia, de que não vestia bem as roupas de suas funções em Besançon. Alguma coisa estava fora de lugar, eu nunca soube o que e, certamente, não saberei jamais, descontando, é lógico, a real possibilidade de que tudo possa ter sido apenas impressão errada de

Memória e Linguagem

190 estrangeiro ainda bastante *depaysé* em terra estranha, procurando os rumos de sua identidade entre gente alheia.

Gentilhomme, responsável pela disciplina de linguística geral, ao contrário, era descontraído, ágil e atento como um jovem que aprendesse a viver, embora estivesse, ao menos na aparência, para além de seus 50 anos. Dominava bem a matemática, principalmente a teoria dos conjuntos, e navegava à vontade pela linguística funcional de André Martinet e pela semântica de Bérnard Pottier. Seu curso, contudo, concentrava-se mais em exercícios de tradução de expressões linguísticas para fórmulas matemáticas do que na atividade crítica e teórica da reflexão sobre essas relações. Fazia uma linguística mais ou menos na linha de Solomon Marcus, cuja obra conheci logo, por obrigação curricular, e cujo autor conheci em 1975, num congresso da Linguistic Society of America (LSA), em Tampa, Flórida (Estados Unidos), e depois voltei a encontrar em 1981, num congresso em Bruxelas (Bélgica) sobre a semiótica do teatro.

Peytard era ligado a Jean Dubois e ao Grupo de Nanterre. Apesar, às vezes, de seu estruturalismo um pouco dogmático, mostrava-se mais cheio de invenções, de formação humanista e política, de aventuras e hermenêuticas e, sobretudo, de um grande amor pela literatura. É evidente que tudo são impressões de viagens: viagem sentimental, ao redor do meu quarto, ao redor de mim mesmo, ao redor dos outros de mim, ao redor do outro dos outros, eu mesmo.

Como tinha obtido o certificado de Licence en Lettres de Linguistique e obtido a equivalência de minha licenciatura no Brasil, com vistas à inscrição na *maîtrise de lettres* modernes, optei por realizá-la sob a orientação de Peytard. Essa opção teve, se bem me lembro, duas motivações principais: a primeira é aquela que acabo de expor; a segunda, a possibilidade, logo acentuada por Peytard, de que eu poderia ir para Paris, se quisesse, fazer outros cursos, apresentar-lhe um relatório de minhas atividades e minha dissertação de mestrado, cujo tema eu teria inteira liberdade de escolher. Aceitei o generoso oferecimento de Peytard e, assim, ficou decidido o caminho formal para a realização de meu mestrado. Estava ao mesmo tempo traçando, sem que soubesse, o caminho para o encontro com Ducrot.

Comecei a percorrer os cursos que eram oferecidos nas diversas universidades de Paris, na École des Hautes Études en Sciences Sociales (EHESS), no Collège de France e acabei me fixando de modo regular nos seminários de Ducrot, na então famosa VIe Section Sciences Économiques et Sociales da École Pratique des Hautes Études (EPHE), 54, rue de Varenne, Paris, 7º. Os cursos e seminários de Ducrot funcionavam, contudo, numa sala do Collège de France, na rue des Écoles, a 500 metros do *studio* da rue des Carmes.

Depois de uma entrevista com Ducrot, que, na época, era *directeur d'études suppléant* na EPHE, fui admitido como estudante de *troisième cycle*. Aos poucos, à medida que assistia aos seminários, fui identificando em Ducrot algumas origens intelectuais que para mim já eram muito caras: a literatura, a filosofia, Saussure e Émile Benveniste. Só mais tarde, quando por minha conta comecei a descobrir a filosofia analítica inglesa, é que percebi que em suas análises e discussões dos temas dos seminários já despontavam caminhos que nasciam em John Langshaw Austin e em outros filósofos de Oxford, Peter Frederik Strawson, entre eles.

Lógica e linguagem natural foi o tema predominante desses seminários. O contraponto de todas as discussões era, contudo, a gramática gerativa transformacional de Noam Chomsky, que fazia muito sucesso também na França. Desde Besançon, vi-me às voltas com a necessidade de estudar lógica. Aprofundei um pouco meus conhecimentos e já conseguia, se não operar com seus símbolos e derivações, ao menos entendê-los e acompanhar-lhes o sentido. Gottlob Frege, Bertrand Russell e Strawson constituíram durante algum tempo meu Triângulo das Bermudas. Nele naufraguei frequentemente, mas sempre me saí náufrago recolhido pela ajuda de colegas e, sobretudo, de Ducrot.

Ainda em Besançon, havia lido *Syntactic Structures* (Estruturas Sintáticas), de Chomsky, numa tradução francesa de 1969. Lera também o livro de Nicolas Ruwet, *Introdução à Gramática Gerativa*, livro que mais tarde eu traduziria e adaptaria para o português. Havia também começado a ler *Cartesian Linguistics* (Linguística Cartesiana), de Chomsky, e me inteirava das polêmicas que envolviam

Memória e Linguagem

a semântica e seu lugar ontológico e metodológico numa teoria linguística. Enquanto isso, nos seminários, acompanhava as análises de detalhe que Ducrot contrapunha às propostas dos gerativistas.

Depois de ler *Aspects of the Theory of Syntax* (Aspectos da Teoria da Sintaxe), no qual Chomsky, como que em resposta às críticas que lhe haviam sido feitas, dava importância ao componente semântico, que ele não conhecera em *Synctactic Structures*, e depois de ler artigos de George P. Lakoff, de James McCawley e de outros linguistas dos Estados Unidos, Jerrold J. Katz, entre eles, sempre por motivações dos seminários, fui sendo, quase imperceptivelmente, conduzido a definir o assunto de minha tese de mestrado que deveria apresentar a Peytard na Université de Besançon. Eu trataria, pois, da polêmica entre as duas tendências semânticas que, então, se contrapunham no interior da gramática transformacional: semântica interpretativa *versus* semântica gerativa.

Assim que conheci pessoalmente Ducrot, na entrevista, ele me passou alguns de seus artigos sobre a noção de pressuposição. Li-os com o maior interesse, vendo em cada um deles a possibilidade de fazer uma linguística que não me distanciasse demais da literatura. Nos seminários, as discussões em torno dessa noção eram as mais estimulantes, porque aguerridas. Estava, contudo, decidido a me situar melhor dentro dos pressupostos e das análises gerativistas, contrapondo-lhes as críticas que, aos poucos, era capaz de formular por influência marcante das posições de Ducrot, em particular no que dizia respeito à contraposição de um tratamento semântico-linguístico a um tratamento puramente lógico para os problemas de significação em línguas naturais.

Ao mesmo tempo em que frequentava esses seminários, frequentava também os cursos de Algirdas Julien Greimas e as grandes sessões em que se constituíam as aulas de Roland Barthes, acompanhadas sempre por uma plateia enorme que as transformava, mal comparando, em grandes espetáculos de teatro, pelo formidável do autor, ator, narrador e personagem que as vivia como ninguém. Honoré de Balzac, Gustave Flaubert e Marcel Proust, grandes temas de literatura, de semiologia e de mitologias modernas pude acompanhar atento e apaixonado, satisfazendo a curiosidade e confirmando a admiração intelectual que desde o Brasil me foram provocadas pela leitura de seus *Elementos de Semiologia*, de suas *Mitologias* e de seu *Grau Zero da Escritura*.

Fui muito ao cinema, sobretudo à Cinemateca, conversei muito com colegas, fiz amizades, participei com os exilados de muitos encontros e debates sobre a situação política no Brasil e nunca me esqueço das conversas longas, suaves e críticas que mantinha todas as sextas-feiras com Rodolfo Ilari, num café da rue des Écoles, depois que saíamos dos seminários de Ducrot. Castilho queria que convidássemos um intelectual de peso para a linguística na Unicamp. Sugeri-lhe o nome de Ducrot, que aceitou. Lembro-me bem da noite em que fui ao apartamento de Ducrot na rue Cambronne. Era um domingo, ele tinha recém-chegado em casa e sua expressão ao me atender era de surpresa e de diversão diante do entusiasmo com que lhe transmiti a notícia do convite aceito. Viria, então, à Unicamp, pela primeira vez, em 1972.

A tese estava caminhando, tomava forma; os relatórios para a Fapesp ganhavam corpo e já falavam de resultados mais palpáveis do que nos anteriores, nos quais o substancial eram os cursos, os trabalhos de aproveitamento e as aprovações. Defendi minha dissertação de mestrado – *Une Introduction au problème de la sémantique dans la grammaire générative* – em Besançon; no dia 17, tomei o trem para Dijon e, depois, outro até Cannes; no dia 19, embarquei no navio Augusto C; treze dias depois, de volta ao Brasil, descia no porto de Santos (SP).

Foi desse modo que conheci a Fapesp e que a Fapesp cruzou definitivamente o caminho das decisões que marcaram os rumos de minha vida intelectual e acadêmica. Recebi, como muitos dos professores e pesquisadores do estado de São Paulo, outros apoios importantes da instituição. A inscrição da Fapesp em minha história de vida, pelos diferentes papéis que foram sendo constituídos, aos poucos excedeu sua importância profissional para instalar-se definitivamente como referência ética, afetiva e intelectual no universo de valores das relações pessoais e institucionais que, com ela, aprendi a prezar e a respeitar.

Memória e Linguagem

194   Se como no romance *Dom Casmurro*, de Machado de Assis, não é possível atar as duas pontas da vida, quer dizer da história, ou seja, da história de vida, porque tudo falta, até mesmo o personagem a ela atado, no caso das instituições, mais particularmente no caso da Fapesp, nossa passagem por ela é obrigação de ser breve, mas na brevidade sermos duradouros no reconhecimento e eternos na obrigação de preservá-la e desenvolvê-la em sua missão de excelência no apoio à ciência, à cultura e à tecnologia.

No dia 23 de maio de 2012, a Fapesp completou meio século de efetivo funcionamento e cinquenta anos de plenas realizações. Modelo e origem do sistema de fundações de amparo à pesquisa (faps) hoje espalhados por quase todos os estados da federação (apenas três estados – Rondônia, Roraima e Amapá – não têm ainda suas fundações de amparo à pesquisa), a Fapesp contribui fortemente para a situação distinguida que o estado de São Paulo ocupa no cenário da produção científica do país.

2. *Mindlin*

Nascido na cidade de São Paulo, José Ephim Mindlin (1914-2010) foi o mais jovem redator a entrar no jornal *O Estado de S. Paulo*, com 16 anos, onde trabalhou de 1930 a 1934. Formado em direito em 1936 pela Faculdade de Direito da Universidade de São Paulo (fd-usp), advogou de 1937 a 1950, quando fundou a Metal Leve S/A, envolvendo-se, a partir daí, de modo definitivo, com as questões relativas ao desenvolvimento científico e tecnológico brasileiro. De interesses muito diversificados tanto no campo cultural como nos campos da economia, da política (não partidária), da ciência e da vida empresarial, atuou em todos esses setores e, por isso, fez parte de numerosos conselhos e instituições, no Brasil e exterior.

De 1975 a 1976, o empresário foi secretário da Cultura, Ciência e Tecnologia do Estado de São Paulo, quando estruturou a carreira de pesquisador, unificando pela primeira e única vez essas áreas tão próximas, social e epistemologicamente, e tão distantes na vida administrativa e burocrática. Ele foi um dos fundadores do Instituto

Uniemp – instituição destinada a promover a aproximação entre a universidade e a empresa –, fez parte do Conselho Nacional de Ciência e Tecnologia (cct), do Conselho Nacional de Desenvolvimento Científico e Tecnológico (cnpq), do Instituto de Pesquisas Tecnológicas (ipt) e, durante muitos anos, foi vice-presidente da Federação das Indústrias do Estado de São Paulo (Fiesp), onde foi diretor titular do Departamento de Tecnologia (Detec). Era membro do conselho consultivo do Centro Interunidade de História da Ciência da Universidade de São Paulo (cihc-usp) e do conselho consultivo internacional da Fiat, na Itália, além der sido membro colaborador da Academia Brasileira de Ciências (abc).

Mindlin foi também membro do conselho curador da Fundação Getúlio Vargas (fgv), membro honorário do Instituto Histórico e Geográfico Brasileiro (ihgb) e sócio-correspondente do Instituto Arqueológico, Histórico e Geográfico Pernambucano (iahgp) e da Academia de Letras da Bahia (alb). Ele também recebeu os títulos de professor honorário da Escola de Administração de Empresas de São Paulo da Fundação Getúlio Vargas (eaesp-fgv) e de doutor *honoris causa* em letras da Brown University, de Providence, Rhode Island (Estados Unidos).

Na área artístico-cultural, também integrou numerosos conselhos, destacando-se a presidência do conselho da Aliança Francesa de São Paulo e da Sociedade de Cultura Artística de São Paulo, além de sua participação nos conselhos do Instituto do Patrimônio Histórico e Artístico Nacional (Iphan), da Vitae – Apoio à Cultura, Educação e Promoção Social, da Fundação Crespi-Prado e de vários museus, por exemplo, o Museu de Arte Sacra de São Paulo (mas-sp), o Museu de Arte Moderna de São Paulo (mam-sp), o Museu Lasar Segall e o Museu de Arte Moderna de Nova York (Moma), de cujo conselho internacional era membro honorário.

Bibliófilo, tornou-se membro emérito da diretoria da John Carter Brown Library, de Providence, Rhode Island, uma das principais bibliotecas do mundo de livros raros sobre as Américas, e da Associação Internacional de Bibliófilos (aib), com sede em Paris. No Brasil, era também membro do conselho da Sociedade de Amigos

Memória e Linguagem

da Biblioteca Nacional (Sabin) e da Editora da Universidade de São Paulo (Edusp). Recebeu o Prêmio Juca Pato como intelectual do ano de 1998, foi eleito membro da Academia Paulista de Letras (APL), em 1999, e da Academia Brasileira de Letras (ABL), em 2006. Recebeu numerosos e variados prêmios e condecorações, no Brasil e no exterior e, em 1998, foi instaurado pelo CNI o Prêmio CNI José Mindlin de Gestão de Design.

Entre os livros publicados por Mindlin estão *Uma Vida Entre Livros: Reencontros Com o Tempo* (1997), com subtítulo sugestivamente proustiano, e um guia magnífico de sua biblioteca, em português e em inglês, intitulado *Destaques da Biblioteca InDisciplinada de Guita e José Mindlin* (2005), apresentando quase mil peças do acervo em dois volumes: *Brasiliana*, com livros e documentos relativos ao Brasil, e *Além da Brasiliana*, com obras estrangeiras, documentos, curiosidades, ilustrações, gravuras, iluminuras, manuscritos e encadernações. Trazendo introdução e comentários de José Mindlin, a publicação recebeu o prêmio Jabuti de 2006. Além da importância da obra em si, tenho por ela uma afeição especial, pois, na ocasião, era presidente da Fapesp e tive a felicidade de receber e aprovar no ato o pedido de apoio de Mindlin, que foi me ver acompanhado de Plinio Martins Filho, diretor da Edusp, com o projeto de edição.

Tendo nos livros um interesse central de vida, iniciou aos 13 anos a formação de sua biblioteca, que reunia mais de 38 mil títulos – dos quais cerca de 10 mil eram obras raras –, perto de 60 mil livros e documentos, abrangendo 500 anos de história. Em 2006, Mindlin doou todas as obras brasileiras de sua vasta coleção à USP, totalizando cerca de 17 mil títulos – algo como 40 mil volumes –, que passou a se chamar Biblioteca Brasiliana Guita e José Mindlin.

Entre as raridades da biblioteca, estão documentos do século XVI com as primeiras impressões que padres jesuítas tiveram do Brasil, jornais anteriores à Independência e manuscritos que resgatam a gênese literária de grandes obras, como *Sagarana*, de Guimarães Rosa, e *Vidas Secas*, de Graciliano Ramos. A digitalização do material está sendo realizada com a inserção de pelo menos três novas obras por dia no *site* da Brasiliana Digital, lançado em junho de 2010.

Já há uma grande quantidade de livros, digitalizados e disponíveis no site, o que representa também uma quantidade ainda maior de documentos, entre livros, imagens, mapas e manuscritos.

Se, entre tantas outras, a famosa tirada de efeito "Toda unanimidade é burra", de Nelson Rodrigues, fosse ela própria unânime, então ela seria burra. Mas a verdade é que ela é inteligente, pelo simples fato de que existe ao menos uma unanimidade inteligente que muitos conhecemos, aquela que, ao longo dos anos, foi se formando em torno da personalidade e do caráter de Mindlin.

Advogado, empresário, intelectual, bibliófilo, colecionador, artista do gosto, Mindlin sintetizou bem esse elo indispensável do circuito literário que é o leitor que todo autor e toda grande obra almejam ter para sua fortuna social e estética. Todos sabemos da importância de Mindlin, de sua retidão de caráter, de sua capacidade de trabalho e de decisões acertadas, de sua generosidade, de sua vasta e sólida cultura, de sua admiração pela vida e, em especial, pela construção da existência feita do sol da criatividade e da beleza. Todos admiramos Mindlin, e aí está uma unanimidade inteligente.

Mindlin promoveu edições de cerca de quarenta livros e revistas de arte, literatura e bibliografia brasileira. Publicou numerosos artigos, livros e fez inúmeras conferências no Brasil e no exterior, em associações e universidades, sobre todos os assuntos de que se ocupou. Gravou, junto com Davi Arrigucci Jr. e Antonio Candido, um CD com trechos do *Grande Sertão: Veredas*, de Rosa, e lançou ainda o CD *O Prazer da Poesia na Voz de José Mindlin*, contendo 28 poemas de grandes autores brasileiros, entre eles Olavo Bilac, Cecília Meireles, Carlos Drummond de Andrade, Manuel Bandeira e Vinícius de Moraes. A esse propósito vale registrar que Mindlin, cujo *ex libris* buscado em Michel de Montaigne é "Je ne fay rien sans gayeté" (Não faço nada sem alegria), dá uma pista importante para que possamos, ouvindo sua voz e suas entonações, aproximarmo-nos das miríades de tonalidades guardadas no silêncio das vozes seculares colecionadas em sua biblioteca, por meio das motivações do colecionador.

Emily Dickinson, numa carta datada de 1876 dirigida a Thomas Wentworth Higginton, escreveu que "A pena tem muitas inflexões,

Memória e Linguagem

198   mas a voz, apenas uma"[2]. Com isso, ela não faz apenas a defesa do ato de escrever e da leitura silenciosa, mas também nos leva, seus leitores, a indagar qual, entre todas as entonações possíveis da leitura de um texto literário, é a que mais se aproxima da representação de todo o potencial de significações que a pena do autor conseguiu produzir, ao escrevê-lo.

A mesma pergunta poderia ser formulada ao colecionador e amante dos livros que, ao escolhê-los, selecioná-los, organizá-los em biblioteca, abrir-lhes as páginas envelhecidas para a leitura nova, apresentá-los e deixá-los disponíveis para outrem, faz como que uma composição que antes lhes era estranha e, desse modo, ao lê--los os reescreve. Com que voz, com que inflexão de pena, com que acento, com que ritmo de enunciação? Certamente os CDs gravados por Mindlin-leitor nos ajudarão muito a compreender melhor o Mindlin-autor dessa obra raríssima que é sua biblioteca, assim como os livros sobre ela publicados por ele em vida.

Não é por acaso que o *ex libris* de Mindlin tenha sido buscado em Montaigne. Jorge Luis Borges, esse amante inveterado dos livros, leitor contumaz que boa parte de sua vida teve, por causa da cegueira, de ler pela voz de outrem, professava também essa forma de alegria e de felicidade que é a leitura. Emerson, diz ele numa conferência proferida na Universidade de Belgrano em 1978, coincide com Montaigne quanto ao fato de que devemos ler unicamente o que nos agrada, que um livro tem de ser uma forma de felicidade. Devemos tanto às letras. Sempre reli mais do que li. Creio que reler é mais importante do que ler, embora para se reler seja necessário já se haver lido.

Mindlin, além do bibliófilo competente e do leitor feliz, *à la* Montaigne, *à la* Emerson ou *à la* Borges, todos grandes leitores, foi também um releitor fiel. Uma de suas fidelidades era a constante releitura de *Em Busca do Tempo Perdido*, de Marcel Proust, ele mesmo um leitor tão apaixonado que nos dá sempre a sensação, ao lê-lo, de que o que lemos no que escreve é o caudal de riquezas literárias de suas leituras.

---

2   E. Dickinson, Carta a Thomas Wentworth Higginton, 1876.

Em 1905, Proust escreveu e publicou um prefácio para sua tradução do livro *Sésame et les Lys*, de John Ruskin. Intitulado "Sobre a Leitura", o prefácio é tão mais importante que o prefaciado que acabou sendo publicado a parte, tendo também uma edição brasileira cuja tradução tive a felicidade de fazer. É um texto magnífico, um elogio fino da leitura e um estilo que antecipa em muito o que depois conheceríamos nos volumes de *Em Busca do Tempo Perdido*.

Na abertura do texto, lê-se: "Talvez não haja na nossa infância dias que tenhamos vivido tão plenamente como aqueles que pensamos ter deixado passar sem vivê-los, aqueles que passamos na companhia de um livro preferido"[3]. No fim, tomando como referência as duas colunas de granito cinza e rosa, na Piazzetta, em Veneza (Itália), que trazem sobre seus capitéis gregos uma o leão de são Marcos e outra são Teodoro calcando com os pés o crocodilo, o autor anota:

> Em torno das colunas rosas, voltadas para os seus grandes capitéis, os dias se agitam e zumbem. Mas neles interpostas, elas os afastam, preservando de sua fina espessura o lugar inviolável do Passado: do Passado surgido familiarmente no meio do presente, com esta cor um pouco irreal das coisas que uma espécie de ilusão nos faz ver a alguns passos, e que, na verdade, estão a séculos de distância; orientando-se em todo seu aspecto um pouco diretamente demais ao espírito, exaltando-o um pouco como, sem surpresa, um espectro de um tempo sepultado; no entanto, ali, no meio de nós, próximo, tangível, palpável, imóvel ao sol[4].

Entre essas duas colunas, toda a rica reflexão do autor sobre a importância da leitura na formação e no desenvolvimento do espírito humano. Assim, a biblioteca de Mindlin. Assim, a sensação que se experimenta quando nela se entra e aí se sente a imensa felicidade que irradiava de seu organizador para o gabinete mágico que resultou, ao longo dos anos, de sua dedicada e paciente organização. Como diz Borges, nesse gabinete mágico que é uma biblioteca, encontram-se, encantados, os melhores espíritos da humanidade,

3   M. Proust, *Sobre a Leitura*, p. 9.
4   Ibidem, p.51.

Memória e Linguagem

²⁰⁰ mas que esperam nossa palavra para sair de sua mudez. Temos que abrir o livro; aí, eles despertam. É isso o que fazia Mindlin, para seu prazer de leitor e para a alegria da cultura nacional.

3. Guilherme e Cyro

Em que margem está Guilherme de Almeida nos poemas que integram o pequeno livro *Margem*⁵, cuja publicação se deve ao zelo, à dedicação e ao empenho do poeta Marcelo Tápia e a seu trabalho diligente na direção da casa-museu que leva o nome do poeta? Ali, onde Guilherme de Almeida morou durante 23 anos, de 1946 a 1969, ano de sua morte, a "Casa da Colina", à rua Macapá, 187, no Pacaembu/Perdizes, guarda a memória afetiva e intelectual de um militante da poesia que jamais perdeu, no melhor espírito modernista, o sentido da indicação de Charles Baudelaire, que, certamente, norteou sua trajetória e apontou-lhe o caminho da necessária superação do clássico pelo reequilíbrio do novo, firmando-se como inovação.

Baudelaire – cuja transposição das *As Flores do Mal* nas *Flores das Flores do Mal* é, talvez, um dos casos raros de poeta de outra língua a tornar-se também um clássico da língua portuguesa pela tradução de Guilherme de Almeida –, no artigo "O Pintor da Vida Moderna", publicado em 1863 no jornal *Le Figaro*, escreveu o que ficou como sinal e orientação do trânsito das ideias por pelo menos um século, ou mais, no mundo ocidental: "A modernidade é o transitório, o fugidio, o contingente; é uma metade da arte; a outra é o eterno e o imutável." Mais ou menos nessa linha, Édouard Manet, um dos próceres do impressionismo anotaria: "O fato é que nosso único dever é extrair de nossa época o que ela tem a nos oferecer, sem deixar, ao mesmo tempo, de admirar o que épocas anteriores realizaram."⁶

Há, é claro, muitos outros ecos do artigo de Baudelaire que vibram, ao longo do século XIX e do século XX, as cordas do achado

---

5 O presente texto é uma adaptação do posfácio, intitulado "À Margem, no Tempo", que escrevi para o livro *Margem*, de Guilherme de Almeida.

6 P. Gay, *Modernismo, o Fascínio da Heresia*, p. 62-63.

seminal e profético do poeta, assim como há também muitos artistas e escritores que tiveram sua biografia existencial e intelectual pautada por esses acordes. Guilherme de Almeida foi um deles, assim como, entre outros, o foi também Manuel Bandeira e, de certo modo, Euclides da Cunha, tão carregado das influências naturalistas do fim do século XIX que, no entanto, como acontece com *Os Sertões*, se fundem e refundem em traços e sinais de composição, de estilo, de forma e de expressão que apontam antes para as tensões futuras da modernidade e do modernismo do que para a fotografia de um mundo em desconstrução, ainda que ele lá esteja como parte necessária da confrontação.

Em "A Paineira de Euclides", publicada na seção de crônicas "Ontem, Hoje e Amanhã", Guilherme de Almeida escreveu:

> Sol – céu limpo – 37º aniversário da morte de Euclides da Cunha: o dia é oiro sobre azul tarjado de luto.
>
> É a coroação da Semana Euclidiana. Vou pela rua regada, que leva à ponte. Desço os degraus altos de tijolo, até a margem ajardinada, mansa e verde na frescura das sombras. O rio corre espumado pelas pedras pretas e cortado de ioles que remam braços morenos folgando no feriado. Nos bancos, ao longo da beira folhuda, os pares de amor olham, perdidos, o líquido chamalote do remanso. Pela ponte, entre a cidade de terracota e o Cristo Redentor de cimento claro, passa o brilho de metal e verniz de um auto silencioso.
>
> Quietude[7].

Cito essa passagem da crônica porque penso que ela sintetiza bem os elementos que, de modo geral, integram e compõem as tensões da obra de Guilherme de Almeida, além de fornecer uma pista interessante para ajudar a responder à pergunta que abre esta reflexão sobre o livro *Margem*.

Quanto às características da poesia de Guilherme de Almeida, não se trata de buscar resumi-las nem de pretender reduzi-las a essas

---

7   G. de Almeida, A Paineira de Euclides, *Diário de S. Paulo*, 1946, reproduzida em A Paineira de Euclides, *Comemorações Euclidianas em S. José do Rio Pardo*, p. 23.

Memória e Linguagem

202 impressões gerais de poeta que lê poeta, dele gosta e por ele foi também influenciado em sua própria poesia. Destaco apenas o cenário bucólico, no qual se imprimem cenas de um realismo de cotidiano idílico ao gosto, um pouco, de Cesário Verde lido por Alberto Caieiro, também, sob um fundo clássico de harmonia árcade, a luz veloz e silenciosa de sua rápida transformação.

Guilherme está na margem das águas que cortam a São José do Rio Pardo de Euclides da Cunha. Parado, ele, contudo, navega pela ponte e transita de uma margem à outra, ao mesmo tempo em que se deixa ir, contra e a favor das águas, na direção em que o tempo escorre e no sentido do que ocorreu no tempo: na terceira margem, a do presente como tensão das forças de histórias já contadas e como história de fatos e acontecimentos ainda ausentes. O quadro é impressionista, a cena é clássica, romântica, moderna, modernista, pós-moderna, moderníssima. O rio que corre é o tempo que passa e o ondeamento das águas em brilhos de chamalote fixa, no movimento, a transitoriedade da beleza no instante de sua captação.

Tudo isso é velho e antigo, no conteúdo e na forma refinada de sua expressão. É romântico, no sentimento; é clássico no equilíbrio do tratamento que o poeta cronista dá aos binômios homem e natureza, natureza e cultura, cultura e transformação. Contudo, o tempo, que nessa passagem da crônica se representa, não é único, de tal modo que o que é simultâneo é também relativo. E essa relatividade do tempo é introduzida na paisagem clássico-romântica pelo registro impressionista do "brilho de metal e verniz de um auto silencioso"[8] que passa "pela ponte, entre a cidade de terracota e o Cristo Redentor de cimento claro"[9], ligando as duas margens do rio e introduzindo um outro ponto de observação do qual o poeta cronista vê a paisagem e, nela e fora dela, se vê, vendo a si próprio, da margem, que também navega em suas impressões.

O carro, a máquina, a velocidade, a luz, são, como se sabe, elementos que integram o ideário modernista dos primeiros anos do século XX. Nesse caso, além da marcação da tendência e do gosto de

8 Ibidem, p. 23.
9 Ibidem.

época, há algo mais significativo que está ligado a essa moderníssima concepção do tempo que, por não ser único, como na teoria da relatividade de Albert Einstein, e depender do observador, multiplica também os pontos de vista do poeta e faz que sua margem de observação flua, com o observado, para um eu poético que se esparrama no prazer das sensações táteis das palavras e logo as recolhe em arrependimento de não as ter fruído mais quando podia. Agora que não pode, como queria, busca-lhes o encantamento para que, mesmo não sendo, continuem, com ou sem ele, a fluir na luz da criação que é nova, diversa e igual a cada dia.

Guilherme de Almeida é um mestre-poeta, um poeta-mestre cuja maestria, manifestada sob diferentes formas em sua obra, se exibiu com enorme talento e precisão nos haicais e, nesse caso, nos "poemirins" – para usar a expressão feliz de Cyro Armando Catta Preta – que compõem o livro *Margem*, que, como a outra – a da crônica sobre Euclides da Cunha –, põe o autor no ponto de tensão entre simultaneidades relativas que aproximam experiências, sensações, vivências, ideias, sentimentos e percepções, as fundem em versos e poemas curtos – longos – curtos e as mantêm, assim fundidas, como elementos individualizados de uma dialética da separação.

Guilherme de Almeida está hoje um pouco esquecido no gosto do leitor de poesia, mas é um poeta mitológico. Tem o dom de fazer seus versos falarem em nós e neles nos falar, dizer, mostrar. É o que acontece no espaço-tempo do poema "Desconsolo":

> Um "JÁ" no Tempo
> (já deslembrado?),
> no Espaço um "MAIS"
> (mais distanciado?),
> dão, por exemplo,
> "JAMAIS"[10].

Ou no poema de recorte borgiano "O Pensamento":

---

10 *Margem*, p. 48.

Memória e Linguagem

Corre o risco,
pousa, casto,
arma a fuga
e, fugace,
voando arisco,
deixa o rastro
de uma ruga
pela face[11].

Se o leitor que não conhece Guilherme de Almeida descobri-lo pelos poemas de *Margem* será, certamente, atraído ao conjunto de sua obra com a sensação de estar vivenciando instantes poéticos de rara beleza e dialogando com um autor que fez de sua inquietude existencial e intelectual o princípio da harmonia com que duelou, assonante. Para os que o já leram, ou dele conhecem alguns de seus poemas antológicos que frequentam escolhas e citações, retornar pela *Margem* à obra será como, com ele, dar-se conta, anotar e embarcar no carro silencioso que cruza a ponte de São José do Rio Pardo e liga, pela literatura, os grandes autores e cada um de nós, leitores, aos instantes fugidios, transitórios e eternos dessa grandeza:

O POEMA-INSTANTE
O INSTANTE-FLOR
A FLOR DE ACASO
ACASO HAVIDA
HAVIDA À MARGEM
MARGEM DA VIDA[12]

Conheci Cyro Armando Catta Preta muito cedo, menino mesmo, como professor no ginásio estadual de Orlândia, com quem aprendi o gosto da leitura, o prazer do texto, o encantamento ritmado de sua própria poesia e da poesia de Guilherme de Almeida, que tanto o influenciara.

11   *Margem*, p. 55.
12   *Margem*, p. 13.

Sendo um pouco incoerente e esperançoso de que o leitor perdoará a singularização de um fato poético pela singularidade da vivência de seus primeiros contatos com a poesia, lembro com Machado de Assis, para conforto próprio e quem sabe do leitor, que a esperança – meninice do mundo – tem dessas incoerências. Por elas e por outras, falo um pouco de Cyro, para falar de Guilherme e por falar em Guilherme volto a falar de haicai que, entre nós, dada a forma reinventada pelo poeta para a tradição japonesa do gênero dentro de padrões da lírica ocidental, sempre nos leva de volta a Guilherme.

Penso que o ideal do haicai é a possibilidade de existir por si só, signicamente, como ícone, independentemente dos sentimentos que registra, evoca, transmite, envolve, desperta, como estes de Bashô, na tradução de Bandeira:

> Quatro horas soaram.
> Levantei-me nove vezes
> Para ver a lua.

> Fecho a minha porta.
> Silencioso vou deitar-me
> Prazer de estar só...

> A cigarra... Ouvi:
> Nada revela em seu canto
> Que ela vai morrer[13].

Ou estes, na tradução de Paulo Franchetti:

> No orvalho da manhã
> Sujo e fresco,
> O melão enlameado.
>
> ...

---

13   M. Bandeira, Quatro Haicais (Bashô), *Alguns Poemas Traduzidos*, p. 55.

206

> A primavera está chegando:
> Uma colina sem nome
> Sob a névoa da manhã[14].

Ou estes de Issa:

> Em solidão
> Como a minha comida —
> E sopra o vento do outono.
>
> ...
>
> Crisântemos florescem
> Junto ao monte de estrume:
> Uma só paisagem[15].

Ou ainda este de Ishú:

> Apenas os bastões dos peregrinos
> Se movem através
> Do campo de verão[16].

Ou quem sabe este de Kigin:

> Eis a forma
> Do vento do outono:
> O capinzal[17].

E estes, enfim, de H. Masuda Goga:

> Em cima do túmulo,
> cai uma folha após outra.
> Lágrimas também...
>
> ...

---

14   M. Bashô, No Orvalho da Manhã, em P. Franchetti; E.T. Doi; L. Dantas (orgs.), *Haikai*, p. 16, 35.

15   Issa, Em Solidão, em P. Franchetti et al. (orgs.), op. cit., p. 21, 17.

16   Ishú, Apenas os Bastões dos Peregrinos, em P. Franchettiet al. (orgs.), op. cit., p. 16, 35.

17   Kigin, Eis a Forma, em P. Franchetti et al. (orgs.), op. cit., p. 18.

À noite... sozinho...
me deixam mais pensativo
os cantos dos insetos[18]

Goga é um haigô, nome literário com que Hidekazu Masuda assina seus haicais. Significa, segundo ele, "rio Ganges", que é, ao mesmo tempo o mais sagrado e o mais sujo da Índia, simbolizando, desse modo, a própria condição humana em suas incorrências e contradições. Goga, que traduziu para o japonês os haicais de Paulo Franchetti publicados em *Oeste* na primorosa edição da Ateliê Editorial, teve um papel definidor e definitivo na implantação, implementação, produção e divulgação do haicai, tanto em japonês como em português, no Brasil.

Goga Masuda conheceu e relacionou-se com os poetas Jorge Fonseca Júnior e Guilherme de Almeida, tendo, pois, destaque e exercido influência na história e no desenvolvimento do haicai no Brasil.

Para voltar à questão, apontada anteriormente, da independência do registro sígnico própria do haicai, pode-se dizer que sua busca, pelo poeta, fixa no molde espremido e expresso do poemeto, numa espécie de realismo da realidade, um instantâneo de perenidade que tensiona o poema com a brevidade de sua própria criação e da percepção do instante pelo poeta que o criou: na forma fixa e rígida, o poema fixado em movimento, extra-vagante, como é a forma do vento do outono no capinzal.

Ao falar de realismo da realidade procuro frisar a diferença que vai dessa atitude poética haicaísta para o realismo como ilusão da realidade, como preconizava o movimento literário do mesmo nome na segunda metade do século XIX. Não se trata, nesse caso, do signo como representação da realidade, que lhe é exterior, mas do signo como apresentação de uma realidade de que ele já faz parte como elemento de transfiguração.

Por isso os haicais que trazem forte as cores das tintas da memória e da evocação, nos quais é também forte a presença de Guilherme de Almeida, como em "Infância" que é uma espécie de ponte entre o

---

18 H.M. Goga, Em Cima do Túmulo. Disponível em: <http://www.kakinet.com/caqui/goga.shtml>.

Memória e Linguagem

que chamei de realismo da realidade e o que poderia ser chamado de realismo da contemplação, com tons românticos inconfundíveis da melhor poesia lírica da tradição luso-brasileira, fotografado tão bem no instantâneo de Cyro Armando Catta Preta em "Velho retrato".
Diz Guilherme:

> Um gosto de amora
> comida com sol. A vida
> chamava-se "Agora"[19].

Ecoa Cyro:

> O cão. O jardim.
> Distância. Acenos da infância.
> Saudade de mim[20].

Palhas do Tempo, de 1993, de autoria deste último, traz na abertura do livro um haicai chamado "Haicai" que assim procede:

> No espaço restrito,
> palhas do tempo. Migalhas.
> Faíscas de infinito[21].

Por assim proceder, puxa outro poema de Guilherme de Almeida, também chamado "O Haicai", que, posto em concisão, como epígrafe, de seu outro livro, *Moenda dos Olhos*, de 1986, dá a medida dos diálogos minimalistas que os poemirins, na feliz denominação de Cyro, foram permitindo tecer entre ele e o príncipe dos poetas:

> Lava, escorre, agita
> a areia. E enfim, na bateia
> fica uma pepita[22].

---

19   G. de Almeida, Infância, em C. Vogt (seleção), *Os Melhores Poemas de Guilherme de Almeida*, p. 86.
20   C.A. Catta Preta, Velho Retrato, *Sazões Fugazes e Rosa Rosário*, p. 45.
21   Idem, Haikai, *Palhas do Tempo*, p. 11.
22   G. de Almeida, O Haikai, em C.A. Catta Preta, *Moenda dos Olhos*, sem numeração.

Mas nem tudo são tristezas líricas ou poéticas tristes no haicai, especialmente no Brasil, onde o nome se generalizou para o poema curto, o poema-pílula, o poema-comprimido, o poema-piada que tanto sucesso teve nas penas dos modernistas e tanta pena causou na oca dos futuristas, que cá pelos trópicos também vicejaram com os temas da máquina, da velocidade, do tempo descompassado da sociedade industrial, das apreensões e angústias, recolhidas às vezes, outras abertas, do poeta nascendo com a poesia:

O Pirata

Ao Menotti

Nem Cadillac azul
Ele chispou entre duas metralhadoras
E um negrão de chapelão no guidão[23]

Cota Zero

Stop!
A vida parou
Ou foi o automóvel?[24]

Piada, contudo, sem perder a dolência, maliciosa e crítica, da piscadela de olho, como neste "Falso Diálogo entre Pessoa e Caeiro", de José Paulo Paes, um dos grandes herdeiros da tradição modernista do condensado profundo:

[Pessoa] – a chuva me deixa triste
[Caeiro] – a mim me deixa molhado[25].

O ideal de depuração formal e de lirismo apurado, que o haicai persegue em sua poética programática de síntese do homem e suas circunstâncias, constitui uma forma de ensinamento e de

---

23   O. de Andrade, O Pirata, *Primeiro Caderno do Aluno de Poesia Oswald de Andrade*, p. 72.
24   C.D. de Andrade, Cota Zero, *Poesia e Prosa*, p. 91.
25   J.P. Paes, Falso Diálogo Entre Pessoa e Caeiro, *Poesia Completa*, p. 213.

Memória e Linguagem

aprendizagem da forma que na poesia é tudo, menos o que deixa de ser pelo conteúdo que em cada poema se conforma.

Por isso, o "diálogo" dos poetas nos poemas tece a teia desse pontilhado de formas e de formas pontilhadas pelo princípio Zen da grata aceitação da brevidade da vida e de sua ressonância duradoura no poema breve, como em "Libertação", de Mário Quintana:

> A morte é a libertação total:
> A morte é quando a gente pode, afinal,
> estar deitado de sapatos...[26]

Ou neste de Alice Ruiz,

> rede ao vento
> se torce de saudade
> sem você dentro[27]

que também repete a admiração pelo poeta gaúcho no registro singular do impossível proverbial realizado exultante, em *camerata*, do impossível proverbial realizado na poesia:

> ouvindo Quintana
> minha alma
> assobia e chupa cana[28]

Haicais, como as ameixas de Paulo Leminski, não admitem hesitação

> ameixas
> ame-as
> ou deixe-as[29]

e requerem a agilidade do samurai que o instantâneo de Cyro Armando Catta Preta registra na espada sinuosa e insinuante da lagartixa:

---

26 M. Quintana, Libertação, *Poesia Completa*, p. 511.
27 A. Ruiz, Rede ao Vento, *Desorientais*, p. 105.
28 Idem, Ouvindo Quintana, em R.W. Guttilla (org.), *Boa Companhia*, p.37.
29 P. Leminski, Ameixas, *Caprichos e Relaxos*, p. 91.

Na vidraça fosca,
a lagartixa se espicha
e abocanha a mosca[30].

Os poemirins de Guilherme, inspirando Cyro, têm, como outros, o dom da síntese e do paradoxo: quanto mais deles você se aproxima – e, assim, o olhar se particulariza –, mais o geral se enxerga pelo que, no detalhe, o panorama descortina.

4. Carolina[31]

"Morreu como sempre viveu: pobre."

Termina assim, conforme noticiaram os jornais da época, o pequeno discurso de improviso feito por um orador anônimo aos pés do leito derradeiro de Carolina Maria de Jesus. Apesar da frase de efeito do simpatizante de Carolina, ela nem sempre viveu na pobreza. Ao menos, não viveu sempre na mesma pobreza que seu livro *Quarto de Despejo* retrata.

O fato de ter transformado sua experiência de favelada num diário-reportagem tirou-a da favela do Canindé, onde viveu mais de nove anos, e a fez conhecer, ainda que por brevíssimo tempo, a glória, a fama, "o mundo e os fúteis ouropéis mais belos"[32]. Mas, ao contrário do ser místico que no soneto de João da Cruz e Sousa triunfa supremamente sobre os vícios, as lutas, e as ilusões terrenas, Carolina jamais conviveu tranquilamente com as lembranças do sucesso efêmero. A se dar crédito aos jornais e às poucas entrevistas concedidas por ela no retiro do pequeno sítio de Parelheiros, morreu triste, abandonada e incompreendida. Ao que parece, sem compreender que os mecanismos sociais que promoveram seu destaque laboraram também seu esquecimento.

---

30   C.A. Catta Preta, Instantâneo, *Moenda dos Olhos*, p. 8.
31   A primeira versão deste artigo foi publicada como "Trabalho, Pobreza e Trabalho Intelectual", em R. Schwarz (org.), *Os Pobres na Literatura Brasileira*, p. 205-213.
32   J. da Cruz e Souza, Triunfo Supremo, *Obra Completa*, p. 224.

Memória e Linguagem

212

Carolina Maria de Jesus nasceu em Sacramento, Minas Gerais, no ano de 1914, provavelmente. Mudou-se com a mãe viúva e os irmãos para uma fazenda, quando cursava o segundo ano primário, dois anos de estudos malcumpridos que constituirão toda a sua escolaridade. De volta a Sacramento, e com a morte da mãe, mudou--se para São Paulo em 1937.

Em São Paulo, trabalhou como empregada doméstica em diversas casas até que, grávida de seu primeiro filho, já não a aceitaram para esse tipo de serviço. Mudou-se para a favela e teve mais dois filhos. Três ao todo, dois meninos e uma menina, cada um de um pai diferente. Carolina não se casou. Tampouco teve um companheiro fixo. Não por falta de propostas. Muito menos de amores.

Em 1958, apareceu a primeira reportagem sobre seu diário no jornal *Folha da Noite*. Em 1959, a revista *O Cruzeiro* divulgou o retrato da favela feito por Carolina. Era o aceno do sucesso e da popularidade. O abraço viria em seguida, a partir de 1960, com a publicação de *Quarto de Despejo*, que teve sua primeira edição de 10 mil exemplares esgotada na primeira semana do lançamento.

Nove edições foram feitas no Brasil, sem contar a edição de bolso de 1976, um ano antes da morte da autora. O livro foi traduzido para treze línguas e circulou em quarenta países. Carolina Maria de Jesus, a favelada-escritora, passou a ser assunto constante de jornais e revistas nacionais e internacionais, com amplas reportagens na *Life*, *Paris Match*, *Época*, *Réalité* e *Time*, a qual compara os 80 mil exemplares vendidos do livro ao sucesso comercial de *Lolita*, de Vladimir Nabokov.

No lançamento de *Quarto de Despejo*, estava presente uma multidão, além de artistas e autoridades, como o ministro do Trabalho do governo de Juscelino Kubitscheck, João Batista Ramos, que prometeu uma casa para a autora, mas não a deu. Contudo, o êxito comercial do livro permitiu-lhe comprar uma casa de alvenaria, no bairro de Santana, onde morou com os filhos até 1964.

Foram os anos dourados da transformação por que passou em sua vida: viagens, jantares, contatos com presidentes, entrevistas, participação em congressos, vida de artista. Em 1961, por exemplo, participou do II Festival de Escritores, realizado no Rio de Janeiro Mas voltou desiludida e revoltada com o encontro e, em particular, com Jorge Amado, organizador do festival, que, segundo ela, teria boicotado a venda de *Quarto de Despejo* para favorecer a de *Gabriela, Cravo e Canela*.

O descenso do prestígio de Carolina coincidiu com o fim do populismo oficial no país e com a virada política do golpe militar. Ela deixou a casa de Santana para viver nos 8 mil metros quadrados de terra que comprou em Parelheiros, a 40 quilômetros de São Paulo aproximadamente. Publicou outros livros, um deles – *Casa de Alvenaria* – em edição comercial ampla, escudada no êxito do primeiro. Se a casa de Santana não deu certo, o livro sobre sua experiência com a nova moradia tampouco. Financiou a publicação de *Provérbios e Pedaços de Fome* ainda com o dinheiro recebido pelas vendas de *Quarto de Despejo*. O fracasso parece ser definitivo.

Em 1966, os jornais voltaram a falar da autora. Teria sido vista na rua Helvétia, maltrapilha e exercendo a "profissão" que sempre exerceu nos anos em que morou na favela: a de catadora de papéis. Queixava-se, na ocasião, das dificuldades que tinha para conseguir trabalho e mesmo de vender o que recolhia pelas ruas. Os comerciantes da pobreza se recusavam a negociar o lixo da cidade com uma estrela. Entre parênteses, a situação de Carolina, nessas circunstâncias, era muito parecida com a dos negros do Cafundó que, postos em evidência por pesquisadores e jornalistas, em virtude do vocabulário africano conservado ativamente em sua comunidade, passaram a ter sérias dificuldades para encontrar trabalho como diaristas, sob a alegação dos patrões de que artistas não precisam trabalhar.

Mas Carolina não abandonou a atividade de escritora. Escreveu os romances *Felizarda* e *Os Escravos*, que ficou incompleto, nos quais pretendia tratar da vida dos ricos. Escreveu também *Um Brasil para Brasileiros*, em que conta suas memórias entremeadas por narrativas de fatos históricos que marcaram a vida política do país na década de 1920 e começo dos anos de 1930. Nenhum desses livros foi publicado no Brasil.

Em Parelheiros vivia numa pequena casa com os filhos. Algum plantio, alguma criação – galinhas e porcos –, uma venda de beira

Memória e Linguagem

²¹⁴ de estrada que não dava certo por causa dos fiados, segundo ela própria explicava.

Reapareceu nos jornais em 1976, ano em que foi lançada em edição de bolso seu primeiro livro, *Quarto de Despejo*. Vivia, então, apenas com o filho mais velho, pois os outros dois haviam se casado e Carolina já tinha quatro netos. No dia 13 de fevereiro de 1977, morreu no barraco onde morava seu segundo filho, José Carlos.

Em 1982, foi publicado na França o livro *Journal de Bitita* (*Um Brasil para Brasileiros*). Em 1983, a Rede Globo adaptou para o programa *Caso Verdade* o livro *Quarto de Despejo*, que já conhecera, nos anos de sucesso, outra adaptação para o teatro e que, durante algum tempo, dera também à autora, na solidão de Parelheiros, o sonho de vê-lo transformado em filme nos Estados Unidos.

Quarto de Despejo, tal como o público o conheceu, é o resultado impresso de um trabalho de cortes e pequenos acertos feitos pelo jornalista Audálio Dantas sobre os originais de 35 cadernos manuscritos nos quais Carolina registrava seu dia a dia na favela do Canindé. O livro, enquanto diário, apresenta uma certa descontinuidade. Os registros começam no dia 15 de julho de 1955 e são interrompidos no dia 28 de julho do mesmo ano. Retomados no dia 2 de maio de 1958, estendem-se, com breves interrupções, até 1º de janeiro de 1960.

A essa descontinuidade cronológica do registro não corresponde, entretanto, uma quebra na estrutura narrativa do diário. Os dias vazios de anotações são preenchidos pela extensão metonímica dos dias plenos, por meio de um recurso de estilo bastante simples, mas eficiente: o da repetição. Os dias se repetem iguais na monotonia implacável de um dia de todos os dias: levantar cedo, ir buscar água na única torneira que serve a mais de 150 barracos iguais ao de Carolina, atender aos filhos, sair para a cidade em busca de papel, de lata, de ferro, sobrecarregar-se com o peso de seu transporte, vender a sucata recolhida nas ruas, comprar os alimentos que serão consumidos no mesmo dia e na proporção exata do pouco dinheiro obtido no trabalho de todo o dia.

As significações podem variar porque os incidentes registrados também se modificam. Mas essas variações convergem todas para uma estrutura narrativa cujo ponto de sustentação principal é a presença obsedante da fome e da pobreza nas formas mais concretas de suas manifestações.

Alguém já comparou certas passagens mais líricas do diário de Carolina à singela beleza das *Fioretti* de são Francisco de Assis, como a passagem a seguir, por exemplo, em que a autora, referindo-se a uma vizinha da favela, escreve: "Dona Domingas é uma preta igual ao pão. Calma e útil"[33]. A comparação, além de motivos de ordem estilística, deve ter também apoio ideológico, certamente em virtude da tematização da pobreza, comum ao santo da Umbria e à favelada do Canindé. Mas só uma abstração de efeito retórico permite, na verdade, compará-los.

Se lembrarmos, por exemplo, da "Parábola da Verdadeira Alegria" de são Francisco de Assis, nela veremos que a pobreza é um fim e um ideal que se convertem num instrumento didático para a redenção do homem, de modo que a verdadeira alegria é o sofrimento, o abandono e a fome. No livro de Carolina, porque a pobreza é um estado real e concreto de carência, algo que os protagonistas do drama da miséria vivem como condição social e não como projeto de vida exemplar, a alegria é também muito mais palpável e toca diretamente os sentidos: "Fiz a comida. Achei bonito a gordura frigindo na panela. Que espetáculo deslumbrante! As crianças sorrindo vendo a comida ferver nas panelas. Ainda mais quando é arroz e feijão, é um dia de festa para eles."[34]

Embora talvez se pudesse dizer de Carolina aquilo que já se disse de são Francisco – *simplex in litteratura* –, *Quarto de Despejo* apresenta a pobreza com a materialidade e a concreção de um objeto físico e não como a provação da carne para a redenção do espírito. Menos ainda, a pobreza é nesse livro a manifestação de estados psicológicos contraditórios, como é comum encontrar nas representações da vocação da classe média e da burguesia para certo sentimento de culpa, muitas vezes pronunciado em termos de despojamento material e moral. Assim, a pobreza em *Quarto de Despejo* não é de modo algum exemplar, no sentido de que não é uma construção simbólica

33 C.M. de Jesus, *Quarto de Despejo*, p. 52.
34 Ibidem, p. 43.

Memória e Linguagem

com fins didáticos, mas um estado social de carência efetiva contra o qual só se pode lutar nos termos próprios das limitações dos meios que esse estado propicia. Essa luta é vã, porque fadada a consumir-se no imediatismo do consumo dos recursos que o habitante da favela pode ter a seu alcance.

A mediação das relações entre necessidades básicas e sua satisfação pelo trabalho tem um grau tão elementar e primário que o próprio trabalho, longe de entrar na dinâmica do processo de produção e de transformação das condições sociais de seus agentes, constitui apenas um fator de reprodução das hierarquias que lhe determinam a forma, dando-lhe como conteúdo total ausência de futuro social. Amanhã será como hoje, hoje é como ontem, ontem foi como todos os outros dias anteriores e futuros.

Mesmo o dinheiro, mediação das mediações, deixa de ser aí um valor, uma abstração, para ser, ele também, um objeto, uma coisa. O dinheiro-ferro, o dinheiro-papel, o dinheiro-arroz-e-feijão, enfim o dinheiro-coisa substitui o dinheiro-moeda e expressa, mais do que qualquer outro recurso de composição ou de figura de estilo, a realidade e a concreção da pobreza no mundo social que o livro de Carolina apresenta.

Antonio Candido, na análise que faz do romance *I Malavoglia*, de Giovanni Verga, observa um fenômeno semelhante. Segundo o crítico, nesse romance, o dinheiro "parece transitar do mundo abstrato do valor para o universo denominado das coisas naturais"[35] e constitui um recurso importante para dar expressão metafórica ao mundo fechado da pobreza. Guardadas as devidas proporções, o mesmo se pode dizer da função do dinheiro no livro de Carolina. Aliás, muitos dos recursos utilizados pelo romancista italiano e apontados por Candido aparecem, certamente com menor ênfase funcional, em *Quarto de Despejo*. Entre eles, a repetição e o provérbio que no plano da narrativa e da linguagem contribuem para dar substância expressiva ao fechamento e à imobilidade do mundo social de que nos fala o diário de Carolina.

---

35 A. Candido, O Mundo-Provérbio, *Língua e Literatura*, n. 1, p. 97.

Quarto de Despejo é uma obra de gosto realista, na qual o *verismo* é a nota dominante da "ideologia estética" do autor. Contudo, seu realismo estaria mais bem caracterizado se, em vez de literário, o víssemos dentro daquela espécie de realismo etnográfico desenvolvido por Oscar Lewis, nos anos de 1940 e 1950, em seus trabalhos sobre a cultura da pobreza[36]. A diferença, entre muitas outras, é que ao ficcionista, num caso, e ao antropólogo, em outro, substitui-se no livro de Carolina o autor como personagem da experiência existencial e social vivida e o personagem como autor da mesma experiência, agora relatada. Se Lewis mergulha sua pesquisa num dia de cinco famílias mexicanas pobres, Carolina desdobra no tempo sua pobreza e a dos favelados. Mas, como os dias se repetem iguais e monótonos no ritual de fome-trabalho-sobrevivência, o resultado é a construção, ao longo da narrativa, de uma espécie de dia-metáfora de todos os dias, tão denso e fechado na imagem quanto o dia etnográfico de Lewis o é nos detalhes.

Por esse caminho, o realismo de *Quarto de Despejo* reencontra a literatura, chegando ao ponto de apresentar sua autora-personagem com uma certa dose daquele titanismo romântico, daquela majestade tenebrosa, a que se refere Antonio Candido em seu ensaio sobre Verga, e que, não raras vezes, são atribuídos nos romances naturalistas ao destino do pobre, quando jogado nos limites da sobrevivência. Se se pensar na grandiosidade do gesto suicida da escrava Bertoleza no fim de *O Cortiço*, de Aluísio Azevedo, pode-se ter uma medida sugestiva desse titanismo.

Não se quer afirmar que Carolina Maria de Jesus exagera por um tique de escola literária, a que não pertence, a tragédia dos humildes e as tintas da autocomiseração. Mas também é verdade que o documento que nos oferece sobre a pobreza da favela tem um expediente intrínseco de distanciamento que produz no livro uma espécie de duplo complementar e antagônico da realidade que ele retrata. De um lado, a autora pertence ao mundo que narra e cujo conteúdo de fome e privação compartilha com o meio social em que vive.

---

36 O. Lewis, *Antropologia de la Pobreza*.

Memória e Linguagem

De outro, ao transformar a experiência real da miséria na experiência linguística do diário, acaba por se distinguir de si mesma e por apresentar a escritura como uma forma de experimentação social nova, capaz de acenar-lhe com a esperança de romper o cerco da economia de sobrevivência que tranca sua vida ao dia a dia do dinheiro-coisa.

Assim, o diário de Carolina, ao mesmo tempo em que se cola à realidade que mimetiza, constitui uma vingança em relação a ela. Reproduzida em livro, essa realidade incorpora, como traço constitutivo do trabalho intelectual que a produziu escrita, a possibilidade do projeto e do futuro sociais que em si mesma ela excluía. Não é por acaso que a autora, semialfabetizada, mostra-se no livro distinta e distinguida dos demais favelados. Seu diário aparece frequentemente como uma espécie de livro de são Miguel, livro do juízo, em que ameaça anotar os comportamentos "errados" de seus vizinhos. Carolina manifesta ao longo de todo o diário um acentuado pendor legalista e uma crença no trabalho que lembra muito a ideologia dos personagens dos sambas de Adoniram Barbosa, o Joca de "Saudosa Maloca", em particular[37].

No mundo dicotômico de oposições estanques que *Quarto de Despejo* nos apresenta, a oposição cidade-favela subsume uma série de outras não menos importantes para se compreender a geografia que o livro desenha e a circulação das necessidades e dos desejos da autora-personagem em meio a seus acidentes. Luz e sombra, brancos e negros, riqueza e pobreza, céu e inferno, integrados e marginais, casa de alvenaria e barraco, luxo e lixo são alguns dos termos que as caracterizam. Entre eles não há vasos comunicantes e mesmo o trabalho, como dissemos, em sua forma primária de trabalho-sobrevivência, se permite o contato dos opostos, não o faz senão para reforçar sua separação. Mas Carolina sonha com as estrelas e não abdica de seu brilho. No plano mais concreto dos comportamentos sociais, ela funciona como um elo da ligação entre a cidade e a favela, chamando, por exemplo, várias vezes a polícia para pôr ordem nas situações mais críticas da desordem que a favela representa.

---

37 J.P. Paes, Samba, Estereótipos, Desforra, *Folha de S.Paulo*, 19 dez. 1982, Folhetim, n. 309, p. 4-5.

Carolina é a chefe de uma família de pai ausente, de uma família contra o pai, se preferíssemos uma caracterização mais radical ao estilo de Pierre Clastres. Um tipo de família a que os antropólogos chamariam *matrifocal* e muito comum em sociedades que tiveram em sua formação e em seu desenvolvimento a contribuição decisiva do trabalho escravo. Ao realismo prático que a faz entender que um marido no barraco seria antes de tudo mais uma boca para sustentar, associa-se em Carolina o ideal do artista que necessita de concentração criadora e também um certo estoicismo de resistência contra a pobreza material e moral do meio em que vive, conferindo-lhe no livro aquele traço de titanismo e de tenebrosa nobreza aos quais nos referimos.

O repúdio da autora à situação em que se encontrava era visceral. Da mesma forma e na mesma medida era por ela estranhada. Tanto que, no dia em que ia se mudar da favela, depois do sucesso do livro, foi apedrejada pelos vizinhos. O ponto de estranhamento entre Carolina e os favelados era, sem dúvida, o livro. Escrevê-lo foi a forma que encontrou para tentar romper o fechamento do mundo em que vivia. A esperança que depositou nessa experiência foi grande. E é muito provável que tenha sido renovada depois do conhecimento que a autora travou com o jornalista que a "descobriu" em 1958, quando retomou as anotações abandonadas desde 1955.

Em *Quarto de Despejo*, a malandragem não é nunca um expediente de transformação ou de mobilidade sociais. Não é sequer alternativa ideológica para a pobreza real. Apenas uma das máscaras com que ela se manifesta num mundo de opressão atirado nos limites da mera sobrevivência. Ao malandro, Carolina contrapõe o trabalhador, o operário e a inocência das crianças. De algum modo, intui que, para quebrar o círculo de reprodução da miséria, é preciso mais do que simpatia. Por isso, fala às vezes em revolução e denuncia com frequência o populismo demagógico de muitos políticos importantes da época.

Seu livro despertou paixões e desencadeou movimentos para a eliminação das favelas em São Paulo. Há quem diga que a favela do Canindé desapareceu em consequência de suas denúncias. Outros lembram que a marginal do rio Tietê já estava planejada e que a

Memória e Linguagem

220 favela sumiria de qualquer maneira por motivos mais estruturais de urbanização. A agitação em torno do livro foi grande. Tão grande que, ao menos no plano individual, Carolina pareceu encontrar a solução para seus problemas. O trabalho intelectual produzia, enfim, o efeito de distinção dos méritos pessoais da favelada, transformando-a, numa semana, na autora de um dos maiores *best-sellers* do Brasil. Desse modo, os mesmos mecanismos eletivos, presentes nas relações de trabalho fortemente hierarquizadas, e cujas consequências ela padeceu no fundo sombrio do quarto de despejo da cidade, foram também o passe para sua saída.

Carolina viveu, então, como muitos outros pobres e negros no Brasil – Lima Barreto talvez seja o caso mais trágico de nossa literatura[38]–, a esperança de resgatar, pelo prestígio intelectual, o prestígio social que nunca tivera. Para isso era preciso continuar a escrever. Ela o faz, mas a novidade de *Quarto de Despejo* envelheceu, foi consumida rápida e definitivamente, e os outros livros não venderam. Carolina se recolheu no pequeno sítio de Parelheiros. Experimentou, com fracasso, a solução que havia ela mesma defendido por escrito para a pobreza das favelas: voltar ao campo e ao trabalho com a terra.

38 Para que se tenha uma medida da extensão dessa tragédia, ver, por exemplo, o artigo: A. A. Prado, A Correspondência Entre Monteiro Lobato e Lima Barreto, *Suplemento Literário*, ano xv, n. 855, 19 fev. 1982, p. 6-7.

II   Canções do Exílio

1. Canções

O exílio nos acompanha. A nós, homens e mulheres da humanidade, expulsos que fomos do Paraíso, pela temeridade ancestral de nossos pais míticos – Adão e Eva – que se entregaram à sedução do conhecimento sem limites e geraram, para sempre em nossa cultura, esse sentimento inalienável de perda metafísica.

Nesse sentido, é de Juan Carlos Onetti a sentença seminal: "Devo terminar referindo-me ao exílio definitivo a que estamos condenados pelo simples fato de vir ao mundo. Daqui seremos exilados, não sabemos para onde nem quando."[39]

No Brasil e em Portugal, carregamos tão fortemente o fado da migração, pela materialidade histórica de seu acontecimento e pela imaterialidade ideológica de suas representações, que Fernando Pessoa se exila em nada mais, nada menos que no próprio português, ecoando, além-mar, em Caetano Veloso, o verso consagrado "minha pátria é minha língua"[40].

Foi em Portugal que Gonçalves Dias, em 1843, estando em Coimbra, em exílio voluntário e estudantil, escreveu o poema "Canção do Exílio", estampando Goethe como epígrafe, o que se tornaria o *leitmotiv* mais presente da literatura brasileira por gerações e gerações de escritores e de leitores:

> Minha terra tem palmeiras,
> Onde canta o sabiá;
> As aves, que aqui gorjeiam,
> Não gorjeiam como lá[41].

---

39   J.C. Onetti, Reflexiones de um Exilado, *Confessiones de um Lector*, p. 133-137.
40   "Minha pátria é minha língua portuguesa" é verso original de Pessoa, modificado depois por Caetano Veloso. Cf. F. Pessoa; B. Soares, *O Livro do Desassossego*, p. 193.
41   A. Gonçalves Dias, Canção do Exílio, em A. Bueno (org.), *Poesia e Prosa Completas*, p. 105.

Memória e Linguagem

Os jovens que integraram as forças expedicionárias do Brasil na Itália, durante a Segunda Guerra Mundial, cantaram com todo o país, na "Canção do Expedicionário"[42], os versos que esse hino tomou emprestado à última estrofe da "Canção do Exílio":

> Por mais terras que eu percorra,
> *Não permita Deus que eu morra*
> *Sem que eu volte para lá;*
> Sem que leve por divisa
> Esse "V" que simboliza
> A vitória que virá.

Mas antes, muito antes, Casimiro de Abreu, romântico como Gonçalves Dias, cheio de saudades da infância e de sua terra natal, ecoou, no calor da contemporaneidade, os versos do poeta maranhense:

> Se eu tenho de morrer na flor dos anos,
> Meu Deus! Não seja já:
> Eu quero ouvir na laranjeira, à tarde,
> Cantar o sabiá![43]

Ou ainda, em outro poema, em que o sabiá, que lá em Gonçalves Dias cantava nas palmeiras, e já havia mudado para a laranjeira, agora se encontra, mais genericamente, em seus retiros:

> Eu nasci além dos mares:
> Os meus lares,
> Meus amores ficam lá!
> – Onde canta nos retiros
> Seus suspiros
> Suspiros o sabiá![44]

---

42 Composta por Guilherme de Almeida e Spartaco Rossi e interpretada por Francisco Alves para o Exército Brasileiro em 1944.

43 C. de Abreu, Exílio, *Poesias Completas*, p. 30.

44 Ibidem, p. 106.

Mas não pensemos que apenas românticos, poetas ou jovens em causa alheia, como os que foram para a guerra, recitaram os versos nacionalisticamente nostálgicos de nossa primeira "Canção do Exílio". Sua fortuna crítica seguiu em rota de sucesso, passando por modernos e modernistas que a referiram, mencionaram, lembraram, parodiaram, num ritual de renovação constante e de vitalidade perene.

Cassiano Ricardo quis transcendê-la no sentimento adulto e algo conceitual da saudade:

> Esta saudade que fere
> mais do que as outras
> quiçá,
> Sem exílio nem palmeira
> onde cante um sabiá...[45]

Carlos Drummond de Andrade, finge, poeticamente, distância e esquecimento, para entregar-se em afeto de homenagem e envolvimento:

> Chega!
> Meus olhos brasileiros se fecham saudosos.
> Minha boca procura a 'Canção do Exílio'.
> Como era mesmo a 'Canção do Exílio'?
> Eu tão esquecido de minha terra...
> Ai terra que tem palmeiras
> Onde canta o sabiá![46]

Oswald de Andrade canta o regresso à pátria, troca as palmeiras por Palmares e pontua o movimento da volta com a cadência contrária das marcas futuristas do progresso de São Paulo:

> Minha terra tem Palmares
> Onde gorjeia o mar
> Os passarinhos daqui

---

45 C. Ricardo, Ainda Irei à Portugal, *Um Dia Depois do Outro*, p. 49.
46 C.D. de Andrade, Europa, França e Bahia, *Poesia e Prosa*, p. 74.

Memória e Linguagem

Não cantam como os de lá
Minha terra tem mais rosas
E quase que mais amores
Minha terra tem mais Ouro
Minha terra tem mais terra
Quero terra amor e rosas
Eu quero tudo de lá
Não permita Deus que eu morra
Sem que volte para lá
Não permita Deus que eu morra
Sem que volte para São Paulo
Sem que veja a rua 15
E o progresso de São Paulo[47]

Murilo Mendes enfia o cotidiano no esquema da nostalgia e o efeito poético de distanciamento do modelo, que obtém, não elide, contudo, a reverência – irônica é verdade – à matriz da saudade nacional:

Minha terra tem macieiras da Califórnia
onde cantam gaturamos de Veneza.
Os poetas da minha terra
são pretos que vivem em torres de ametista,
os sargentos do exército são monistas, cubistas,
os filósofos são polacos vendendo a prestações.
A gente não pode dormir
com os oradores e os pernilongos.
Os sururus em família têm por testemunha a Gioconda.
Eu morro sufocado
em terra estrangeira.
Nossas flores são mais bonitas
nossas frutas mais gostosas
mas custam cem mil réis a dúzia.

47   O. de Andrade, Canto de Regresso à Pátria, *Obras Completas*, p. 144.

Ai quem me dera chupar uma carambola de verdade
e ouvir um sabiá com certidão de idade![48]

Jô Soares, que não é poeta, mas humorista, dos bons, não resistiu à melodia da canção e, virando-a pelo avesso, encheu sua resistente ossatura com a carne generosa da política de regalias e privilégios do presidente cassado:

> Minha Dinda tem cascatas
> onde canta o curió.
> Não permita Deus que eu tenha
> de voltar pra Maceió.
> Minha Dinda tem coqueiros
> da ilha de Marajó.
> As aves, aqui, gorjeiam
> não fazem cocoricó[49].

José Paulo Paes, no melhor estilo do sintetismo antidiscursivo das grandes vanguardas modernistas, fez da canção o resumo, em pílula, facilitando-lhe o instantâneo e despojando-a de acessórios:

> lá?
> ah!
> sabiá...
> papá...
> maná...
> sofá...
> sinhá...
> cá?
> bah![50]

---

48 M. Mendes, Canção do Exílio, *Poesia Completa e Prosa*, p. 87.
49 J. Soares, Canção do Exílio às Avessas, *Veja*, n. 1252, 16 set. 1992, p. 15.
50 J.P. Paes, Canção do Exílio Facilitada, *Poesia Completa*, p. 194.

Memória e Linguagem

Caulos, outro humorista, também dos bons, fez o sabiá migrar dos versos saudosistas para a denúncia ecológica, no grafismo leve e tocante do exílio de sua própria palmeira:

Caulos. *Vida de Passarinho*. Editora L&PM, 1989

E é essa palmeira, que já não há, que ressuscita numa das mais lindas canções da música popular brasileira, de Tom Jobim e Chico Buarque, trocando agora o sabiá histórico pela sabiá amada:

> Vou voltar,
> Sei que ainda vou, vou voltar
> Para o meu lugar
> Foi lá e ainda é lá
> Que eu hei de ouvir cantar uma sabiá
> Cantar, uma sabiá[51].

[51] C.B. de Holanda; T. Jobim, Sabiá, em C.B. de Holanda, *Não Vai Passar*, v. 4, faixa 4.

É como se todos tivéssemos escrito, cada um, sua própria canção do exílio. Na minha, escrevi:

> Quando os sinos tocarem os funerais de minha vida,
> eu já terei sido menino, moço, adulto, velho e morto,
> se tiver a chance de assistir correr meus anos
> da hora de nascer curto e espremido como um choro
> à hora de partir longo e doído como um sopro[52].

E assim me encontro com Onetti, que foi nosso anfitrião nessa viagem ao redor do exílio, cujo porto de chegada não pode ser outro senão o de uma das cidades invisíveis que Italo Calvino deu a Marco Polo para visitar na incansável narrativa em que as contava ao Grande Khan. Quem sabe esta:

> Marco entra numa cidade; vê alguém numa praça que vive uma vida ou um instante que poderiam ser seus; ele podia estar no lugar daquele homem se tivesse parado no tempo tanto tempo atrás, ou então se tanto tempo atrás numa encruzilhada tivesse tomado uma estrada em vez de outra e depois de uma longa viagem se encontrasse no lugar daquele homem e naquela praça. Agora, desse passado real ou hipotético, ele está excluído; não pode parar; deve prosseguir até uma outra cidade em que outro passado aguarda por ele, ou algo que talvez fosse um possível futuro e que agora é o presente de outra pessoa. Os futuros não realizados são apenas ramos do passado: ramos secos.
>
> – Você viaja para reviver o seu passado? – era, a esta altura, a pergunta do Khan, que também podia ser formulada da seguinte maneira: – Você viaja para reencontrar o seu futuro?
>
> E a resposta de Marco:
>
> – Os outros lugares são espelhos em negativo. O viajante reconhece o pouco que é seu descobrindo o muito que não teve e o que não terá[53].

---

52 C. Vogt, Canção do Exílio, *Mascarada*, p. 111.
53 I. Calvino, *As Cidades Invisíveis*, p.28-29.

Memória e Linguagem

2. Exílio

O mar, o oceano, as águas salgadas, os rios doces que nos separam e nos unem para fora e para dentro de nossas identidades múltiplas e únicas. O mar de Fernando Pessoa, dos jangadeiros do Nordeste, o mar da costa brasileira, o mar do cabo da Roca, o mar de Vicente de Carvalho, o mar de Moçambique em Virgílio de Lemos, o mar de Jorge de Sena, exilado no Brasil, o mar de José Régio, exilado no fado da saudade do mar, o mar de Miguilim, que do Mutum ele nunca viu, o mar de Mário de Sá-Carneiro, o mar dos navegadores portugueses e do navegante negro, o mar de Castro Alves, de Gonçalves Dias no naufrágio definitivo nas costas do Maranhão, o mar de João Bosco e Elis Regina, o mar de todas as canções do exílio, o mar da sabiá de Chico Buarque e Tom Jobim, o mar morto de Jorge Amado e o vivo de *Gabriela, Cravo e Canela*, o mar-mito-mar da origem e da consumação, o mar de Camões.

No dia 10 de junho de 1580 morre Luís Vaz de Camões, autor de *Os Lusíadas*, a grande epopeia das navegações portuguesas, das *Rimas*, coletânea de composições líricas da melhor qualidade, de três autos – comédias e de cinco cartas. Sem contar o outro conjunto de peças líricas – o *Parnaso* – que lhe é roubado em Lisboa, depois do regresso da Índia em 1570, e do qual só se tem notícia pelo desaparecimento.

A importância dessa obra é desigual. De uma particular desigualdade. Lá onde ela é mais vasta, isto é, nos seus aspectos épico e lírico, é incomensuravelmente melhor do que tudo o que se fez no século xvi em Portugal, quiçá em toda Península Ibérica, e, sem dúvida, é da mais alta poesia feita em língua portuguesa em qualquer tempo. Além disso, *Os Lusíadas* são a única obra que realiza poeticamente bem o canto dos feitos marítimos, não só portugueses, mas de toda Hispânia.

No teatro, Camões deixou três autos: uma adaptação de *O Anfitrão* de Plauto, *Auto de El-Rei Seleuco* e *Filodemo*, autos cavaleirescos ao gosto de Gil Vicente. Neles ressaltou o tom conceituoso, a análise penetrante dos sentimentos, mas falta-lhes, talvez por isso mesmo, qualidade dramática. Levaram para o plano cênico aquilo que na lírica se realizava mais cabalmente. Ainda assim, não lhes falta o verso firme ou a prosa leve. A mesma prosa, aliás, das cartas que lhe são atribuídas e nas quais o poeta, num estilo admirável, fala a amigos íntimos das desventuras de seu adverso fado. Na verdade, as cartas, se realmente a ele pertencem, são dos poucos documentos que permitem reconstituir com alguma certeza episódios de sua história de vida. A biografia de Camões está envolta num mundo de fantasias que lhe vão sendo incorporadas tanto por via popular como por via erudita.

Personagem de literatura de cordel, ele também o é, por exemplo, do poema narrativo de Almeida Garret, *Camões*, apontado nas histórias literárias como o marco inicial do romantismo português. Nesse poema, concebido no Havre, em 1824, e publicado em Paris em 1825, Garrett, que se encontrava no exílio por causa de suas posições políticas liberais, cola-se à estrutura de *Os Lusíadas* e, durante dez cantos evoca, num estilo entre clássico e romântico, um Camões mítico, símbolo da mais total dedicação à pátria e vítima da maior incompreensão oficial. Camões é, assim, o trovador errante, o exilado de seus próprios direitos, o amante ao mesmo tempo fiel e apaixonado da pátria e da mulher amada, o gigante incompreendido que, qual Adamastor feito penedo pelo amor impossível da ninfa Tétis, se consolida em cristal de sofrimento pela "austera, apagada e vil tristeza"[54] em que sucumbe a terra portuguesa. Fixado em símbolo, para além das qualidades artísticas que lhe são próprias, o poeta alegoriza, então, a saudade ("gosto amargo de infelizes"[55], no verso célebre de Garrett) das passadas e perdidas glórias, a amargura da pequenez presente e a esperança futura da redenção nacional.

Mas não é Garrett o inventor dessa heráldica mítica e mística com que é estampado o autor de *Os Lusíadas*. Há muito seu destino se confundia, na tradição popular, com o destino da pátria portuguesa. Tanto que, quando Garrett consagra dois cantos de seu *Camões* à leitura que da epopeia faz o poeta a D. Sebastião, a quem, como se sabe, *Os Lusíadas* são dedicados, ele não faz senão dar curso

54 L.V. de Camões, *Os Lusíadas*, p. 493.
55 J.B. da S.L. de Almeida Garret; C. Castelo Branco, *Camões*, p. 1.

Memória e Linguagem

230 literário a uma identificação que começara com essa dedicatória, que se fortalecera com o desastre de Alcácer-Quibir, em 1578, e que se consolidara com a morte do poeta em 1580. O poema de Garrett termina com Camões na mais absoluta miséria, vivendo das esmolas recolhidas por seu fiel e legendário escravo javanês, Jaú. Ao ter notícia da derrota em Alcácer-Quibir e do desaparecimento de D. Sebastião, o poeta morre. "Expirou co'a pátria"[56], escreve Garrett.

Consagra-se, desse modo, tanto literária como politicamente, a aura sebastianista que envolve Camões como símbolo de uma grandeza para sempre perdida e por isso mesmo não menos esperada. E como é grande a fortuna ideológica de Encoberto e as promessas do Quinto Império, alimentada desde o sapateiro Gonçalo Bandarra até o gênio poético de Pessoa, em *Mensagem*, sem esquecer a atuante simpatia que lhe dedicava, no século XVII, o padre Antônio Vieira, Camões terá, como uma das mais recorrentes, para suprir a falta de uma identidade social adequada, essa identidade mítica e mística para que o arrastam os sonhos de desfalecida nobreza encarnados por D. Sebastião.

Essa aproximação é tão forte que, no século XVIII, dentro do programa de reformas da sociedade e da cultura portuguesa iniciados sob o governo de D. João V, mas só concretizados sob D. José I, por intermédio de seu famoso ministro, o Marquês de Pombal, Camões não será poupado nem pela sobriedade crítica do educador Luís Antônio Verney, já no início do século XIX, pelo oportunismo belicoso e competitivo do padre José Agostinho de Macedo, autor, ao mesmo tempo do poema *O Oriente*, no qual pretende refazer *Os Lusíadas* sem mitologia, e da prosa polêmica *Os Sebastianistas, Reflexões Críticas sobre Esta Ridícula Seita*. Entretanto, nem a sinceridade crítica de Verney, apoiada no racionalismo burguês que agitava as ideias na França e certamente sustentada pelo ouro brasileiro arrancado de Minas Gerais, nem o empenho de Macedo em seguir as pegadas de Voltaire nas críticas que ele faz a *Os Lusíadas* pela mistura de cristianismo e mitologia greco-romana, conseguem baixar o poeta do pedestal simbólico a que ele foi alçado.

56 Ibidem, p. 167.

Quem não se lembra do melancólico e grandioso fim de *O Crime do Padre Amaro*, de Eça de Queirós? O mesmo Eça que pertenceu à famosa Geração de 1870, cheia de brilho político e literário, tão empenhada na transformação das estruturas portuguesas, e que deixou, por meio do trabalho de Teófilo Braga, em 1873-1874, uma edição das *Obras Completas de Camões* e, pelo trabalho de Adolfo Coelho e Ramalho Ortigão, a edição comemorativa de *Os Lusíadas*, em 1880, do terceiro centenário da morte do poeta.

Eça de Queirós termina seu romance fazendo encontrar-se no Chiado, em Lisboa, o padre Amaro, o cônego Dias e o conde de Ribamar. Perambulam, trocam loas e se irmanam, na estagnação que os cerca, em altos juízos reacionários dos grandes acontecimentos políticos que vivia Paris: era a Comuna. Caminham para junto da estátua de Camões e, aí postos, o romancista constrói, então, o fecho alegórico da contraposição do presente e do passado português:

> E o homem de Estado, os dois homens de religião, todos três em linha, junto às grades do monumento, gozavam de cabeça alta esta certeza gloriosa da grandeza de seu país, – ali ao pé daquele pedestal, sob o frio olhar de bronze do velho poeta, erecto e nobre, com os seus largos ombros de cavaleiro forte, a epopeia sobre o coração, a espada firme, cercado dos cronistas e dos poetas heroicos da antiga pátria – pátria para sempre passada, memória quase perdida![57]

O fato de sucessivas gerações tomarem e retomarem o poeta e, para além do indiscutível valor artístico de sua obra, procurarem interpretar-lhe significações ideológicas desta ou daquela linha, mostra, sobretudo, a força e o peso do nome de Camões na história da cultura portuguesa e mesmo brasileira.

O primeiro contato literário de Camões com o Brasil se dá antes mesmo que qualquer de nossos antepassados pudesse tê-lo lido. Está no Canto x de *Os Lusíadas*, quando o poeta, pela boca de

---

57 J.M. de Eça de Queirós, *O Crime do Padre Amaro*, p. 416.

Memória e Linguagem

²³² Tétis, prediz a Vasco da Gama as futuras conquistas portuguesas (futuro do passado, como se sabe, já que o poema foi publicado em 1572 e os fatos que narra se passam em fins do século xv, 1498, com a viagem de Vasco da Gama às Índias). Entre essas conquistas, a de Santa Cruz, na estrofe 140, em que é também mencionada a viagem de Fernão de Magalhães, com uma restrição do poeta, por, sendo português, tê-la realizado sob os auspícios do governo espanhol.

> Mas cá onde mais se alarga, ali tereis
> Parte também, co pao vermelho nota;
> "De Sancta Cruz" o nome lhe poreis;
> Descobri-la-ha a primeira vossa frota.
> Ao longo d'esta costa, que tereis,
> Hirá buscando a parte mais remota
> O Magalhães, no feito com verdade
> Português, porém não na lealdade[58].

Em 1576, Camões publicará, na obra de seu amigo Pero Maga-lhães de Gândavo, uma elegia e um soneto encomiástico do livro, do autor e de seu dedicatário, Leonis Pereira, distinguido por feitos na Índia e também conhecido do poeta do tempo em que lá esti-vera. Ocorre que esse livro de Gândavo é sua *História da Província de Santa Cruz, a que Vulgarmente Chamamos Brasil*, que, conforme explica o autor no prólogo do leitor, foi escrita e publicada "por não haver até agora pessoa que a empreendesse, havendo já setenta e tantos anos que esta província foi descoberta. A qual história creio que esteve sepultada em tanto silêncio mais pelo pouco caso que os portugueses sempre fizeram da mesma província"[59].

É interessante essa ligação com Gândavo porque, independente-mente do abismo literário que separa *História da Província de Santa Cruz* de *Os Lusíadas*, ambos compartilham da mesma contradição ideológica que tão bem caracteriza o século xvi em Portugal. Ponto

58 L.V. de Camões, *Os Lusíadas*, p. 491.
59 P.M. de Gândavo et al., *História da Província de Santa Cruz a Que Vulgarmente Chamamos Brasil*, p. 37.

máximo de um processo histórico que haveria de mudar a feição geográfica, cultural e política do mundo ocidental, processo em que toda a Península Ibérica teve um papel de primeira linha, através das viagens e conquistas marítimas, ele é também a caverna obscura onde se aquartelam os exercícios feudais da Companhia de Jesus e de onde o Santo Ofício, retalhando a inteligência do Renascimento, tenta contrarreformar o tempo em exercícios espirituais e na *ratio studiorum*. Assim, o mundo que Portugal abre ao comércio e à transformação social, não fosse pelo simples contato antropológico com o outro, fecha-se em proselitismos piedosos de unidade e de expansão da fé cristã.

Mais de uma vez já se observou que em *Os Lusíadas* a ação narrativa se desenvolve com a monotonia de um auto de fé e que os heróis portugueses, Vasco da Gama em particular, têm conformação de pedra e angústias de sacristão. É mais uma bandeira que um homem. Um estandarte das cruzadas. Falta-lhe humanidade. A mesma humanidade que, entretanto, não falta a sonetos, canções, odes, elegias e, tampouco aos momentos de erupção lírica de que estão cheios *Os Lusíadas* e de que é um exemplo consagrado o episódio de Inês de Castro, no Canto III.

Essa erupção lírica também está presente no poema pelo fato de que tudo parece ser simples artifício formal de respeito a cânones literários de época, isto é, no recurso à mitologia clássica. Na verdade, é nesse plano que se desenvolve uma ação dramática que, não sendo meramente episódica, enreda os deuses – Vênus, Juno, Marte, Júpiter, Netuno – numa trama complexa de sentimentos e paixões, e permite ao poeta recuperar ao nível da narrativa a intrincada dialética sentimental dos contrastes que tão penetrantemente constrói em sua lírica. E será esse, para acompanhar a tese tantas vezes defendida por Antonio José Saraiva, um dos traços marcantes da modernidade de sua poesia épica. O recurso à mitologia integra-se estruturalmente à obra, e nos pontos em que Voltaire, Verney e Agostinho de Macedo o consideram arcaico é que ele faz o canto transpor, num malabarismo de grande engenho e arte, a clausura intelectual em que se compraz a Inquisição.

Memória e Linguagem

234 Nem por isso deixa Camões de invectivar D. Sebastião, "maravilha fatal da nossa idade"[60] a investir contra os mouros na África e a tratar todos os orientais com que o Grama trava conhecimento como um bloco pérfido de ferozes inimigos da "verdadeira fé". Camões certamente sabia que era do contato e do comércio com eles que o mundo se transformava. Como também o deveria saber Gândavo quando procurava interessar os portugueses pelas coisas do Brasil. Estava no ar a catástrofe nacional que levaria em 1580 a Corte portuguesa a assentar-se, durante sessenta anos, sob o domínio de Castela. Entretanto, era preciso dar saltos mortais com a razão para responder à fúria ideológica da contrarreforma e, em filigranas nominalistas, evitar até o nome Brasil, já popular na época, porque inspirado pelo demônio do comércio que dos paus vermelhos nesta terra se fazia. Gândavo, seguindo o cruzadismo de João de Barros, cujas *Décadas na Ásia* tanto influenciaram a composição de *Os Lusíadas*, escreve em seu livro:

> Mas para que nesta parte magoemos ao demônio, que trabalhou e trabalha por extinguir a memória da Santa Cruz [...] tornemos-lhe a restituir seu nome, e chamemo-lhes província de Santa Cruz como em princípio (que assim o admoesta também aquele ilustre e famoso escritor João de Barros na sua primeira Década [...])[61]

Camões, "teto e pão de nossa língua"[62], no verso de Murilo Mendes, não apenas por tributo ao pensamento oficial, dá sequência à tradição das novelas de cavalaria medievais, em pleno espírito renascentista. É que na Península Ibérica essas linhas de força se cruzam e se chocam. Camões, poeta e guerreiro, vive no centro desse embate as contradições e demasias que lhe são próprias. Sua obra, mais do que todas as máscaras com que vestiram seu autor em diferentes épocas, é o traçado poético da grande máscara cultural e

60   L.V. de Camões, *Os Lusíadas*, p. 11.
61   P.M. de Gândavo et al., *História da Província de Santa Cruz a Que Vulgarmente Chamamos Brasil*, p. 43-44.
62   M. Mendes, Murilograma a Camões, *Poesia Completa e Prosa*, p. 679.

ideológica que arremete Portugal contra a era moderna, participando de sua inauguração, ainda que a contragosto.

Para as ex-colônias, entre elas obviamente o Brasil, alguma ruga terá ficado, como herança dramática no pálido rosto de seu destino, não fossem, em nosso caso, esses rios multiplicados e fluentes em que, todo ano, pelo país adentro, pelo país afora, navegam naus catarinetas, cavalhadas, congos, moçambiques e tantos outros barcos imaginários, fazendo e refazendo percursos de *Os Lusíadas*, nas rotas de velhas liças entre mouros e cristãos; não fosse ainda esses rios espelhar, passando, a autobiografia espiritual de Camões, essas águas de "Sôbolos Rios..." a desaguar, em passes de mágica geografia, no estuário dramático do testamento lírico de Mário de Andrade: "A Meditação sobre o Tietê".

3. Viagens

O Brasil é um país de viajantes, além, é claro, de ser um país de viajados. Contudo, nem todos os que por ele viajam são cronistas das viagens. O que não quer dizer que o Brasil deixe de ser também um país de cronistas viajados. O que, enfim, acaba por fazer dele um país de crônicas de viajantes. E tudo começou com a "Carta a El--rei Dom Manuel", em 1500, de Pero Vaz de Caminha, que, desse modo, pelo documento escrito, eternizou a descoberta do Brasil no momento fundador das primeiras impressões do viajante diante da terra nova e de seus desconhecimentos:

> Até agora, não pudemos saber se há ouro nem prata nela, ou outra coisa de metal, ou ferro; nem as vimos. Contudo, a terra em si é de muito bons ares frescos e temperados como os de Entre-Douro e Minho, porque neste tempo dagora assim os achávamos como os de lá. [As] águas são muitas; infinitas. Em tal maneira é graciosa que, querendo-a aproveitar, dar-se-á nela tudo; por causa das águas que tem![63]

63   Cf. J.F. de Almeida Prado, *A Carta de Pero Vaz de Caminha: Estudo Crítico*, p. 67.

Memória e Linguagem

²³⁶ Daí para a insígnia da fertilidade ufanista ou do ufanismo da fertilidade, um passo: "Nela em se plantando, tudo dá!".

O problema, como anotou o historiador Sérgio Buarque de Holanda, falando do caráter do português que aportava no Brasil no século xvi, é que tinha como ideal "colher o fruto sem plantar a árvore"[64], agregando em sua composição "audácia, imprevidência, irresponsabilidade, instabilidade, vagabundagem". Seu sonho era tornar-se senhor de engenho, viver na casa-grande e frequentar, ocasional e perversamente, a senzala.

De certa forma, a carta de Caminha nos batizou para a crônica e para as viagens. A ele se seguiram outros cronistas e viajantes de diferentes nacionalidades europeias, além dos portugueses que foram assíduos e constantes no assédio dos frutos de nossa terra e de sua conversão à fé católica, como desde o início apontou com devota pertinácia o escrivão da esquadra de Pedro Álvares Cabral:

> Contudo o melhor fruto que dela se pode tirar, parece-me que será salvar esta gente. E esta deve ser a principal semente que Vossa Alteza em ela deve lançar. E que não houvesse mais do que ter Vossa Alteza aqui esta pousada para essa navegação de Calicut, (isso) bastava. Quanto mais, disposição para se nela cumprir e fazer o que Vossa Alteza tanto deseja, a saber, acrescentamento da nossa fé[65].

O missionarismo ideológico que ajuda a entender os objetivos mais intangíveis das viagens acompanhará as incursões de outros cronistas pelas terras e pelas letras brasileiras, então nascentes para o mundo ocidental.

No século xvi, a Europa vivia o embate ideológico entre a Reforma e a Contrarreforma. O viajante português, mais do que nenhum, trazia em sua bagagem cultural uma visão de mundo em que a natureza consistia em manifestação divina e se apresentava como um livro cujas páginas, se bem lidas, desdobravam a lição moral de Deus, perfeito, para o homem, pecador. Uma postura medieval que

64   S.B. de Holanda, *Raízes do Brasil*, p. 44.
65   Cf. J.F. de Almeida Prado, op. cit., p. 67.

trazia em si como que um paradoxo de atitudes: o mesmo homem que abria os horizontes da terra com o engenho das navegações e a arte do canto fecundo da epopeia portuguesa do Renascimento, consagrada em *Os Lusíadas*, de Camões, era também o que, num malabarismo escolástico espetacular, transpunha o Éden, o Paraíso Terrestre, do leste para o oeste, e via a exuberância da nova Terra vestida com o cenário bíblico das promessas de bem-aventurança e de inocência perenes de seus habitantes.

A essa visão religiosa da Contrarreforma se associava a fantasia do deslumbramento, além, é claro, de um pragmatismo conversor que pode ser medido nesse desabafo didático-pedagógico e desacorçoado do padre José de Anchieta: "para este gênero de gente, não há melhor pregação que espada e vara de ferro."[66] Esse realismo prático dos jesuítas em sua saga missionária da "conversão do gentio" ocupava o lugar da pureza com que era visto o "bom selvagem", substituindo-a pela "bestialidade" do bruto, cuja explicação, como faz o padre Manoel da Nóbrega, vai ser buscada também na *Bíblia*, nesse caso na hipótese de que o índio deveria ser descendente de Cam, filho de Noé, que havia presenciado a nudez do pai.

Aos poucos, mas progressivamente, o realismo e as razões práticas vão se impondo para dar a tônica a obras como o *Tratado Descritivo do Brasil*, de Gabriel Soares de Sousa, e os *Diálogos das Grandezas do Brasil*, de Ambrósio Fernandes Brandão, já bem distantes, nesse sentido, dos escritos de Gândavo e de Fernão Cardim, e deles mais próximos pela sabedoria leiga que veiculavam e que condizia melhor com o figurino humanista que os avanços do conhecimento pré-científico da época ajudavam a fortalecer.

Mas nem só de portugueses era o cardápio que se propunha a nossos habitantes autóctones. Hans Staden, por exemplo, artilheiro alemão de um navio espanhol que por cá esteve em 1550, escapou por pouco do apetite tupinambá e, cinco anos depois, resgatado pelos franceses, voltou à Europa, escreveu e publicou as memórias

---

66   J. de Anchieta, *Cartas*, p. 197.

Memória e Linguagem

238 das aventuras que viveu no Brasil e que foram publicadas no ano de 1557 em Marburgo (Alemanha), no livro *Duas Viagens ao Brasil*. O francês Jean de Léry, autor da *Viagem à Terra do Brasil*, publicado pela primeira vez na França em 1578, esteve no Brasil acompanhando a expedição de Nicolas Durand de Villegaignon para a criação da França Antártica, e é a história dessa colônia reformista que seu livro narra, dentro de uma perspectiva totalmente humanista e desvinculada, portanto, do missionarismo católico dos contrarreformistas. O livro de Léry conheceu enorme sucesso em seguida à sua publicação original e foi vertido para o latim, o alemão e o holandês. No Brasil, a primeira tradução da obra ocorreu apenas em 1889 nas páginas da *Revista do Instituto Histórico e Geográfico*, mas também recebeu mais tarde uma primorosa tradução de Sérgio Milliet. Graças a esse desprendimento ideológico e a suas qualidades de escritor, Léry não só marcou e influenciou a obra de pensadores que contribuíram para arquitetar a nova visão de mundo do ocidente, que é o caso de Michel de Montaigne e de Jean-Jacques Rousseau, como teve seu livro considerado por Claude Lévi-Strauss como uma "obra-prima da literatura etnográfica"[67].

Muitos viajantes e cronistas sucederam-se nos séculos seguintes em visitações e registros das viagens que fizeram pelo Brasil. Dois deles podem ser destacados, ambos alemães. O primeiro porque não conseguiu ultrapassar, por impedimento, as fronteiras do Brasil na Amazônia e porque seu nome – Alexander von Humboldt – se tornou referência mundial no gênero das expedições científico-naturalistas próprias do século xix. O segundo – Karl Friedrich Philipp von Martius – porque esteve no Brasil por apenas três anos, mas a ele dedicou toda a sua vida de estudos e de afeição intelectual, deixando um tratado de botânica – *Flora brasiliensis* – com a identificação de mais de 20 mil espécies de plantas brasileiras, até hoje utilizado como obra de referência científica no ensino da botânica nas escolas do país. Produziu outros trabalhos na área, um romance – *Frey Apolônio* –, um livro de viagens escrito com o biólogo Johann Baptist von

67   C. Lévi-Strauss, *Tristes Trópicos*, p. 79.

Spix, além de "Como se Deve Escrever a História do Brasil", uma proposta para análise e interpretação do Brasil formulada, em 1840, para o Instituto Histórico e Geográfico, que contém, em germe, a matriz interpretativa da raça e cultura, cuja tensão foi tão prolífica nos estudos brasilianistas desde fins do século xix e no decorrer da primeira metade do século xx.

Desse modo, e num sentido bastante profundo para a cultura brasileira, o país que somos e a nação que acreditamos ser são também obras construídas pelo olhar desse outro, do viajante estrangeiro, desse estranho, que encheu seus olhos de nossas estranhezas e nos devolveu o olhar da compreensão e do entendimento que seu tempo, e as ideologias que com ele iam, permitiram. É esse olhar, cuja leitura dos textos de suas narrativas nos permite ver e olhar do tempo de nossa contemplação presente, que seguimos, também nós, com estranhamento e identificação.

iii   Jogo de Espelhos

1. Psicanálise

"Psicanálise é a mais recente doença judia. Pessoas mais velhas ainda sofrem de diabete", assim Karl Kraus[68], o mais sarcástico crítico do espírito folhetinesco característico da Viena de seu tempo, investe, fazendo blague, contra a moda que tomava conta da cidade desde o início do século xx.

A Interpretação dos Sonhos, de Sigmund Freud, publicada em novembro de 1899, mas com data de 1900, por decisão do editor, para marcar com o novo século a novidade científica que ali se plantava, é o livro fundador da psicanálise e do método analítico que lhe é próprio.

---

68   Apud A. Dines, *Morte no Paraíso*, p. 148.

Memória e Linguagem

Kraus, ele próprio judeu, fazia eco e ecoava, satiricamente, as críticas que nasceram com a psicanálise e com ela cresceriam nesses cem anos de existência. Entre essas críticas, a de que a psicanálise era uma "ciência judaica" e explicável pela tese do *Zeitgeist* ou do *genius loci*, cujo sucesso, como invectivou o psiquiatra alemão Adolf Albrecht Friedländer, em 1909, num congresso internacional de medicina, em Budapeste, se devia à mentalidade pansexualista vienense.

Difundida e reforçada na França, essa tese chegou inclusive ao Brasil, onde, entre os primeiros adeptos da teoria, se encontravam também os primeiros antifreudianos, algumas vezes numa só pessoa, como é o caso de Francisco Franco da Rocha, fundador do atual Hospital Psiquiátrico do Juqueri, autor do livro *O Pansexualismo na Doutrina de Freud*, e cofundador, com Durval Marcondes, em 1927, da primeira sociedade psicanalítica do país, a Sociedade Brasileira de Psicanálise de São Paulo (SBPCSP).

Outra crítica, menos preconceituosa, mas plena de pressupostos teóricos e metodológicos de outra natureza, é a de que a psicanálise não é, de fato, uma ciência, quando muito, uma teoria da interpretação, uma hermenêutica que, por mais objetiva que pretenda ser, não pode evitar a subjetividade do analista e a circunstancialidade da relação intersubjetiva que entre ele e o analisando se estabelece.

Os críticos positivistas de Freud julgariam que a passagem de seus estudos neurológicos do aparelho psíquico para o método analítico-interpretativo consolidado em *A Interpretação dos Sonhos* significava antes um recuo científico do que um salto no conhecimento da psique humana, tão entusiasticamente anunciado por seu autor. Esse tipo de crítica se refinou ao longo dos anos com os grandes avanços da bioquímica, da bioinformática, das ciências biológicas, inclusive da genética e, mais recentemente, da própria genômica, e as possibilidades cada vez mais concretas de identificar uma anatomia neurológica para o aparelho psíquico.

Em 1897, Freud comunicou a Wilhem Fliess, numa das tantas cartas que com ele trocou, que não acreditava mais em sua *Neurótica*, consolidando, assim, o abandono definitivo da teoria da sedução, que preconizava a existência de traumas reais para a explicação das neuroses. Para a elaboração de sua doutrina da fantasia e a concepção de uma nova teoria do sonho, acompanhada da famosa primeira tópica do aparelho psíquico – consciente, pré-consciente e inconsciente –, foi um passo. Mas foi também um passo gigantesco, do ponto de vista teórico e epistemológico, marcando, com essas mudanças, o nascimento de uma nova ciência e, mais do que isso, de um modo novo de o homem ver-se e perceber-se.

O orgulho da humanidade levou, no decorrer de sua história moderna, pelo menos três grandes trancos que simbolizam, como já anotamos anteriormente, no sentido bíblico, três grandes quedas, motivadas, contudo, não pela falta moral, mas pelo pecado da curiosidade do conhecimento. A primeira queda tira o homem e a terra do centro do universo, com a revolução coperniciana; a segunda o arranca da linhagem divina, com a teoria da evolução das espécies, de Darwin; a terceira o desaloja de seu próprio *eu*, para revelá-lo estranho e conflituoso consigo mesmo, com a criação da psicanálise.

Isso não é pouco, nem para a comunidade que a gestou, nem para a sociedade da época de sua constituição, nem depois para as comunidades que a recriaram, modificaram, adaptaram, negaram e para as sociedades que, espalhadas no tempo e no espaço, foram reproduzindo sua razão de ser e o *ethos* de suas materialidades institucionais. É uma longa viagem em busca do Graal da realidade, numa utopia em que o ideal não é o sonho, mas a realidade que ele vela e desvela, num jogo infinito de significados, que é preciso perseguir qual o romântico *Fausto*, de Goethe, ou o popular e erudito *Doutor Fausto*, de Thomas Mann, salvando-se na redenção dos céus ou sucumbindo às tragédias cíclicas dos grandes infortúnios e catástrofes sociais.

As dissensões e os conflitos sempre marcaram a trajetória da psicanálise e dos estudos freudianos. São muitos e variados em suas origens, motivações e intenções, desde o rompimento com Fliess, depois com Carl Jung e mesmo com Ernest Jones até às grandes disputas teóricas, políticas e institucionais que fazem parte do desenvolvimento da psicanálise e de seus contrários no século xx. Disputas que levaram, por exemplo, no Brasil, um intelectual do porte de Helio Pellegrino a procurar socializar o alcance da psicanálise,

Memória e Linguagem

afastando-se do freudismo clássico e engajando-se contra o regime ditatorial e contra o pretenso descompromisso político "arte-pela-arte" que alguns analistas preconizavam e difundiam no país.

Do ponto de vista epistemológico, as polêmicas não são menores e, às razões que se apresentam para negar à psicanálise o estatuto científico, *stricto sensu*, somam-se outras tantas para mostrá-la não contraditória e consistente, do ponto de vista de uma ciência hermenêutica, como procura demonstrar Paul Ricoeur no estudo alentado que dedicou à matéria no livro *Sobre a Interpretação*.

Há, pois, um universo de posições e contraposições culturais quando se trata de Freud e de psicanálise. A descoberta da alteridade como princípio constitutivo da identidade do *id* psicológico, que a nova teoria institui, permeia, entre outras coisas, todas as grandes teorias linguísticas que a Europa conheceu depois da publicação do *Curso de Linguística Geral*, de Ferdinand de Saussure. Mais perto de nós, Clarice Lispector apreendeu essa dinâmica cindida do *eu* numa espécie de aforismo consagrador *o outro do outro sou eu*, com todas as combinações possíveis que a descoberta de Narciso fez reverberar no jogo de estranhamento e identificação do homem e de suas imagens no mundo.

Em *A Interpretação dos Sonhos*, há uma seção B, no capítulo v, intitulada "O Material Infantil Como Fonte dos Sonhos", da qual constam os famosos quatro "sonhos romanos"[69], que, segundo as palavras do autor sonhador, mostram o quanto o desejo de ir a Roma "se transformara, em minha vida onírica, num disfarce e num símbolo para muitos outros desejos apaixonados"[70]. Não conseguindo, como Aníbal, o Cartaginês, entrar na cidade eterna (para onde só iria ao completar 45 anos de idade), embora viajando todos os anos à Itália, os sonhos, ao contrário, o mostram em Roma, mas, no próprio sonho, ele percebe que o lugar é outro.

Nos comentários e fragmentos de interpretação que se seguem à apresentação do quarto sonho, Freud escreve sua identificação com o herói das Guerras Púnicas:

69 R. Mezan, *Sigmund Freud*, p. 85.
70 S. Freud, *A Interpretação dos Sonhos*, p. 201-202.

Como tantos meninos daquela idade, eu simpatizara [...] não com os romanos, mas com os cartagineses. E quando nas séries mais avançadas comecei a compreender pela primeira vez o que significava pertencer a uma raça estrangeira, e os sentimentos antissemitas entre os outros rapazes me advertiram de que eu precisava assumir uma posição definida, a figura do general semita elevou-se ainda mais em meu conceito. Para minha mente juvenil, Aníbal e Roma simbolizavam o conflito entre a tenacidade dos judeus e a organização da Igreja Católica. E a importância crescente dos efeitos do movimento antissemita em nossa vida emocional ajudou a fixar as ideias e sentimentos daqueles primeiros anos[71].

Nesse momento, o autor adiciona a seus sentimentos a narrativa de um evento de sua juventude, "cuja força ainda era demonstrada em todas essas emoções e em todos esses sonhos"[72]. Seguem o episódio e as conclusões que o autor tira dele:

Eu devia ter dez ou doze anos quando meu pai começou a me levar consigo em suas caminhadas e a me revelar, em suas conversas, seus pontos de vista sobre as coisas do mundo em que vivemos. Foi assim que, numa dessas ocasiões, ele me contou uma história para me mostrar como as coisas estavam melhores naquela época do que nos seus dias. "Quando eu era jovem", disse ele, "fui dar um passeio num sábado pelas ruas da cidade onde você nasceu; estava bem-vestido e usava um novo gorro de pele. Um cristão dirigiu-se a mim e, de um só golpe, atirou meu gorro na lama e gritou: "Judeu! saia da calçada!" – "E o que fez o senhor?", perguntei-lhe. "Desci da calçada e apanhei meu gorro", foi sua resposta mansa. Isso me pareceu uma conduta pouco heroica por parte do homem grande e forte que segurava o garotinho pela mão. Contrastei essa situação com outra que se ajustava melhor aos meus sentimentos: a cena em que o pai de Aníbal, Amílcar Barca, fez seu filho jurar perante o altar da casa que

71 Ibidem, p. 201.
72 Ibidem, p. 202.

Memória e Linguagem

244   se vingaria dos romanos. Desde essa época, Aníbal estivera presente em minhas fantasias[73].

Em 1991, Will Eisner, o célebre autor de histórias em quadrinhos, criador, nos anos de 1940, de *The Spirit*, a história de um herói mais humanizado e, portanto, mais contraditório que os impávidos e compactos super-heróis que todos conhecemos e que voavam nos gibis de nossas fantasias, publicou uma novela gráfica cujo tema é uma autobiografia romanceada. Nela, o autor-protagonista é convocado pelo exército, em 1942, para lutar na Segunda Guerra Mundial. Enquanto viaja de trem para o sul, olha fixamente para a janela e, vendo a paisagem que corre para o passado dos trilhos da composição, mergulha, como num sonho, nas imagens, recordações e lembranças de sua vida nos Estados Unidos. Filha de judeus romenos, mas nascida nos Estados Unidos, sua mãe tem a história contada na segunda parte da novela e seu pai, por sua vez, também judeu de origem vienense, tem dedicada a ele e aos anos anteriores à sua emigração a terceira parte dos quadrinhos.

Há inúmeros pontos em comum entre essas histórias de vida e a história de tantos outros judeus que emigraram para a América, havendo também, é claro, várias coincidências de situações dramáticas entre a vida de Freud, seus sonhos e interpretações e a saga da família de Eisner. Chamam a atenção, em particular, as cenas que se seguem ao espancamento de Willie, que sai à rua com o irmão mais novo, no bairro para onde recém-mudara com sua família, por garotos cristãos que, nos traços ágeis do desenho de Eisner, demonstram toda sua fúria e todo seu ódio preconceituoso, tão presentes, como não podia deixar de ser, na problemática freudiana, seja no homem, seja no cientista e em sua ciência.

Quadrinho a quadrinho, a violência na rua contra os irmãos Willie e Julian cresce numa sequência de cenas que vai do registro da gozação, do deboche, do preconceito e do racismo à agressão física[74].

73   Ibidem.
74   *Ao Coração da Tempestade*, p. 15-26.

Quando os três agressores tocam em Julian, Willie vai para cima 245
deles e, dominado, começa a apanhar, não sem deixar de morder a
orelha de um deles, chamado Tony. Satisfeitos com a lição dada
aos irmãos, um deles, para comentar a queixa de Tony pela orelha
mordida, sentencia, em voz alta, isto é, em negrito no balão: "Judeus
não lutam limpo!"

O pequeno, depois de perguntar ao irmão mais velho se os outros
garotos, que já tinham ido embora, não queriam mais brincar, é
levado para casa e a mãe, no alto da escada, fica exasperada porque
Willie está sangrando.

Na sequência, o pai de Willie não só procura consolá-lo e recon-
fortá-lo do sentimento de injustiça que vivencia, americano que
é como os agressores, mas também busca mostrar-lhe, apontando
para a própria cabeça com o indicador, que ali sim estaria a maneira
adequada para lidar com a força bruta, isto é, com a inteligência e
a esperteza e não com a resposta embrutecida da força física, no
mesmo diapasão.

Logo, no instante seguinte, batem à porta da casa deles e os
quadrinhos que seguem são para apresentar ao vivo o empenho do
pai de Willie em conseguir, pelo pacifismo pragmático, persuadir
o visitante de que não vale a pena brigar, mas sim conviver em
harmonia, ainda que como estratégia de sobrevivência.

Quem bate à porta é um brutamontes cujo nome também é Tony
e que vem a ser o pai do garoto homônimo mordido na orelha por
Willie. Veio para tirar satisfações e não quer saber de conversa.
Chama o pai de Willie para fora e quer porque quer expor a força
de seus argumentos, postando-se para a briga, de punhos já fechados.
O pai de Willie, bem menor do que o ofendido, fica menor ainda
na escala das representações do desenho gráfico, mas não perde
a iniciativa da contraofensiva retórica e argumenta, com palavras,
primeiro reconhecendo, pela superioridade física do adversário, que
este venceu, e que, assim, não vale a pena brigar; depois, diante
da manifestação do outro de que não quer judeus no quarteirão,
dizendo que os dois, pela necessidade das circunstâncias, estão amar-
rados um ao outro e não têm, ambos, da mesma forma, para onde ir,

Memória e Linguagem

246 a não ser permanecer onde estão. A argumentação verbal termina com a pergunta do pai de Willie:

> – Portanto… Você vai precisar vir aqui todos os dias para me bater! De que adianta? É isso que eu quero saber.

Ao voltar para casa, respondendo à pergunta da mulher se havia brigado com o vizinho, o pai de Willie não só diz que não, como acrescenta o argumento definitivo de convencimento do opositor:

> – Que nada! Aah, Fannie… Eu prometi ao Tony que você vai levar alguns bolinhos de peixe na casa dele na sexta-feira! Acredita que eles nunca nem ouviram falar nisso?

Assim, com um argumento gastronômico, com um fundo de relativismo cultural, encerra-se o conflito e Willie aprende a lição, resumida nos dois conselhos paradigmáticos do pai: "Você precisa usar a cabeça!" e "Sobrevivência!" Ato contínuo, ao dirigir-se ao irmão mais novo, em outro cômodo da casa, já em outro quadrinho, não tem dúvidas em anunciar-lhe que vão mudar o nome dele e que ele passará a se chamar Pete, acrescentando, com eficiente pragmatismo: "É melhor ter um nome como esse por aqui!"

Rapidamente, portanto, Willie aprende a lição e decide, com a mudança do nome do irmão para Pete, livrá-lo do estigma que atrairia a fúria e o deboche dos outros garotos, batizando-o e absorvendo-o, simbólica e estrategicamente, no cristianismo do Novo Mundo.

Não se pense que essa seja uma situação de exceção, nem mesmo na Europa. Ao contrário, como observa Alberto Dines na excelente biografia de Stefan Zweig:

> As conversões no judaísmo austríaco eram frequentes, muito mais frequentes do que na Alemanha, onde os judeus também podiam destacar-se, mas onde a tradição foi menos aguda. A conciliação imoderada da sociedade vienense permitia a glória de Mahler como

compositor, mas sua assunção à direção da Ópera de Viena só seria   247
admitida se aceitasse a conversão ao cristianismo, o que, aliás, aconteceu indolormente[75].

Semelhanças e diferenças entre a infância e a juventude de Freud, em Freiberg, hoje Pribor (República Tcheca), e na Viena em que se formou e viveu quase toda a sua vida, e as atribulações do personagem autobiográfico Willie, de Eisner. Curiosidade, para ilustrar também uma diferença radical de atitude entre Freud e muitos judeus seus contemporâneos, já que ele, embora não apegado ao ritualismo religioso do judaísmo, fazia questão de afirmar-se judeu e ostentar suas origens familiares e afetivas, com todas as contradições e os conflitos psíquicos e sociais implicados em sua história de vida e que também podem ser vistos e lidos na história de vida que Eisner conta do jovem Willie. Nas palavras de Renato Mezan, o tema de Roma nos sonhos da autoanálise de Freud,

> conduz [...] ao judaísmo e à humilhação, mas também a seu pai, que se deixara tripudiar pelo membro da Igreja "romana". Identificando-se com Aníbal, Freud deseja vingar seu pai, mas, como nota Conrad Stein, deseja igualmente vingar-se de seu pai: "conquistar Roma é vingar o pai, destruindo um inimigo que é também seu pai", isto é, expulsando-o da linhagem e se atribuindo um genitor mais conforme seus gostos.
>
> Roma, alvo de sentimentos contraditórios, substitui, de certo modo, a imagem de seu pai. É por esta razão que a nostalgia de Roma aparece com a morte de Jakob e dura todo o tempo do luto interior; quando finalmente Freud consegue vencer sua inibição e vai a Roma, esta viagem é um sinal de que o luto terminou. E é fácil perceber que o luto termina quando termina o essencial da autoanálise: a viagem se situa após a publicação de *A Interpretação dos Sonhos*, obra que, como é dito no prefácio, "constitui minha reação à morte de meu pai – o acontecimento mais decisivo, a perda mais lancinante da vida de um homem![76].

---

75 *Morte no Paraíso*, p. 90.
76 Op. cit., p. 85, 88.

Memória e Linguagem

2. Cultura Animal

É apropriado falar em cultura animal, entendendo o termo cultura, entre tantas acepções a que lhe são atribuídas, como designação do processo de transmissão, por aprendizagem, do conjunto de valores e comportamentos que não apenas se dão na vida em sociedade, mas que da sociedade precisam para se dar e transmitir.

Durante a maior parte dos anos que conhecemos de nossa história, em particular na tradição do que ficou convencionado chamar cultura ocidental, firmamos a convicção de que a cultura, como a linguagem, é um traço distintivo de nossa humanidade relativamente à animalidade de outras espécies viventes. Essa convicção fortaleceu-se com o racionalismo iluminista, e as pesquisas científicas em vários campos, em especial nos da linguagem e suas adjacências, revigoraram as hipóteses e as demonstrações da singularidade do homem, criador e criatura de linguagem e de cultura.

Mais recentemente, sobretudo a partir da segunda metade do século XX, a etologia, a primatologia e a antropologia foram apontando, primeiro para uma desconfiança em relação à exclusividade humana daqueles traços distintivos e, depois, para a formação de uma nova convicção: a de que os animais também têm cultura, linguagem e, em vários casos, capacidade para aprender e dominar o uso de signos, com estruturas de relativa complexidade, em processos dinâmicos de comunicação. Na verdade, desde muito antes, Charles Darwin já havia anotado que a ética nasce dos instintos sociais e que "todo e qualquer animal dotado desses instintos bem marcados, incluindo os afetos de pais e filhos, adquirirá inevitavelmente um senso ou consciência moral, assim que suas faculdades intelectuais se desenvolvam tanto ou quase tanto quanto no homem"[77].

De todo modo, sabe-se, hoje, que animais não humanos são solidários, fazem sexo também por prazer, são capazes de raciocínio lógico e inteligência, conseguem transmitir conhecimentos – a base da cultura – e, portanto, têm uma cultura. De um lado, são fatos fascinantes,

---

77   Frans de Waal, *Eu, Primata*, p. 210. Epígrafe ao capítulo 5.

sejam as estratégias de guerra mostradas nos documentários que focam o mundo animal, sejam as ocorrências de quebra de regras em favor da empatia, mesmo que se saiba, o tempo todo, que tanto a preocupação com o sofrimento alheio como a união de esforços na realização de determinadas tarefas são muito importantes para a preservação do grupo. De outro lado, a constatação de que os pilares da moralidade humana, a solidariedade e o altruísmo, também se manifestam largamente nos animais traz uma nova visão da construção dessa moralidade, não mais determinada pela cultura, para controlar nossos instintos animais, mas inerentes à nossa constituição animal.

No livro *O Desenvolvimento do Pensamento Biológico*, Ernest Mayr considera que o darwinismo compreende não uma, mas cinco teorias independentes: a da evolução propriamente dita, a da origem comum de todos os seres vivos, a do gradualismo do processo evolutivo, a da especiação populacional e a da seleção natural. No caso da origem comum das espécies, nos livros *Origem do Homem e a Seleção Sexual* e *A Expressão das Emoções no Homem e nos Animais*, Darwin busca argumentos para mostrar que também a mente humana é parte e resultado do processo evolutivo, de modo a vencer as trincheiras dos que, seus contemporâneos, mesmo aceitando a evolução para os aspectos físicos do homem, ainda defendiam e propugnavam a origem divina e espiritual de sua alma e de sua mente.

Com isso, abre-se toda uma linha de estudos e pesquisas no campo da biologia, da etologia e, mais recentemente, da filosofia, da antropologia, da sociologia e da linguística que busca aprofundar os estudos que, como diz Frans de Waal – um dos mais importantes primatólogos do mundo, cujo principal objeto de estudo são as estratégias de resolução de conflitos e inteligência social em primatas –, levem a "entender, por exemplo, a evolução da moralidade" e, pela observação e análise de comportamentos de chimpanzés, "se eles possuem algum grau de empatia, altruísmo", buscando estudar "outros tipos de comportamento associado ao caráter humano, como a capacidade de transmissão cultural".

Obra modelo de popularização da ciência, ou divulgação científica, o livro *Eu Primata*, de Waal, foi destacado como "livro notável"

Memória e Linguagem

pelo *The New York Times*, em 2005. O livro descreve detalhadamente as grandes diferenças entre chimpanzés e bonobos e traça paralelos entre o comportamento social desses primatas e de humanos, destacando alguns indivíduos, de uma espécie e de outra, em histórias por vezes hilariantes, e outras terrivelmente violentas. Marcando a diferença, diz que "chimpanzés resolvem questões de sexo usando poder e bonobos resolvem questões de poder usando sexo", e que humanos fazem uma coisa e outra. Propõe, fundamentalmente, que nossa moralidade não é fruto de nossa cultura, que a aprimora ou modifica, mas da empatia em relação ao outro. Com a bagagem de anos de observação e estudo, afirma que os primatas têm uma cultura, ou seja, que os comportamentos observados não são apenas instintivos, mas decorrentes de aprendizado. Dentre as observações, destacam-se as estratégias de reconciliação e também as de ataque, sempre com histórias que emocionam.

De outro lado, paradoxalmente, pela empatia mais evidente nos bonobos e pela reciprocidade presente no comportamento dos chimpanzés, podemos perceber que "nossa moralidade é resultado do mesmo processo seletivo que determina nosso lado competitivo e agressivo", que a hierarquia é fator fundamental de construção da democracia e que nossa moral tem gosto de sangue. O autor reforça, ainda, que Darwin tinha a convicção de que a ética nasceu dos instintos sociais e mostra o quanto o criador da teoria da evolução seria contra o darwinismo social, sabendo que nem sempre são os mais fracos e ineptos que perdem ou desaparecem mesmo no mundo dos animais ditos irracionais.

Para os pessimistas, uma má notícia: Waal consegue provar que nossa vocação para a guerra é, na verdade, muito menor que nossa vocação para a paz, que somos campeões em construir a paz, apesar da constatação de que "na guerra os humanos ultrapassam a violência dos chimpanzés e na paz as relações intergrupais são bastante mais ricas do que entre os bonobos". Ele descreve cenas de reconciliação depois de brigas entre chimpanzés, perguntando-se se, de fato, o perdão e a bondade são características humanas ou tendências naturais entre animais cooperativos e com memória. De outro lado, em vários momentos somos lembrados de quão terrível e abjeto pode ser um animal, humano ou não, quando violento e cruel, em situações que o autor, mesmo com esforço e disciplina científica, não consegue ser imparcial. São descrições de cenas de violência extrema, inclusive infanticídio, que infelizmente nos remetem às atrocidades humanas, inclusive da atualidade.

No artigo "O Cão aos Olhos (da Mente) de Darwin: A Mente Animal na Inglaterra Vitoriana e no Discurso Darwiniano", publicado em 2008 na *Revista Brasileira de História da Ciência*[78], André Luis de Lima Carvalho e Ricardo Waizbort observam que, ao longo do livro *Origem do Homem e a Seleção Sexual*, vão se compondo os traços do animal darwiniano, dotado de racionalidade, com uma vida mental rica e possuidor até mesmo de instintos precursores da moral humana. Os autores também enumeram os predicados da complexidade subjetiva que Darwin atribui ao cão, ao cavalo e a outros animais, destacando entre eles a simpatia, a sociabilidade, o afeto, o sentimento amoroso que funcionaria como "uma espécie de cimento social, capaz de conferir a consistência necessária à formação dos vínculos de compromisso mútuo"[79], e, com os outros atributos e comportamentos dos cães apontados e analisados no livro, dar também consistência à tese de continuidade da mente animal e da mente do homem. Tratava-se, pois, de derrotar o último bastião criacionista dos que, aceitando a evolução física das espécies para a explicação também da origem humana, se apegavam às causas divinas para a explicação de sua mente e, com ela, para a afirmação da singularidade do homem entre as espécies.

Se a origem é a mesma para todas as espécies e se a seleção natural é que as diferencia, sem romper os elos da cadeia evolutiva, também o que vale para o corpo físico vale para a mente, de modo que o reconhecimento de atributos comuns, sob todos os aspectos, ao homem e ao animal, reforça a teoria evolucionista e, ao nos aproximar, humanos, dos animais e, animais, dos humanos, encurta

---

78   A.L. de L. Carvalho, R. Waizbort, O Cão aos Olhos (da Mente) de Darwin, *Revista Brasileira de História da Ciência*, Rio de Janeiro, v.1, n.1, p. 36-56, jan.-jun. 2008. Cf. p. 46.
79   Ibidem, p. 48.

Memória e Linguagem

252 a distância da polaridade clássica entre natureza e cultura. Como escreve Darwin, a diferença, do ponto de vista da mente, entre o homem e os animais superiores, por maior que seja, é certamente uma diferença de grau e não de tipo. Se as diferenças são, pois, de quantidade e não de qualidade, isto é, se os atributos da mente humana se encontram também na mente dos animais superiores, o que pode o homem fazer com o que lhe capacita sua mente, no grau em que ela o capacita, pode também o animal, proporcionalmente, fazer, no grau de sua capacitação. Sendo isso verdade, o animal é capaz de linguagem, de moral e de cultura.

Há muito tempo a literatura desconfiou dessa proximidade e isso desde a *Odisseia*, no reconhecimento de Ulisses por seu cão Argos, depois dos anos de ausência, estreitando os laços dessa desconfiança simpática entre homens e animais. De certa forma, Darwin também reproduz a experiência emocional e afetiva do reencontro com seu cão, depois dos cinco anos de sua viagem a bordo do HMS Beagle, anotando no livro *Origem do Homem e a Seleção Sexual* que, no reencontro, o cão se comportou, obedecendo-o, como se estivessem estado juntos sem o longo intervalo de ausência.

Há uma grande quantidade de livros sobre as relações entre homens e animais e, sem dúvida, algumas das maiores obras da literatura mundial. Só para citar, ao acaso, alguns títulos de leituras afetivas, sem ordem cronológica, nem de emissão, nem de recepção, é o caso de: *Quincas Borba*, de Machado de Assis; *Vidas Secas*, de Graciliano Ramos; os contos "O Burrinho Pedrês" e "Meu Tio, o Iauaretê", de Guimarães Rosa; *Cão como Nós*, de Manuel Alegre; *O Cão e o Dono*, de Thomas Mann; *Flush: Memórias de um Cão*, de Virginia Woolf; *Um Cão de Caráter* (na tradução francesa de Csutora), de Sandor Marai; *Niki: A História de um Cão*, de Tibor Déry; *Argo e Seu Dono*, de Italo Svevo; *Fup*, de Jim Dodge; *Timbuktu*, de Paul Auster; *Patas na Europa*, de Antonio Costella; *Platero e Eu*, de Juan Ramon Jimenez; *Da Dificuldade de Ser Cão*, de Roger Grenier. Também sempre me lembro da crônica emocionada e emocionante que escreveu Carlos Heitor Cony a propósito da morte de sua cadela Mila e de quanto o registro dessa perda nos ensina sobre nossas relações e sobre nós mesmos nas relações com os animais, dos animais conosco e de cada um de nós conosco e com outros semelhantes e dessemelhantes.

Umberto Eco, na crônica "Da Inteligência Canina: Quando o Cão Elabora um Plano Complexo" faz um breve e longo passeio, no espaço e no tempo, para – a propósito de um incidente em que a cadela Queen busca ajuda para salvar sua dona em pleno choque anafilático em decorrência de uma picada de vespa – evocar "uma literatura antiquíssima e vasta sobre as capacidades de raciocínio dos cães"[80]. Cita, então, a *História Natural*, de Plínio, Crisipo – três séculos antes –, Sexto Empírico – cinco séculos depois –, Plutarco, Eliano e Porfírio, com argumentos em favor da inteligência e da racionalidade desses animais. Eco projeta esses temas sobre nossos dias e termina a crônica com a desconfiança sagaz de que os cães estão, pela razão e pela emoção, mais próximos de nós do que sonha nossa vã filosofia. Ele conclui (e nós com ele): "Ainda que não se consiga definir bem a inteligência canina, deveríamos ser mais sensíveis a esse mistério. E se for muito difícil virar vegetariano, pelo menos que donos menos inteligentes que eles não abandonem seus cães nas estradas."[81]

3. O Mistério da Impiedade

Há alguns anos, assisti a uma apresentação de *Billy Budd*, de Benjamin Britten, na Ópera Nacional de Paris – Bastille, numa belíssima encenação de Francesca Zambello e com um cenário deslumbrante de simplicidade, em que a iluminação teve um papel comovente. Não conhecia a versão lírica de *Billy Budd, Marinheiro*, breve romance histórico de Herman Melville, lido há alguns anos e pelo qual comecei a me interessar profundamente, tanto quanto minha geração, por outros romances em que o tema da violência, sob a forma do binômio crime e castigo, é preponderante. Entre outros, Dostoiévski, Melville e Camus, com *O Estrangeiro*, em particular,

80   *Folha de S.Paulo*, São Paulo, 9 out. 2011, Ilustríssima, p. 6.
81   Ibidem.

Memória e Linguagem

254 compõem marcos de referência consagrados no imaginário ético e estético de diferentes épocas e estilos.

Quando o autor de *Moby Dick* morreu, em 1891, *Billy Budd, Marinheiro* estava, depois de incessantes revisões, praticamente pronto, embora só viesse a ser publicado anos mais tarde, em 1924, e tivesse tido como ponto de partida um poema de 32 versos de Melville a respeito do mesmo tema que depois seria desenvolvido em prosa. Como em outras obras de Melville, a obra trata do embate do bem e do mal, representado nas alegorias da nau do Estado e da nau da individualidade, mas apresentado de forma viva e tocante pela densidade humana dos personagens e pelo peso divino de suas contradições e conflitos.

O enredo do romance tem origem num fato histórico ocorrido em 1842, quando a bordo do navio de guerra norte-americano Somers, três homens tentaram organizar um motim e foram julgados por um conselho formado pelos oficiais que os condenaram à forca e à execução imediata. Em terra, os oficiais foram julgados por homicídio e absolvidos, embora estigmatizados para sempre. Entre esses oficiais, um primo-irmão de Melville, Guert Gansenvoort, para quem a narrativa de *Billy Budd, Marinheiro* é também uma forma de reabilitação ensejada pelo romancista.

Em 1846, um jovem marujo da Marinha norte-americana, Samuel Jackson, foi enforcado por ter batido num oficial que havia ordenado que seus sapatos fossem jogados no mar porque haviam sido encontrados onde não deveriam estar. Depois do fracasso de público de *Moby Dick* e de vinte anos de silêncio, em 1888, já com 69 anos, Melville começou a escrever *Billy Budd, Marinheiro*.

A história é simples: Billy Budd é jovem e simpático, bonito, cheio de sincera devoção à vida e aos valores morais consagrados na época. Levado a bordo do navio britânico Bellipotent, tem, desde logo, em oposição e adversidade à sua "dignidade natural", a inteligência, a esperteza e o interesse apaixonado da "depravação natural" do contramestre Claggart. O comandante do navio, capitão Edward Fairfax Vere, correto, disciplinado e disciplinador, viverá pelo resto de sua vida a tragédia de ter permitido e autorizado a execução de Billy

Budd por ele ter golpeado e assassinado o contramestre Claggart, que o acusara, diante do capitão, de incitação ao motim.

Billy Budd, perfeito, simpático, divino mesmo, tem, contudo, um forte traço de humanidade: é gago. Toda vez que se vê envolvido em forte emoção não consegue falar. Quando é acusado por quem tinha como amigo, tamanho é seu acesso de indignação que, não conseguindo falar, explode num gesto de repulsa e golpeia Claggart, matando-o. É julgado por três oficiais convocados para tanto pelo próprio capitão Vere, que funciona, no julgamento, como testemunha que, embora compadecida pela compreensão das razões da atitude do marinheiro, procede formalmente à narrativa oficial que o levará à condenação e à morte.

A ópera *Billy Budd* foi encomendada a Benjamin Britten para o Festival of Britain, em 1951, e o livreto, baseado na novela de Melville, foi escrito em colaboração com Edward Morgan Forster e Eric Crozier. Ópera moderna, rara, por não comportar papéis femininos, sua estreia se deu no Convent Garden de Londres (Inglaterra) no dia 1º de dezembro daquele mesmo ano, numa versão em quatro atos. Treze anos mais tarde, uma segunda versão, mais próxima ainda da novela de Melville, foi encenada no mesmo teatro, a versão mais curta, mas ainda assim com quase três horas de duração, à que assisti na Bastille.

Na ópera, o navio mercante de onde vem Billy Budd se chama Rights of Man (Direitos do Homem), numa clara alusão alegórica aos ventos revolucionários franceses que dão calafrios nos britânicos, e o navio de guerra para onde vai, com mais dois companheiros, chama-se agora Indomitable (Indômito). Ter vindo do navio Direitos do Homem constituirá o fundo dos argumentos de amotinação com que o contramestre Claggart o acusará para o comandante, o capitão "Starry Vere" (Vere, o Magnífico), como é chamado pela tripulação.

Culto, leitor de Plutarco, sensível, correto, corajoso, justo e íntegro, antes de ser enforcado, tanto na novela como na ópera, Billy Budd o abençoa: "God bless Starry Vere" (Deus abençoe Vere, o Magnífico). Mas nem o perdão sincero do condenado, exaltando na hora da morte

Memória e Linguagem

256 o juiz de seu malogrado destino, aliviará a consciência trágica do capitão sem dela eliminar a dúvida moral sobre o acerto ou o desacerto de uma decisão que custou a vida de um jovem simpático, leal e de futuro promissor. O perdão exaltado de Billy Budd, ao contrário de aliviar suas penas, acentua seu remorso, fazendo crescer suas dúvidas.

Configura-se, desse modo, um dos dilemas do livro de Melville e da ópera de Britten: os limites e os embates entre a certeza e a ignorância moral e aquilo que por duas vezes aparece em *Billy Budd, Marinheiro* pelo uso da expressão bíblica "o mistério da impiedade", a qual contempla o esforço malogrado de humanidade tanto em Billy como em Claggart.

Não conhecemos nosso destino nem as circunstâncias interiores e exteriores que o levarão ao sucesso ou ao malogro de nossas intenções de vida. O mal não necessita de nenhuma intrepidez de caráter: multiplica-se como sombra sem fonte de luz definida. O bem requer um esforço de sociedade e uma disposição de vontade individual tais que sua realização é sempre um ato de coragem, como, aliás, a verdadeira alegria. A distinção entre um e outro é objeto da ética e de seus finalismos morais. A violência é a loucura do mal e sua banalidade, para lembrarmos Hannah Arendt, pode ser mais danosa do que todos os maus instintos juntos. Não podemos perder nossa capacidade de indignação.

A indigência ética – para lembrar agora uma expressão de Martin Heidegger – de nossa época é o grande desafio de nossa sociedade. Buscar arrancá-la de um relativismo absoluto no qual tudo se compreende e tudo se perdoa, sem deixá-la resvalar pela pirambeira metafísica dos universalismos místicos e racionalistas, em que tudo se explica e nada se entende, é a tarefa maior que devemos nos propor realizar. Estudar, sob seus mais diferentes aspectos, os mecanismos da violência é, sem dúvida, um passo importante para seu entendimento, mas não necessariamente para seu perdão. Um pouco de Friedrich Nietzsche não fará mal a ninguém!

4. Lá e Cá

A memória funciona sob o paradigma de uma oposição que poderia ser representada pelo par *aqui-lá*, ao qual se articulam outras oposições, sendo a mais importante a do par *agora-ontem*. Desse modo, *tempo* e *espaço* são as variáveis fundamentais que entram em jogo na atuação da memória, com destaque para os pares *presente-passado*.

As canções de exílio presentes na tradição de muitas culturas e que, em língua portuguesa, se associaram também à particularidade linguística e emocional da palavra *saudade* são um exemplo expressivo da dinâmica desses conceitos e de sua sensibilização pela recorrência do uso e pela mística da singularidade dos sentimentos que traduzem. E a palavra *saudade* vem do latim *solitate*, "soledade", "solidão", através das formas arcaicas *soydade*, *suydade*, como se pode ler no *Aurélio*. Desse modo, nas canções de exílio, acrescenta-se aos pares *aqui-lá*, *agora-ontem*, por via da saudade, a oposição *solidão- -companhia*, *tristeza-alegria*, *encantamento-desilusão*.

José Paulo Paes, que havia acondicionado o exílio em sua canção- -pílula, revisita o tema no livro *Prosas Seguidas de Odes Mínimas*, num tom falsamente prosaico e narrativo, para contar, na ciranda do tempo, a viagem do eu lírico pela mesmice da diferença e pelo desencontro do mesmo lugar:

Canção de Exílio

Um dia segui viagem
sem olhar sobre o meu ombro.
Não vi terras de passagem
não vi glórias nem escombros.
Guardei no fundo da mala
um raminho de alecrim.
Apaguei a luz da sala
que ainda brilhava por mim.
Fechei a porta da rua
a chave joguei ao mar.

Memória e Linguagem

Andei tanto nesta rua
que já não sei mais voltar[82].

Essa topologia da memória temperada de saudade que deu suporte psicológico, retórico, expressivo e social à sequência de canções de exílio que, no Brasil, se estendem do romantismo, no século XIX, aos dias atuais começa a conhecer uma nova axiologia com a inversão de valores associados ao *aqui-lá* ou, se quiser, uma subversão da geografia demarcada pela oposição. Quer dizer, na "Canção do Exílio", de Gonçalves Dias, matriz em língua portuguesa das demais, o *aqui* designa a Europa e o lugar do exílio e o *lá* aponta, com a saudade, para o Brasil e apronta, com a memória, a coleção de objetos poéticos que identificam o *lá* com a felicidade paradisíaca.

No livro *Memorial de Aires*, de Machado de Assis, publicado postumamente, apenas para lembrar a trama que serve de motivo às anotações de despedida do Conselheiro Aires em seu diário, os jovens Fidélia e Tristão são como filhos postiços do casal Aguiar. Fidélia é viúva e *aqui* no Brasil, na cidade do Rio de Janeiro, no cemitério São João Baptista, tem seu marido Noronha sepultado. Fidélia e Tristão apaixonam-se, casam-se e partem em definitivo para Portugal, *lá* onde já viveram e onde, cheios de juventude e vigor, poderão ser felizes. Ao partir, deixam *aqui*, para trás, não só o primeiro marido morto e enterrado de Fidélia, mas o desconsolo sem reconforto do casal de velhos, além dos registros irônicos, céticos e compreensivos do diplomata aposentado Aires:

> 30 de agosto
> Praia fora (esqueceu-me notar isto ontem), praia fora viemos falando daquela orfandade às avessas em que os odores velhos ficavam, e acrescentei, lembrando-me do marido defunto:
> – Desembargador, se os mortos vão depressa, os velhos ainda vão mais depressa que os mortos… viva a mocidade!"

---

[82]   J.P. Paes, Canção de Exílio, *Prosas Seguidas de Odes Mínimas*, p. 19.

Na última anotação do Conselheiro, marcada por um "Sem data" que poderá também ser lida como "Data nenhuma" ou "Qualquer data", isto é, "Toda data" lê-se:

"Há seis ou sete dias que eu não ia ao Flamengo. Agora à tarde lembrou-me lá passar antes de vir para casa. Fui a pé; achei aberta a porta do jardim, entrei e parei logo.

'Lá estão eles', disse comigo.

Ao fundo, à entrada do saguão, dei com os dois velhos sentados, olhando um para o outro. Aguiar estava encostado ao portal direito, com as mãos sobre os joelhos. D. Carmo, à direita, tinha os braços cruzados à cinta. Hesitei entre ir adiante ou desandar o caminho; continuei parado alguns segundos até que recuei pé ante pé. Ao transpor a porta para a rua, vi-lhes no rosto e na atitude uma expressão a que não acho nome certo ou claro; digo o que me parecem. Queriam ser risonhos e mal se podiam consolar. Consolava-os a saudade de si mesmos"[83].

Desse modo, ao par *aqui-lá*, associa-se também a oposição *morte--vida* e todos os seus correlatos, devidamente ordenados em cada um dos eixos que cada termo estabelece, em oposição.

O tema da falta ou da ausência de si mesmo já aparecera em outro romance memorialista de Machado de Assis, *Dom Casmurro*, sem falar de *Memórias Póstumas de Brás Cubas*, em que, estando o narrador já morto, suas memórias têm a justa pretensão de se apresentarem isentas das aflições da vida.

Voltando ao romance *Dom Casmurro*, nas explicações ao leitor que dá o narrador Casmurro, antes Bentinho, sobre o título do livro e depois sobre o próprio livro, lê-se a tessitura voluntária da memória perfazendo, na intenção confessa do narrador-personagem, a trajetória da oposição topológica entre *aqui-presente* e *lá-passado*, com todas as variantes de conotação a ela associadas:

O meu fim evidente era atar as duas pontas da vida, e restaurar na velhice a adolescência. Pois, senhor, não consegui recompor o que foi

---

83   J.M. Machado de Assis, *Obra Completa*, v. I, p. 1200.

Memória e Linguagem

nem o que fui. Em tudo, se o rosto é igual, a fisionomia é diferente. Se só me faltassem os outros, vá, um homem consola-se mais ou menos das pessoas que perde; mas falta eu mesmo, e esta lacuna é tudo. O que aqui está é, mal comparando, semelhante à pintura que se põe na barba e nos cabelos, e que apenas conserva o hábito externo, como se diz nas autópsias; o interno não aguenta tinta. Uma certidão que me desse vinte anos de idade poderia enganar os estranhos, como todos os documentos falsos, mas não a mim[84].

No mesmo romance, em seu capítulo LIX, chamado pelo autor "Convivas de Boa Memória", o narrador, ao mesmo tempo em que tece considerações sobre a memória – a sua e a de convivas (por isso o título) –, concita o leitor a preencher as lacunas do livro que lê – no caso o das lembranças refletidas de Casmurro/Bentinho – com tudo aquilo que não lê, mas que, por não estar na literatura do que é lido, se faz presente pelo que é imaginado, vivido e vivenciado pelo leitor. É como se, quase um século antes, ouvíssemos, lendo, a voz prazerosa de Roland Barthes enriquecendo o estruturalismo em seus jogos de presença-ausência a encantar os signos com a fantástica simbologia dos atos de significação da linguagem:

Nada se emenda bem nos livros confusos, mas tudo se pode manter nos livros omissos. Eu, quando leio algum desta outra casta, não me aflijo nunca. O que faço em chegando ao fim, é cerrar o olhos e evocar todas as cousas que não achei nele. Quantas ideias finas me acodem então! Que de reflexões profundas! Os rios, as montanhas, as igrejas que não vi nas folhas lidas, todos me aparecem agora com as suas águas, as suas árvores, os seus altares, e os generais sacam das espadas que tinham ficado na bainha, e os clarins soltam as notas que dormiam no metal, e tudo marcha com uma alma imprevista. É que tudo se acha fora de um livro falho, leitor amigo. Assim preencho as lacunas alheias; assim podes também preencher as minhas[85].

---

84   Ibidem, p. 810.
85   Ibidem, p. 870-871.

Nesse ponto, aparece um dos traços fundamentais da memória. De fato, desde Platão e Aristóteles, foram considerados como constitutivos da memória, dois diferentes momentos: aquele que Platão chamou de "conservação de sensações", caracterizado pela conservação de conhecimentos passados e aquele chamado de "reminiscência", que consiste na possibilidade de evocar esse conhecimento passado e atualizá-lo, tornando-o presente. Trata-se, no primeiro caso da *memória retentiva* e, no segundo, da *memória como recordação*.

A indagar sobre o papel da memória na representação – o que nos aproxima do trecho acima de Machado de Assis –, Aristóteles dirá que a permanência em nós de algo semelhante a uma marca ou a uma pintura que nos faz lembrar o que não está presente, e não só a presença da própria marca, é como um animal pintado num quadro que é ao mesmo tempo animal e imagem, mesmo que o ser dessas coisas, como é o caso, não seja o mesmo. Da mesma maneira, a imagem marcada em nós tanto é um objeto em si como é também representação de outra coisa que não tem nenhuma relação intrínseca necessariamente motivada com o objeto que a representa.

Desse modo, sobressai o papel que a memória tem no complexo processo da representação, tanto do ponto de vista literário, tal como aparece no capítulo LIX de *Dom Casmurro*, como de ponto de vista da linguagem humana, em geral, e em seus mecanismos semânticos de produção de significados. Nesse caso, é pela memória que se automatizam as regras e as convenções que permitem o amplo e intrincado fenômeno da significação no uso das línguas naturais pela associação de sinais físicos – sonoros ou gráficos – a significados de coisas, estados e processos no mundo.

A semantização da linguagem dá-se pelo jogo de *claro-escuro*, de *presença-ausência*, de *presente-passado*, de *aqui-lá* que constitui, nesse sentido, não apenas o paradigma de oposições que estrutura a memória, mas que, na verdade, é por ela estruturado como condição essencial do ato de dizer e de significar, tanto em suas explicitudes como nos implícitos próprios do não dito e nos infinitos jogos de preenchimento de lacunas – para os quais convida o texto de

Memória e Linguagem

262 Machado de Assis – que entretecem os diálogos e as interlocuções de que se faz o uso efetivo da linguagem humana.

No caso do uso literário, propriamente dito, dessa faculdade de representação que a memória estrutura e escande, que se lembre, como adendo ao sugestivo texto de Machado de Assis e à reflexão sabiamente irônica de *Dom Casmurro*, narrador-personagem de suas presenças e ausências no mundo, do conhecido poema "Autospicografia", de Fernando Pessoa, sobre o ato de ler o escrito e de escrever o lido, reescrevendo-os todos pela leitura, dentro e fora dela, pela memória:

> O poeta é um fingidor
> finge tão completamente
> que chega a fingir que é dor
> a dor que deveras sente.
> E os que leem o que escreve
> na dor lida sentem bem
> não as duas que ela teve
> mas só a que eles não têm.
> E assim nas calhas de roda
> gira a entreter a razão
> este comboio de cordas
> que se chama coração.

Acadêmicos

1   Semiótica e Semiologia[1]

1

O termo *semiótica* tem longa tradição de uso e sua antiguidade remonta a Cláudio Galeno, cujas teorias influenciaram fortemente a medicina até pelo menos o século XVII. Nesse caso, *semiótica*, com a variante *semiologia*, designa a ciência dos sintomas em medicina e é sinônimo de *sintomatologia*. Já o uso do termo *semiótica* para designar a ciência dos signos, correspondendo, nesse sentido, à lógica tradicional, foi proposto, no século XVII, por John Locke e, no século XVIII, retomado por Johann Heinrich Lambert, como título da terceira parte da obra *Novo Organon*.

Entretanto, por iniciativas independentes, a semiótica, de um lado, na designação de origem anglo-saxã, e a semiologia, de outro, na vertente neolatina da cultura europeia, vão ser propostas como disciplinas autônomas, no primeiro caso, por Charles Sanders Peirce, e, no segundo, por Ferdinand de Saussure, cujo *Curso de Linguística Geral*, publicado postumamente por Charles Bally e Albert Sechehaye, ex-alunos de Saussure, constitui o marco da grande

---

[1]   A primeira versão deste artigo foi publicada em Carlos Vogt, Semiótica e Semiologia, em Eni P. Orlandi; Suzy Lagazzi-Rodrigues (orgs.), *Introdução às Ciências da Linguagem.* p. 105-141.

revolução teórica dos estudos na área.No terceiro parágrafo do terceiro e último capítulo da "Introdução" a essa obra fundadora da linguística moderna, Saussure reflete sobre o "Lugar da Língua nos Fatos Humanos", para então anunciar, com feliz augúrio, o nascimento futuro da semiologia.

É conhecida a distinção entre língua e fala proposta por Saussure, no sentido de delimitar a língua como objeto de estudo da ciência linguística. Enquanto a fala é um contínuo sonoro e a linguagem é heterogênea e múltipla de aspectos físicos, psíquicos e sociais, a língua, de natureza homogênea, formada de elementos discretos, constitui um todo em si mesmo, é um princípio de classificação, isto é, de ordenação e explicação dos fatos de linguagem. A língua é, assim, um objeto teórico, um constructo, um sistema cujos elementos integrantes e integradores são os signos. É, ao mesmo tempo, uma instituição social que se distingue de outras instituições, políticas, jurídicas etc., pela natureza especial do sistema de signos que constitui.

Como escreve Saussure: "A língua é um sistema de signos que exprime ideias, e é comparável, por isso, à escrita, ao alfabeto dos surdos-mudos, aos ritos simbólicos, às formas de polidez, aos sinais militares etc., etc. Ela é apenas o principal desse sistemas."[2]. É nesse momento que, anunciando a nova ciência dos signos, o autor lança a semente do que viria a ser um dos mais profícuos campos de investigação dos comportamentos e das formas simbólicas das relações humanas no século xx e no século xxi, que, aos poucos, se desdobra. Diz o autor:

> Pode-se, então, conceber *uma ciência que estuda a vida dos signos no seio da vida social*; ela constituiria uma parte da psicologia social e, por conseguinte, da psicologia geral; chamá-la-emos de *semiologia* do grego *sémeîon*, "signo"). Ela nos ensinará em que consistem os signos, que leis os regem. Como tal ciência não existe ainda, não se pode dizer o que será; ela tem direito, porém, à existência; seu lugar

2   F. de Saussure, *Curso de Linguística Geral*, p. 24.

está determinado de antemão. A linguística não é senão uma parte dessa ciência geral; as leis que a semiologia descobrir serão aplicáveis à linguística e esta se achará dessarte vinculada a um domínio bem definido no conjunto dos fatos humanos[3].

Um pouco mais sobre o assunto nas duas páginas restantes dessa "Introdução" e é tudo o que aparece no *Curso de Linguística Geral* referente à semiologia.

Mas o vaticínio lançado funcionou também como provocação científica e, a partir desse momento, toda uma escola semiológica, com identidades, diferenças, harmonias e disputas, foi se consolidando na Europa e se disseminando pelo mundo por meio da ação de intelectuais, estudiosos e grandes referências internacionais como Roman Jakobson, Claude Lévi-Strauss, Julia Kristeva, Algirdas Julien Greimas, Roland Barthes, entre muitos outros que fizeram ou seguiram escolas de semiologia, lá, aqui, onde quer que se falasse de sentido, significação, signos e significância.

A outra vertente da moderna semiologia, designada mais especificamente pelo termo semiótica, teve suas origens mais contemporâneas na vasta obra de Peirce, que, preocupado em estabelecer uma relação necessária entre ciência e filosofia, formulou o método pragmático, buscando, assim, propor um método científico para a filosofia. Quer dizer, um método capaz de conferir significado às ideias filosóficas em termos experimentais. As opiniões e o estabelecimento de sua verdade constituem o objetivo fundamental do método científico. Ao pragmatismo cabe responder pela determinação experimental do significado das ideias ou dos conceitos intelectuais.

O pragmatismo, proposto por Peirce como um método científico para determinar o significado de conceitos intelectuais, é também a negação do intuicionismo de René Descartes e da ideia de que o pensamento possa interpretar-se a si mesmo. É apenas em termos de signo que ele se efetua e, desse modo, é visto como complexamente estruturado numa relação triádica: significa alguma coisa para alguém de alguma maneira. A semiótica para Peirce é sinônimo não

3 Ibidem.

Acadêmicos

²⁶⁶ só da lógica, mas também da teoria linguística e deve englobar os três níveis fundamentais de análise: o da sintaxe, o da semântica e o da pragmática. Peirce propõe uma série de classificações para o signo, sendo a mais conhecida a que o considera em sua relação com o objeto e o caracteriza como ícone, índice ou como símbolo. Em Peirce, tudo é múltiplo de três, assim como, para Saussure e para os estruturalistas que vieram depois dele, os sistemas de signos são binários e se organizam em posições dicotômicas.

Na linha da semiótica de inspiração lógica, é preciso lembrar da forte influência exercida por Gottlob Frege, em particular sua distinção entre sentido e significado, os trabalhos de Bertrand Russel e de Rudolf Carnap e a sistematização que a ela deu, nos anos de 1930, Charles Morris. Seguindo essa mesma orientação, mas incorporando o conteúdo dos estudos etológicos desenvolvidos nos Estados Unidos e na Europa, a semiótica se voltou também para a vida animal – a zoosemiótica – e teve em Thomas Sebeok um ativo e profícuo militante intelectual. Outros grandes nomes marcaram o desenvolvimento da semiótica e da semiologia, entre eles Ernst Cassirer, Karl Bühler e Eric Buyssens.

Língua, literatura, moda, culinária, comportamento animal, música, pintura, jogos, rituais, regras sociais, parentesco, tudo, enfim, que, por algum modo, passou a ser percebido como sendo em si significante e sendo o que não é, isto é, sendo, simultaneamente, outra coisa que si mesmo, tendo, pois, um significado, passou também à categoria de objeto semiológico ou semiótico. A confirmação do mundo desgarrado em símbolos, eles próprios do mundo desgarrados, vagando em imagens de onipotente simultaneidade, confirmou também à semiologia um papel crucial no desenvolvimento crítico de nossos simulacros de realidade, vale dizer, de suas representações e das múltiplas formas de apresentação dessas representações.

O presságio de Saussure se concretizou e, se a semiologia não se constituiu em ciência, no sentido estrito do termo, produziu, contudo, um conjunto sistemático de estudos sobre o homem, suas ações e seus significados que não é possível não levar em conta quando se pretende, senão responder, ao menos formular com alguma consistência as perguntas, não metafísicas, mas pragmáticas, sobre os sentidos da vida, suas direções e as constantes sistemáticas de suas variações históricas, culturais e mesmo biológicas.

II

Émile Benveniste, cujos trabalhos marcaram consistentemente o desenvolvimento do estruturalismo, no artigo "Structure de la Langue et Structure de la Societé" (Estrutura da Língua e Estrutura da Sociedade), ao tratar das semelhanças e das diferenças entre a língua e a sociedade, propõe que a primeira seja vista como um meio de análise da segunda, isto é, numa relação semiológica de interpretante para interpretado, entendendo ainda que a língua contém a sociedade, mas, ao contrário, não é por ela contida.

No que diz respeito à relação semiológica na qual a língua aparece como interpretante da sociedade, um princípio de não homologia entre os dois sistemas deve ser observado para que se cumpra o que Benveniste chama de *condição de semiologia geral*, isto é, por serem de natureza diversa, não podem ser convertidos um no outro, tampouco ser, mutuamente, um o interpretante do outro. O que, então, dá à língua esse papel de interpretante? A resposta está no fato de que sua função principal é a comunicação e que, para isso, investida de propriedades semânticas, se constitui, estruturalmente, como se fosse uma máquina de produzir sentidos.

O que caracteriza esta máquina? Três propriedades essenciais: ser formada por unidades significantes, vale dizer, por signos; permitir o emprego desses signos de um modo significante; permitir sua combinação segundo certas regras de consecução e somente da maneira consentida por essas regras. Temos, assim, o código, as regras paradigmáticas de seleção e as regras sintagmáticas de combinação.

> A língua pode ser vista no interior da sociedade como um sistema produtivo, que produz sentido, graças à sua composição que é inteiramente uma composição de significação e graças ao código que condiciona esse arranjo. Ela também produz indefinidamente enunciação

Acadêmicos

graças a certas regras de transformação e de expansão formais; cria, pois, formas, esquemas de formação; cria objetos linguísticos que são introduzidos no circuito da comunicação. A 'comunicação' deveria ser entendida no sentido literal daquilo que é posto em comum e cujo trajeto é circulatório[4].

Como se sabe, uma outra noção fundadora apresentada no *Curso de Linguística Geral* por Saussure é a noção de *valor* do signo linguístico. Saussure a apresenta de forma negativa, isto é, constituída, verticalmente, no interior do jogo de oposição e substituições paradigmáticas e permitidas, horizontalmente, pelo jogo combinatório das regras de expansão do eixo sintagmático da língua. Esse é, assim, o princípio básico de constituição do processo de comunicação, no qual as noções de *valor* e de *troca* do signo linguístico têm um papel fundamental. Por isso, a analogia com a economia, e a língua ser vista também como um sistema de valores.

O jogo de oposição e de combinações que caracteriza o funcionamento do sistema da língua e explicitam os mecanismos de produção de sentido que são próprios desse sistema, assentados sobre a base da função comunicativa, da noção de valor e das formas de troca do signo linguístico, logo fundamentam as teorias e os métodos de análise que a semiologia vai aos poucos formulando a partir da língua, para outros sistemas significantes, para outras linguagens, faladas, escritas, visuais, sonoras, gustativas, táteis, olfativas, literárias, poéticas, artísticas, normativas, lúdicas, pedagógicas, cômicas, trágicas, dramáticas, ruidosas, silenciosas, simples, complexas, enfim, para o que quer que possa se caracterizar como um sistema de signos com princípios consistentes de troca e substituição e regras claras de combinação consecutiva.

Era preciso estabelecer esses princípios e fixar essas regras e, já que a língua contém a sociedade, como afirma Benveniste, é preciso partir da língua como fato semiológico por excelência para chegar à diferença e à especificidade de outros sistemas de signos:

---

4   É. Benveniste, Structure de la langue et structure de la societé, em C. Olivetti, *Linguaggi nella società e nella tecnica*, p. 27.

É preciso convencer-se de que nada pode ser compreendido se não for reduzido à língua. Além disso, a língua é necessariamente o instrumento próprio para descrever, conceituar, interpretar tanto a natureza quanto a experiência, portanto, esse composto de natureza e de experiência que se chama sociedade. É graças a esse poder de transmutação da experiência em signos e de redução categorial que a língua pode tomar por objeto não importa que ordem de dados e até mesmo sua própria natureza. Há uma metalíngua; não há metassociedade[5].

Na mesma linha de precedência envolvente da linguagem humana em relação a outros sistemas não verbais de significação, Barthes em seu *Elementos de Semiologia* afirmou, contrariando nesse aspecto o *Curso de Linguística Geral*, ser preciso:

> admitir [...] a possibilidade de revirar um dia a proposição de Saussure: a linguística não é uma parte, mesmo privilegiada, da ciência geral dos signos; a semiologia é que é uma parte da linguística; mais precisamente, a parte que se encarregaria das *grandes unidades significantes* do discurso. Daí surgiria a unidade das pesquisas levadas a efeito [...] em antropologia, sociologia, psicanálise e estilística acerca do conceito de significação[6].

Mesmo trabalhando com materiais não linguísticos, o semiólogo terá, cedo ou tarde, de tratar com a linguagem, não mais, necessariamente, no nível de unidades da língua como fonemas e monemas, mas agora no nível de fragmentos do discurso, unidades, pois, mais complexas que integram o mito, a narrativa, o artigo de imprensa e mesmo os objetos de nossa civilização, como diz Barthes ao sugerir a absorção da semiologia por uma translinguística.

O esforço teórico e metodológico é, nesse caso, o de utilizar conceitos analíticos, como língua e fala, significado e significante, sintagma e sistema, denotação e conotação, tirados da linguística

5   Ibidem, p. 24.
6   R. Barthes, *Elementos de Semiologia*, p. 13.

Acadêmicos

270 e que constituem também os títulos das partes em que se divide o livro de Barthes, e transpô-los para os domínios de outros sistemas semiológicos, mesmo com o risco, observado pelo autor e sublinhado por Lévi-Strauss, de comprometer toda e qualquer análise semiológica do não verbal por sua versão linguística, dada a preferência conceitual e metodológica derivada de seu poder de organização e de explicação dos fenômenos da significação.

Para ilustrar, reproduzimos o quadro que Barthes apresenta para a distinção sistema-sintagma aplicada a diferentes objetos culturais, como vestuário, comida, mobiliário e arquitetura:

	Sistema	*Sintagma*
Vestuário	Grupo de peças, encaixes ou pormenores que podemos usar ao mesmo tempo e num mesmo ponto do corpo e cuja variação corresponde a uma mudança do sentido indumentário: touca / gorro / capelina etc.	Justaposição num mesmo conjunto de elementos diferentes: saia – blusa – casaco.
Comida	Grupo de alimentos afins e dessemelhantes no qual escolhemos um prato em função de certo sentido: as variedades de entradas, assados ou sobremesas.	Encadeamento real dos pratos escolhidos ao longo da refeição: é o cardápio.
	O "cardápio" no restaurante atualiza os dois planos: a leitura horizontal das entradas, por exemplo, corresponde ao sistema; e a leitura vertical corresponde ao sintagma.	
Mobiliário	Grupo das variedades "estilísticas" de um mesmo móvel (uma cama).	Justaposição dos móveis diferentes num mesmo espaço (cama – armário – mesa etc.).
Arquitetura	Variações de estilo de um mesmo elemento de um edifício, diferentes formas de telhados, sacadas, entradas etc.	Encadeamento dos pormenores no nível do conjunto do edifício.

Fonte: R. Barthes, *Elementos de Semiologia*, p. 67.

Os estudos voltados para a significação não são, contudo, privilégio nem da linguística nem da semiologia. Nasceram, inclusive, antes delas e fazem parte de uma longa tradição de reflexão e análise na filosofia, na lógica e, um pouco mais tarde, na lógica formal. O desejo de encontrar uma especificidade teórica e metodológica para a semiologia, capaz de distingui-la, sobre o fundo comum da busca do sentido do significado dos signos e de suas coisas no mundo, levou também ao esforço, em muitos casos, de construir uma linguagem artificial adequada que permitisse o estabelecimento de um modelo de descrição compatível com a estrutura elementar da significação e a construção de objetos teóricos semiológicos em todos os níveis de significância das relações e das ações do homem em sociedade e da sociedade dos homens no mundo.

Como observa Greimas:

> O homem vive num mundo significante. Para ele, o problema do sentido não se põe, o sentido é posto, impõe-se como uma evidência, como um << sentimento de compreender >> totalmente natural.
>
> Num universo << branco >> em que a linguagem fosse pura denotação das coisas e dos gestos, não seria possível interrogar-se sobre o sentido: toda interrogação é *metalinguística*.
>
> [...] A significação não é, pois, mais do que essa transposição de um nível de linguagem para um outro, de uma linguagem para uma linguagem diferente, e o sentido não é senão essa possibilidade de *transcodagem*[7].

Esse será, assim, segundo Greimas, um dos objetivos maiores do semiólogo: o da construção dessa linguagem de transposição calcada, de um lado, no jogo de oposição constitutivo do sistema linguístico, tal como apontado por Saussure, e, de outro, nas oposições postas em jogo pelo cálculo proposicional da lógica formal, com inspiração histórica em Aristóteles e em Apuleio e sob influência mais direta e recente do lógico francês Robert Blanché.

III

No livro *Estruturas Intelectuais*, Blanché se propõe o problema da organização dos conceitos a partir da teoria clássica da oposição das

---

7   *Du sens*, p. 12-13.

Acadêmicos

proposições. Toma, para isso, como base, o quadrado lógico de Apuleio, no qual são representadas as quatro espécies de proposição que se opõem pela quantidade (universais *versus* particulares), nas duas metades do eixo horizontal; pela qualidade (afirmativas *versus* negativas), nas duas metades do eixo vertical; e por ambas, quantidade e qualidade, ao mesmo tempo (universais afirmativas *versus* particulares negativas e universais negativas *versus* particulares afirmativas), nas duas diagonais que cortam o quadrado.

Tomando, segundo a tradição de uso, as letras A e I de *Afirmo* para indicar as proposições afirmativas e as letras E e O de *Nego* para as negativas, universais e particulares, respectivamente, tem-se, então, o quadrado de proposições opostas e cuja oposição se dá segundo as relações assim representadas:

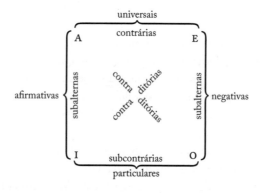

Se considerarmos para A a proposição *Todo homem é mortal*, teremos para E que *Todo homem não é mortal* ou *Nenhum homem é mortal*, para I que *Algum homem é mortal* e para O que *Algum homem não é mortal*.

As universais A e E se opõem como contrárias, isto é, não podem ser verdadeiras (V) ao mesmo tempo e podem ser falsas (F) ao mesmo tempo, o que permite a regra de inferência que diz que, se uma das duas é verdadeira, pode-se concluir a falsidade da outra. Já as particulares I e O opõem-se como subcontrárias, o que significa que não podem ser ambas falsas ao mesmo tempo, mas podem, simultaneamente, ser verdadeiras. Daí a regra de inferência: se uma é falsa, a outra é verdadeira. Cada uma das duas particulares I e O se opõe à universal de mesma qualidade como sua subalterna: I *versus* A, O *versus* E.

A verdade da universal subalternante acarreta, implica a verdade de sua particular subalternada; a falsidade da particular subalternada pressupõe a falsidade de sua universal subalternante. Por isso, as regras de inferência:

a. se a universal subalternante é verdadeira, a particular subalternada é verdadeira;
b. se a particular subalternada é falsa, a universal subalternante é falsa.

As proposições universais afirmativas A e as proposições particulares negativas O são contraditórias entre si, da mesma forma que também o são as universais negativas E e as particulares afirmativas I. Nesse caso, a regra é: se uma é verdadeira, a outra é falsa; se uma é falsa, a outra é verdadeira.

Assim, dadas duas proposições p e q, se são contraditórias formam *alternativa* (pwq), se contrárias, *incompatibilidade* (p/q), se subcontrárias, *disjunção* (pvq) e, se subalternas, *implicação* (p→q).

Considerando-se a possibilidade do duplo uso da negação, dada uma proposição que enuncia uma atribuição, pode-se negar universalmente a atribuição, afirmando universalmente a sua contrária, ou negar a universalidade da atribuição, afirmando a particularidade da sua contraditória. Desse modo, conforme seja posposta ou preposta a negação (*omnis* [todos], *omnis non* [todos não], *non omnis* [não todos], *non omnis non* [não todos não]), pode-se, por sua posição relativa no enunciado, estabelecer as quatro diferentes proposições do quadrado lógico e as quatro modalidades enunciativas que as caracterizam.

Assim, dada a proposição p, a afirmação de p equivale a afirmar a universalidade de p, isto é, universalmente p, ou seja, a verdade universal de p. Já a negação de p, pelo acima dito pode ser ~p que, com o modalizador, será lida universalmente *não p*, ou seja, a verdade

Acadêmicos

universal de *não p* ou, ainda, a falsidade universal de *p*. Outra possibilidade da negação de *p* é a que restringe a universalidade de sua afirmação tomando uma forma suspensiva, mais fraca e não supressiva, mais forte, como no primeiro caso, o que com o modalizador corresponde a *não universalmente p*.

Como a contrária de *p*, que é ~*p*, tem também sua contraditória, então *universalmente não p* tem como contraditória *não universalmente não p*, com a dupla negação, o que permite chegar à quarta proposição do quadrado lógico. Assim, dentro do simbolismo lógico-formal, substituindo-se a palavra *universalmente* por uma letra K que represente o conceito modal da necessidade, obter-se-iam as quatro modalidades lógicas a partir de uma delas: K = necessariamente, K~ = necessariamente não, ~K~ = não necessariamente não e ~K = não necessariamente.

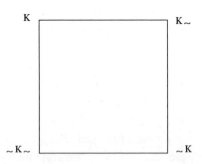

A partir do quadrado lógico das proposições opostas, Blanché apresenta seu hexágono lógico com a introdução de duas novas proposições: uma universal, U (tudo ou nada, todos ou nenhum), formada pela disjunção ou soma lógica das duas universais (AUE), e uma particular, Y (alguns sim e alguns não), formada pela conjunção ou produto lógico das duas particulares (I.O) do quadrado.

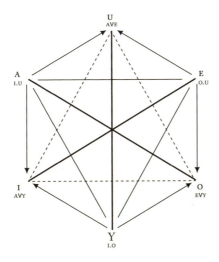

Tem-se agora, conforme mostra a figura,

uma estrela – ✶ – das contraditórias,
um triângulo – ▽ – das contrárias,
um triângulo pontilhado – ∴ – das subcontrárias e
uma cinta – ⎔ – das subalternas.

IV

Para não alongar essa apresentação mais que resumida do hexágono lógico de Blanché, tão rico em aplicações possíveis, concentremo-nos numa dessas possibilidades e perguntemos, por exemplo, para trilharmos o caminho que nos leva de volta à semiologia, o que há de comum, além de serem ternários, entre sistemas de valores tão distinos na vida social, quanto os que se verificam nos conjuntos abaixo?

VERDE	AMARELO	VERMELHO
Obrigatório	Indiferente	Proibido
Moral	Amoral	Imoral
Bom	Indiferente	Mau
Aceitação	Indecisão	Recusa
Amor	Apatia	Temor
Ousado	Equilibrado	Covarde
Pródigo	Equilibrado	Avarento
Excitação	Equilíbrio	Depressão
Bom	Inócuo	Nocivo

Por que em diferentes culturas o sistema simbólico dos sinais de trânsito é o mesmo e é entendido da mesma maneira pelos cidadãos de países e línguas tão diversas? A resposta aparentemente mais acertada a essa pergunta é que se tratam de convenções adotadas internacionalmente que passam a funcionar como paradigmas ou modelos de comportamento sociais que são, pelo hábito do uso, internacionalizados.

Como, então, explicar que, embora diversas, enquanto sistemas diferentes de valores a que pertencem, as tríades acima apresentadas têm algo em comum que lhes é constitutivo e que é definidor de um modelo de organização universal? E que esse modelo não decorre de nenhuma convenção, mas antes é seu motivador e a própria razão de sua possibilidade lógica e intelectual?

Tomemos o caso dos sinais de trânsito e perguntemos o que cada uma das três cores que o compõem significa. Sabemos que o *verde = siga*, o *vermelho = pare* (*não siga*) e o *amarelo = nem siga, nem pare* (traduzido por *Atenção!*). A estrutura lógica, intelectual ou cognitiva que sustenta essas oposições é a mesma que subjaz às outras sequências ternárias acima listadas, e o princípio de organização dessas oposições é o que se representa no triângulo com a base invertida, que no hexágono lógico de Blanché desenha as relações contrárias entre as proposições A, E, Y, o que daria para as cores dos sinais de trânsito a seguinte figura:

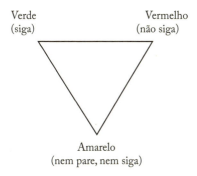

Se aplicarmos ao vértice inferior do triângulo o termo médio de cada uma de nossas sequências ternárias e aos vértices superiores, em ordem, cada um dos outros dois termos, a configuração das oposições será sempre a mesma e universal e, consequentemente, da mesma forma a organização dos conceitos e dos sistemas de conhecimento que eles possibilitam.

Em países como o Brasil, que buscam, muitas vezes a duras penas, constituir-se como democracias sólidas e permanentes, não é demais pensar que esse triângulo de oposições pode também ajudar a compreender melhor o extremo em que se trava o debate dessas aspirações políticas:

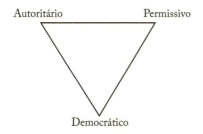

Acadêmicos

278 O que é democrático é o que não é autoritário nem permissivo, embora contenha elementos necessários de autoridade e de condescendência, num equilíbrio dinâmico entre as tensões dos direitos e das obrigações.

Os exemplos são inúmeros. O importante é entender que a ciência moderna, cujas origens mais imediatas estão no século XVII, é, antes de tudo, um conjunto de símbolos consistentes, isto é, uma linguagem com regras de combinação e de significação e que é essa linguagem que permite chegar à formulação de proposições, de frases e de conceitos que têm poder explicativo sobre os fenômenos humanos e naturais. A ciência trabalha com símbolos e categorias que pretendem ter valor universal, e essa universalidade se baseia em estruturas intelectuais e conceituais, de que o triângulo de oposições acima referido é um, entre outros exemplos.

Os fatos culturais – aqueles que resultam da ação dos homens entre si e sobre a natureza –, como os sistemas de sinais de trânsito ou as oposições, no domínio da moral, entre *bem*, *mal* e *indiferente* ou entre *moral*, *imoral* e *amoral*, têm relações profundas de organização com essas estruturas intelectuais subjacentes à linguagem do conhecimento científico, em particular, e à linguagem humana, de um modo geral.

Tomemos outro campo de aplicações para um exercício semiótico um pouco mais complexo e que permite avaliar o poder de organização e de explicação das categorias lógicas de Blanché.

O Brasil é um país de forte vocação internacional, tanto pelo que desperta no outro, no estrangeiro, como pelo que o outro desperta em nosso olhar: curiosidade, interesse, humildade formal, cordialidade e disponibilidade para a atenção e o apoio nas situações mais fáceis do cotidiano dos estranhamentos. Tudo isso tem a marca da afeição apaixonada e quem diz paixão, diz, é claro, amor e ódio com a mesma intensidade, a mesma obstinação e, por que não dizer, a mesma volatilidade que caracteriza muitas vezes os impulsos derramados.

O homem cordial que Sérgio Buarque de Holanda tão bem identificou no livro *Raízes do Brasil*, de 1936, não é, pois, portador do atributo de bondade substantiva com que o brasileiro passou a ser caracterizado na mitologia de nossa identidade. A cordialidade, entretanto, é uma categoria sociopsicológica que se opõe, num eixo à indiferença, em outro à particularidade da ocorrência do amor como simpatia, em outro ainda à particularidade negativa da ocorrência do ódio como antipatia e que é também implicada, como disjunção, pelas categorias universais do amor e do ódio, contrárias entre si.

Algo como a figura a seguir, baseada no hexágono lógico de Blanché representa:

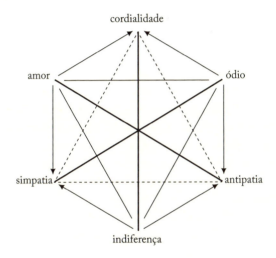

O homem cordial é, assim, capaz do bem e do mal, pode ser impulsivo e apaixonado, da mesma maneira. E essa impulsividade nos torna, pois, universais e particulares a um só tempo, sob a forma de um paradoxo que constitui, de certo modo, um paradigma de explicações de como nos olhamos, de como nos vemos, de como olhamos para o outro e de como gostaríamos de por ele ser olhados. Nesse sentido, a universalidade do país é um predicado de qualidade que supõe a implicação de particularidades sobre as quais se assenta sua identidade cultural. A cordialidade, tal como a apresentou Sérgio

280 Buarque de Holanda, é também um desses predicados e uma categoria boa para pensar o Brasil.

V

Greimas, no artigo "Les Jeux des contraintes sémiotiques" (Os Jogos de Restrições Semióticas), escrito em colaboração com François Rastier e publicado como um dos textos que integram o livro *Do Sentido*, propõe que, ao menos para efeito de compreensão, quer dizer, metodologicamente, é possível "imaginar que o espírito humano para chegar à construção dos objetos culturais (literários, míticos, picturais etc.) parte de elementos simples e segue um percurso complexo, encontrando em seu caminho tanto as restrições que ele deve sofrer como as escolhas que lhe são permitidas realizar"[8]. Segundo Greimas, esse percurso vai da imanência à manifestação, passando por três etapas principais, nas quais se veem claramente a inspiração, sobretudo nas duas primeiras, da linguística transformacional gerativa fundada por Noam Chomsky a partir do livro *Estruturas Sintáticas*.

As estruturas superficiais correspondem à gramática semiótica que organiza em formas discursivas os conteúdos suscetíveis de manifestações e as estruturas de manifestações são particulares a línguas específicas ou a materiais também específicos, sendo, assim, responsáveis pela produção e organização dos significantes. Já as estruturas profundas, cujo estatuto lógico define as próprias condições de existência dos objetos semióticos, constituem o ponto focal do artigo em questão.

Ao tratar da estrutura elementar da significação, Greimas toma como referência para a apresentação da estrutura de seu modelo constitucional o hexágono lógico de Blanché, confirmando essa influência não só pela menção explícita de seu nome e do livro *Estruturas Intelectuais*, como também pela forma que dá à estrutura dos sistemas semióticos totalmente inspirada nas relações de oposições

8 *Du sens*, p. 135.

ali apresentadas, discutidas e analisadas. Além disso, Greimas, cuja extensa obra tratou de diversos objetos semióticos, da língua à literatura, da poética às palavras cruzadas e destas às máximas e provérbios, entre outros, dedicou também especial atenção à narrativa mítica, confessando, muitas vezes, sua admiração intelectual pelos estudos do mito de Georges Dumézil e pelos trabalhos de Lévi-Strauss na mesma área[9].

Para Lévi-Strauss, a antropologia deve buscar as propriedades fundamentais que subjazem à imensa variedade dos produtos culturais, já que, se eles são produzidos por cérebros humanos, deve então haver entre eles, mesmo os das mais diferentes culturas, elementos comuns que eles compartilham num nível mais profundo, quer dizer numa estrutura lógica profunda que, escondida sob a superfície da variação e da diferença, a gera, prediz e explica sua transformação. São os universais que, como Chomsky, Lévi-Strauss vai também buscar nos estudos de Jakobson, ligado à Escola de Praga e com quem ele conviveu nos anos de 1940 na Nova Escola de Pesquisa Social em Nova York.

Mais precisamente, é nos estudos de fonologia de Jakobson e Morris Halle, baseados nas propriedades acústicas dos sons linguísticos e nos traços distintivos binários estabelecidos como propriedades constitutivas da estrutura fonêmica universal da geração das línguas, que Lévi-Strauss vai buscar a referência de seu modelo lógico, feito também de oposições binárias triangulares, para a análise e a explicação da imensa variedade das narrativas míticas na variação imensa de culturas que compõem os volumes da tetralogia Mythologiques[10].

---

9   Ver, por exemplo, o artigo La Mythologie comparée, publicado no livro *Du sens*, p. 117-134, e dedicado a Dumézil, e o artigo Elementos para uma Teoria da Interpretação da Narrativa Mítica, publicado em homenagem a Lévi-Strauss numa seleção de ensaios da revista *Communications*. Cf. R. Barthes et al., *Análise Estrutural da Narrativa*, p. 59-108.

10 A tetralogia é composta por: *Du miel aux cendres*; *L'Homme nu*; *L'Origine des manières de table*; *Le Cru et le cuit*.

Acadêmicos

Assim, o triângulo culinário,

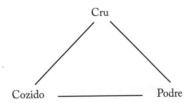

no qual se representam as oposições binárias *transformado-natural* e *cultura-natureza* e que tem para Lévi-Strauss um papel fundamental na caracterização da estrutura profunda da cultura humana, baseia-se totalmente no triângulo vocálico e no triângulo das consoantes de Jakobson, ambos gerados a partir de um sistema comum a todos os fonemas e que supõe a distinção entre vogal e consoante e se desenvolve sobre a dupla oposição entre os traços compacto-difuso e grave-agudo, conforme mostra a figura a seguir:

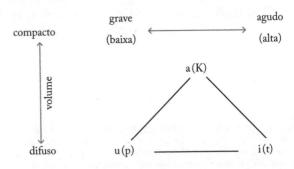

E, para o triângulo culinário de Lévi-Strauss:

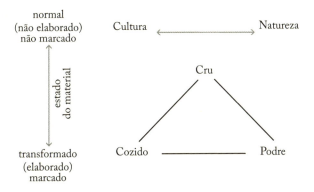

Em outras palavras, como observa Edmund Leach[11], Lévi-Strauss busca estabelecer os rudimentos de uma álgebra semântica, já que o comportamento cultural, segundo sua hipótese, capaz de transmitir informações, deve supor um código que, possuindo uma estrutura algébrica, subjaz à ocorrência das mensagens culturais, possibilitando sua expressão.

Nesse caso, o código corresponde, nos termos de Saussure, ao eixo paradigmático, e as mensagens culturais expressas, ao eixo sintagmático, ecoando, desse modo, a distinção básica entre língua e fala. Em Barthes, a mesma oposição aparece no binômio sistema-sintagma que, por sua vez, corresponde, em Jakobson e Halle, à oposição entre metáfora, cujo fundamento é a semelhança, e metonímia, cuja base de reconhecimento é a contiguidade. Lévi-Strauss também faz uso dessas distinções que aparecem ainda em Greimas, todas remetendo, direta ou indiretamente, no caso dos triângulos, às estruturas intelectuais desenhadas para essas figuras por Blanché.

A busca da estrutura algébrica do código da cultura humana em Lévi-Strauss é, pois, semiológica, da mesma maneira que em

[11] *As Ideias de Lévi-Strauss*, 1977, p. 36.

284 Saussure, em Benveniste, em Barthes, em Greimas e em Jakobson, o qual, entre os linguistas e semiólogos europeus, é quem, de certa forma, faz a aproximação da semiologia e da semiótica de Peirce nos Estados Unidos. Escreve ele:

> A divisão dos signos em índices, ícones e símbolos, que foi originalmente proposta por Peirce em seu famoso artigo de 1867 e elaborada durante toda a sua vida, é, de fato, baseada em duas consistentes dicotomias. Uma delas é a diferença entre contiguidade e similaridade. A relação indicial entre *signans* e *signatum* consiste na sua contiguidade factual e existencial. O dedo indicador apontando para um objeto é um típico índice. A relação icônica entre *signans* e o *signatum* é, nos termos de Peirce, "a mera comunhão baseada em alguma qualidade", uma semelhança relativa percebida desse modo pelo intérprete, por exemplo uma pintura reconhecida como uma paisagem pelo expectador. Preservamos o nome *símbolo* usado por Peirce para a terceira classe de signos [...] Diferentemente da contiguidade factual entre o carro apontado e o gesto do dedo apontando e da semelhança factual entre este carro e um desenho ou um diagrama do mesmo, nenhuma proximidade factual é requerida entre o nome *carro* e o veículo assim denominado. Neste signo o *signans* está ligado ao seu *signatum* "a despeito de qualquer conexão factual". A contiguidade entre os dois lados constituintes do símbolo "pode ser chamada de qualidade atribuída", de acordo com a feliz expressão de Peirce[12].

VI

Peirce é autor de uma obra vasta e cheia de inquietações lógicas, filosóficas e epistemológicas. Suas formulações teóricas sobre o signo exerceram e exercem forte influência nos estudos próprios da semiótica e da pragmática em diferentes partes de mundo, incluindo no Brasil, onde importantes seguidores e centros renomados se dedicam

12 R. Jakobson, Language in Relation to Other Communication Systems, em C. Olivetti, *Linguaggi nella società e nella tecnica*, p. 6-7.

à aplicação e ao desenvolvimento de suas ideias e conceitos nos mais variados campos da produção cultural[13].

Usamos como base para a apresentação de Peirce a seleção de textos do autor do livro *Semiótica e Filosofia*[14], que, da vasta obra de Peirce publicada postumamente em oito volumes com o título *Collected Papers* (Textos Reunidos), destacou os seguintes textos: "A Propósito do Autor", "Como Tornar Claras as Nossas Ideias", "A Fixação das Crenças", "Classificação do Signos", "O Ícone, o Indicador e o Século", "A Propósito de Signos e Categorias" – destacado de uma carta de 12 de outubro de 1904 para Lady Welby, pessoa das relações de Peirce que foi dama de honra da rainha Vitória e interessada nos estudos de semântica – e, por fim, "Dedução, Indução e Hipótese".

"A Propósito do Autor" oferece a possibilidade de nos inteirarmos sobre o traçado geral que Peirce faz de sua atividade de pesquisador, apontando a perseverança de suas leituras, o longo tempo de sua indagação e produção ("o desenvolvimento de minhas ideias foi trabalho de 30 anos"), as obras e os autores lidos e a profissão de fé no conhecimento ("sempre senti que minha filosofia brotasse de um falibilismo, combinado com decidida fé na realidade do conhecimento, e de um intenso desejo de investigação"[15]).

O *falibilismo* como método científico, contrariamente a outros métodos, o da tenacidade, o da autoridade e o método *a priori*, que o autor discute no artigo "A Fixação das Crenças", admite fundamentalmente que toda tentativa no sentido de descobrir a verdade pode estar laborando em erro e é exatamente à espreita do erro provável que a verdadeira pesquisa científica avança, na medida em que a certeza absoluta, a precisão absoluta, a universalidade absoluta e mesmo o chamado inexplicável são cuidadosamente examinados

---

13   Para uma ideia geral e atualizada da produção da semiótica no Brasil, ver a edição dedicada ao tema semiótica e semiologia da revista eletrônica *ComCiência* (São Paulo, n. 74, 2006. Disponível em: <http://www.comciencia.br>).

14   A apresentação que faço da semiótica de Peirce neste artigo retoma a resenha "Finalmente Peirce" (1973) sobre a publicação desse livro, publicada na *Revista de Administração de Empresas* (São Paulo, v. 13, n. 12, p. 26-27, jun. 1973) e, posteriormente, em meio eletrônico, na revista *ComCiência* (São Paulo, n. 65).

15   C.S. Peirce, A Propósito do Autor, *Semiótica e Filosofia*, p. 46.

Acadêmicos

286 e afastados como entraves à pesquisa pelo método científico ou experimental.

Preocupado em estabelecer uma relação necessária entre ciência e filosofia, Peirce formula o *método pragmático* no intuito de fornecer um método científico para a filosofia, isto é, um método que pudesse conferir significado às ideias filosóficas em termos experimentais, de modo que a investigação das opiniões, a fim de estabelecer-lhes a verdade, é o objetivo fundamental do método científico, enquanto o *pragmatismo* deve responder pela determinação experimental do significado das ideias ou dos conceitos intelectuais.

O método do pragmatismo, segundo o testemunho e reconhecimento de William James,

> foi pela primeira vez introduzido em filosofia pelo Sr. Charles Peirce, em 1878. Num artigo intitulado "How to Make Ours Ideas Clear", publicado em *Popular Science Montly*, em janeiro daquele ano, o Sr. Peirce, ao assinalar que nossas crenças são na verdade regras de ação, declarou que, para desenvolver o significado de um pensamento, temos apenas de determinar que conduta é ele adequado para produzir: essa conduta constitui para nós a sua única importância[16].

Contudo, apesar da influência que Peirce exerceu sobre todo o desenvolvimento do pragmatismo nos trabalhos de James e de John Dewey, entre outros, e apesar do reconhecimento dessa influência por parte desses filósofos, é importante ressaltar que Peirce nem sempre se mostrou de acordo com a utilização que outros fizeram do termo "pragmatismo", tendo mesmo proposto uma nova designação de seu método, suficientemente inusitada e estranha, *pragmaticismo*, mas com a vantagem de não atrair visitantes afoitos.

Fato é que as consequências práticas de um conceito e que lhe constituem o significado nada tem a ver, necessariamente, com a utilidade que James lhes atribuiu. Para Peirce, ao contrário, comprometer a pesquisa científica com qualquer objetivo de ordem moral ou de qualquer outra ordem que não fosse o da investigação impessoal

16 W. James, *Pragmatism*, p. 46.

da verdade era um risco que a ciência devia evitar sob pena de incorrer nas falhas que os métodos discutidos no artigo "A Fixação das Crenças" apresentam.

Desvinculando, assim, o conceito de consequências práticas dos limites da utilidade ou do valor econômico, Peirce entende por tal aquelas consequências possíveis de serem previstas e cuja realização é resultado de alguma operação, de forma que o caminho definitivo para o esclarecimento das ideias é experimental, isto é, o caminho que leva a encontrar na prática as consequências previstas de qualquer conceito. No sentido dessa *preditibilidade* do método, o pragmatismo constitui-se como uma hipótese para o estabelecimento do significado de conceitos intelectuais e ainda como meio para estabelecer a legitimidade de uma hipótese como tal.

Nesse ponto, o artigo "Dedução, Indução e Hipótese" aparece como fundamental para que se compreenda tanto o papel do elemento lógico no pragmatismo de Peirce como a identificação do método com o raciocínio abdutivo ou hipotético. No artigo, distinguindo a dedução como o tipo de raciocínio cuja conclusão decorre necessariamente das premissas e o raciocínio de tipo analítico, que não é mais do que a aplicação de uma regra a um caso para chegar a um resultado particular, de dois outros raciocínios de tipo sintético, a indução e a abdução, Peirce já aponta os caminhos para melhor compreensão da afirmação que fará em outro artigo: "Se considerarmos cuidadosamente a questão do pragmatismo, veremos que não é nada menos que uma questão de lógica ou de abdução."[17]

Na verdade, tanto a indução como a hipótese são raciocínios cujas conclusões não se seguem necessariamente das premissas, de forma que não podem ser validadas aprioristicamente como no caso da dedução. Tanto a indução como a abdução não são mais que prováveis, com a diferença que a indução parte de um caso para chegar a uma regra, passando pelo resultado, enquanto a abdução parte de um resultado, para, aplicando a ele uma certa regra, chegar

---

17   C.S. Peirce, Pragmatism and Abduction, *Collected Papers*, v. 5, bk. 1, lecture 7, p. 121.

Acadêmicos

a um novo caso. Desse modo, embora mais precário que o raciocínio indutivo, na medida em que a margem de erro de tal raciocínio é maior do que na indução, isto é, no sentido de que a abdução não é mais do que uma explicação provável, esse tipo de raciocínio, no entanto, tem uma importância fundamental para a ciência, pois é a partir dele que se podem fazer novas descobertas e prever fatos ainda não determinados.

É esse caráter criativo e ousado da hipótese que lhe confere especificidade em relação ao raciocínio indutivo, ao mesmo tempo que a identifica com o método pragmático; primeiro, porque a abdução tanto quanto o pragmatismo como método científico são falíveis e suscetíveis de correção quando o teste experimental o exigir e, segundo, porque o pragmatismo, na medida em que é um método para a determinação experimental do significado de um conceito, é como a abdução, a aplicação de uma regra geral a um resultado observado. Vê-se, assim, esclarecida a afirmação de Peirce, da mesma forma que podemos agora apontar de modo mais preciso a natureza de sua regra pragmática, seguindo para tanto as indicações de Guy W. Stroh, que diz:

> Sua regra pragmática é, pois, a) hipotética, b) operacional, c) preditiva e d) observacional. Dizê-la hipotética significa que é enunciada sob a forma de uma proposição condicional: se A então B. Dizê-la operacional significa que a parte A, ou a antecedente da condicional, envolve a ação ou realização, propositadamente controlada, de alguma coisa, para obter um certo resultado. Dizê-la preditiva significa que se prevê que a parte B, ou consequente da condicional, seguir-se-á como um resultado inevitável da parte A, ou da operação realizada. Finalmente, dizê-la observacional significa que podemos realmente nos referir à experiência ou à observação para determinar se os resultados previstos realmente ocorrem[18].

18 G.W. Stroh, *A Filosofia Americana: Uma Introdução*, p. 120.

Com base nessas observações, podemos, desde já, verificar a atualidade do pensamento de Peirce. Com efeito, se atentarmos para as posições de Karl R. Popper, e tal como observam os tradutores da edição brasileira na introdução por eles realizada, ainda que não aceite a indução[19], ele descreve o progresso científico em linhas análogas às de Peirce: "uma hipótese é proposta, submetida a teste e 'corroborada' (na medida em que inexistam casos de refutação). Como a corroboração não é conclusiva, o máximo que se pode ter é certo grau de confiança na hipótese – que não foi refutada e se presta para explicar e prever os acontecimentos a que se refere"[20].

Mas isso não é tudo. Sabemos ainda que na área da linguística, mais especificamente da linguística transformacional, é essa a posição teórica que tem sido assumida para as ciências humanas em geral. É nesse sentido que vai, por exemplo, a afirmação de Nicolas Ruwet, passando por Chomsky, quando diz:

> De uma acumulação de observações ou de experiências, não é possível induzir rigorosamente uma teoria; a formulação de uma teoria comporta sempre uma parte de risco, representa uma aposta. Mas, em compensação, observações ou experiências bem conduzidas (e que podem ser pouco numerosas) podem, tarde demais, levar a aceitar ou a rejeitar uma teoria[21].

---

19 K.R. Popper, *The Logic of Scientific Discovery*, p. 27: "É evidente que, de um ponto de vista lógico, nada nos justifica inferir proposições universais a partir de proposições singulares, por mais numerosas que elas sejam; porque toda conclusão tirada dessa maneira poderá sempre se revelar falsa: pouco importa o número de cisnes brancos que possam ter observado, isso não justifica a conclusão de que todos os cisnes são brancos".

20 *Collected Papers of Charles Sanders Peirce. Semiótica e Filosofia*, p. 33.

21 N. Ruwet, *Introdução à Gramática Gerativa*, p. 19. Cf. N. Chomsky, "os dados de observação são interessantes na medida em que têm uma incidência sobre a escolha entre teorias rivais", *Current Issues in Linguistic Theory*, p. 105, citado por N. Ruwet, ibidem. Cf. ainda a opinião do psicólogo cognitivo espanhol Jacques Mehler, especializado em aquisição da linguagem, sobre a pertinência da natureza abdutiva do modelo gerativo transformacional em "Psycholinguistique et grammaire generative", *Langages*, n. 16, p. 11, dec. 1969: "o linguista, na realidade, não faz senão apresentar uma formalização do processo da abdução (o que a língua natural é o que ela não é) e de maneira pela qual as leis universais de abdução são incorporadas em qualquer uma das numerosas línguas naturais de que são capazes os indivíduos humanos".

Acadêmicos

O realismo de Peirce, ao mesmo tempo que aponta os erros em que mergulhavam tanto o nominalismo como o subjetivismo, estende-se, como não podia deixar de ser, à crença categórica na realidade do conhecimento, de tal modo que

> diferentes espíritos podem firmar-se nas mais conflitantes posições e, não obstante, o progresso da investigação os levará, por força externa, a uma única e mesma conclusão. Essa atividade do pensamento pela qual somos levados não para onde queremos, mas à meta preestabelecida, chama-se destino. Nenhuma alteração de ponto de vista, nenhuma escolha de fatos outros para estudo e nem mesmo uma natural inclinação de espírito pode dar meio ao homem de escapar à opinião predestinada. Essa grande esperança está presente nas concepções de verdade e realidade. A opinião que será afinal sustentada por todos os que investigam é o que entendemos por verdade e o objeto que nesta opinião se representa é o real[22].

É esse mundo de fatos reais, cuja existência independe de nossas opiniões, que o método científico deve levar a descobrir, uma vez que a verdade não se constitui a partir daquilo que se pense que ela seja, mas como a adequação ao real das hipóteses formuladas, isto é, pela repetibilidade das consequências práticas previstas em tais hipóteses, na experiência. Nesse sentido, o realismo de Peirce tem uma certa correspondência com a afirmação de Bertrand Russell, o qual diz que "verdade" é o conceito fundamental, e que é o "conhecimento" que deve ser definido em termos de "verdade", e não o inverso"[23].

Na medida em que o pragmatismo se propõe como um método científico para determinar o significado de conceitos intelectuais e na medida em que, contestando o intuicismo cartesiano, Peirce nega a ideia de que o pensamento possa interpretar-se a si mesmo, é só em termos de signo que ele se efetua.

---

22   *Semiótica e Filosofia*, p. 67-68; *Collected Papers*, v. 5, bk. 2, paper 5, p. 268.
23   *An Inquiry into Meaning and Truth*, p. 22.

Menos interessado numa interpretação direta da realidade e preocupado com o caráter representativo dos signos, o pragmatismo vê o pensamento complexamente estruturado numa relação triática: significa alguma coisa para alguém de alguma maneira. Em outras palavras, é o caráter relacional do pensamento que torna fundamental a teoria dos signos, isto é, a semiótica. Por isso, a preocupação de Peirce em elaborar essa teoria, de que os artigos "Classificação dos Signos", "O Ícone, o Indicador e o Símbolo" e a carta para Lady Welby são um bom exemplo de aproximação.

Segundo Peirce, "um signo, ou *representamen*, é algo que, sob certo aspecto ou de algum modo, representa alguma coisa para alguém. Dirige-se a alguém, isto é, cria na mente dessa pessoa um signo equivalente ou talvez um signo melhor desenvolvido"[24]. Peirce denomina o signo assim criado como *interpretante* do primeiro signo. E continua: "O signo representa alguma coisa, seu objeto. Coloca-se no lugar desse objeto, não sob todos os aspectos, mas com referência a um tipo de ideia que tenho, por vezes, denominado o fundamento do *representamen*."[25]

Se não há no homem nenhum poder intuitivo e se a mente não é, em absoluto, independente ou introspectiva e se a natureza do pensamento é relacional, a tarefa do pragmatismo é estabelecer a natureza dessa relação, isto é, determinar o significado dos signos. Dessa maneira, entende-se a afirmação de Peirce, que diz: "A lógica, em sentido geral, é [...] apenas outra determinação da semiótica, a quase necessária ou formal doutrina dos signos"[26].

A partir do caráter triádico do signo, Peirce divide a semiótica em três ramos: o da *gramática especulativa*, segundo a denominação de Duns Scotus ou da *gramática pura*, segundo Peirce, e que tem como objetivo "determinar o que deve ser verdadeiro a propósito do *representamen* utilizado por toda inteligência científica para que possam incorporar um *significado*"[27]; o da *lógica propriamente dita*, isto

24 *Semiótica e Filosofia*, p. 94; *Collected*, v. 2, bk 2, chapter 2.
25 Ibidem, p. 94; ibidem, p. 195.
26 Ibidem, p. 93; ibidem, p. 134
27 Ibidem, p. 93; ibidem, p. 134.

Acadêmicos

é, da "ciência formal das condições de verdade das representações"; e o da *retórica pura*, cujo objetivo é "determinar as leis em obediência às quais, em toda inteligência científica, um signo dá surgimento a outro e, especialmente, um pensamento provoca outro"[28].

Os signos podem classificar-se, se considerados em si mesmos, em *quali-signo, sin-signo e legi-signo*; se considerados em sua relação com o objeto, em *ícone, indicador e símbolo*; e, se considerados em sua relação com o interpretante, em *rema, dicisigno ou dicente* e *argumento*. De suas combinações possíveis resulta o estabelecimento das dez classes de signos que Peirce distingue.

A medida da importância dos estudos de Peirce sobre o signo, não fosse a seriedade e o zelo com que ele os conduziu no sentido de um esclarecimento cada vez maior do método pragmático, poderia ser avaliada pelas influências que tais escritos têm, em geral, exercido sobre o pensamento científico e, em particular, sobre as ciências humanas e a semiótica. Por isso, a importância que as distinções de Peirce têm para os trabalhos de Jakobson, na linguística e na semiologia, ou para a reflexão epistemológica de Granger sobre das ciências humanas.

VII

Considere-se, nesse sentido, o artigo de Granger "Objet, structure et significations" (Objeto, Estrutura e Significados)[29].

Reservando o termo *objeto* para designar aquilo que é visado e conhecido pelas ciências e o termo *estrutura* para designar o conjunto de relações abstratas que definem o objeto como tal, Granger procura mostrar, dentro de sua perspectiva, que o único caminho viável que as ciências podem seguir, se quiserem desenvolver-se como ciência, é o dessa prática. Em outras palavras, a ciência deve, para se constituir como tal, recortar sobre a experiência um conjunto de relações abstratas que constituem o que ele chama "estrutura" ou, ainda, o resultado de uma prática específica definida em termos de

28   Ibidem, p. 93-94; ibidem, p. 134s.
29   *Revue Internationale de Philosophie*, v. 19, n. 71-74, p. 251-290.

estruturação da experiência[30]. A forma definida no interior dessas relações constitui o objeto da ciência[31].

No entanto, a estruturação não recobre jamais inteiramente a totalidade da experiência. Há sempre um resíduo, uma indefinição a constituir-se como desvio e cuja natureza é móvel: quanto mais a ciência constitui a experiência em objeto de estrutura, tanto maior é o espectro referencial para a constituição de novos desvios, de modo que a prática científica se apresenta não como um definitivo, mas como um provisório, necessário, contudo, para que o conhecimento se atualize. É essa complementaridade que se define em relação à estrutura que Granger chama de *significação*[32].

Contestando a homogeneidade entre a objetivação científica e a da percepção nos termos afirmativos em que o Immanuel Kant responde a esse problema, Granger não pode, entretanto, deixar de enfrentar um problema análogo que se instaura no interior de sua perspectiva, isto é, o problema da homogeneidade estrutural e funcional das línguas naturais e das "línguas" científicas. Podemos, nesse momento, não fosse toda a atividade do epistemólogo francês, amplamente preocupado com os problemas de linguagem, ampliar a visão da importância dos estudos de Peirce sobre o signo, quer para

30 Granger chama de experiência "um momento vivido como totalidade por um indivíduo ou indivíduos que formam uma coletividade" (Object, structure et significations, op. cit., p. 258). E esclarece: "Totalidade não deve ser entendida no sentido místico; o caráter de totalidade de uma experiência não se erige de modo algum em um absoluto; é simplesmente certo fechamento, circunstancial e relativo, comportando horizontes, primeiros planos, lacunas. Fechamento, no entanto, radicalmente diferente do que busca a estruturação: sem horizontes, completamente dominado, claro e distinto. Toda prática poderia ser descrita como uma tentativa para transformar a unidade da experiência em unidade de uma estrutura, mas essa tentativa comporta sempre um resíduo" (Ibidem). Compare-se com o que Peirce chama de experiência: "A consciência da ação de um novo sentimento, a destruir o sentimento anterior, é aquilo a que denomino experiência. De modo geral, experiência é o que, ao longo da vida, me compeliu a pensar" (C.S. Peirce, *Semiótica e Filosofia*, p. 138; *Collected Papers*, v. 8, bk. 2, p. 221).

31 "Todas as propriedades logicamente conhecíveis do objeto são desdobradas como relações com outros objetos no interior de uma estrutura, em que esse objeto não é senão o nó de uma rede" (G.G. Granger, Objet, structure et significations. op. cit., p. 254).

32 "Propomos chamar *significação* esse aspecto da prática que não recebe estruturação manifesta, mas que é o avesso inseparável de toda atividade apreendida em sua integridade" (Ibidem, p. 253).

Acadêmicos

uma epistemologia que não pode prescindir da teoria da linguagem, quer para a própria linguística e a semiótica, no sentido da constituição de uma tal teoria.

É exatamente no sentido de esclarecer a noção de significação que Granger vai recorrer ao esquema de funcionamento do signo, linguístico ou não, tal como ele aparece em Peirce[33], o qual define o signo como sendo "uma coisa ligada sob um certo aspecto a um *segundo signo*, seu 'objeto', de tal maneira que ele põe em relação uma terceira coisa, seu 'interpretante', com este mesmo objeto, e isto de modo a pôr em relação uma *quarta coisa* com este objeto, e assim por diante *ad infinitum...*"[34].

A imagem gráfica que Granger apresenta para tal funcionamento é representada na figura a seguir:

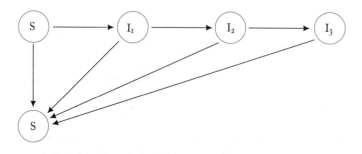

Objet, structure et significations. p. 260.

33 G.G. Granger, *Essai d'une philosophie du style*. Cf. principalmente a segunda parte "Style et structure de langage", em que, aliás, o artigo "Objet, structure et significations" é retomado com modificações e desenvolvimento.
34 C.S. Peirce, *Collected Papers*, v. 2, liv. 1, p. 51; G.G. Granger, Objet, structure et significations, *Revue Internationale de Philosophie*, v. 19, n. 71-74, p. 260. Um dos exemplares de Peirce é o seguinte: "um ébrio é apresentado para mostrar por contraste a excelência da sociedade" (*Semiótica e Filosofia*, p. 119), ao que Granger observa: "O *representamen* é o homem bêbado, a ideia ou objeto é a excelência da sobriedade; o interpretante pode ser constituído por outras representações da embriaguez, associadas às da sobriedade, representações encadeadas numa sequência infinita e que remetem todas à ideia ou objeto primitivo" (G.G. Granger, *Essai d'une philosophie du style*, p. 114).

O fato de que o objeto do signo seja ele mesmo um signo significa, segundo Granger, que o signo não remete a uma coisa isolada, mas a uma estrutura simbólica da qual ele mesmo é um elemento. Nesse caso, a teoria de Peirce antecipa o estruturalismo dos linguistas, na medida em que, conforme observa Granger, "o esquema puramente designativo não é, com efeito, senão um caso-limite fictício; o significante remete sempre a um objeto designado *em relação* a outros objetos e estas relações o situam necessariamente a nível de conceito"[35].

É a partir da doutrina de Peirce sobre os signos que Granger vai não apenas precisar a distinção entre estrutura e significação, como também situar melhor o problema da homogeneidade entre a língua científica e a língua natural, situando as significações no nível dos interpretantes e a estrutura no nível das relações signo-objeto.

A "língua científica" se definirá pelo escamoteamento dos interpretantes, no interior da estrutura, enquanto a língua natural o fará na integridade complexa da relação sígnica. Linguisticamente falando, tal distinção se manifesta, em seu estado puro, pela ausência, no caso de uma linguagem formalizada, de elementos linguísticos embreados na experiência – os *shifters*, de que nos fala Jakobson, enquanto tais elementos constituem propriedade fundamental da língua natural, concebida, como o faz Granger, essencialmente como instrumento de comunicação, cujo conteúdo é emprestado ao que ele chama de experiência.

Compreende-se, dessa forma, que o problema da homogeneidade da língua natural e da língua científica é fundamental para o pensamento grangeriano tanto quanto para o de Peirce. Com efeito, se é no interior das relações sígnicas que o pensamento pode ser apreendido, só a especificidade de tal funcionamento nos autoriza a pensar a ciência como uma prática cuja natureza é recortada no interior de um universo, que não é outro senão o universo do discurso.

A noção de significação, que recobre o residual da prática científica, introduz-se, como diz Granger[36], na utilização de todo sistema

35 Objet, structure et signification, op. cit., p. 261.
36 G.G. Granger, *Essai d'une philosophie du style*, p. 266.

Acadêmicos

²⁹⁶ simbólico, e como "não importa que conjunto de fatos humanos se caracteriza por um aspecto simbólico", isto é, remete, de um lado, à organização estrutural a descobrir – e a uma sequência aberta de interpretantes –, de outro, à constituição de uma ciência que não pode prescindir de uma teoria elaborada do signo e, nesse aspecto, os trabalhos de Peirce são essenciais.

VIII

No que concerne à linguística e à semiótica, a contribuição de Peirce é de primeira ordem. Assim, se a olharmos por meio do uso e da interpretação que dela faz Granger, poderemos, com maior segurança, entender a natureza do conceito de língua que aparece já em Saussure e em todo o estruturalismo, bem como, em certo sentido, na linguística transformacional, em que tal conceito remete ao conjunto de relações abstratas, cientificamente objetivadas no interior do universo estruturado por uma prática específica, ou seja, a da linguística.

Nesses termos, o conceito de língua é uma invenção teórica, cuja realidade só é concebível como objeto de estrutura. Abstratamente definido, se tal conceito ganha em generalidade e em eficacidade, deve necessariamente perder em rigor e em complexidade, segundo o ensinamento de Auguste Comte. É por isso que a afoiteza com que muitos vão à fonte, afoga em vez de matar a sede.

Tentar transpor tal e qual o método, seja ele qual for, com que a linguística trabalha seu objeto, ainda que para áreas cuja contiguidade com a língua pareça mais evidente, como é o caso da literatura, é esquecer que a atualização da linguagem se faz de modo intenso e sistemático pelo viés das significações. É evidente que, se tomada como um instrumento para o tratamento de uma experiência, a noção de estrutura e, consequentemente, a noção de língua ajudarão a evitar problemas desse tipo, entre eles os que decorrem da transposição dos métodos de análise linguística para a análise de outros sistemas semióticos, como ocorre, por exemplo, quando Barthes trata da moda por meio das descrições que os jornais especializados fazem dela.

Na linha das observações feitas sobre a noção de língua, a noção de sentido também será definida em termos de estrutura, isto é, o sentido, tal como a língua, não constitui um dado de observação, mas um objeto da teoria, uma construção do linguista, um objeto de estrutura, enfim. Desse modo, nossa observação vai ao encontro do conceito de sentido estrutural, conceito de natureza puramente formal e cuja objetivação apenas pode se dar no interior da codificação da linguagem, entendida como estrutura. A fala abre-se, no entanto, como um leque de possibilidades significativas, numa cadeia de interpretantes, região em que o acaso e as grutas escondem surpresas e passeiam tentações[37].

Na medida em que o sentido não constitui um dado de observação, pois ele é um objeto abstrato, as teorias linguísticas que afirmam ou pressupõem necessariamente a hipótese de que os enunciados de uma dada língua têm valor semântico não o podem fazer senão pelo método da introspecção artificial, por meio de uma experimentação intelectual que parece contrariar de forma flagrante algumas das exigências fixadas para a teoria, como é o caso da previsibilidade e da adequação. Refiro-me em particular a Chomsky e aos caminhos abertos para a linguística pela *gramática generativa transformacional*.

Se o sentido é uma noção estrutural, nos termos de Granger e a partir de Peirce, ele constitui um instrumento, uma noção operacional, da mesma forma que a língua para Saussure é um princípio de classificação para os fatos da fala. Nesse ponto, como já observei no artigo "A Palavra Envolvente", a proposta de descrição

---

37 "O sentido que pode ser dito 'literal' ou estrutura da mensagem é assim recebido pela remetência normal que se efetua das marcas que têm valor na língua ou 'objeto' do esquema de Peirce. Mas a utilização feita pelo locutor em sua fala dos elementos redundantes não pode ser diretamente e totalmente decifrada, pois ele não se apoia em nenhuma regra explícita, uma vez que não existe uma supralíngua..." (G.G. Granger, Objet, structure et signification, op. cit., p. 273). O uso é, no entanto, aprendido primeiramente como possibilidade de significação, uma vez que a distribuição, o arranjo dessas marcas virtuais, ainda vazias para o receptor, é percebida globalmente como significativa. Uma espécie de crivo flexível, lacunar e deformável se constitui, tanto mais é o receptor sensível e o locator tiver "estilo".

Acadêmicos

298   semântica feita por Oswald Ducrot aparece de modo realmente interessante[38].

Considerando como dado de observação a significação, o sentido aparece como uma noção metodológica e operacional, isto é, como um princípio de explicação para os fatos de significação. Trabalhando sobre dois componentes, o linguístico (CL) e o retórico (CR), essa proposta de descrição semântica atribui ao primeiro componente a tarefa de determinar o sentido de enunciado (E), em termos, por exemplo, de posição (P) e pressuposição (PP), enquanto o componente retórico tem como atribuição interpretar o resultado da análise feita pelo componente linguístico, levando agora em conta os fatores relativos à situação (s) ou, se se quiser, às condições de tal enunciado. O objetivo dessa descrição é não a atribuição de um valor semântico ao enunciado, mas a determinação da significação da enunciação, entendida como ato de fala[39].

Para esclarecer, tomemos um exemplo. Seja o enunciado 1) "Ele ainda mora na casa", dito por um locutor A, numa situação específica em que A é o dono que a quer livre do inquilino (Ele) há muito tempo, mas que não alcança seu intento. O enunciado 1) é pronunciado por A para um interlocutor B, ambos se encontrando num contexto social em que A deve ser, por força das circunstâncias, educado e não dar vazão a todo o seu desespero de proprietário. B, que no entanto está a par de todas as tentativas frustradas de A para despejar o inquilino, interpreta o enunciado 1) como significando: 1') "Ele nunca vai sair da casa".

A tarefa da descrição semântica é, então, explicar como, a partir do sentido literal ou estrutural, nos termos de Granger, se produziu a significação 1') que é, no caso, um subentendido (SE) de 1).

Em linhas gerais, o processo para a determinação de 1') é o seguinte: a) submetido ao tratamento do CL, o enunciado 1) receberá uma representação analítica de seu sentido em termos, por exemplo,

---

38   C. Vogt, A Palavra Envolvente, *Linguagem, Pragmática e Ideologia*, p. 7-42.

39   Para um estudo mais preciso dos atos de fala, além do livro *Dire et ne pas dire*, de Ducrot, cf. a obra de John Langshaw Austin, *How to Do Things with Words*; e a obra de Tzvetan Todorov et al., *L'Énonciation*, 1970.

de posto e pressuposto[40], e b) o sentido literal assim representado será, por sua vez, submetido ao trabalho do CR, junto com os dados de situação em que tal enunciado ocorre, para que se obtenha a significação 1').

O CR deve, portanto, na concepção de Ducrot, ter dupla atribuição: de um lado, deve preencher as variáveis de tipo referencial e intencional e, de outro, deve estabelecer as leis capazes de explicar, dada a situação, como, a partir do sentido literal estabelecido pelo CL, se produziu tal ou tal significação.

No caso específico de 1) o locutor B, que ouve A, raciocina a partir do fato de A ter dito tal enunciado numa situação específica, de tal forma que B interpreta 1) como sendo mais forte do que literalmente é. Assim, o que intervém no CR para a produção de 1') é uma lei de discurso bastante conhecida das retóricas clássicas: a *lítote* ou o *eufemismo*.

O esquema a seguir pode representar mais sucintamente tal processo de descrição semântica:

---

[40] A distinção entre posto e pressuposto pode ser sistematicamente verificada numa dada língua, o que evidentemente garante sua validade descritiva. Assim, quando submetemos um enunciado – o enunciado 1), por exemplo – a modificações como as operadas pela negação e pela interrogação, verificamos que apenas aquilo que é posto sofre tal modificação, enquanto o pressuposto permanece inalterado. Da mesma forma, a coordenação e a subordinação que logicamente encadeiam tal enunciado à continuidade do discurso concernem sempre ao posto e nunca ao pressuposto. A posição de um enunciado é, portanto, relativa ao conteúdo informacional que esse enunciado veicula, enquanto a pressuposição dispõe as condições para que tal conteúdo se atualize. Evidentemente, haverá casos em que os critérios apontados para a distinção desses dois elementos semânticos deixarão entrever desvios que, no entanto, podem ser recuperados como índices sistemáticos de um funcionamento específico da linguagem ou, mais precisamente, da função polêmica da linguagem a que me refiro em "A Palavra Envolvente". Quanto à natureza da pressuposição linguística, as posições são divergentes: desde Gottlob Frege, passando pelos trabalhos dos filósofos de Oxford, até mais recentemente Fillmore, tem-se sustentado a definição dos pressupostos como condição de emprego. Ducrot, em *Dire et ne pas dire*, além de discutir essas opiniões, propõe que a pressuposição seja entendida como um ato específico de linguagem – o ato de pressupor –, cuja função é dispor certas condições de continuidade do discurso.

Acadêmicos

E: 1) Ele ainda mora na casa

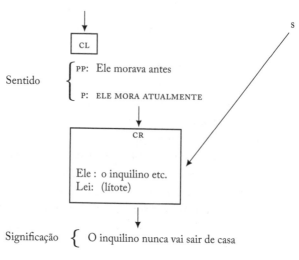

C. Vogt, A Palavra Envolvente, *Linguagem, Pragmática e Ideologia*, p. 14.

Não se trata de discutirmos os méritos de tal forma de descrição semântica, que é, no entanto, bastante eficaz. O que interessa é fazer ver, no que concerne em particular ao CR, o quanto essa proposta se desenvolve, uma vez que se propõe estabelecer sistematicamente a significação de um ato de fala, na linha do que Peirce chama de terceiro ramo da semiótica, ou seja, o da retórica pura, cujo objetivo "é o de determinar as leis em obediência às quais, em toda inteligência científica, um signo dá surgimento a outro e, especialmente, um pensamento provoca outro". Trata-se, nesse sentido, como observa Granger, "dos encadeamentos interpretativos com o signo originário e de suas ligações mútuas". Essas ligações não dizem respeito à estrutura do "objeto" que é signo; elas fazem intervir uma experiência exterior à linguagem, o que manifesta claramente o uso do termo "retórico para designar suas leis"[41].

---

[41] G.G. Granger, Objet, structure et signification, op. cit., p. 273. Na sequência dessa observação, Granger oscila entre o termo "retórico" e o termo "pragmático" no sentido de Morrise de Carnap. No entanto, o que importa reter é que, seguindo o pensamento do autor, "pelo jogo dos interpretantes – que varia evidentemente de um

De outro lado, a preocupação com a lógica que os trabalhos de Ducrot revelam podem perfeitamente reencontrar o segundo ramo da semiótica de Peirce, assim como sua preocupação com os gramáticos medievais marcaria o encontro de sua atividade com o primeiro ramo da semiótica peirceana, ou seja, o da gramática pura ou especulativa[42]. Isso não quer dizer que haja necessariamente uma influência direta de Peirce sobre os trabalhos do linguista francês. Não importa. O acaso no discurso é tão significativo quanto a intenção. O fato é que a linguística, a semântica e a semiótica, que procuram trabalhar com o "mais que a frase", encontram pontos comuns com as propostas de Peirce formuladas no fim do século XIX e começo do século XX.

Importante é notar ainda que a proposta de descrição semântica, tal como ela aparece em Ducrot, na medida em que busca estabelecer as significações dos atos de enunciação, admite explicitamente a possibilidade de objetivar, cientificamente falando, aquilo que Granger chama de *resíduo da estruturação*. Dessa forma, a prática que aí se encontra busca intencionalmente o desvio, sem, contudo, a ilusão de que seja possível amarrá-lo definitivamente aos nós da estrutura. Ao contrário, quanto mais se estende o campo do estruturável, mais é intensa a imagem do residual. Sala dos espelhos que multiplica ao infinito, torce e deforma o objeto, cuja realidade é explicativa, mas jamais totalizante do real. Assim apresentada, a linguística de Ducrot pode, sem abuso de confiança, ser apontada como uma linguística do desvio, no sentido em que utilizamos esse termo.

Nesse momento, é também possível entender o papel da lógica, situando-a conforme Peirce, como um dos ramos da semiótica, na descrição das línguas naturais: ela não é determinante do funcionamento das línguas naturais, vale dizer, não tem nenhum papel normativo em relação a elas; ao contrário, seu valor é explicativo e determinador de desvios. Além disso, é impossível conceber a

para outro receptor –, significações indefinidas são associadas ao sentido determinado do 'objeto', que é, no caso, uma estrutura canônica imposta pela língua à experiência".

42 Mais de uma vez, em cursos, Ducrot manifestou seu interesse por gramáticos como Pierre dÉspagne e Occam, fato identificado não apenas em conversas pessoais com o autor como também em sua obra, como é o caso de *Dire et ne pas dire*.

Acadêmicos

302 natureza da linguagem lógica sem a totalidade dessa experiência que se chama *linguagem natural*[43].

IX

Procurando estabelecer a natureza do que ele chama de significação implícita, Ducrot recorre à célebre fórmula de Louis Hjelmslev, utilizada também por Barthes, para caracterizar a conotação e distingui-la da denotação de um termo linguístico no processo de significação[44]. De um lado, tal distinção nos permite recolocar, de modo mais claro, a observação sobre o problema da objetivação das significações na linguística de Ducrot, sobretudo se levarmos em conta a distinção que o autor faz entre os fatos de significação implícita e aqueles que, resultantes de procedimentos estilísticos, são passíveis de uma codificação de segundo grau, de que trata a *retórica conotativa*.

A *conotação* é, assim, definida como a constituição de uma segunda linguagem, no nível da expressão do sistema denotado, isto é, do significante, conforme o esquema a seguir:

Significante		Significado
Significante	Significado	

R. Barthes, *La Degré zéro de l'écriture suivi de élements de sémiologie.*

---

43 Cf., por exemplo, Uriel Weinreich, On the Semantic Structure of Language, em Joseph H. Grenberg (ed.), *Universals Language*, p. 148-149, quando defende a investigação do discurso em seus aspectos lógicos, desde que, entre outras condições, seja satisfeita a de que não haja aí nenhuma espécie de normativismo. Diz ele: "O linguista descritivo não tem nenhum interesse em tornar o uso da linguagem 'mais lógico' do que ele é – ao contrário, ele deve explicar, se possível, por que ele não é, com efeito, mais lógico" (Ibidem).

44 A noção de significação implícita não pode ser reduzida a nenhuma forma de codificação, ainda que segunda, sob pena de tornar-se explícita e perder assim a propriedade que permite, por exemplo, ao locutor, dizer sem assumir a responsabilidade de ter dito. Desse modo, a significação implícita não poderia ser tratada como um fenômeno de conotação, no sentido em que a retórica, como codificação das manobras estilísticas, trata do problema. Cf. O. Ducrot, op. cit., p. 16s; R. Barthes, *Le Degré zéro de l'ecriture, suivi de Élements de sémiologie*, p. 163s.

Nesse caso, também é marcante a anterioridade dos trabalhos de Peirce sobre o signo. No artigo "A Classificação dos Signos", no segundo parágrafo "Os Signos e Seus Objetos", Peirce, insistindo sobre a diversidade necessária entre o signo e aquilo que ele representa – seu objeto –, faz a seguinte observação:

> Para que algo seja um signo deve "representar" [...], algo diverso que é chamado seu "objeto" embora a condição de que um signo deva ser diverso de seu objeto seja talvez arbitrária, pois, se insistirmos a respeito desse ponto, deveremos, pelo menos, introduzir uma exceção para o caso de um signo que parte de um signo[45].

Um dos exemplos que Peirce dá para tal exceção é o seguinte: um ator que, desempenhando um papel num drama histórico, portasse como "propriedade" teatral a relíquia mesma que poderia ser representada por um sucedâneo conseguiria um grande efeito sobre o público. Suponhamos que tal relíquia fosse a coroa de espinhos do martírio de Cristo, se é que tanto se pode supor. O efeito então conseguido decorre, em última análise, do elemento de conotação que se constitui sobre o "objeto" denotado: é a própria cristandade glorificada na ideologia do sofrimento que se faz presente, da mesma forma que, como observa Ducrot, o emprego de uma palavra italiana por Stendhal introduz no texto "toda a complexidade de sentimentos e emoções que ele liga à Itália: o que é, desse ponto de vista, significante não é mais a simples forma material da palavra, mas o fato de ter empregado a palavra (tomada globalmente, como um complexo comportando ao mesmo tempo significante e significado)"[46].

Suponhamos, ao contrário, que um determinado autor pretenda atingir, no caso ainda da relíquia, o efeito contrário, que será, ainda que comicamente, sempre um grande efeito, e substitua a coroa de espinhos por uma peça do vestuário feminino, fazendo-a aparecer no momento de maior ansiedade e "fervor" religioso, num processo de envolvimento das personagens e do leitor que ele soube

---

45   C.S. Peirce, *Semiótica e Filosofia*, p. 95; *Collected Papers*, v. 2, bk. 2, chapter 2, p. 136.
46   O. Ducrot, op. cit., p. 16-17.

Acadêmicos

³⁰⁴ desenvolver como preparação desse momento. O efeito, por exemplo, a hipocrisia religiosa, não é contrário em virtude de não estar lá o instrumento mesmo do martírio de Cristo, poderoso bálsamo para as mazelas do corpo e da alma, mas porque seu sucedâneo remete de forma violenta e definitiva para outro sistema conotativo, que oferece como resposta ao fervor da espera a consumação do pecado. Tal é o procedimento estilístico que se pode, por exemplo, verificar no uso da ironia moralizante com que Eça de Queirós distingue a hipocrisia religiosa em *A Relíquia*.

Peirce é um autor complexo, cuja obra tem grande poder de motivação intelectual para os estudos do signo nos mais diferentes campos do conhecimento e com os mais diversos objetos culturais. Tem também ensinamentos de conduta científica e filosófica que valem a pena continuar a levar em conta, como o que apresentamos a seguir:

> Minha obra não transmite regras impositivas. Como um tratado de matemática, sugere certas ideias e fornece algumas razões para considerá-las verdadeiras; se o leitor as aceitar, será porque teve boas razões, e a responsabilidade é dele. O homem é, essencialmente, um animal social: ser social, entretanto, é uma coisa, e ser gregário é outra; declino do papel do guia de rebanho. Minha obra destina-se a pessoas que *desejam perquirir*; os que desejam a filosofia mastigada podem buscar outro rumo, há botequins filosóficos em todas as esquinas, graças a Deus[47].

Como o signo remete ao signo, que constitui seu "objeto", relacionando-o com uma terceira coisa, seu "interpretante", de modo a pô-lo em relação com uma quarta coisa, e assim vai *ad infinitum*, na observação de Granger, a noção de sentido do signo articula-se, desse modo, com os futuros discursivos que, a partir dele, se abrem no jogo dinâmico das interpretações intersígnicas que põe em cena os personagens semióticos, ou seja, o signo, o objeto e o interpretante.

É interessante notar que Greimas, a propósito do sentido da palavra *sentido* faz a seguinte observação:

47 Cf: C.S. Peirce, *Semiótica e Filosofia*, p. 46.

Quando se abre, outra vez, o dicionário à procura do sentido da palavra 305
sentido, encontra-se um grupo de exemplos nos quais "sentido obrigatório" aparece ao lado de expressões como "sentido de uma vida" ou "sentido da história". O sentido não significa, pois, somente o que as palavras querem nos dizer. É também uma direção, isto é, na linguagem dos filósofos, uma intencionalidade e uma finalidade. Traduzido na linguagem linguística, o sentido se identifica com o processo de atualização orientado que, como todo processo semiótico, é pressuposto por – e pressupõe – um sistema ou um programa virtual ou realizado[48].

É nessa e por essa noção do sentido como direção, como orientação, que a pragmática se articula com a semiótica, permitindo, de um lado, compreender o funcionamento das formas gestuais da linguagem e, de outro, sua organização argumentativa, o que leva à necessidade de uma semântica e de uma macrossintaxe do discurso, cujo outro nome poderia ser o da semiótica ou semiologia do texto[49].

x

Sabe-se que também para a filosofia analítica, como para o estruturalismo, a função principal da linguagem é a de comunicação; sabe-se também que, nessa mesma linha, um enunciado só comunica o que comunica se comunica que comunica.

No livro *The Theory of Speech and Languague* (Teoria da Fala e da Linguagem), Alan Henderson Gardiner distingue no enunciado dois aspectos constitutivos de sua significação: a coisa significada (*thing-meant*) e a qualidade discursiva (*sentence-quality*). O primeiro aspecto constitui o conteúdo do enunciado; o segundo, sua forma.

Como as línguas naturais conhecem grande variedade de modos enunciativos, é necessário ainda distinguir as diferentes qualidades discursivas especiais (*special sentence quality*), que garantem, no enunciado, o reconhecimento, por parte do interlocutor, das intenções

48   A.J. Greimas, *Du sens*, p. 15-16.
49   Para as questões de linguagem e argumentação, cf. C. Vogt, *O Intervalo Semântico*;
      E. Guimarães, *Texto e Argumentação*. Para as questões ligadas ao discurso, cf. E.P.
      Orlandi, *Análise do Discurso*.

Acadêmicos

306 comunicativas do locutor. É o que John Langshaw Austin, em *How to Do Things with Words*, chama de *uptake*.

Sem essas indicações, o circuito comunicativo não se completa, o enunciado não se realiza e o mal-entendido faz patinar o discurso. Dessa maneira, todo enunciado, além de dizer alguma coisa sobre algo diferente dele (descrever ou representar estados de coisas no mundo) "diz" também algo sobre si mesmo: diz ser uma afirmação, uma ordem, um pedido, uma pergunta etc.

Para evitar o purgatório de todo racionalismo – que é a regressão ao infinito –, os filósofos analíticos, Gardiner em particular, fazem uma distinção fundamental entre o *dizer* e o *mostrar* de um enunciado. Assim, enquanto o enunciado *diz*, *descreve* ou *representa*, sob o aspecto do conteúdo, ele *mostra*, *indica* ou *implica*, sob o aspecto de sua forma. A distinção entre esses dois modos de significação, inseparáveis na dinâmica efetiva da linguagem humana, de um lado o *dizer* (*saying*), de outro o *mostrar* (*showing*), encontra correspondências em outras oposições, quer na linguística, quer na teoria literária, história e discurso em Benveniste; quer na fábula e trama nos formalistas russos; quer em contar e mostrar (*telling* e *showing*) em Henry James.

A noção de intenção comunicativa é crucial para a plena realização semântica do enunciado. Contudo, para a semântica argumentativa, ao contrário do uso psicologizante que faz, por exemplo, John Searle em sua teoria dos atos de fala, o conceito de intenção é antes de tudo semântico e hermenêutico, e a própria função predominante da linguagem, muito além da comunicativa é, sobretudo, a de persuasão. Isso faz que a semântica argumentativa que pratico, em vez de pôr em relevo noções como a de *sinceridade* e de *seriedade* do falante, prefira trabalhar com a noção de *representação*, no sentido teatral, e entender a linguagem como uma forma de ação dramática.

Quando se dá uma ordem a alguém, num enunciado do tipo "Feche a porta", o papel que se assume, nesse e por esse enunciado, é a do destinador que pode dar a ordem, como de fato a dá. Aquele a quem a ordem é dirigida, e que o destinador se representa como o destinatário de seu ato de fala, também não existe, linguisticamente falando, senão na e pela ordem que lhe é dirigida, isto é, como virtualidade do discurso. Existir ou não uma porta, a porta estar ou não aberta etc. são condições de emprego lógico do enunciado, mas que, se não forem satisfeitas, nem por isso impedem que a ordem se realize no momento em que o enunciado ocorre; institui-se, desse modo, uma relação de autoridade que, por sua vez, se constitui no fundamento material das representações específicas que, nesse e por esse ato de linguagem, caracterizam o destinador e o destinatário.

Certamente, não é o enunciado que obrigará o ouvinte real a comportar-se dessa ou daquela maneira. Como indivíduo, não é o fato de dizer "Eu prometo", numa determinada circunstância, que me compromete com o cumprimento da promessa. Quem se obriga, quem se compromete o faz sempre como um *eu* à intenção de um *outro*, isto é, como pessoa, *persona* ou máscara constituídas no e pelo jogo de linguagem que o próprio ato de prometer estabeleceu. Quem se obriga a cumprir uma ordem que lhe é dada é alguém que a própria ordem se representa – o destinatário –, cuja máscara ou investidura o ouvinte poderá sempre recusar.

Essa recusa em assumir o papel que, contido na fala do locutor, lhe é atribuído pode desorientar o discurso, desviá-lo de sua trajetória inicial, fazer que seja abandonado dos futuros que propunha ou, ainda, que seu desenvolvimento não possa ser, a partir da recusa, senão polêmico, a menos até que novos papéis sejam acordados entre os interlocutores por outros atos de enunciação.

Nessa maneira de conceber a linguagem, sobressai o aspecto deontológico de sua estrutura e de seu funcionamento. É preciso dizer, no entanto, que isso não implica concebê-la como um código explícito de um aparelho jurídico capaz de obrigar, pelo simples uso, o indivíduo a comportamentos prescritos em regras ou leis. Se ela o faz, é antes de tudo como representação, como jogo, como apresentação, como encenação, enfim. Evita-se, de um lado, cair na armadilha behaviorista que consiste em confundir o sentido de um enunciado com sua instrumentação social e, do outro, aceitar a concepção da linguagem e até mesmo da língua como um produto

Acadêmicos

308 acabado, disponível, com as condições de significação já estabelecidas, produto no qual o lugar do indivíduo é apenas o do usuário
que, de acordo com as necessidades ou desejos, vai ao supermercado
dos signos se abastecer de provisões.

Como diz Robert Ezra Park,

> não é provavelmente um mero acidente histórico que a palavra *pessoa*,
> em sua acepção primeira, queira dizer "máscara". Mas, antes, o reco-
> nhecimento do fato de que todo homem está, sempre e em todo lugar,
> mais ou menos conscientemente representando um papel... É nesses
> papéis que nos conhecemos uns aos outros, é nesses papéis que nos
> conhecemos a nós mesmos. [...] Em certo sentido, e na medida em
> que essa máscara representa a concepção que formamos de nós mes-
> mos – o papel que nos esforçamos por chegar a viver –, essa máscara
> é nosso mais verdadeiro *eu*, aquilo que gostaríamos de ser. Ao final, a
> concepção que temos de nosso papel torna-se uma segunda natureza
> e parte integral de nossa personalidade. Entramos no mundo como
> indivíduos, adquirimos um caráter e nos tornamos pessoas[50].

A linguagem humana é estrutural e funcionalmente uma atividade, e a característica fundamental dessa atividade é o aspecto
dramático de sua constituição. Dizer que a linguagem é uma forma
de ação, equivale, pois, a dizer que a forma dessa ação é dramática, na
medida em que se trata sempre de uma ação que não tem finalidade
e nem mesmo eficácia fora de sua própria representação.

É a forma do enunciado, isto é, aquilo que o enunciado mostra,
indica ou implica, que permite relacioná-lo com o contexto pragmático de sua enunciação. É sempre à intenção do *outro* que essa relação
se dá; como o outro é um papel, uma máscara, uma *persona* constituída
pela intenção do locutor representada no enunciado, o outro de um
enunciado é seu futuro discursivo, isto é, outro enunciado que com
o primeiro se encadeia numa macrossintaxe de representações, cujo
tema constante é o de que o *outro* é a forma do enunciado.

50   E.R. Park, *Race and Culture*, 1950.

É desse ponto de vista que se impõe uma concepção da noção de 309 *sentido* não com descrição de estados de coisas no mundo, mas como direção ou orientação discursiva. Assim, o sentido de um enunciado deverá ser compreendido, de um lado, como função das combinações possíveis desse enunciado com outros enunciados da língua, isto é, como função de sua direção argumentativa, como função do futuro discursivo que se abre no momento mesmo em que ele é dito. De outro lado, o sentido de um enunciado será também função das relações que esse enunciado estabelece com enunciados que pertencem ao mesmo paradigma argumentativo; relações sintagmáticas e relações paradigmáticas que apontam para o que antes chamamos *semiótica do texto*.

Há uma grande variedade de recursos que funcionam como indicadores da qualidade discursiva especial dos enunciados, de sua força ilocucionária, de seu valor argumentativo: desde os gestos, propriamente ditos, as expressões faciais e a entonação até elementos da frase, ou mesmo frases inteiras, são elementos que não acrescentam nada ao conteúdo dos enunciados, mas que funcionam como indicadores dos caminhos discursivos a que eles nos obrigam.

Nesse sentido, poder-se-ia falar, abusando talvez um pouco do nome, de uma ampla e disseminada função gestual ou ritual da linguagem e que se caracterizaria como uma função eminentemente pragmática. É essa gestualidade da linguagem que, fornecendo as condições linguísticas da identidade social dos interlocutores, organiza a língua como uma espécie de código jurídico que, por sua vez, sistematiza o conjunto de representações sociais e ideológicas, portanto, por que passam necessariamente as representações do mundo da linguagem. Apresentação de representações, a linguagem, pela gestualidade que lhe é própria, aponta para o universo de suas relações com a ideologia. É esse universo que, a meu ver, constitui o domínio específico da pragmática. O espaço metodológico de sua atuação não está, na teoria linguística, nem antes nem depois da sintaxe e da semântica, mas no intervalo entre as duas.

A gestualidade ou a ritualidade da linguagem pode, em casos excepcionais, caracterizar quase exclusivamente a função de uma língua. Penso no Cafundó, comunidade negra no estado de São Paulo composta de

Acadêmicos

cerca de sessenta habitantes, descendentes de antigos escravos, que, além do português, língua amplamente utilizada para suas necessidades de comunicação, falam também uma "língua" de origem africana, a que chamam *cupópia, falange* ou simplesmente *língua africana*[51].

Trata-se, na verdade, de um léxico banto, quimbundo principalmente, de aproximadamente duzentas palavras, empregado sobre estruturas gramaticais do português. A função dessa "língua" é inteiramente gestual ou ritual, criando para os membros da comunidade um espaço mítico em que eles se percebem como "africanos" e, assim, são também percebidos pela sociedade branca envolvente. Se etnicamente são vistos como pretos e, socialmente, como peões ou "vagamundos", a "língua" lhes dá um expediente ritual de compensação que, sobreposto à miséria social que em geral caracteriza a história do negro no Brasil, renova uma identidade cultural para sempre perdida, porque historicamente vilipendiada.

A singularidade do Cafundó dever-se-ia não apenas ao fato de que sua "língua africana" tenha sobrevivido em meio às ruínas que o capitalismo acumulou em seu desenvolvimento no Brasil, mas também a esse caráter extremo de gestualidade e de representação ritual a que estaria ligada a própria razão de sua sobrevivência. Falar em cupópia é ser "africano" ou, ao menos, apresentar-se como tal. Nesse caso, o ato de fala é único; o modo de enunciar na "língua" é um só: falar é representar-se africano.

É evidente que esse é um caso extremo, mas acredito que sua popularidade não é mais do que a exacerbação social de uma característica estrutural das línguas naturais: aquela que reconhecemos ao percebermos que a linguagem gestual tem seu fundamento na própria gestualidade da linguagem.

[51]   C. Vogt, P. Fry, *Cafundó: A África no Brasil.*

II   A Espiral da Cultura Científica e o
Bem-Estar Cultural: Brasil e Ibero-América[52]

1. Cultura Científica

O conjunto de fatores, eventos e ações do homem nos processos sociais voltados para a produção, a difusão, o ensino e a divulgação do conhecimento científico constitui as condições para o desenvolvimento de um tipo particular de cultura, de ampla generalidade no mundo contemporâneo, a que se pode chamar de *cultura científica*. Desse modo, procurar caracterizar um espaço ibero-americano do conhecimento constitui também um esforço teórico-metodológico que permita, ao mesmo tempo, organizá-lo e representá-lo de forma a, nessa representação, poder ver, entre outras coisas, a dinâmica dos processos de produção, de difusão e de divulgação do conhecimento, vale dizer, a dinâmica da cultura científica própria desse espaço.

A representação da dinâmica desse espaço do conhecimento expresso como uma cultura científica específica pode ser feita na forma de uma espiral que, acompanhando o desenvolvimento da ciência por meio de instituições voltadas para sua prática e produção, contribua para visualizar e entender o que há de comum e, dessa forma, definir o que chamamos de *espaço ibero-americano do conhecimento*. Mais especificamente, no contexto do espaço do conhecimento, o que procuramos enfatizar é a América Latina e, em particular, o Brasil. Nesse sentido, a *espiral da cultura científica*, como propomos chamá-la, é uma metáfora que, como se verá adiante, pretende, de forma indicativa, relacionar fatos e acontecimentos

---

[52] O artigo "A Espiral da Cultura Científica" foi publicado na revista *ComCiência*, em 2003, na forma eletrônica, e no *Boletim de Ideias*, da Fapesp, em 2005, na forma impressa. Uma versão desenvolvida e ampliada foi publicada em C. Vogt, The Spiral of Scientific Culture and Cultural Well-Being: Brazil and Ibero-America. *Public Understanding Science*. London, Sage Publications. Disponível em: <http://pus.sagepub.com/content/early/2011/10/21/0963662511420410.full.pdf+html>. Acesso em: 24 out. 2011.

Acadêmicos

312 institucionais comuns a diferentes países da Ibero-América, coincidentes no tempo e que, dispostos no movimento espiralado da figura, vão marcando pontos e desenhando traços que servirão para o delineamento do espaço cultural que abriga conceitualmente a dinâmica do conhecimento na Ibero-América.

A representação gráfica de fatos relacionados às atividades de pesquisa científica e tecnológica no Brasil e dos países ibero-americanos sobre uma espiral é um exercício de síntese. Se observados a partir do período pós-Segunda Guerra Mundial, quando passaram a revelar maior intensidade e organização da produção brasileira e ibero-americana na área, esses fatos provocam reflexões interessantes sobre a constituição do sistema de ciência e tecnologia (c&t).

Na verdade, foi o caminho inverso que levou à formulação do conceito da espiral como forma de entender a aquisição da cultura científica com origem na produção e difusão de ciência entre cientistas. Nessa imagem metafórica, o conhecimento chega a estudantes de todos os níveis por seus professores e pelos próprios pesquisadores, continua a ser difundido no ensino para a ciência – envolvendo centros e museus de ciência, que atingem públicos mais amplos e heterogêneos –, para, finalmente, fortalecer a especialização em divulgação científica, praticada por jornalistas e cientistas. Progressivamente, a evolução da espiral da cultura científica segue no tempo e no espaço e ainda produz, pelo encadeamento de ações e pela expansão natural da participação social, organismos reguladores do funcionamento do sistema de ciência, tecnologia e inovação (c,t&i) representados, por exemplo, por comissões e conselhos normativos em diferentes esferas do poder público.

Ao se falar em cultura científica, é preciso entender pelo menos três possibilidades de sentido que se oferecem pela própria estrutura linguística da expressão:

1. Cultura da ciência
Nesse caso, é possível vislumbrar duas alternativas semânticas:

a) cultura gerada pela ciência;
b) cultura própria da ciência.

2. Cultura *pela ciência*
Duas alternativas também são possíveis:

a) cultura por meio da ciência;
b) cultura a favor da ciência.

3. *Cultura para a ciência*
Cabem, da mesma forma, duas possibilidades:

a) cultura voltada para a produção da ciência;
b) cultura voltada para a socialização da ciência.

No último caso, teríamos em a) a difusão científica e a formação de pesquisadores e de novos cientistas e em b) parte do processo de educação não contido em a), como o que se dá, por exemplo, no ensino médio ou nos cursos de graduação e também nos museus (educação para a ciência), além da divulgação, responsável, mais amplamente, pela dinâmica cultural de apropriação da C&T pela sociedade.

Essas distinções esquematizadas certamente não esgotam a variedade e a multiplicidade de formas da interação do indivíduo com os temas de C&T nas sociedades contemporâneas, mas podem contribuir para um entendimento mais claro da complexidade semântica que envolve a expressão "cultura científica" e o fenômeno que ela designa em nossa época também caracterizada por outras denominações correntes, em geral forjadas sobre o papel fundamental do conhecimento para a vida política, econômica e cultural dessas sociedades: sociedade do conhecimento.

A dinâmica da chamada cultura científica pode ser mais bem compreendida se a visualizarmos na forma da *espiral da cultura científica*. A ideia é representá-la em duas dimensões, evoluindo sobre dois eixos, e estabelecer não apenas as categorias constitutivas, mas também os atores principais de cada um dos quadrantes que seu movimento vai, graficamente, desenhando e, conceitualmente, definindo. Tomando-se como ponto de partida a dinâmica da produção

Acadêmicos

³¹⁴ e da circulação do conhecimento científico entre pares, isto é, da difusão científica, a espiral desenha, em sua evolução, um segundo quadrante, o do ensino da ciência e da formação de cientistas; caminha, então, para o terceiro quadrante e configura o conjunto de ações e predicados do ensino para a ciência e volta, no quarto quadrante, completando o ciclo, ao eixo de partida, para identificar aí as atividades próprias da divulgação científica.

Cada um desses quadrantes pode, além disso, caracterizar-se por um conjunto de elementos que, neles distribuídos, pela evolução da espiral, contribuem também para melhor entender a dinâmica do processo da cultura científica. Assim, no primeiro quadrante, teríamos como destinadores e destinatários da ciência os próprios cientistas; no segundo, como destinadores, cientistas e professores, e como destinatários, os estudantes; no terceiro, cientistas, professores, diretores de museus, animadores culturais da ciência seriam os destinadores, os destinatários seriam os estudantes e, mais amplamente, o público jovem; no quarto quadrante, jornalistas e cientistas seriam os destinadores e os destinatários seriam constituídos pela sociedade em geral e, de modo mais específico, pela sociedade organizada em suas diferentes instituições, inclusive, e principalmente, as da sociedade civil, o que tornaria o cidadão o destinatário principal dessa interlocução da cultura científica.

Ao mesmo tempo, teríamos outros atores distribuídos pelos quadrantes. Desse modo, para ilustrar, teríamos no primeiro quadrante, com seus respectivos papéis, as universidades, os centros de pesquisa, os órgãos governamentais, as agências de fomento, os congressos, as revistas científicas; no segundo, acumulando funções, outra vez as universidades, o sistema de ensino fundamental e médio, o sistema de pós-graduação; no terceiro, os museus e as feiras de ciência; no quarto, as revistas de divulgação científica, as páginas e editorias dos jornais voltadas para o tema, os programas de televisão etc.

Importa observar que, nessa forma de representação, a espiral da cultura científica, ao cumprir o ciclo de sua evolução, retornando ao eixo de partida, não regressa, contudo, ao mesmo ponto de início, mas a um ponto alargado de conhecimento e de participação da cidadania no processo dinâmico da ciência e de suas relações com a sociedade, abrindo-se com sua chegada ao ponto de partida, em não havendo descontinuidade no processo, um novo ciclo de enriquecimento e de participação ativa dos atores em cada um dos momentos de sua evolução.

O que, enfim, a espiral da cultura científica pretende representar, na forma que lhe é própria, é, em termos gerais, a dinâmica constitutiva das relações inerentes e necessárias entre ciência e cultura. A interseção dos dois eixos estabelece quatro quadrantes que, por sua vez, criam campos de oposição entre categorias e conceitos, contribuindo, assim, para explicar e fornecer uma melhor compreensão da dinâmica traçada pela espiral da cultura científica.

Desse modo, considerando a posição de cada quadrante na figura, é possível, ao longo da linha vertical, destacar a oposição entre a *produção* e a *reprodução* da ciência, localizada na metade inferior do eixo, e sua *apropriação*, localizada na parte superior do mesmo eixo.

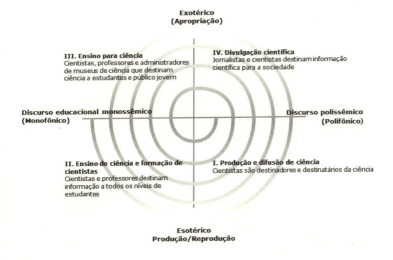

Figura 1 – Os eixos da espiral da cultura científica.

Esse eixo vertical estabelece, assim, uma oposição entre o que pode ser caracterizado como *esotérico*, isto é, reservado a círculos restritos, e o que é *exotérico*, quer dizer, de interesse geral, aberto ao público, sem restrições e de forma acessível. A distinção entre esotérico e exotérico, que remete à tradição filosófica da Antiguidade grega, permite, por exemplo, fazer a distinção entre as obras populares de Aristóteles, destinadas ao público, na forma de diálogo, e às quais ele próprio aplicava o segundo dos adjetivos em questão, de sua obra *acroamática*, constituída pelas aulas que ele dava no Lyceum. Consequentemente, *produção esotérica* e *reprodução* da ciência se opõem à sua *apropriação esotérica*, pela natureza da audiência – hoje diríamos público-alvo – para a qual o conhecimento é dirigido: fechada, então, no primeiro caso; aberta no segundo, permitindo, então, ver que essas duas categorias se opõem, considerando o público ouvinte, mais por quantidade do que por qualidade.

No eixo horizontal, a oposição, nesse caso determinada mais pela qualidade, seria entre, de um lado, a do *discurso educacional monossêmico* e, de outro, do *discurso polissêmico*, polifônico, com uma multiplicidade de vozes. Enquanto o primeiro seria mais direto, monofônico, orientando e orientado de acordo com as qualidades didáticas e pedagógicas que lhe são peculiares, o último seria caracterizado pela multiplicidade de caminhos que levam à verdade (no caso da produção e da difusão da ciência) e pelos caminhos multiplicados da probabilidade de sua disseminação.

A Figura 1 incorpora esses conjuntos de oposição dos eixos vertical e horizontal.

2. Bem-Estar Cultural

Todos concordamos, ou ao menos tendemos a concordar, que a ciência contribui, de uma forma ou de outra, para a melhoria da qualidade de vida no planeta, embora seja também verdade que a desconfiança das populações não tenha deixado de acompanhar o desenvolvimento científico e as aplicações do conhecimento na geração das novas tecnologias e das inovações que se incorporam com frequência cada vez maior ao cotidiano de nossas vidas.

Além dos aspectos ligados ao bem-estar social que a ciência pode acarretar na forma das facilidades que pode oferecer por meio de suas aplicações tecnológicas e inovadoras, há outra espécie de conforto que diz respeito às relações da sociedade com as tecnociências, que envolve valores e atitudes, hábitos e informações, com o pressuposto de uma participação ativamente crítica dessa sociedade no conjunto dessas relações. A esse tipo de conforto chamaremos de *bem-estar cultural*, e é dele que também trataremos brevemente.

Como dissemos, o que a espiral da cultura científica pretende representar, na forma que lhe é própria, é, em termos gerais, a dinâmica constitutiva das relações inerentes e necessárias entre ciência e cultura. Buscar a qualidade de vida com auxílio da ciência e de suas aplicações é, nesse sentido, orientá-las para o compromisso com o bem-estar social e com o bem-estar cultural das populações dos diferentes países que se desenham nas redondezas do planeta. O bem-estar cultural é, assim, um conceito e um estado de espírito que se caracteriza pelo conforto crítico da inquietude gerada pela provocação sistemática do conhecimento.

Desse ponto de vista, seria ainda provocador distinguir duas formas de ignorância que resultariam de duas maneiras distintas de tratar e de relacionar-se com o conhecimento: a ignorância cultural que se opõe ao conhecimento, propriamente dito, e a ignorância social que se opõe ao conhecimento como saber constituído, ou sabedoria autorizada. Nesse caso, a ignorância é um estado de carência de conhecimento; no outro, o da ignorância cultural, trata-se de um estado crítico de desconfiança em relação ao conhecimento que se tem ou que se pode vir a ter, o que nos permitiria, na forma de um paradoxo, dizer que o objetivo do conhecimento é pôr o homem em estado de constante ignorância cultural. O que equivaleria a dizer que o bem-estar cultural é um estado paradoxal de qualidade de vida feito, ao mesmo tempo, de conhecimento e ignorância.

Por sua vez, a dinâmica da produção e da acumulação do conhecimento no mundo contemporâneo poderia ser analisada, a partir de uma grande variedade de dados qualitativos e quantitativos relacionados com a cultura científica de determinado estado, país ou região. Como indicativos poderiam ser arrolados, no espaço ibero-americano do conhecimento, desenhado pelo movimento,

Acadêmicos

318 em ordem cronológica, da espiral da cultura científica, os seguintes fatos e eventos latino-americanos, como apresentados na Figura 2[53].

1949: Brasil – revista *Ciência & Cultura* (SBPC)
1960: Argentina – revista *Desenvolvimento Económico* (IDES)
1980: Venezuela – revista *Espácios: Revista Venezolana de Gestión Tecnológica*
1982: Brasil – revista *Ciência Hoje* (SBPC)
1988: Argentina – *Ciencia Hoy* magazine
1990: Uruguai – Rede Acadêmica Uruguayana
1994: Brasil – Laboratório de Estudos Avançados em Jornalismo – Labjor, Unicamp
1992: Colômbia – revista *Innovación y Ciencia* (da ASAC)
1995: Chile – Plano Nacional de Comunicação de Ciência do Chile (Programa Explora, Conicyt)
1999: Brasil – revista *Pesquisa Fapesp*, Programa Mídia Ciência (Fapesp) e revista eletrônica *ComCiência* (Labjor)
2003: Brasil – Agência Fapesp
2003: Brasil – Agência de Notícias para a Difusão da Ciência e Tecnologia (DiCYT)

1940: Venezuela – Museu de Ciências Naturais
1946: Brasil – Museu da Vida, Fiocruz
1980: Espanha – Museu Nacional de Ciência e Tecnologia
1987: Brasil – Estação Ciência, USP
1987: Argentina – Museu Experimental de Ciências de Rosario
1998: Argentina – Eureka: Parque da Ciência, Mendoza
1998: Colômbia – Museu de Ciência e Tecnologia – Maloka

1934: Brasil – Universidade de São Paulo (USP)
1956: Colômbia – Universidade de América (Bogotá)
1966: Brasil – Universidade Estadual de Campinas (Unicamp)
1976: Brasil – Universidade Estadual Paulista "Júlio de Mesquita Filho" (Unesp)
1996: Portugal – Agência Ciência Viva
1980: Venezuela – Fundação Instituto de Engenharia para Pesquisa e Desenvolvimento
1985: Uruguai – recuperação da autonomia da Universidade da República (criada em 1849)

1949: Brasil – Sociedade Brasileira para o Progresso da Ciência (SBPC)
1951: Brasil – Coordenação de Aperfeiçoamento de Pessoal de Nível Superior (Capes)
1951: Brasil – Conselho Nacional de Pesquisa (atual Conselho Nacional de Desenvolvimento Científico e Tecnológico – CNPq)
1954: Venezuela – Fundação Venezuelana para o Avanço da Ciência (FundaVAC)
1957: Organização dos Estados Ibero-americanos (OEI)
1958: Argentina – Conselho Nacional de Pesquisa Científica e Tecnológica (Conicet)
1962: Brasil – Fundação de Amparo à Pesquisa do Estado de São Paulo - Fapesp
1968: Chile – Comissão Nacional de Pesquisa Científica e Tecnológica (Conicyt)
1969: Colômbia – Instituto Colombiano para o Desenvolvimento da Ciência (Colciencias)
1970: Colombia – Colombian Association for the Advance of Science (ASAC)
1981: Peru – Fundo Nacional de Desenvolvimento de C & T (Fondecyt)
1984: Programa Iberoamericano de Ciencia y Tecnología para el Desarollo (Cyted)
1985: Brasil – Ministério da Ciência e Tecnologia (MCT)
1986: Espanha – Lei de Pesquisa Científica e Tecnológica ("Lei da Ciência")
1991: Bolívia – Conselho Nacional de Ciência e Tecnologia (Conacyt)
1994: Rede de Indicadores de C&T Ibero-americana e Interamericana (Ricyt)
1997: Paraguai – Conselho Nacional de Ciência e Tecnologia (Conacyt)
2002: Argentina – Ministério de Educação, Ciência e Tecnologia
2004: Espanha – Conselho Federal de C & T (Cofecyt)

Figura 2 – Brasil e América Latina.

Além dos eventos que dizem respeito à criação de instituições científicas, agências reguladoras e de fomento, entre outros atores, como mostrado em cada quadrante da Figura 2, a análise da

53 Agradeço o trabalho de levantamento dos fatos e eventos institucionais apontados para a América Latina à Sabine Righetti, jornalista e pesquisadora ligada ao Laboratório de Estudos Avançados em Jornalismo da Universidade Estadual de Campinas (Labjor-Unicamp) e atuante, profissionalmente, na grande imprensa do estado de São Paulo. Agradecimentos especiais vão para Ana Paula Morales, pesquisadora associada ao Labjor-Unicamp e coordenadora de comunicação da Universidade Virtual do Estado de São Paulo (Univesp), cujo apoio foi essencial para a construção deste ensaio.

evolução, temporal de outros dados quantitativos contribui também para a elaboração de indicadores de produção científica. O Brasil, mais especificamente o estado de São Paulo, serve como exemplo ilustrativo dessa dinâmica na qual atores diretamente relacionados com o sistema de c,t&i interagem.

Publicações em periódicos científicos, que representam um padrão de comunicação entre cientistas e se ajustam ao primeiro quadrante da espiral, servem como indicadores de produção científica e cultural de um dado país. Entre 1981 e 2009, o número de artigos brasileiros publicados anualmente em revistas indexadas por Thomson/Institute of Science Information (isi) aumentou 16,5 vezes, crescendo de algo em torno de 2 mil para mais de 32 mil artigos. No mesmo período, a produção científica brasileira, que representava 34,27% das publicações na América Latina em 1981, passou a representar 54,42% desse total em 2009. Na mesma linha, os artigos brasileiros aumentaram de 0,43% (1981) para 2,69% (2009) da produção científica mundial (Figura 3). A comunidade científica do estado de São Paulo teve uma contribuição marcante em termos de artigos indexados internacionalmente que corresponde a mais de 50% da produção nacional ao longo desses anos.

Na direção dos indicadores que se ajustam ao segundo quadrante da espiral, que trata agora do ensino da ciência e da formação de pesquisadores, a evolução é proporcional. No Brasil, de acordo com os dados da Coordenação de Aperfeiçoamento de Pessoal de Nível Superior (Capes), do Ministério da Educação (mec), o número de doutores formados por ano saltou de cerca de mil, em 1987, para mais de 11 mil, em 2009 (Figura 3), o que representa um aumento de 7,2 para 59,4 doutores formados anualmente por milhão de habitantes durante esse período de tempo. Em termos de educação superior, essa taxa cresceu de 683 para 2.222 doutores para cada milhão de brasileiros matriculados em cursos de graduação. O estado de São Paulo, por sua vez, é responsável por 45% dos doutores formados no país nesse período.

Em termos financeiros, os investimentos nacionais em c&t aumentaram de cerca de 15,3 bilhões de reais (7,6 bilhões de dólares) em 2000, para 50 bilhões de reais (25 bilhões de dólares) em

Acadêmicos

Visitação e participação da população brasileira em eventos científicos, comparação entre 2006 e 2010.

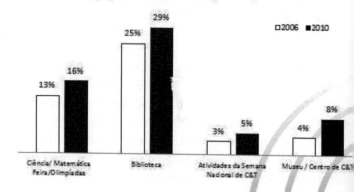

Fonte: Pesquisa de Percepção Pública da Ciência e Tecnologia, Ministério de Ciência e Tecnologia (MCT), 2010.

Brasil: estudantes titulados em cursos de doutorado, 1987-2009

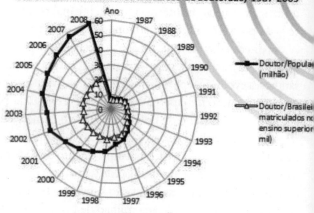

Fonte: Ministério da educação (MEC)

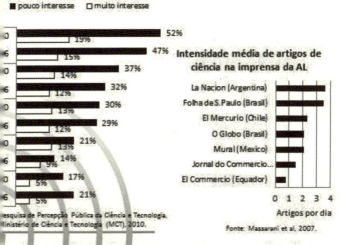

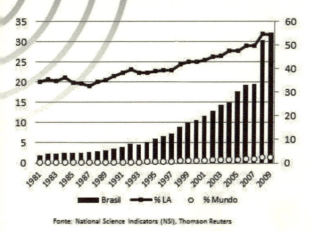

Figura 3 – Indicadores de Cultura Científica.

2009, o que representa, em termos de produto interno bruto (PIB), um crescimento de 1,3% para 1,57%. O estado de São Paulo investiu em C&T, em valores absolutos, cerca de 2 bilhões de reais (1 bilhão de dólares) em 2000 e 5 bilhões de reais (2,5 bilhões de dólares) em 2009, o que corresponde, respectivamente, a 4,72% e 3,76% das receitas totais do estado nesses anos.

O pedido de patentes, um indicador da evolução de inovação, está crescendo no Brasil num ritmo acelerado – na média, mais de 5% a cada ano, de acordo com os dados fornecidos pelo Instituto Nacional de Propriedade Industrial (Inpi). O número total de depósitos de patentes por residentes no Brasil aumentou de cerca de 5.500 em 1996, para quase 8 mil em 2009, o que corresponde a um crescimento de 34 para 41 pedidos de registros por milhão de habitantes (patentes/milhão de habitantes) nesses mesmos anos. Desse total, mais de 40% dos pedidos de registros foram feitos por residentes no estado de São Paulo (em 2007, havia 73 registros por milhão de habitantes no estado). Em relação aos pedidos de registros de patentes para invenções brasileiras apresentados ao United States Patent and Trademark Office (USPTO), houve um aumento de 0,9 para 2,42 por milhão de habitantes no Brasil durante o mesmo período.

Os indicadores delineados acima constituem elementos centrais na dinâmica da cultura científica que se desenvolve no Brasil, de modo mais expressivo, desde os anos de 1950, e têm a ver com a melhoria da qualidade de vida da população, isto é, com o bem-estar social acarretado, entre outros fatores, pelas inovações tecnológicas.

Ao mesmo tempo que os indicadores de produtividade em C&T estão crescendo, na forma de artigos científicos, pedidos de registros de patentes e nos números relacionados com a formação de recursos humanos e investimentos na área, outros aspectos culturais, relacionados com a percepção e atitudes da sociedade no que diz respeito à ciência e à tecnologia, estão também envolvidos. Esses aspectos, que são parte da cultura contemporânea, e também mensuráveis, entram no terceiro e no quarto quadrantes da espiral da cultura científica, como se vê na Figura 3, na página anterior.

3. Indicadores de Cultura Científica na América Latina

Os valores relacionados com interesse, informação, atitudes, visões e conhecimento que a sociedade tem de C,T&I constituem o que chamamos *indicadores de cultura científica*, que dependem, nesse sentido, do bem-estar cultural da população. Esses indicadores representam, hoje, um aparato importante para a tomada de decisões públicas nas sociedades democráticas, pois tanto incentivam a comunicação da ciência como desenvolvem sistemas para a participação de diferentes atores nos assuntos relacionados com C&T.

As pesquisas em percepção ou compreensão pública da C&T, sobre as quais esses indicadores são gerados, são baseadas em modelos implícitos ou explícitos de cultura científica. Esses modelos, por sua vez, se relacionam com diferentes conceitos de ciência, cultura e alfabetização científica[54]. Nesse sentido, as atividades de pesquisa na área têm se desenvolvido no sentido de incorporar indicadores quantitativos de C&T, análises mais profundas e interpretações das principais tendências observadas nos períodos sob exame, capazes de contribuir para a formulação e o rastreamento de ações políticas para o setor.

Na Ibero-América, pesquisas em percepção pública de C&T são mais recentes, ganhando um perfil mais alto com o Projeto de Desenvolvimento de um Padrão Ibero-americano de Indicadores de Percepção Social, Cultura Científica e Participação Cidadã em C&T[55].

---

[54] Para mais detalhes, ver M. Albornoz; L. Vaccarezza; J.A. López Cerezo; M. Fazio; C. Polino, *Proyecto: Indicadores Iberoamericanos de Percepción Pública, Cultura Científica y Participación Ciudadana,* Buenos Aires: OEI/Ricyt/Cyted, 2003. Ver também C. Polino; J.L. Cerezo; M.E. Fazio; Y. Castelfranchi. Nuevas Herramientas y Direcciones Hacia una Mejor Comprensión de la Percepción Social de la Ciencia en los Países del Ámbito Iberoamericano, em M. Albornoz; C. Alfaraz; G. Arber; R. Barrere; R. Kataishi (orgs.), *El Estado de la Ciencia,* Buenos Aires: Redes, v. 1, p. 50-60, 2006.

[55] O Projeto Ibero-americano traz, na coordenação-geral, Mario Albornoz (Centro Redes/Ricyt, Argentina), Álvaro Marchesi Ullastres (OEI) e Eulalia Pérez Sedeño (Fecyt, Espanha); na coordenação operacional, conta com Cecília Cabello Valdés (Fecyt, Espanha), José Antonio López Cerezo (OEI, Universidade de Oviedo, Espanha) e Carmelo Polino (Centro Redes/Ricyt, Argentina). Para facilitar a leitura ao longo do texto, a expressão "Projeto Ibero-americano" é usada como sinônimo de "Projeto de Desenvolvimento de um Padrão Ibero-americano de Indicadores de Percepção Social, Cultura Científica e Participação Cidadã em C&T".

Acadêmicos

A ideia inicial surgiu em 2001, quando foram constituídos um comitê consultivo internacional[56] e uma equipe técnica[57] com o objetivo de estabelecer uma agenda relativa à percepção pública de c&t e de formular acordos operacionais para tornar possível desenhar um grupo de indicadores internacionalmente comuns e comparáveis.

Assim, a importância de desenvolver indicadores de percepção de c&t começa a ser reconhecida mais fortemente na Ibero-América só em anos mais recentes. Alguns países da região realizaram pesquisas de percepção pública da ciência, começando, sobretudo, na década de 1990, de uma maneira mais ou menos sistemática, como ocorreu em Portugal (Observatório da Ciência e do Ensino Superior [Oces], 2000), na Espanha (Fundación Española para la Ciencia y la Tecnologia [Fecyt], 2003, 2005) ou, mais esporadicamente, na Colômbia (Departamento Administrativo de Ciencia, Tecnología e Innovación [Colciencias], 1994), no Panamá (Secretaria Nacional de Ciencia, Tecnología e Innovación [Senacyt], 2001), no México (Consejo Nacional de Ciencia y Tecnología [Conacyt], 1999, 2003) e na Argentina (Secretaría de Ciencia y Tecnología [SeCyT], 2003a, 2003b, 2007).

Essa linha de procedimento foi também adotada pelo Brasil, que, desde a década de 1980[58], realizou quatro enquetes nacionais

56 Os membros do comitê consultivo são: Carlos Vogt (Labjor-Unicamp, Brasil), Rodrigo Arocena (Universidade da República, Uruguai), Arturo Garcia Arroyo (csic, Espanha), Javier Echeverria (upv, Espanha), Tatiana Lascaris Commeno (uma, Costa Rica), Emílio Muñoz (csic-ciemat, Espanha), Leon Olivé (Unam, México), Miguel Angel Quintanilla (Usal, Espanha), Jesús Sebastián (csic, Espanha), Inguelore Scheunemann de Souza (Cyted), Juan Carlos Toscano (oei), Hebe Vessuri (Ivic, Venezuela).

57 Os membros da equipe técnica são: Yurij Castelfranchi (ufmg, Brasil), Luisa Massarani (Museu da Vida/Fundação Oswaldo Cruz [Fiocruz], Brasil), Tânia Arboleda (Pontifícia Universidade Javeriana, Colômbia), Tamara Arnold (Conicyt, Chile), Montana Cámara Hurtado (Universidade Complutense, Espanha), Maria de los Ángeles Erazo (Universidade Central, Equador), Maria Eugenia Fazio (Centro Redes, Argentina), Antonio Firmino da Costa (Cies, Portugal), José Luis Luján (Universidade das Ilhas Baleares, Espanha) e Carolina Moreno (Universidade de Valência, Espanha).

58 O governo brasileiro começou a mostrar interesse em mapear a opinião pública sobre tópicos de ciência e tecnologia em uma pesquisa pioneira realizada em 1987 pelo instituto de pesquisa norte-americano Gallup, a pedido do Conselho Nacional de Desenvolvimento Científico e Tecnológico (cnpq/Gallup, *O Que o Brasileiro Pensa da Ciência e da Tecnologia?*, Rio de Janeiro: Mimeo, 1987), por intermédio do Museu de Astronomia e Ciências Afins (Mast). O objetivo era analisar a imagem da ciência e da tecnologia para a população brasileira urbana.

significativas na área, sem uma periodicidade definida ou uma metodologia comum. Mas foi depois dos anos de 1990, com o país consolidando a democracia política, que os estudos de percepção pública de c&t começaram a ganhar mais espaço[59].

Em 2006, retomando o tema no âmbito do Ministério de Ciência e Tecnologia (mct), o Departamento para a Popularização e Divulgação da c&t coordenou uma nova enquete nacional sobre percepção pública de c&t, em colaboração com a Academia Brasileira de Ciências e o Museu da Vida/Fiocruz (mct, 2007)[60]. A pesquisa foi repetida em 2010, com pequenas alterações no questionário, permanecendo, contudo, de um modo geral, consistente do ponto de vista metodológico, com a edição anterior.

De acordo com essa pesquisa, o interesse dos brasileiros por tópicos da área aumentou no período entre as duas edições. Em 2006, 41% dos entrevistados disseram estar interessados em c&t, cifra que sobe para 65% em 2010. De acordo com esses dados, a participação do público brasileiro em eventos científicos, o que se ajustaria ao terceiro quadrante da espiral da cultura científica, também cresce no período compreendido entre os dois estudos: 26% de crescimento na participação em feiras de ciência e olimpíadas de matemática; 15% no uso de bibliotecas; 60% na participação de atividades da Semana Nacional de Ciência e Tecnologia; e 108% no número de pessoas que dizem ter frequentado museus e centros de c&t (Figura 3).

---

59   Em 1992, uma nova pesquisa nacional para identificar "o que os brasileiros pensam da ecologia" foi realizada pelo Ministério da Ciência e Tecnologia (mct) e pelo cnpq (cnpq/Ibope, op. cit., 1992). O estudo, no contexto histórico da Conferência das Nações Unidas sobre o Meio Ambiente e o Desenvolvimento (cnumad), ou melhor, Rio-92, no qual a ecologia assumiu um papel proeminente nos discursos dos formadores de opinião, trata das percepções e dos valores relacionados com o meio ambiente e também com as atitudes dos cidadãos no que concerne às ações de conservação e de conscientização.

60   A enquete realizada pela empresa cdn Estudos e Pesquisa (<http://www.cdn.com.br>) foi projetada em colaboração com pesquisadores da Fundação de Amparo à Pesquisa do Estado de São Paulo (Fapesp) e do Labjor-Unicamp, assim como com especialistas internacionais da Red de Indicadores de Ciencia y Tecnología Iberoamericana e Interamericana (Ricyt) e da instituição inglesa London School of Economics. O questionário aplicado na pesquisa nacional tinha oito questões em comum com o questionário aplicado no estado de São Paulo, em 2007, facilitando, desse modo, a comparação nacional de dados.

Acadêmicos

326   O perfil da busca de informação, o que se situaria no quarto quadrante da espiral, não se modifica, contudo: o principal meio de comunicação por intermédio do qual a população tem informações sobre assuntos de c&t é, atualmente, a televisão (19% com muita frequência), seguida por jornais (14%), revistas (13%) e a internet (13%), perfil que é similar ao encontrado na pesquisa de 2006 (Figura 3).

Outro estudo importante, realizado no âmbito do Projeto Ibero--americano, revela dados valiosos sobre a percepção de jovens entre 15 e 17 anos, de várias cidades ibero-americanas, da c&t e das profissões a elas ligadas. Os dados relacionados com os padrões de consumo de informação científica adotados por esses adolescentes se mostraram muito similares aos hábitos gerais de informação da população ibero-americana adulta presentes em outras pesquisas realizadas anteriormente.

No estudo realizado com esse público jovem, o meio de comunicação indicado por ele como a principal fonte para a informação sobre questões de c&t é a televisão, o que era de se esperar, uma vez que as residências, nos dias atuais, têm pelo menos um aparelho de televisão, que é a principal fonte de informação da população em geral e, consequentemente, também dos jovens. Entretanto, em contraste com o observado no público adulto, uma grande parcela de jovens busca informação científica na internet que, dada a familiaridade crescente que tem com ela a juventude, pode ser considerada um caminho estratégico para chegar a essa camada da população com a divulgação de temas e assuntos científicos. A ficção científica, na forma de livros, filmes ou quadrinhos, foi também identificada como um dos hábitos de informação mais frequentes dos adolescentes no que diz respeito à c&t, o que pode ser creditado à oferta massiva desses produtos no mercado e ao grande apelo que têm para a juventude.

4. Interesse, Informação e Comunicação

No mundo contemporâneo, no qual a sociedade do conhecimento avança a passos largos e no qual a informação se acumula, sobrepõe-se e desatualiza-se em questão de minutos o conhecimento consolidado, que pode garantir bem-estar ao indivíduo e também poder a quem quer que o possua. Nesse contexto, em que a C&T aparecem cada vez mais entrelaçadas ao dia a dia das pessoas, seja na forma das facilidades proporcionadas pelos avanços tecnológicos para a vida de uns, seja pelas ameaças que esses avanços possam representar para a vida de outros, o fato é que o conhecimento científico se torna fundamental para o pleno exercício da cidadania.

O objetivo ideal do divulgador da ciência é que o conhecimento científico, como fenômeno cultural – parte, pois, fundamental da cultura científica própria do mundo contemporâneo –, possa ser tratado e vivenciado como o futebol. Essa analogia se aplica à relação entusiasmada do público com o evento até o ponto em que as diferenças entre as duas áreas começam e as características peculiares de uma não se aplicam à outra, no sentido de que cada uma delas tem especialidades e processos próprios de institucionalização, entre muitos outros traços de distinção. Nesse caso, embora sejam poucos os que efetivamente o jogam, são muitos, na verdade, os que o entendem, conhecem suas regras, sabem como jogar, são críticos de suas realizações, com ele se emocionam e são por ele apaixonados.

Nem todos somos cientistas, como não são muitos os que jogam futebol, profissional e competentemente. Para isso, são necessárias, além de talento, condições estruturais de apoio institucional, como recursos, planos de gestão, programas de educação e de formação, que cabem às políticas públicas estabelecer e fazer funcionar, com regularidade e eficácia.

O fato de não jogarmos futebol não nos impede de amá-lo, de sermos amadores de sua prática, de praticá-lo sempre, mesmo que, na maioria das vezes, "só" pela admiração aficionada de torcedor. Que seja assim com o conhecimento e com a cultura científica! Que sejamos todos, se não profissionais, amadores da ciência, como torcedores e divulgadores críticos e participantes de sua prática e de seus resultados para o bem--estar social e o bem-estar cultural das populações do planeta.

Acadêmicos

5. Considerações Finais

A institucionalização dos atores que compõem o sistema de C&T, seu desempenho, as atitudes e percepções da sociedade da própria C&T, os tópicos da área, bem como todos os elementos da cultura científica, de um modo geral, desenvolvem-se e evoluem em paralelo, numa dinâmica florescente. Como ilustração, seguindo a lógica e o raciocínio relativos aos outros dados classificados neste capítulo, os indicadores de produção, formação, percepção e informação em C&T poderiam ser também ajustados aos quadrantes da espiral da cultura científica, na Figura 3.

A metáfora da espiral permite desenhar, descrever e classificar os atores, as instituições e seus desempenhos além das atitudes da sociedade, isto é, alguns dos vários elementos que compõem a cultura científica, como um todo, de modo a demonstrar que o desenvolvimento desses indicadores ocorre em paralelo, num processo cíclico e constante de expansão.

A questão que permanece aberta, portanto, para futuras discussões, já que sua resposta varia dependendo das diferentes realidades dos sistemas de C&T, nos diferentes países e regiões do planeta, reside na ordem em que tais eventos ocorrem. Ou melhor, que tipos de ações, resultados ou iniciativas no campo de C&T provocam o desenvolvimento de outros elementos da cultura científica? Para além dessa questão, o que é certo e não depende da ordem das coisas é que a ciência está intrinsecamente relacionada com a vida cotidiana e é parte da cultura das sociedades e que o conhecimento científico, acumulado nessa dinâmica de eventos, afeta em diferentes modos a vida das pessoas e o modo de seu relacionamento entre si e com o mundo.

Referências Bibliográficas

1. A Quem Pertence o Conhecimento?

BORGES, Jorge Luis. La Biblioteca de Babel. *Ficciones*. Buenos Aires: Sur, 1944. (Trad. bras.: *Ficções*. Tradução de Davi Arrigucci Jr. São Paulo: Companhia das Letras, 2007.)

MAUGHAM, William Somerset. *Of Human Bondage*. London: George H. Doran Company, 1915. (Trad. bras.: *A Servidão Humana*. Tradução de Antônio Barata. Prefácio de Carlos Vogt. São Paulo: Globo, 2005.)

____. *The Moon and Sixpence*. London: William Heinemann, 1919. (Trad. bras.: *Um Gosto e Seis Vinténs*. Tradução de Rosane Maria Pinho. Rio de Janeiro: Record/Altaya, 1996. [Col. Mestres da Literatura Contemporânea])

MONTAIGNE, Michel de. *Essais*. Bordeaux: Simon Millanges, 1580, 1582; Paris: Jean Richer, 1587; Paris: Abel Langelier, 1588. (Trad. bras.: *Os Ensaios*. Tradução de Rosemary Costhek Abílio. São Paulo: Martins Fontes, 2000-2001. 3 v. [Col. Paideia])

SHELLEY, Mary. *Frankenstein; or, The Modern Prometheus* (Frankenstein; ou, o Prometeu Moderno). London: Lackington, Hughes, Harding, Mavor & Jones, 1818. (Trad. bras.: *Frankenstein*. Tradução de Miécio Araújo Jorge Honkins. Porto Alegre: L&PM, 2005. [Col. Pocket, 54])

STEVENSON, Robert Louis. *Strange Case of Dr. Jekyll and Mr. Hyde*. London: Longmans, Green & Co., 1886. (Trad. bras.: *O Estranho Caso do Dr. Jekill e Mr. Hyde*. Tradução e organização de Braulio Tavares. São Paulo: Hedra, 2011.)

SWIFT, Jonathan. *Travels into Several Remote Nations of the World, in Four Parts. By Lemuel Gulliver, First a Surgeon, and then a Captain of Several Ships*. London: Benjamin Motte, 1726. [Edição modificada e renomeada para *Gulliver's Travels*. London: George Faulkner, 1735.] (Trad. bras.: *Viagens de Gulliver*. Tradução de Paulo Henriques Britto. Prefácio de George Orwell. Organização, introdução e notas de Robert DeMaria Jr. São Paulo: Penguin/Companhia das Letras, 2010.)

330 UNSIGNED REVIEW. *The Times Literary Supplement* , London, 12 August 1915. In: Curtis, Anthony; Whitehead, John (eds.). *W. Somerset Maugham*. London; New York: Routledge, 1987. (Col. The Critical Heritage)

VOLTAIRE. *Candide, ou l'Optimisme*. Traduit de l'allemand de Mr. Le Docteur Ralph (um dos pseudônimos de Voltaire). Genève: J. Cramer, 1759. (Trad. bras.: *Cândido*. Tradução de Maria Ermantina Galvão. São Paulo: Martins Fontes, 2003.)

WADE, Nicholas. *The Ultimate Experiment: Man-made Evolution*. New York: Walker, 1977. (Trad. bras.: *O Experimento Final: Os Progressos da Engenharia Genética*. Tradução de Álvaro Cabral. Rio de Janeiro: Zahar, 1979.)

2. Clones, Utopias e Ficções

AFRAZ, Seyed-Reza; Kiani, Roozbeh; Esteky, Hossein. Microstimulation of Inferotemporal Cortex Influences Face Categorization. *Nature*, London, v. 442, n. 7103, 10 August 2006.

ANDRADE, Carlos Drummond de. Congresso Internacional do Medo. *Sentimento do Mundo*. São Paulo: São Paulo: Companhia das Letras, 2012.

BALZAC, Honoré de. *La Peau de chagrin*. Paris: Charles Gosselin et Urbain Canel, 1831. (Trad. bras.: *A Pele de Onagro*. Tradução de Paulo Neves. Porto Alegre: L&PM, 2008. [Col. Pocket, 686])

____. *Le Centenaire, ou, Les deux Béringheld*. Publié par M. Horace de Saint-Aubin. Paris: Pollet, 1822. (Col. Cabinet Romatique, 5)

BLANCHOT, Maurice. *Le Livre à venir*. Paris: Gallimard, 1959. (Trad. bras.: *O Livro por Vir*. Tradução de Leyla Perrone-Moisés. São Paulo: Martins Fontes, 2005.)

BORGES, Jorge Luis. *El Aleph*. Buenos Aires: Losada, 1949. (Trad. bras.: *O Aleph*. Tradução de Davi Arrigucci Jr. São Paulo: Companhia das Letras, 2008.)

BROCH, Hermann. *Die Schlafwandler: Eine Romantrilogie*. Zürich: Rhein, 1932. 3 v. (1. *1888: Pasenow, oder, Die Romantik*; 2. *1903: Esch, oder, Die Anarchie*; 3. *1918: Huguenau, oder, Die Schlichkeit* .)

____. *The Death of Virgil*. Translated by Jean Starr Untermeyer. New York: Pantehon, 1945.

CALVINO, Italo. *Le città invisibili*. Torino: Einaudi, 1972. (Trad. bras.: *As Cidades Invisíveis*. Tradução de Diogo Mainardi. 2. ed. São Paulo: Companhia das Letras, 2006.)

CAMPANELLA, Tommaso. *La città del sole*. [S.l.: s.n.], 1602; Francoforti: Egenolphi Emmelii, 1623. (Trad. bras.: *A Cidade do Sol*. Tradução de Alceu Amoroso Lima. Rio de Janeiro: Ediouro, 1970.)

CLARKE, Arthur C. *2001: A Space Odyssey*. New York: New American Library, 1968.

CRICK, Francis; KOCH, Christof. A Framework for Consciousness. *Nature Neuroscience*, London, v. 6, n. 3, feb. 2003.

CUCOLO, Eduardo. FHC Diz Que é Contra Clonagem de Embriões Humanos. *Folha de S.Paulo*, São Paulo, 26 nov. 2001. Ciência. Disponível em: <http://www1.folha.uol.com.br/folha/ciencia/ult306u5418.shtml >. Acesso em: 9 mar. 2013.

DARWIN, Charles. *On the Origin of Species by Means of Natural Selection, or the Preservation of Favoured Races in the Struggle for Life*. London: John Murray, 1859. (Trad. bras.: *A Origem das Espécies*. Tradução de Eugênio Amado. Belo Horizonte: Itatiaia, 2012.)

GAY, Peter. *Freud: A Life for Our Time*. London: J. M. Dent & Sons, 1988. (Trad. bras.: *Freud: Uma Vida para Nosso Tempo*. Tradução de Denise Bottmann. São Paulo: Companhia das Letras, 1989.)

GOETHE, Johann Wolfgang von. *Faust: eine Tragödie*. Tübingen: J. G. Cotta'sche Buchhandlung, 1808 [erster Teil]; Leipzig: Gerhard Fleischer, 1832 [zweiter Teil]. 2 Bände. (Trad. bras.: *Fausto: Uma Tragédia*. Tradução de Jenny Klabin Segall. São Paulo: Editora 34, 2004 [primeira parte], 2007 [segunda parte]. 2 v.)

HEMINGWAY, Ernest. *For Whom the Bell Tolls*. New York: Charles Scribners's Sons, 1940. (Trad. bras.: *Por Quem os Sinos Dobram*. Tradução de Luís Peaze. Rio de Janeiro: Bertrand Brasil, 2004.).

DONNE, John. Meditation XVII. *Devotions Upon Emergent Occasions*, 1624. Disponível em: <http://triggs.djvu.org/djvu-ditions.com/DONNE/DEVOTIONS/Download.pdf>. Acesso em: 12 set. 2013.

HOPKINS, Patrick D. How Popular Media Represent Cloning as an Ethical Problem. *Hastings Center Report*, New York, v. 28, n. 2, mars.-apr. 1998. Disponível em: <http://onlinelibrary.wiley.com/doi/10.2307/3527566/citedby>. Acesso em: 3 mar. 2013.

HUXLEY, Aldous. *Brave New World*. London: Chatto & Windus, 1932. (Trad. bras.: *Admirável Mundo Novo*. Tradução de Vidal de Oliveira e Lino Vallandro. São Paulo: Globo, 2001.)

JACOB, François. *La Souris, la mouche et l'homme*. Paris: Odile Jacob, 1997. (Trad. bras.: *O Rato, a Mosca e o Homem*. Tradução de Maria de Macedo Soares Guimarães. São Paulo: Companhia das Letras, 1998.)

KURTZWEIL, Ray. Ser Humano: Versão 2.0. *Folha de S.Paulo*, São Paulo, 23 mar. 2003. Mais!.

LEVIN, Ira. *The Boys from Brazil*. New York: Random House, 1976. (Trad. bras.: *Os Meninos do Brasil*. Tradução de César Tozzi. São Paulo: Nova Cultural, 1988.)

LUBOW, Arthur. Playing God with DNA. *The New York Times*, New York, v. 8, n. 1, 7 jan. 1977.

MACHADO DE ASSIS, Joaquim Maria. O Espelho. *Papéis Avulsos*. Introdução de John Gledson; Notas de Hélio Guimarães. São Paulo: Companhia das Letras, 2011. (Col. Penguin Classics)

MANN, Thomas. *Doktor Faustus: Das Leben des Deutschen Tonsetzers Adrian Leverkükhn Erzählt von einem Freunde*. Stockholm: Bermann-Fischer, 1947.

Referências Bibliográficas

332   (Trad. bras.: *Doutor Fausto*. Tradução de Herbert Caro. Rio de Janeiro: Nova Fronteira, 1984. [Col. Grandes Romances])

MENDE, Gregor. Versuche über Pflanzenhybriden. *Verhandlungen des Naturforschenden Vereins Brünn*. Brünn: [s./n.]1866. (Trad. bras.: *Experiências Sobre Hibridação de Plantas*. São Paulo: Iibecc-Instituto Brasileiro de Educação, Ciência e Cultura, 1966.)

MORE, Thomas. *De optimo reipublicae statu, deque noua insula Utopia, libellus uere aureus, nec minus salutaris quam festiuus* (Pequeno Livro Verdadeiramente de Ouro, Não Menos Benéfico Que Divertido, do Melhor Estado de uma República, e da Nova Ilha Utopia). Leuven: T. Martens, 1516. (Trad. bras.: *Utopia*. Tradução de Jefferson Luiz Camargo e Marcelo Brandão Cipolla. São Paulo: Martins Fontes, 2009.)

MORELLY, Étienne-Gabriel. *Naufrage des îles flottantes, ou basiliade du célèbre Pilpaï*. A Messine [Paris]: Par Une Société de Libraires, 1753. 2 t.

MUSSET, Alfred. *La Nuit de décembre*. *Revue des Deux Mondes*, Paris, déc. 1835.

ORWELL, George. *Nineteen Eighty-Four*. London: Secker and Warburg, 1949. (Trad. bras.: *1984*. Tradução de Heloísa Jahn e Alexandre Hubner. São Paulo: Companhia das Letras, 2009.)

OVÍDIO. *Metamorphoseon*. c. 8 d.C. (Trad. bras.: *Metamorfoses*. Tradução de Manuel Maria Barbosa du Bocage. São Paulo: Hedra, 2007.)

PLATÃO. *Politeia*. Séc. IV a.C. (Trad. bras.: *A República*. Tradução e Organização e tradução de J. Guinsburg. São Paulo: Perspectiva, 2006. [Col. Textos, 19].)

REINACH, Fernando. A Materialização dos Genes. *Folha de S. Paulo*, São Paulo, 7 mar. 2003. Caderno Especial.

ROGERS, Michael. The Pandora's Box Congress. *Rolling Stone*, New York, n. 189, 19 Jun. 1975.

RUELLAND, Jacques-G. *L'Empire des gènes: Histoire de la sociobiologie*. Lyon: École Normale Supérieure (ENS), 2004. (Col. La Croisée des Chemeins)

SADE, Donatien Alphonse François de (Marquês de Sade). *Aline et Valcourt, ou Le Roman philosophique*. Paris: Girouard, 1793.

SHELLEY, Mary. *Frankenstein; or, The Modern Prometheus*. London: Lackington, Hughes, Harding, Mavor & Jones, 1818. (Trad. bras.: *Frankenstein*. Tradução de Miécio Araújo Jorge Honkins. Porto Alegre: L&PM, 2005. [Col. Pocket, 54])

STEVENSON, Robert Louis. *Strange Case of Dr. Jekyll and Mr. Hyde*. London: Longmans, Green & Co., 1886. (Trad. bras.: *O Estranho Caso do Dr. Jekill e Mr. Hyde*. Tradução e organização de Braulio Tavares. São Paulo: Hedra, 2011.)

SÜSKIND, Patrick. *Das Parfum: die Geschichte eines Mörders*. Zürick: Diogenes, 1985. (Trad. bras.: *O Perfume: História de um Assassino*. Tradução de Flávio R. Kothe. Rio de Janeiro: Record, 2012.)

WADE, Nicholas. *The Ultimate Experiment: Man-made Evolution*. New York: Walker, 1977. (Trad. bras.: *O Experimento Final: Os Progressos da Engenharia Genética*. Tradução de Álvaro Cabral. Rio de Janeiro: Zahar, 1979.)

WELLS, Herbert George. *The Island of Doctor Moreau: A Possibility*. New York: Stone & Kimball, 1896. (Trad. bras.: *A Ilha do Dr. Moreau*. Tradução de Mário Molina. Rio de Janeiro: Francisco Alves, 1983.)

WILDE, Oscar. *The Picture of Dorian Gray*. London/New York: Ward, Lock & Co., 1891. (Trad. bras.: *O Retrato de Dorian Gray*. Tradução de João do Rio. Introdução de Ricardo Lísias. São Paulo: Hedra, 2006.)

WILSON, Edward O. Academic Vigilantism and the Political Significance of Sociobiology. In: CAPLAN A.L. (ed.). *The Sociobiology Debate: Readings on the Ethical and Scientific Issues Concerning Sociobiology*. New York: Harper & Row, 1978.

WILSON, Edward O.; LUMSDEN, Charles J. *Genes, Mind and Culture: The Coevolutionary Process* (Genes, Mente e Cultura: O Processo Coevolucionário). Cambridge: Harvard University Press, 1981.

_____. *Promethean Fire: Reflections on the Origin of Mind*. Cambridge: Harvard University Press, 1983.

3. Parábola do Cão Digital

CASTRO ALVES, Antônio Frederico de. Sub tegmine fagi. *Espumas Flutuantes*. São Paulo, Ática, 1998.

ANDRADE, Mário de. *Macunaíma: O Herói Sem Nenhum Caráter*. São Paulo: Oficinas Gráficas de Eugênio Cupolo, 1928.

ARISTÓTELES. *A Ética de Nicômaco*. São Paulo: Athena, 1940. (Col. Biblioteca Clássica, vol. XXXIII)

BRÉHIER, Émile. *Transformation de la philosophie française*. Paris: [s.n.], 1950. (Col. Bibliothèque de Philosophie Scientifique)

EÇA DE QUEIRÓS, José Maria de. *A Cidade e as Serras*. São Paulo: Nobel, 2010

FREUD, Sigmund. *Vorlesungen zur Einführung in die Psychoanalyse*. Leipzig/Wien: Hugo Heller, 1916-1917. (Trad. bras.: *Conferências Introdutórias Sobre Psicanálise (1915-1917)*. Tradução coordenada por Jayme Salomão. Comentários de James Strachey. Rio de Janeiro: Imago, 1996. (Col. Edição Standard Brasileira das Obras Psicológicas Completas de Sigmund Freud, v. XVI.)

GRENIER, Roger. *Les Larmes d'Ulysse*. Paris: Gallimard, 1998. (Trad. bras.: *Da Dificuldade de Ser Cão*. Tradução de Lucia Maria Goulart Jahn. São Paulo: Companhia das Letras, 2002.)

HORÁCIO. *Epistulae*. (Trad. bras. *Obras Completas: Odes, Épodos, Carme Secular, Sátiras e Epístolas*. Elpino Duriense et al. São Paulo: Cultura, 1941). [Série Clássica da Cultura "Os Mestres do Pensamento"; v. 15].

_____. *Odes Carminas*. (Trad. bras.: *Odes e Epodos*. Tradução de Bento Prado de Almeida Ferraz. São Paulo: Martins Fontes, 2003. [Col. Biblioteca Martins Fontes])

LEIBNIZ, Gottfried Wilhelm. *Nouveaux essais sur l'entendement humain par l'auteur du système de l'harmonie préétablie*. Amsterdam: Schreuder, 1765. (Trad. bras.:

Referências Bibliográficas

334 *Novos Ensaios Sobre o Entendimento Humano*. Tradução de Luiz João Baraúna. São Paulo: Nova Cultural, 2004. p. 29. [Col. Os Pensadores])

MARINETTI, Filippo Tommaso. *Manifesto Futurista. Le Figaro*, Paris, 20 fév. 1909.

SAUSSURE, Ferdinand de. *Cours de linguistique génerale*. Publié par Charles Bally et Albert Sechehaye avec la collaboration de Albert Riedlinger. Paris: Payot, 1916. (Trad. bras.: *Curso de Linguística Geral*. Tradução de Antônio Chelini, José Paulo Paes e Izidoro Blikstein. São Paulo: Cultrix, 2008.)

VASQUES, Tutty. Você Conversa Com o Seu Pillow? *O Estado de S.Paulo*, São Paulo, 19 ago. 2010.

VÍRGÍLIO. *Eclogae*. (Trad. bras.: *Bucólicas*. Tradução de Manuel Odorico Mendes. Edição anotada e comentada pelo grupo de trabalho Odorico Mendes. Cotia/ Campinas: Ateliê/Editora da Unicamp, 2008. [Col. Clássicos Comentados])

4. O Salto Cântico da Física

ARISTÓTELES. *Metafísica*. Tradução de Marcelo Perine. Ensaio introdutório, sumário e comentários de Giovanni Reale. São Paulo: Loyola, 2002. 3 v.

BOHR, Niels. Postulado Quântico e o Recente Desenvolvimento da Teoria Atômica [1928]. In: PESSOA JR., Osvaldo (org.). *Fundamentos da Física 1: Simpósio David Bohm*. São Paulo: Livraria da Física, 2000.

BORGES, Jorge Luis. Epílogo. *El Hacedor*. Buenos Aires: Emecé, 1960. (Trad. bras.: *O Fazedor*. Tradução de Josely Vianna Baptista: Companhia das Letras, 2008.)

COMTE, Auguste. *Cours de philosophie positive*. Paris: Bachelier, 1830-1842. 6 v. (Trad. bras.: *Curso de Filosofia Positiva*. Tradução de José Arthur Giannotti e Miguel Lemos. São Paulo: Nova Cultural, 1991. [Col. Os Pensadores, 33].)

DIRAC, Paul Adrien Maurice. *The Principles of Quantum Mechanics*. Oxford: Clarendon, 1930. Disponível em: <http://www.gobookee.net/principles-of-quantum-
-mechanics-dirac/>. Acesso em: 9 set. 2013.

EINSTEIN, Albert. Carta a Franklin Roosevelt. Peconic County, Long Island, 2 de agosto de 1939. Disponível em: <http://research.archives.gov/description/593374>. Acesso em: 10 set. 2013.

_____. Über einen die Erzeugung und Verwandlung des Lichtes Betreffenden Heuristischen Gesichtspunkt. *Annalen der Physik*, Leipizig, v. 17, 1905.

_____. Eine neue Bestimmung der Moleküldimensionen. Tese de doutorado, Zurique, Universidade de Zurique, supervisão: Alfred Kleiner e H.F. Weber, concluída em 30.04.1905, submetida em 20.07.1905, aceita em agosto de 1905, título de doutor obtido em 15.01.1906. Artigo 5,

_____.Über Die von der Molekularkinetischen Theorie der Wärme Geforderte Bewegung von in Ruhenden Flüssigkeiten Suspendierten Teilchen. *Annalen der Physik*, Leipizig, v. 17, 1905.

_____. Zur Elektrodynamik Bewegter Körper. *Annalen der Physik*, Leipizig, v. 17, 1905.

_____. Ist die Trägheit eines Körpers von Seinem Energieinhalt Abhängig? *Annalen der Physik,* Leipizig,v. 18, 1905.

_____. Eine Neue Bestimmung der Moleküldimensionen. *Annalen der Physik,* Leipizig,v. 19, 1906. Artigo 5a (versão ligeiramente diferente da tese de doutorado, submetida como artigo em janeiro de 1906 e publicada em 08 fev. 1906.

_____. Zur Theorie der Brownschen Bewegun. *Annalen der Physik,* Leipizig,v. 19, 1906. Artigo 6 (submetido em 19.12.1905 e publicado em 08 fev.1906).

_____. Über den Einflu der Schwerkraft auf die Ausbreitung des Lichtes. *Annalen der Physik,* Leipizig,v. 35, 1911.

EINSTEIN, Albert; INFELD, Leopold. *The Evolution of Physics: The Growth of Ideas from Early Concepts to Relativity and Quanta.* Cambridge: Cambridge University Press, 1938. (Trad. Bras. *A Evolução da Física.* Tradução de Giasone Rebuá. 4. ed. Rio de Janeiro: Guanabara Koogan, 1988.)

GROSS, Bernhard. Entrevista. In: CARVALHO, Vera Maria de Aguiar; COSTA, Vera Rita da (Coord.). *Cientistas do Brasil: Depoimentos.* São Paulo: SBPC, 1998.

HEISENBERG, Werner. *A Imagem da Natureza na Física Moderna.* Lisboa: Livros do Brasil, 1981. (Col. Vida e Cultura).

HERTZ, Heinrich. *The Principles of Mechanics: Presented in a New Form.* New York: Dover, 1956.

HORGAN, John. *The End of Science: Facing the Limits of Science in the Twilight of the Scientific Age.* New York: Broadway, 1996. (Trad. bras.: *O Fim da Ciência: Uma Discussão Sobre os Limites do Conhecimento Científico.* Tradução de Rosaura Eichemberg. São Paulo: Companhia das Letras, 1998.)

KANT, Immanuel. *Investigação Sobre a Clareza dos Princípios da Teologia Natural e da Moral: Anúncio do Programa de Lições para o Semestre de Inverno de 1765-1766.* Trad. de Carlos Morujão. Lisboa: Centro de Estudos de Filosofia da Faculdade de Ciências Humana/Imprensa Nacional-Casa da Moeda, 2006. (col. Estudos Gerais. Clássicos de Filosofia)

LAO TSE. Poema 11. Tradução de Nelson Ascher. *Folha de S.Paulo,* São Paulo, 16 fev. 2003. Mais!

LAO TZU. *Tao Te Ching, o Livro do Caminho e da Virtude.* Tradução, interpretação e comentários Wu Jyh Cherng. Coautoria para transcrição, edição e adaptação de texto de Marcia Coelho de Souza. Rio de Janeiro: Mauad, 2011.)

LATTES, Cesar. Entrevista. In: CARVALHO, Vera Maria de Aguiar; COSTA, Vera Rita da (Coord.). *Cientistas do Brasil: Depoimentos.* São Paulo: SBPC, 1998.

LOPES, José Leite. Entrevista. In: CARVALHO, Vera Maria de Aguiar; COSTA, Vera Rita da (Coord.). *Cientistas do Brasil: Depoimentos.* São Paulo: SBPC, 1998.

MOURA, Mariluce; MARCOLIN, Neldson. Marcelo Damy: Opiniões Atômicas. *Pesquisa Fapesp,* São Paulo, n. 85, mar. 2003. Disponível em: <http://revistapesquisa.fapesp.br/2003/03/01/opinioes-atomicas>. Acesso em : 17 mar. 2013.

Referências Bibliográficas

OPPENHEIMER, J. Robert. *Physics in the Contemporary* World. Portland: Anthoensen,1947. (Arthur D. Little Memorial Lecture, Cambridge).

PLANCK, Max. Zur Theorie des Gesetzes der Energieverteilung im Normalpectrum. *Verhandlungen der Deutsche Physikalische Gesellschaft*, Berlin, v. 2, n. 17, 1900. (Trad. bras.: Sobre a Lei de Distribuição de Energia no Espectro Normal. Revista Brasileira de Ensino de Física, São Paulo, v. 22, n. 4, dez. 2000. Disponível em: <http://www.sbfisica.org.br/rbef/pdf/v22_538.pdf>. Acesso em: 16 mar. 2013.)

SALA, Oscar. Entrevista. In: CARVALHO, Vera Maria de Aguiar; COSTA, Vera Rita da (Coord.). *Cientistas do Brasil: Depoimentos*. São Paulo: SBPC, 1998.

SANTOS, Marcelo Damy de Souza. Entrevista. In: CARVALHO, Vera Maria de Aguiar; COSTA, Vera Rita da (Coord.). *Cientistas do Brasil: Depoimentos*. São Paulo: SBPC, 1998.

SCHENBERG, Mario. Entrevista. In: CARVALHO, Vera Maria de Aguiar; COSTA, Vera Rita da (Coord.). *Cientistas do Brasil: Depoimentos*. São Paulo: SBPC, 1998.

5. Planeta Água

BENCHIMOL, Samuel. *Amazônia: Formação Social e Cultural*. Manaus: Valer/Editora da Universidade do Amazonas, 1999.

CASTRO, José Maria Ferreira de. *A Selva*. Rio de Janeiro: Civilização Brasileira, 1967.

CHAGNON, Napoleon A. *Yanomamö: The Fierce People*. New York: Holt, Rinehart and Winston, 1968.

CONRAD, Joseph. *Heart of Darkness. Blackwood's Magazine*, London, v. CLXV-CLXVI-CLXVII, n. 1000-1001-1002, Feb.-Mar-Apr. 1899. (Trad. bras.: *No Coração das Trevas*. Tradução de José Roberto O'Shea. Introdução de Bernadete Limongi. São Paulo: Hedra, 2008.)

ÉLUARD, Paul. La Terre est bleu. *Oeuvres Complètes*. Paris: Gallimard, 1968. v. I.

LOBATO, José Bento Monteiro. *Urupês*. São Paulo: 2007.

MAUGHAM, William Somerset. *The Razor's Edge*. New York: Doubleday, 1944. (Trad. bras.: *O Fio da Navalha*. Tradução de Ligia Junqueira Smith. São Paulo: Globo/Folha, 2003.)

REBOUÇAS, Aldo da Cunha; BRAGA JUNIOR, Benedito Pinto Ferreira; TUNDISI, José Galizia (org.). *Águas Doces no Brasil: Capital Ecológico, Uso e Conservação*. São Paulo: IEA-USP/Academia Brasileira de Ciências (ABC)/Escrituras, 1999.

RIBEIRO, Darcy. *O Povo Brasileiro: A Formação e o Sentido do Brasil*. São Paulo: Companhia das Letras, 1995.

TIERNEY, Patrick. *Darkness in El Dorado*: How Scientists and Journalists Devasted the Amazon. New York: Norton, 2000. (Trad. bras.: *Trevas no Eldorado: Como Cientistas e Jornalistas Devastaram a Amazônia e Violentaram a Cultura Ianomâmi*. Tradução de Bento de Lima. Rio de Janeiro: Ediouro, 2002.

____. The Fierce Anthropologist. *The New Yorker*, New York, v. 76, n. 30, 9 oct. 2000.

6. As Cidades e os Muros

AUSTER, Paul. *In the Country of Last Things*. New York: Viking, 1987. (Trad. bras.: *No País das Últimas Coisas*. Tradução de Luiz Araújo. São Paulo: Best Seller, 1987.)
____. *Travels in the Scriptorium*. London: Faber, 2006. (Trad. bras.: *Viagens no Scriptorium*. Tradução de Beth Vieira. São Paulo: Companhia das Letras, 2007.)
BLOCH, Ernst. *L'Esprit de l'utopie*. Version de 1923 revue et modifiee. Paris: Gallimard, 1977. (Col. Bibliothèque de Philosophie)
BORGES, Jorge Luis. Pierre Menard, Autor del *Quijote*. *Ficciones*. Buenos Aires: Sur, 1944. (Trad. bras.: *Ficções*. Tradução de Davi Arrigucci Jr. São Paulo: Companhia das Letras, 2007.)
____. La Biblioteca de Babel. *El Jardín de Senderos que se Bifurcan*. Buenos Aires: Sur, 1941. (Trad. bras.: *Ficções*. Tradução de Davi Arrigucci Jr. São Paulo: Companhia das Letras, 2007.)
CALVINO, Italo. Xenophon, Anabasi. *Perché leggere i classici*. Milano: Modadori, 1991. (Trad. bras.: *Por que Ler os Clássicos*. Tradução de Nilson Moulin. São Paulo: Companhia das Letras, 2007.)
____. *Le città invisibili*. Torino: Einaudi, 1972. (Trad. bras.: *As Cidades Invisíveis*. Tradução de Diogo Mainardi. São Paulo: Companhia das Letras, 2006.)
ELIOT, Thomas Stearns. The Waste Land. *The Criterion*, London, v. 1, n. 1, 16 out. 1922. (Trad.: *A Terra Devastada*. Introdução e tradução de Gualter Cunha. Lisboa: Relógio D'Água, 1999.)
ÉLUARD, Paul. *La Terre est bleu. Oeuvres Complètes*. Paris: Gallimard, 1968. v. 1.
FREUD, Sigmund. *Vorlesungen zur Einführung in die Psychoanalyse*. Leipzig/Wien: Hugo Heller, 1916-1917. (Trad. bras.: *Conferências Introdutórias Sobre Psicanálise (1915-1917)*. Tradução coordenada por Jayme Salomão. Comentários de James Strachey. Rio de Janeiro: Imago, 1996. (Col. Edição Standard Brasileira das Obras Psicológicas Completas de Sigmund Freud, v. XV-XVI)
FUENTES, Carlos. *La Muerte de Artemio Cruz*. Ciudad de México: Fondo de Cultura Económica, 1962. (Col. Popular, 34) (Trad. bras.: *A Morte de Artemio Cruz*. Tradução de Inez Cabral. Rio de Janeiro/Barcelona: Record/Altaya, 1997. (Col. Maestros de la literatura contemporânea, 72)
MOLEDO, Leonardo; MAGNANI, Esteban. *Diez Teorías que Conmovieron al Mundo: De Copernico a Darwin*. Buenos Aires: Capital Intelectual, 2006. (Col. Claves para Todos) (Trad. bras.: *Dez Teorias que Comoveram o Mundo*. Tradução de Márcia Aguiar Coelho. Campinas: Editora Unicamp, 2009.)
PAVESE, Cesare. *Il mestiere di vivere: Diario 1935-1950*. Torino: Einaudi, 1952. (Trad. bras.: *O Ofício de Viver: Diário 1935-1950*. Tradução de Homero Freitas de Andrade. Rio de Janeiro: Bertrand Brasil, 1988.)
STAROBINSKI, Jean. *Les Mots sous les mots: Les Anagrammes de Ferdinand de Saussure*. Paris: Gallimard, 1971. (Col. Chemin). (Trad. bras.: *As Palavras Sob as Palavras:*

Referências Bibliográficas

338 Os *Anagramas de Ferdinand de Saussure*. Tradução de Carlos Vogt. São Paulo: Perspectiva, 1974. [Col. Debates, 97].)

7. Álbum de Retalhos

ALMEIDA, Manuel Antônio de. *Memórias de um Sargento de Milícias*. Campinas: Komedi, 2008.

ARNAULD, Antoine; LANCELOT, Claude. *Grammaire générale et raisonnée*. Paris: Pierre Le Petit, 1660. (Trad. Bras.: *Gramática de Port-Royal, ou Gramática Geral e Razoada*. Tradução de Bruno Fregni Bassetto e Henrique Graciano Murachco. São Paulo: Martins Fontes, 1992.)

ARNAULD, Antoine; Nicole, Pierre. *La Logique, ou l'art de penser*. Paris: Charles Savreaux, 1662.

BEAUVOIR, Simone de. *La Vieillesse*. Paris: Gallimard, 1970. (Trad. bras.: *A Velhice*. Tradução de Maria Helena Franco Martins. Rio de Janeiro: Nova Fronteira, 1990.)

BEIGUELMAN, Paula. *Formação Política no Brasil*. São Paulo: Pioneira, 1967.

BLOOM, Harold. *How to Read and Why*. New York: Scribner, 2000. (Trad. bras.: *Como e Por Que Ler*. Tradução de José Roberto O'Shea. Rio de Janeiro: Objetiva, 2001.)

BORGES, Jorge Luis. Del Rigor en la Ciencia. *Historia Universal de La Infamia*. Buenos Aires: Emecé, 1954. (Trad. bras.: *História Universal da Infâmia*. Tradução de Flávio José Cardozo. 5. ed. São Paulo: Globo, 1993.)

CALVINO, Italo. *Le città invisibili*. Torino: Einaudi, 1972. (Trad. bras.: *As Cidades Invisíveis*. Tradução de Diogo Mainardi. São Paulo: Companhia das Letras, 2006.)

CAMÕES, Luís de. *Os Lusíadas*.15 ed. São Paulo: Melhoramentos,1964. (Edição comentada por Otoniel Mota.)

CANDIDO, Antonio. *Formação da Literatura Brasileira: Momentos Decisivos*. São Paulo: Martins, 1959.

CARPINEJAR, Fabrício. Décima elegia. *Terceira Sede: Elegias*. Rio de Janeiro: Bertrand, 2009.

CASTRO, Ruy. *Estrela Solitária: Um Brasileiro Chamado Garrincha*. São Paulo: Companhia das Letras, 1995.

CÍCERO. *De senectute*. (Trad. bras.: *Saber Envelhecer, Seguido de A Amizade*. Tradução de Paulo Neves. Porto Alegre: L&PM, 1997. (Col. L&PM Pocket, 63)

FAORO, Raymundo. *Os Donos do Poder: Formação do Patronato Político Brasileiro*. Porto Alegre: Globo, 1958.

FREYRE, Gilberto. *Casa-Grande e Senzala: Formação da Família Brasileira Sob o Regime de Economia Patriarcal*. Rio de Janeiro: José Olympio, 1946.

FURTADO, Celso. *Formação Econômica do Brasil*. Rio de Janeiro: Fundo de Cultura, 1959.

GOETHE, Johann Wolfgang von. *Faust eine Tragödie*. Tübingen: J. G. Cotta'sche Buchhandlung, 1808 [erster Teil]; Leipzig: Gerhard Fleischer, 1832 [zweiter

Teil]. 2 Bände. (Trad. bras.: *Fausto: Uma Tragédia*. Tradução de Jenny Klabin   339
Segall. São Paulo: Editora 34, 2004 [primeira parte], 2007 [segunda parte]. 2 v.)

GRÜNEWALD, José Lino. *Grandes Poetas da Língua Inglesa do Século XIX.* 2. ed. Rio
de Janeiro: Nova Fronteira, 1988.

HOLANDA, Sérgio Buarque de. O Homem Cordial. *Raízes do Brasil.* Rio de Janeiro:
José Olympio, 1936.

IORIO, Mario Fabio. *Rastros do Cotidiano: Futebol em Versiprosa de Carlos Drummond
de Andrade.* 2006. Tese de Doutorado em Letras, Universidade Federal do Rio
de Janeiro (UFRJ), Rio de Janeiro, 2006.

LANDOR, Walter Savage. On His Seventy-Fifth Birthday. [S.l.: s.n.] 1849.

LESSA, Ivan. Certificado de Velhice. *BBC Brasil*, London, 12 maio 2000. Disponível em:
<http://www.bbc.co.uk/portuguese/lessa/ivano0512.htm>. Acesso em: 23 mar. 2013.

MACHADO DE ASSIS, Joaquim Maria. *Dom Casmurro.* 3. ed. São Paulo: Ática, 1973.
(Texto integral cotejado com a edição crítica do Instituto Nacional do Livro.)

_____. *Memorial de Aires.* Rio de Janeiro: Expressão e Cultura, 2001.

_____. *Memórias Póstumas de Brás Cubas.* São Paulo: Globo, 2008.

_____. O Espelho. *Papéis Avulsos.* Introdução de John Gledson. Notas de Hélio
Guimarães. São Paulo: Companhia das Letras, 2011. (Col. Penguin Classics)

MANN, Thomas. *Doktor Faustus: Das Leben des Deutschen Tonsetzers Adrian
Leverkükhn Erzählt von einem Freunde.* Stockholm: Bermann-Fischer, 1947.
(Trad. bras.: *Doutor Fausto.* Tradução de Herbert Caro. Rio de Janeiro: Nova
Fronteira, 1984. [Col. Grandes Romances])

MARQUÊS DE MARICÁ (Mariano José Pereira da Fonseca). *Máximas, Pensamentos
e Reflexões do Marquês de Maricá.* Rio de Janeiro: Casa de Rui Barbosa, 1958.

MÁRQUEZ, Gabriel García. *El Coronel no Tiene Quien le Escriba.* Medellín: Aguirre,
1961. (Trad. bras.: *Ninguém Escreve ao Coronel.* Tradução de Virgínia Wey. Rio
de Janeiro: Sabiá, 1968.)

MCCARTHY, Cormac. *All the Pretty Horses.* New York: Alfred A. Knopf, 1992. (Trad.
bras.: *Todos os Belos Cavalos.* Tradução de Marcos Santarrita. São Paulo: Companhia das Letras, 1993.)

_____. *Blood Meridian or The Evening Redness in the West.* New York: Random House,
1985.

_____. *Cities of the Plain.* New York: Alfred. A. Knopf, 1998. (Trad. bras.: *Cidades
da Planície.* Tradução de José Antônio Arantes. São Paulo: Companhia das
Letras, 2001.)

_____. *The Crossing.* New York: Alfred A. Knopf, 1994.

MORAES, Vinícius de. O Operário em Construção. In: SANT´ANNA, Affonso
Romano de et al. *Violão de Rua.* Rio de Janeiro: Civilização Brasileira, 1962.
(Col. Cadernos do Povo Brasileiro)

_____. Homens da Terra. In: SANT´ANNA, Affonso Romano de et al. *Violão de Rua.* Rio
de Janeiro: Civilização Brasileira, 1962. (Cadernos do Povo Brasileiro.)

Referências Bibliográficas

340   MORSE, Richard. *Formação Histórica de São Paulo: De Comunidade a Metrópole.* Braga: Scientia & Ars, 1954.

PRADO JR., Caio. *Formação do Brasil Contemporâneo.* São Paulo: Brasiliense, 1942.

ROSA, João Guimarães. *Corpo de Baile.* Rio de Janeiro: José Olympio, 1956.

SHAKESPEARE, William. *The True Chronicle of the History of the Life and Death of King Lear and His Three Daughters.* London: Nathaniel Butter, 1608. (Trad. bras.: *O Rei Lear.* Tradução de Millôr Fernandes. Porto Alegre: L&PM, 1997. [Col. L&PM Pocket,39])

SODRÉ, Nelson Werneck. *Formação Histórica do Brasil.* São Paulo: Brasiliense, 1962.

SWIFT, Jonathan. *Miscellanies. In four volumes. By Dr. Swift, Dr. Arbuthnot, Mr. Pope, and Mr. Gay..* London: Charle Bathurst, 1747. V.1 (The fifth edition corrected: with several additional pieces in verse and prose)

TORRES, João Camilo de Oliveira. *A Formação do Federalismo no Brasil.* São Paulo: Companhia Editora Nacional, 1961.

VOGT, Carlos. A Cidade e os Livros. *Resgate - Revista Interdisciplinar de Cultura,* Campinas, n. 11, abril 2003.

_____. *A Palavra Envolvente.* Campinas: Unicamp/IFCH, 1973. (Cadernos; 2)

_____. *Cantografia: O Itinerário do Carteiro Cartógrafo.* São Paulo: Massao Ohno/ Hucitec/INL, 1982.

_____. Fogos e Artifícios. *Mascarada.* Campinas: Pontes / Editora da Unicamp, 1997.

_____. Inominável. *Ilhas do Brasil.* Cotia: Ateliê, 2002.

WILDE, Oscar. *The Picture of Dorian Gray.* London/New York: Ward, Lock & Co., 1891. (Trad. bras.: *O Retrato de Dorian Gray.* Tradução de João do Rio. Introdução de Ricardo Lísias. São Paulo: Hedra, 2006.)

8. Memória e Linguagem

ABREU, Casimiro de. Exílio. *Poesias Completas.* Rio de Janeiro: Edições de Ouro, 1969.

ALMEIDA, Guilherme de. *Margem: Poesia.* São Paulo: Casa Guilherme de Almeida/ Annablume, 2010. (Col. Estudos e Fontes).

_____. A Paineira de Euclides. *Diário de S. Paulo,* São Paulo, 1946. Ontem, Hoje e Amanhã.

_____. A Paineira de Euclides. *Comemorações Euclidianas em S. José do Rio Pardo.* São Paulo: Departamento Estadual de Informações, 1946.

_____. Desconsolo. *Margem: Poesia.* São Paulo: AnnaBlume/ Casa Guilherme de Almeida, 2010. (Col. Estudos e Fontes).

_____. Infância. In: VOGT, Carlos. (org.). *Os Melhores Poemas de Guilherme de Almeida.* 2. ed. São Paulo, Global, 2001. (Col. Melhores Poemas; 28)

_____. O Haikai. In: CATTA PRETA, Cyro Armando. *Moenda dos Olhos: Haicais.* São Paulo, SP: Atual, 1986.

_____. O Pensamento. *Margem: Poesia*. São Paulo: AnnaBlume/Casa Guilherme de Almeida, 2010. (Coleção Estudos e Fontes)

_____. Poema-Epígrafe. *Margem: Poesia*. São Paulo: AnnaBlume/ Casa Guilherme de Almeida, 2010. (Coleção Estudos e Fontes)

ALMEIDA, Manuel Antônio de. *Memórias de um Sargento de Milícias*. Campinas: Komedi, 2008.

ANCHIETA, José de. *Cartas: Correspondências Ativa e Passiva*. 2.ed. São Paulo: Loyola, 1984. (Obras Completas, 6)

ANDRADE, Carlos Drummond de. Cota Zero. *Poesia e Prosa*. 5. ed. revista e atualizada. Rio de Janeiro: Nova Aguilar, 1979.

_____. Europa, França e Bahia. *Poesia e Prosa*. 5. ed. revista e atualizada. Rio de Janeiro: Nova Aguilar, 1979.

ANDRADE, Oswald de. O Pirata. *Primeiro Caderno do Aluno de Poesia Oswald de Andrade*. 4. ed. São Paulo: Globo, 2006.

_____. Canto de Regresso à Pátria. *Obras Completas*. 4. ed. Rio de Janeiro: Civilização Brasileira, 1971-1980. v. 7. (Col. Vera Cruz – Literatura Brasileira)

BANDEIRA, Manuel. Quatro Haicais (Bashô). *Alguns Poemas Traduzidos*. Rio de Janeiro, RJ: José Olympio, 2007. (Col. Sabor Literário)

BARTHES, Roland. *Éléments de sémiologie*. Paris: Communications, 1964. (Trad. bras.: *Elementos de Semiologia*. Tradução de Izidoro Blisketin. São Paulo: Cultrix, 1988.)

_____. *Le Degré zéro de l'ecriture, suivi de Élements de sémiologie*. Paris: Gonthier, 1965. (Col. Bibliotheque Mediations)

_____. *Mythologies*. Paris: Seuil, 1957. (Trad. bras.: *Mitologias*. Tradução de Rita Buongermino, Pedro de Souza e Rejane Janowitzer. Rio de Janeiro: Difel, 2003.)

BASHÔ, M. "No Orvalho da Manhã" (haicai). In: FRANCHETTI, Paulo; DOI, Elza Taeko; DANTAS, Luiz. (org). *Haikai: Antologia e História*. 2. ed. Campinas: Editora da Unicamp, 1991. (Col. Viagens da Voz)

BAUDELAIRE, Charles. *Les Fleurs du mal*. 1857. (Trad. Bras.: *As Flores do Mal*. Tradução de Ivan Junqueira. Rio de Janeiro: Nova Fronteira, 1993.)

_____. *Le Peintre de la vie moderne*. 1863. (Trad. *O Pintor da Vida Moderna*. Tradução e Posfácio de Teresa Cruz. 5. ed. Lisboa: Vega, 2009. [Passagens, 16])

BÍBLIA DE JERUSALÉM. Nova edição, revista. São Paulo: Paulus, 2000.

CALVINO, Italo. *Le città invisibili*. Torino: Einaudi, 1972. (Trad. bras.: *As Cidades Invisíveis*. Tradução de Diogo Mainardi. São Paulo: Companhia das Letras, 2006.)

CAMINHA, Pedro Vaz de. Carta a El-rei Dom Manuel. In: J. F. de Almeida Prado, *A Carta de Pero Vaz de Caminha: Estudo Crítico*. Rio de Janeiro: Agir, 1965.

CAMÕES, Luís de. *Os Lusíadas*. 15e. São Paulo: Melhoramentos, 1964. Edição comentada por Otoniel Mota.

CANDIDO, Antonio. O Mundo-Provérbio: Ensaio sobre "I Malavoglia". *Língua e Literatura*, São Paulo, n. 1, 1972.

Referências Bibliográficas

342 CARVALHO, A. L. de; WAIZBORT, L. R. O Cão aos Olhos (da Mente) de Darwin: A Mente Animal na Inglaterra Vitoriana e no Discurso Darwiniano. *Revista Brasileira de História da Ciência*, Rio de Janeiro, v.1, n.1, jan.-jun. 2008.

CATTA PRETA, Cyro Armando. Haikai. *Palhas do Tempo*. São Paulo: Aliança Cultural Brasil-Japão/Massao Ohno, 1993.

____. Velho Retrato. *Sazões Fugazes e Rosa Rosário*. Orlândia: Folha de Orlândia, 2002.

____. Instantâneo. *Moenda dos Olhos: Haicais*. São Paulo: Atual, 1986.

CHOMSKY, Noam. *Aspects of the Theory of Syntax*. Cambridge: MIT Press, 1965.

____. *Cartesian Linguistics: A Chapter in the History of Rationalist Thought*. New York: Harper & Row, 1966. (Trad. Bras.: Linguística Cartesiana: Um Capítulo da História do Pensamento Racionalista. Petrópolis: Vozes/Eusp, 1972.)

____. *Syntactic Structures*. Haia: Mouton, 1957.

CRUMBLEY, Paul. *Inflections of the Pen: Dash and Voice in Emily Dickinson*. Lexington: University of Kentucky Press, 1997.

CUNHA, Euclides da. *Os Sertões*. São Paulo: Nova Cultural, 2002.

DIAS, Gonçalves. Canção do Exílio. *Poesia e Prosa Completas*. BUENO, Alexei (org); BANDEIRA, Manuel. Ensaio Biográfico. Rio de Janeiro: Aguilar, 1998.

DINES, Alberto. *Morte no Paraíso: A Tragédia de Stefan Zweig*. 2. ed. Rio de Janeiro: Nova Fronteira, 1981.

EÇA DE QUEIRÓS, José Maria de. *O Crime do Padre Amaro*. Rio de Janeiro: Tecnoprint, 1969.

ECO, Umberto. Da Inteligência Canina: Quando o Cão Elabora um Plano Complexo. *Folha de S.Paulo*, São Paulo, 9 out. 2011. Ilustríssima.

EISNER, Will. *Ao Coração da Tempestade*. São Paulo: Companhia das Letras, 2010.

FRANCHETTI, Paulo. *Oeste*. Cotia: Ateliê, 2007

FREUD, Sigmund. *Die Traumdeutung*. Leipzig: Franz Deuticke, 1900. (Trad. bras.: *A Interpretação dos Sonhos*. Tradução de Walderedo Ismael de Oliveira. Rio de Janeiro: Imago, 2001.)

GÂNDAVO, Pêro de Magalhães de. *Primeira História do Brasil - História da Província Santa Cruz a que Vulgarmente Chamamos Brasil*. Lisboa: Assírio & Alvim, 2004. (Col. Sete-Estrelo)

GARCIA, Rafael; LOPES, Reinaldo J. A Hora e a Vez dos Chimpanzés. *Folha de S.Paulo*, São Paulo, 06 nov. 2011. Ilustríssima, Ciência.

GARRETT, Almeida; CASTELO BRANCO, Camilo. *Camões*. Porto: Lello & Irmão, [s.d.]. (Col. Lusitánia)

GAY, Peter. *Modernism – The Lure of Heresy: From Baudelaire to Beckett and Beyond*. New York: W.W. Norton & Company Inc., 2008. (Trad. Bras.: *Modernismo – o Fascínio da Heresia: de Baudelaire a Beckett e Mais um Pouco*. Tradução de Denise Guimarães Bottmann. São Paulo: Companhia das Letras, 2009.)

GOGA, H. Masuda. *Em Cima do Túmulo*. Disponível em: <http://www.kakinet.com/caqui/goga.shtml>. Acesso em: 13 set. 2013.

GOETHE, Johann Wolfgang von. *Faust eine Tragödie*. Tübingen: J. G. Cotta'sche 343
Buchhandlung, 1808 [erster Teil]; Leipzig: Gerhard Fleischer, 1832 [zweiter
Teil]. 2 Bände. (Trad. bras.: *Fausto: Uma Tragédia*. Tradução de Jenny Klabin
Segall. São Paulo: Editora 34, 2004 [primeira parte], 2007 [segunda parte]. 2 v.)

GUTTILLA, Rodolfo Witzig (org). *Boa Companhia: Haicais*. São Paulo: Companhia
das Letras, 2009.

HOLANDA, Sergio Buarque de. *Raízes do Brasil*. 26 ed. São Paulo: Companhia das
Letras, 1995.

ISHÚ. Apenas os Bastões dos Peregrinos. In: FRANCHETTI, Paulo; DOI, Elza Taeko;
DANTAS, Luiz. (orgs.). *Haikai: Antologia e História*. 2. ed. Campinas: Editora da
Unicamp, 1991. (Col. Viagens da Voz)

ISSA. Em Solidão. In: FRANCHETTI, Paulo; DOI, Elza Taeko; DANTAS, Luiz. (orgs.).
Haikai: Antologia e História. 2. ed. Campinas: Editora da Unicamp, 1991. (Col.
Viagens da Voz)

JESUS, Carolina Maria de. *Quarto de Despejo*. 2. ed. São Paulo: Francisco Alves/
Paulo de Azevedo, 1960.

KIGIN. Eis a Forma. In: FRANCHETTI, Paulo; DOI, Elza Taeko; DANTAS, Luiz. (orgs.).
Haikai: Antologia e História. 2. ed. Campinas: Editora da Unicamp, 1991. (Col.
Viagens da Voz)

LEMINSKI, Paulo. Ameixas.*Caprichos & Relaxos*. São Paulo: Brasiliense, 1983. (Col.
Cantadas Literárias, 13)

LÉRY, Jean de. *Viagem à Terra do Brasil*. São Paulo: Conselho Nacional da Reserva
da Biosfera da Mata Atlântica, 1998. (Col. Cadernos da Reserva da Biosfera
da Mata Atlântica; 10. Série Conservação e Áreas Protegidas). Disponível em:
<http://www.rbma.org.br/rbma/pdf/Caderno_10.pdf>. Acesso em: 17 out 2013.

LÉVI-STRAUSS, Claude. *Tristes tropiques*. Paris: Plon, 1955. (Trad. Bras.: *Tristes Trópicos*. Tradução de Rosa Freire d'Aguiar. São Paulo: Companhia das Letras, 2005.)

LEWIS, Oscar. *Antropologia de la Pobreza*, Ciudad de México/Bogotá: Fondo de
Cultura Económica, 1961.

MACHADO DE ASSIS, José Maria. *Obra Completa*. Rio de Janeiro: Nova Aguilar, 1994. V. 1.

MANN, Thomas. *Doktor Faustus: Das Leben des Deutschen Tonsetzers Adrian
Leverkükhn Erzählt von einem Freunde*. Stockholm: Bermann-Fischer, 1947.
(Trad. bras.: *Doutor Fausto*. Tradução de Herbert Caro. Rio de Janeiro: Nova
Fronteira, 1984. [Col. Grandes Romances])

MARTIUS, Karl Friedrich Philipp von. *Como se Deve Escrever a História do Brasil*.
Rio de Janeiro: Instituto Histórico e Geográfico Brasileiro, 1991.

_____.*Flora Brasiliensis*. Disponível em:<http://florabrasiliensis.cria.org.br/index>.
Acesso em: 18 out. 2013.

_____.*Frey Apolonio: Ein Roman aus Brasilien*. 1831. (Trad. Bras.: *Frei Apolonio: Um
Romance do Brasil*. Tradução e apresentação de Erwin Theodor. São Paulo:
Brasiliense, 1992.

Referências Bibliográficas

344   MAYR, E. *The Growth of Biological Thought: Diversity, Evolution, and Inheritance*, Cambridge: Belknap, 1982. (Trad. bras.: *O Desenvolvimento do Pensamento Biológico: Diversidade, Evolução e Herança*. Tradução de Ivo Martinazzo. Brasília: Editora UnB, 1998.)

MELVILLE, Herman. *Billy Budd*. Ed. Raymond T. Weaver. London: Constable and Company Ltd., 1924. (Trad. bras.: Billy Budd. Tradução de Alexandre Hubner, São Paulo: Cosac & Naif, 2003.)

MENDES, Murilo. Canção do Exílio. *Poesia Completa e Prosa*. PICCHIO, Luciana Stegagno. (org). Rio de Janeiro: Nova Aguilar, 1994.

____. Murilograma a Camões. *Poesia Completa e Prosa*. PICCHIO, Luciana Stegagno. (org). Rio de Janeiro: Nova Aguilar, 1994.

MEZAN, Renato. *Sigmund Freud: A Conquista do Proibido*. 3. ed. São Paulo: Ateliê, 2003.

MINDLIN, José. *Destaques da Biblioteca (Ind)disciplinada de Guita e José Mindlin/ Highlights from UnDisciplined Library of Guita and José Mindlin*, São Paulo/ Rio de Janeiro: Edusp/Fapesp/Biblioteca Nacional, 2005.

ONETTI, Juan Carlos. Reflexiones de un Exilado. *Confesiones de un Lector*. Madrid: Alfaguara, 1995.

PAES, José Paulo. Falso Diálogo entre Pessoa e Caieiro. *Poesia Completa*. São Paulo: Companhia das Letras, 2008.

____. Canção de Exílio. *Prosas Seguidas de Odes Mínimas*. São Paulo: Companhia das Letras, 1992.

____. Canção do Exílio Facilitada. *Poesia Completa*. São Paulo: Companhia das Letras, 2008.

____. Samba, Estereótipos, Desforra. *Folha de S. Paulo*, São Paulo, 19 de dez. 1982, Folhetim, n. 309.

PESSOA, Fernando. Autopsicografia. *Obra Poética*. 9. ed. Rio de Janeiro: Nova Aguilar, 1986.

PESSOA, Fernando; SOARES, Bernardo. *Livro do Desassossego*. Seleção e Introdução PERRONE-MOISÉS. São Paulo: Brasiliense,1986.

PLATÃO. Fédon. *Diálogos: Fédon, Sofista, Político*. Tradução de Jorge Paleikat e João Cruz Costa. 3. ed. Rio de Janeiro/Porto Alegre/São Paulo: Globo, 1955.

____. Fedro. *Diálogos: Menon, Banquete, Fedro*. Tradução de Jorge Paleikat. 3. ed. Rio de Janeiro/Porto Alegre/São Paulo: Globo, 1954.

PRADO, Antonio Arnoni. A Correspondência Entre Monteiro Lobato e Lima Barreto. *Suplemento Literário*, Belo Horizonte, ano XV, n. 855, 19 fev. 1982.

PROUST, Marcel. *Sur la lecture*. 1905. (Trad. Bras.: *Sobre a Leitura*. Tradução de Carlos Vogt. Campinas: Pontes, 1989.)

QUINTANA, Mário. Libertação. *Poesia Completa*. Rio de Janeiro: Nova Aguilar, 2005.

RICARDO, Cassiano. Ainda Irei à Portugal. *Um Dia Depois do Outro (1944-1946)*. São Paulo: Companhia Editora Nacional, 1947.

RICOEUR, Paul. *Essai sur Freud*, 1965. (Trad. Bras.: *Da Interpretação: Ensaio Sobre Freud.* Tradução de Hilton Japiassu. Rio de Janeiro: Imago, 1977. [Col. Logoteca]).

ROCHA, Francisco Franco da. *O Pansexualismo na Doutrina de Freud.* São Paulo: Typoraphia Brasil de Rothschild, 1920.

ROSA, João Guimarães. *Corpo de Baile.* Rio de Janeiro: José Olympio, 1956.

RUIZ, Alice. Rede ao Vento. *Desorientais: Hai-Kais.* 2. ed. São Paulo: Iluminuras, 1998.

_____. Ouvindo Quintana. In: GUTTILLA, Rodolfo Witzig (org.). *Boa Companhia: Haicais.* São Paulo: Companhia das Letras, 2009.

RUWET, Nicolas. *Introdução à Gramática Gerativa.* Tradução e adaptação de Carlos Vogt. São Paulo: Perspectiva/Edusp, 1975. (Col. Estudos, 31)

SAUSSURE, Ferdinand de. *Cours de linguistique génerale.* Publié par Charles Bally et Albert Sechehaye avec la collaboration de Albert Riedlinger. Paris: Payot, 1916. (Trad. bras.: *Curso de Linguística Geral.* Tradução de Antônio CHELINI, José Paulo Paes e Izidoro Blikstein. São Paulo: Cultrix, 2008.)

SOARES, Jô. Canção do Exílio às Avessas. *Veja.* São Paulo: n. 1252, 16 de set., 1992.

SOUSA, Cruz e. Triunfo Supremo. *Obra Completa.* MURICI, Andrade (org.). Rio de Janeiro: Nova Aguilar, 1995. (Col. Biblioteca Luso-Brasileira. Série Brasileira)

STADEN, Hans. *Wahrhaftige Historia.* Marburg, 1557. (Trad.: Bras.: *Duas Viagens ao Brasil.* Tradução de Guimar Carvalho Franco. Belo Horizonte/São Paulo: Itatiaia/Edusp, 1974. (Col. Reconquista Brasil; 17)

VOGT, Carlos. A Cidade e os Livros. *Resgate – Revista Interdisciplinar de Cultura,* n.11, 2002.

_____. Canção do Exílio. *Mascarada.* Campinas: Pontes/Editora da Unicamp. 1997.

_____. Fogos e Artifícios. *Mascarada.* Campinas: Pontes/Editora da Unicamp, 1997.

_____. *Cantografia: O Itinerário do Carteiro Cartógrafo.* São Paulo: Massao Ohno/ Hucitec/INL, 1982 .

_____. *A Palavra Envolvente.* Campinas: Unicamp/IFCH, 1973. (Cadernos, Instituto de Filosofia e Ciências Humanas; 2).

WAAL, Frans de. *Our Inner Ape: A Leading Primatologist Explains Why We Are Who We Are.* New York: Riverhead, 2005. (Trad. bras.: *Eu Primata: Por que Somos Como Somos.* Tradução de Laura Teixeira Motta, São Paulo: Companhia das Letras, 2007.

WAHL, François (dir.). *Qu'est ce que le structuralisme?* Paris: Seuil, 1966.

9. Acadêmicos

ALBORNOZ, M.; VACCAREZZA, L.; LÓPEZ CEREZO, J. A.; FAZIO, M.; POLINO, C. *Proyecto: Indicadores Iberoamericanos de Percepción Pública, Cultura Científica y Participación Ciudadana.* Buenos Aires: OEI/Ricyt/Cyted, 2003. (Informe final.)

AUSTIN, John Langshaw. *How to Do Things with Words.* Cambridge: Harvard University Press, 1962. (The William James Lectures, 1955.)

Referências Bibliográficas

346 BARTHES, Roland. *Éléments de sémiologie*. Paris: Communications, 1964. (Trad. bras.: *Elementos de Semiologia*. Tradução de Izidoro Blikstein. São Paulo: Cultrix, 1988.)

_____. *Mythologies*. Paris: Seuil, 1957. (Trad. bras.: *Mitologias*. Tradução de Rita Buongermino, Pedro de Souza e Rejane Janowitzer. Rio de Janeiro: Difel, 2003.)

_____. *Le Degré zéro de l'ecriture, suivi de Élements de sémiologie*. Paris: Gonthier, 1965. (Col. Bibliotheque Mediations)

BENVENISTE, Émile. Structure de la langue et structure de la societé. In: OLIVETTI, Camillo. *Linguaggi nella società e nella tecnica*. Milano: Edizioni di Comunità, 1970. (Col. Saggi di Cultura Contemporânea, 87)

BLANCHÉ, Robert. *Estruturas Intelectuais: Ensaio Sobre a Organização Sistemática dos Conceitos*. São Paulo: Perspectiva, 2012.

BORGES, Jorge Luis. La Biblioteca de Babel. *Ficciones*. Buenos Aires: Sur, 1944. (Trad. bras.: *Ficções*. Tradução de Davi Arrigucci Jr. São Paulo: Companhia das Letras, 2007.)

CHOMSKY, Noam. *Syntactic Structures*. Haia: Mouton, 1957.

CNPq. *O Que o Brasileiro Pensa da Ciência e da Tecnologia?* Rio de Janeiro: CNPq/GALLUP, 1987.

_____. *O Que o Brasileiro Pensa da Ecologia?* Brasília: CNPq/Ibope, 1992.

DUCROT, Oswald. *Dire et ne pas dire: Principes de sémantique linguistique*. Paris: Hermann, 1972. (Col. Savoir)

EÇA de QUEIRÓS, José Maria de. *A Relíquia*. Porto: Typographia de A. J. da Silva Teixeira, 1887.

FECYT; OEI; RICYT. *Cultura Científica en Ibero-América: Encuesta en Grandes Núcleos Urbanos*. [S.l.]: Fecyt/OEI/Ricyt, 2009.

GARDINER, Alan Henderson. *The Theory of Speech and Language*. Oxford: Oxford University Press, 1932.

GRANGER, Gilles Gaston. *Essai d'une philosophie du style*. Paris: Armand Colin, 1968.

_____. Objet, structure et significations. *Revue Internationale de Philosophie*, Bruxelles, v. 19, n. 71-74, 1965.

GREIMAS, Algirdas Julien. *Du sens*. Paris: Seuil, 1970.

_____. Elementos Para uma Teoria da Interpretação da Narrativa Mítica. In: BARTHES, Roland et al. *Análise Estrutural da Narrativa: Pesquisas Semiológicas*. Tradução de Maria Zelia Barbosa Pinto. Introdução à edição brasileira por Milton José Pinto. Rio de Janeiro: Vozes, 1971. (Col. Novas Perspectivas de Comunicação, 1)

GUIMARÃES, Eduardo. *Texto e Argumentação: Um Estudo das Conjunções do Português*. Campinas: Pontes, 1987.

JAKOBSON, Roman; HALLE, Morris. *Fundamentals of Language*. Haia: Mouton, 1956.

_____. Language in Relation to Other Communication Systems. In: OLIVETTI, Camillo. *Linguaggi nella società e nella tecnica*, Milano: Edizioni di Comunità, 1970.

JAMES, William. *Pragmatism: A New Name for Some Old Ways of Thinking*. New York: Longmans/Green, 1907. (Together with four related essays selected from *The Meaning of Truth*.)

LAGAZZI-RODRIGUES, Suzy; ORLANDI, Eni P. (orgs.). *Introdução às Ciências da Linguagem: Discurso e Textualidade*. Campinas: Pontes, 2006.

LAMBERT, Johann Heinrich. *Neues Organon oder Gedanken über die Erforschung und Bezeichnung des Wahren und Dessen Unterscheidung vom Irrthum und Schein.* Leipzig: Wendler, 1764. Bände 2.

LEACH, Edmund. *As Ideias de Lévi-Strauss.* Tradução de Álvaro Cabral. São Paulo: Cultrix/Edusp, 1977. (Col. Mestres da Modernidade))

LÉVI-STRAUSS, Claude. *Du miel aux cendres.* Paris: Plon, 1967. (Col. Mythologiques, 2) (Trad. bras.: *Do Mel às Cinzas.* Tradução de Carlos Eugênio Marcondes de Moura. São Paulo: Cosac Naify, 2005. [Col. Mitológicas, 2])

____.*L'Homme nu.* Paris: Plon, 1971. (Col. Mythologiques, 4) (Trad. bras.: *O Homem Nu.* Tradução de Beatriz Perrone-Moisés. São Paulo: Cosac Naify, 2011. [Col. Mitológicas, 4])

____.*L'Origine des manères de table.* Paris: Plon, 1968. (Col. Mythologiques, 3) (Trad. bras.: *A Origem dos Modos à Mesa.* Tradução de Beatriz Perrone-Moisés. São Paulo: Cosac Naify, 2006. [Col. Mitológicas, 3])

____. *Le Cru et le cuit.* Paris: Plon, 1964. (Col. Mythologiques, 1) (Trad. bras.: *O Cru e o Cozido.* Tradução de Beatriz Perrone-Moisés. São Paulo: Cosac Naify, 2011. [Col. Mitológicas, 1])

MASSARANI, L.; Buys, B.; AMORIM, L.H.; VENEU, F. Growing, but Foreign Dependent-Science Coverage in Latin America. In: Bauer, M. W.; Bucchi, M. (eds.). *Journalism, Science and Society: Science Communication Between News and Public Relations.* New York: Routledge, 2007.

MEHLER, Jacques. Psycholinguistique et Grammaire Generative. *Langages*, Paris, n. 16, dec. 1969.

MINDLIN, José. *Destaques da Biblioteca (In)disciplinada de Guita e José Mindlin/ Highlights from UnDisciplined Library of Guita and José Mindlin.* São Paulo/ Rio de Janeiro: Edusp/Fapesp/Biblioteca Nacional, 2005.

MOTOYAMA, S. (org). *Fapesp: Uma História de Política Científica e Tecnológica.* São Paulo: Fapesp, 1999.

MOTOYAMA, S. (org); NAGAMINI, M.; QUEIROZ, F. de A.; VARGAS, M. (col.). *Prelúdio Para uma História: Ciência e Tecnologia no Brasil.* São Paulo: Edusp, 2004.

ORLANDI, Eni Pulcinelli. *Análise do Discurso: Princípios e Procedimentos.* Campinas: Pontes, 2002.

PARK, Robert Ezra. *Race and Culture.* Glencoe: The Free Press, 1950.

PEIRCE, Charles Sanders. *Collected Papers.* Cambridge: Harvard University Press. 8 v. 1931-1958. (Trad. Bras.: *Semiótica e Filosofia.* Introdução, seleção e tradução de Octanny Silveira da Mota e Leônidas Hegenberg. São Paulo: Cultrix, 1972.)

POLINO, Carmelo (org.). *Los Estudiantes y la Ciencia: Encuesta a Jóvenes Iberoamericanos.* Buenos Aires: Organización de Estados Iberoamericanos para la

Referências Bibliográficas

348   Educación, la Ciencia y la Cultura, 2011. Disponível em: <http://www.oei.es/salactsi/libro-estudiantes.pdf>. Acesso em: 25 mar. 2013.

POLINO, Carmelo; CEREZO, José Antonio López; FAZIO, Maria Eugenia; CASTELFRANCHI, Y. Yurij. Nuevas Herramientas y Direcciones Hacia una Mejor Comprensión de la Percepción Social de la Ciencia en los Países del Ámbito Iberoamericano. In: ALBORNOZ, M. (org.). *El Estado de la Ciencia: Principales Indicadores de Ciencia y Tecnologia Iberoamericanos/Interamericanos.* Buenos Aires: RYCT, 2006. v. 1.

POPPER, Karl R. *The Logic of Scientific Discovery.* New York: Basic Books, 1961.

PORTO, C. M. Um Olhar Sobre a Definição de Cultura e de Cultura Científica. In: Porto, C. de M.; Brotas, A. M. P.; Bortoliero, S. T. (orgs.). *Diálogos Entre Ciência e Divulgação Científica: Leituras Contemporâneas.* Salvador: Edufba, 2011.

RUSSELL, Bertrand. *An Inquiry into Meaning and Truth* . 7 ed. London: G. Allen and Unwin, 1966. (The William James Lectures, 1940)

RUWET, Nicolas. *Introdução à Gramática Gerativa.* Tradução e adaptação de Carlos Vogt. São Paulo: Perspectiva/Edusp, 1975. (Col. Estudos, 31)

SAUSSURE, Ferdinand de. *Cours de linguistique génerale.* Publié par Charles Bally et Albert Sechehaye avec la collaboration de Albert Riedlinger. Paris: Payot, 1916. (Trad. bras.: *Curso de Linguística Geral.* Tradução de Antônio Chelini, José Paulo Paes e Izidoro Blikstein. 27 ed. São Paulo: Cultrix, 2006.)

SEARLE, John. *Speech Acts: An Essay in the Philosophy of Language.* Cambridge: Cambridge University Press, 1969. (Trad. em português: *Os Atos de Fala: Um Ensaio de Filosofia de Linguagem.* Tradução de Carlos Vogt. Coimbra: Almedina, 1981).

SEGRE, Cesare. Verso una crítica semiológica. *I segni e la critica.* Torino: Einaudi, 1969.

STROH, Guy W. *A Filosofia Americana: Uma Introdução (de Edwards a Dewey).* Tradução de Jamir Martins. São Paulo: Cultrix, 1972.

TODOROV, Tzvetan et al. *L'Énonciation.* Paris: Didier/Larousse, 1970. (Col. Langages, 17).

VOGT, Carlos. A Espiral da Cultura Científica. *Boletim de Ideias,* São Paulo, n. 3, 2005.

_____.A Espiral da Cultura Científica. *ComCiência,* Campinas, n. 45, jul. 2003. Disponível em: <http://www.comciencia.br/reportagens/cultura/cultura01.shtml>. Accesso em: 25 mar. 2003.

_____.*O Intervalo Semântico: Contribuição para uma Teoria Semântica Argumentativa.* São Paulo: Ática, 1977.

VOGT, Carlos; FRY, Peter. *Cafundó: A África no Brasil.* 2. ed. Campinas: Editora da Unicamp, 2014.

_____.Semiótica e Semiologia. In: ORLANDI, Eni P.; LAGAZZI-RODRIGUES, Suzy (orgs.). *Introdução às Ciências da Linguagem: Discurso e Textualidade.* Campinas: Pontes, 2006.

WEINREICH, Uriel. On the Semantic Structure of Language. In: GREENBERG, Joseph H. (ed.). *Universals of Language.* 2. ed. Cambridge: MIT Press, 1966.

Filmes, Discos, Radionovela

CHAPLIN, Charles. *Modern Times* (Tempos Modernos). USA: Charles Chaplin Productions, 1936. P&B, 35mm, 87'.

DONNER, Richard. *Superman* (Superman: O Filme). UK/USA: Dovemead Films/Film Export/International Film Production, 1978. Cor, 35mm, 143'.

FELLINI, Federico (dir.). *Il Casanova di Federico Fellini* (Casanova de Fellini). Italia/USA: Produzioni Europee Associati (PEA)/Fast Film, 1976. Cor, 35mm, 155'.

HERZOG, Werner. *Aguirre: der Zorn Gottes* (Aguirre: A Cólera dos Deuses). Deutschland: Werner Herzog Filmproduktion/Hessischer Rundfunk (HR), 1972. Cor, 35mm, 93'.

____. *Fitzcarraldo*. Deutschland/Peru: Werner Herzog Filmproduktion/Pro-ject Filmproduktion/Filmverlag der Autoren/Zweites Deutsches Fernsehen (ZDF)/Wildlife Films Pedu, 1982. Cor, 35mm, 158'.

KUBRICK, Stanley. *2001: A Space Odyssey* (2001: Uma Odisseia no Espaço). USA/UK: MGM; Stanley Kubrick Productions, 1968. Cor, 35mm, 141'.

LYNCH, David. *The Straigth Story* (Uma História Real). France/UK/USA: Asymmetrical Productions/Canal+/Channel Four Films/CiBy 2000/Les Films Alain Sarde/Studio Canal/The Picture Factory/The Straight Story/Walt Disney Pictures, 1999. Cor, 35mm, 112'.

MICHILES, Aurélio. *O Cineasta da Selva*. Brasil: Cinematográfica Superfilmes/TV Cultura, 1997. Cor, 35mm, 87'.

MONICELLI, Mario. *L'armata Brancaleone* (O Incrível Exército de Brancaleone). Italia/France/España: Fair Film/Les Films Marceau/Vertice Film, 1966. Cor, 35mm, 120'.

____.*Parenti Serpenti* (Parente é Serpente). Italia: Clemi Cinematografica,1992. Cor, 35mm, 105'.

SCHAFFNER, Franklin J. *The Boys from Brazil* (Meninos do Brasil). UK/USA: Lew Grade/Producers Circle/Incorporated Television Company (ITC), 1978. Cor, 35mm, 125'.

SCOTT, Ridley. *Blade Runner* (Blade Runner: O Caçador de Androides). USA/UK/Hong Kong: The Ladd Companhy/Shaw Brothers/Warner Bros., 1982. Cor, 35mm, 117'.

SPIELBERG, Steven.*Artificial Intelligence: A.I.* (AI: Inteligência Artificial). USA: Warner Bros., 2001. Cor, 35mm, 146'.

TESHIGAHARA, Hiroshi. *Suna no Onna* (A Mulher da Areia). Japan: Toho Film (Eiga)/Teshigahara Produtions, 1964. P&B, 35mm, 123'.

THORNTON, Billy Bob. *All the Pretty Horses* (Espírito Selvagem). USA: Columbia Pictures Corporation/Miramax Films, 2000. Cor, 35mm, 116'.

TOURNEUR, Jacques. *The Flame and the Arrow* (O Gavião e a Flecha). USA: Norma--F.R. Productions/Warner Bros. Pictures, 1950. Cor, 35mm, 88'.

Referências Bibliográficas

350   GIL, Gilberto. Super-Homem, a Canção. *Realce*. Rio de Janeiro: Warner Music, 1979.

HOLLANDA, Chico Buarque de.; JOBIM, Tom. Sabiá [1968]. In: HOLLANDA, Chico Buarque de. *Não Vai Passar*, v. 4. São Paulo: Polygram, 1993.

VELOSO, Caetano. Terra. *Muito (Dentro da Estrela Azulada)*. Rio de Janeiro: Philips, 1978.

WELTMAN, Moysés. *Jerônimo, o Herói do Sertão*. Rio de Janeiro: Rádio Nacional, 1953-1967.

Este livro foi impresso em São Paulo,
nas oficinas da MarkPress Brasil, em fevereiro de 2015,
para a Editora Perspectiva.